ROSARIO

CUNA DE CRACKS

¿POR QUÉ EL TALENTO DEL FÚTBOL ARGENTINO SE CONCENTRA EN ESA CIUDAD?

NICOLÁS GALLIARI

Rosario, cuna de cracks / Nicolás Galliari. - 1a ed. - LIBROFUTBOL.com, 2019.
330 páginas; 15,2 x 22,9 cm.

ISBN 978-987-3979-72-9

1. Fútbol. I. Título.
CDD 796.334

ROSARIO, CUNA DE CRACKS
de NICOLÁS GALLIARI

Diseño de cubierta: Luciano Medvetkin
Diagramación interior: Luciano Medvetkin
Foto del autor: © Nicolás Galliari

LIBROFUTBOL.com
Olga Cossettini 1112 - oficina 8F - Ciudad de Buenos Aires - Argentina

ediciones@librofutbol.com

+54 9 11 2215 1982

@librofutbol

1ª edición: abril 2019

ISBN 978-987-3979-72-9

A mi vieja

Contenido

Capítulo 1.

ROSARIO: PASIÓN, CULTURA Y TALENTO

Rosario, tierra de una pasión inigualable por el fútbol y de grandes talentos que no solo alumbraron los estadios de la ciudad, sino también fueron partícipes claves en las conquistas del seleccionado argentino o dieron salto hacia otras latitudes. Ambos elementos se fusionaron en más de una centuria de historia, describiendo un sentimiento que parece no tener semejanza en otros rincones del globo y la presencia de jugadores que siempre han puesto de manifiesto su determinación y calidad. Incluso, a partir de las primeras décadas del pasado siglo, cuando futbolistas rosarinos viajaban hacia Buenos Aires para representar a un combinado que enfrentaba a incipientes potencias europeas.

Desde aquellos tiempos a la actualidad, el fútbol se ha convertido en un componente cultural más de la metrópoli. A lo largo de los años, ha crecido la locura por el deporte, potenciada por rivalidades y antagonismos, y los nombres que desde allí han emergido hacia el mundo. El primer clásico entre Newell's y Rosario Central data de 1905 y, en poco más de 11 décadas, ha generado que la ciudad se paralice por completo durante dos horas. En menor escala, el partido entre Argentino de Rosario y Central Córdoba rara vez se repite, puesto que últimamente no han compartido categoría, aunque la historia hace que incluso en amistosos florezca la pasión.

Una ciudad con alma de pueblo con una sociedad que, en su gran mayoría, se muestra orgullosa de vivir donde lo hace. Recorrerla por medio de un itinerario que vaya de un estadio a otro puede ofrecer la más variada excursión turística, puesto que podemos viajar desde la atracción del Parque Independencia a las playas de la Florida, desde

los silos Davis hacia el imponente Monumento a la Bandera, desde el microcentro a la mixtura de edificios y casas bajas. Así como las copas frondosas de los árboles y el lago artificial hacen único el enclave donde se encuentra el estadio de NOB, la sempiterna costanera que bordea la ciudad deja observar el Gigante de Arroyito a la vera del río Paraná. Del mismo modo, el barrio La Tablada recibe a los visitantes con una imagen de Tomás Felipe Carlovich, el "Trinche". Los cinco principales clubes, ya que a los mencionados se le une Tiro Federal, han sido capaces de conquistar partes de la ciudad mediante sus estadios.

El arte urbano refleja la gran pasión. No existen casi sitios rosarinos que no tengan pintadas o grafitis alusivos al fútbol, mezclados con aquellos que recuerdan a Claudio "Pocho" Lepratti, quien fuera asesinado por la policía cuando, en medio de la crisis de 2001, subió al techo de un comedor para pedir que bajaran las armas. En cada esquina se evidencian los colores rojo y negro o azul y amarillo, posiblemente junto a una leyenda que remite al pasado cercano o lejano de un clásico. Barandas de puentes, paredes, postes de luz, todo reluce una fachada que impacta al primer vistazo. Cierto es que puede resultar invasivo, pero no es más que una muestra identitaria, algo que se observa a cada paso y una costumbre con el paso del tiempo.

Allí, mientras la costanera se funde con los colores de los galpones y se unen a la modernidad las fachadas de edificios históricos, propios del siglo XVIII o principios del IX, continúa emergiendo el talento de grandes cracks. Figuras que han dejado su sello en innumerables sucesos futbolísticos, y nuevos nombres por venir. Rosario, la ciudad apodada "la Chicago argentina" por su progreso exponencial en sus primeras cinco décadas (ya más acá en el tiempo, la acepción tomó lugar nuevamente por el crecimiento de la criminalidad), es el escenario desde el que grandes jugadores salieron al mundo.

Las calles rosarinas fueron el punto de partida de muchos talentos innatos, de nombres que parecen haber heredado sus capacidades para luego profundizar en ellas desde el entrenamiento y el paso de los años. Los grandes futbolistas nacidos en la ciudad dejaron ver un estilo valiente, decidido a volcar la magia que emana de sus piernas, potenciado en algunos por el profesionalismo como fogoneado por personalidades que no necesitaban de él para relucir. Allí pueden destacarse, cómo no, desde Lionel Messi hasta Carlovich.

Modelos de captación y entrenamiento potenciaron esas formas inmunes al transcurrir de los años, que sin embargo necesitaron ser abordadas en su justa medida para ser totalmente aprovechadas. El trabajo sapiente y educador de Jorge Griffa dejó su sello, como lo hizo y hará el club Renato Cesarini, de la misma manera que infinitos formadores dieron rienda suelta a camadas que luego fueron suceso. Muchos jugadores no llegaron a cumplir con lo que las primeras expectativas depositadas en ellos preveían, no obstante los nombres se agolpan y son dignos de estudio.

En paralelo, Rosario fue el epicentro para que los talentos de zonas aledañas o de otras regiones comenzaran a hacer su camino. El viaje de Marcelo Bielsa por el país, reclutando jugadores para las divisiones inferiores de Newell's previamente a su debut como entrenador, fue un paso adelante. A la gran ciudad llegaron Mauricio Pochettino o Gabriel Batistuta, por ejemplo, tras la infinita travesía del "Loco" por lares argentinos, entrevistando personas que manejaban destinos deportivos en diferentes municipios, de una punta a otra. Asimismo, los nombres derivados del norte y la pampa gringa fueron un aporte diferencial a lo largo de la historia. Rosario fue, sin lugar a dudas, la cuna de grandes cracks.

Los límites de la pasión se han corrido considerablemente a través de los años, aunque el júbilo que se desprende del juego en ningún momento tuvo cese. La tradición futbolística hace que los hinchas repliquen año tras año una jugada, la palomita de Aldo Pedro Poy, con el propio protagonista hasta en el fin del mundo, o que un banderazo previo a un enfrentamiento entre los dos colosos de la ciudad sea tan importante como el partido. En ese contexto, la gran cantidad de talentos surgidos allí encuentra su razón de ser. ¿Existe una respuesta clara al porqué de semejante talento aglutinado en un único lugar?

Si se posa la lupa sobre la tercera gran ciudad del país se percibirá que la argentinidad es más fuerte allí que en cualquier otro lugar nacional. Los sentimientos se llevan al punto más álgido, las pasiones se exacerban, la obstinación por una meta no caduca en simples intentos. Rosario se alimenta de la intención de su población, inquieta y usualmente en búsqueda de estimular sus sensaciones optimistas, con el fútbol como súmmum de esas inquietudes. Con el tiempo, ha crecido un movimiento envolvente que atrapa a los habitantes a no querer escapar nunca de sus calles, así como acicala los corazones de los recién llegados.

Esa capa protectora de la ciudad actúa de doble modo, ya que muchas veces el enceguecimiento crea una dualidad de amor y odio en torno al fútbol de la que es difícil escapar, y a la que es más complicado aún transformar si se empieza con el pie izquierdo. El saber convivir con ello se traduce en adaptarse al contexto, tan alentador en algunos casos como exasperante en otros. No obstante, cualquiera que se precie de conocer el mapa futbolero por completo, descubrirá al llegar al sitio donde Manuel Belgrano izó por primera vez la bandera argentina que aún le falta uno de los destinos más tradicionales que el juego y sus escenarios pueden ofrecer.

Quizás es la cercanía de la gente la que genera esa pasión que muchas veces puede ser caratulada de desmedida. Pese a su amplitud, en Rosario todo parece más cerca y cualquier plan es bienvenido. La proxi-

midad entre los ciudadanos crea un ambiente siempre auténtico, que mueve a las masas y las contagia. Un efecto cadena que alimenta ideales, los motiva. De igual manera, también significa que el perdedor no tiene consuelo ni un escondite claro donde no lo hallarán, y aguardará con ansiedad el próximo envite para pararse en la otra vereda.

Mientras la estructura pasional en la que se desarrolla el fútbol rosarino fue *in crescendo* como un simbolismo impoluto que impera y cada año parece hacerse mayor, podemos tirar el hilo del carretel durante largas horas para poner de manifiesto el talento que de estos lares ha surgido. Es levantar un ladrillo y observar un tendal de destrezas, capacidades que nacieron y se profundizaron allí como un simbolismo que no solo rodea al fútbol. De la infinita magia de Messi a la prosa literaria de Roberto Fontanarrosa, de la electricidad y el desequilibrio de Ángel Di María a la música de Fito Páez o Juan Carlos Baglietto, de la clase de un campeón del mundo como Ricardo Giusti a la pintura de Antonio Berni, del ilusionismo de Carlovich a las ocurrencias de Alberto Olmedo. Esos nombres, por solo destacar a una mínima porción, representan el orgullo de la metrópoli en su máxima esencia.

Fronteras adentro de la urbe y como si actuara de catapulta hacia afuera, el fútbol se une a componentes culturales y es tan fuerte como estos. Su representación en la historia rosarina se alinea con la trova y se funde con demás cuestiones artísticas. El arte en la ciudad es contiguo, puede hallarse en cualquier esquina, y se reconoce menos de lo que quizás mereciese entre los habitantes, ahogados entre la rutina y unas costumbres que no dan lugar al excesivo narcisismo. Con el paso de los años, los rasgos que forman la identidad de la localidad están formados tanto por la evolución de los clubes y el seguimiento de los hinchas independientemente de su actualidad, como por las más diversas expresiones de músicos, dibujantes, humoristas, escritores, entre otros.

A sus obras pueden unirse la gambeta rosarina y el talento que escala posiciones hasta llegar a la élite futbolística. Ese ámbito pasional por el deporte está relacionado con décadas de transformación en la sociedad, puesto que modificó tanto las costumbres como las formas de vestimentas, los modos de interacción entre el pueblo, las maneras de realizar tal plan. Absolutamente todo está reñido por lo que sucederá el fin de semana, y los resultados de la jornada marcan el ritmo del debate en los días siguientes. La competitividad entre unos y otros determina experiencias, modos de conducta, elecciones variopintas.

Los bares futboleros pueden ser escenarios de infinitas disputas dialécticas sobre lo que sucedió con los equipos rosarinos, y se aúnan a aquellos con vasta tradición en la ciudad como el Sunderland, adonde llegaban los marineros, o el céntrico El Cairo, del que Fontanarrosa y La Mesa de los Galanes eran asiduos visitantes. Hoy en día, una estatua del excelso escritor, tan representativo de la identidad rosarina, recibe a quienes realizan una parada en el local ubicado en la intersección de las calles Sarmiento y Santa Fe.

Pasión y talento conviven y se potencian el uno al otro. Puede encontrarse el gen de esa distinción con el cuero en los pies más de 100 años atrás, cuando el juego dejó de ser aristocrático y se mudó a los barrios. Importado por los técnicos de ferrocarriles que llegaron a instalar rieles en la ciudad, provenientes desde el Reino Unido, el fútbol rosarino pasó a ser primero de aquellos trabajadores y luego aceptado para cualquiera que quisiese formar parte. De esa manera surgieron los primeros clubes, esos que fueron piedra fundacional y hoy continúan entre los más destacados.

Practicado en un principio en cualquier espacio verde y en condiciones rudimentarias, pronto llegaron las reglamentaciones, y la formación de las instituciones englobó la necesidad de Rosario por empezar a construir su propio camino en torno al deporte. Mientras la ciudad era un importante enclave comercial por su ubicación geográfica y las facilidades que otorgaba el puerto, a su crecimiento exponencial se añadían los clubes.

La Asociación Rosarina de Fútbol, fundada en 1905 y profesionalizada en 1931, mutó con el paso de los años y, de los pocos nombres que en un principio formaron parte, hoy es representada por más de 65 clubes, 1.100 equipos, ligas locales divididas en un sinfín de competencias y más de 15.000 jugadores registrados. Con el tiempo, fue considerada como la organización deportiva más importante y más competitiva del interior del país. Tras la colección de triunfos históricos y los jugadores que desde allí emergieron hacia el resto del mundo, la ciudad fue haciéndose un nombre cada vez más importante.

Los márgenes de la afición por el fútbol muchas veces son imperceptibles, la locura que frecuentemente lo maquilla puede hacer que se traspasen las líneas del deporte. No obstante, el fanatismo expuesto en la gran ciudad santafesina es uno de los grandes ejemplos de que vivir allí es un muy buen reflejo de la argentinidad. Dentro de una nación que toma al balompié como una de las esencias de su existencia, el sitio de "Canayas" o "Leprosos" y otros tantos hinchas actúa como un escenario clave sobre el que se cimenta la pasión, a la que cada día se le da mayor asidero.

En una sociedad enfervorizada y colérica por los destinos de su club, el apoyo de la gente se ofrece como cobijo de un equipo, y brinda una mixtura única entre lo que sucede en el verde césped y aquello que lo rodea. El fútbol se nutre de pasiones, de la más genuina representación de apoyo a un grupo colectivo, factores que colaboran a la formación del espectáculo. Allí se encuentra el sustento que multiplica sensaciones alrededor de la gran masa, decidida a observar en la cancha los talentos

que ya son realidad, como también a aquellos que, al igual que los grandes nombres del pasado, llegarán en el futuro para alumbrar la urbe. La rueda cíclica se retroalimenta una y otra vez.

Mientras tanto, para tomar real dimensión de los alcances rosarinos en materia futbolística, basta con observar el origen de los últimos entrenadores del seleccionado argentino y, cómo no, del mejor futbolista del planeta en la última década. Dentro de un sistema exportador de nombres como lo es el que organiza la Asociación del Fútbol Argentino, Rosario ha sido base y terreno de evolución de muchas figuras transferidas. Y en lares extranjeros, la realidad dicta que ha sido mayor el suceso positivo y el protagonismo de estas que los pasos sin pena ni gloria.

Al unísono, el jugador nacido allí es valiente, voraz, ha sabido llevar su gambeta a cualquier estadio donde desparramó su habilidad, pero también se desplegó en conjuntos que hicieron historia. Entre tantos, podemos hacer mención de aquel Rosario Central dirigido por Ángel Tulio Zof que fuera campeón en el torneo inmediatamente posterior a su ascenso a la máxima categoría (1986/87), o los elencos con los que Newell's se consagró y llegó a las instancias más lejanas de Copa Libertadores bajo la tutela de Bielsa, en los albores de la década del 90. Porque las cualidades del futbolista rosarino no son solo características aisladas que conforman grandes individualidades, sino que se erigen en magia al servicio del equipo. Es talento sin fin, presente en una expresión colectiva.

"LA CHICAGO ARGENTINA"

La pampa gringa ha sido históricamente un suelo que renueva las energías del fútbol regional. Con Rosario como epicentro, los futbolistas surgidos allí suelen tener una estirpe diferente a la del resto, bien por su estilo o por sus condiciones atléticas. "Crecen niños bien formados físicamente, fuertes. Como decimos acá, bien comidos, y con una enorme pasión", dijo alguna vez Gerardo Martino, otro de los grandes nombres que dejó archivado su apellido en los libros de historia. Se sabe, el equilibrio aeróbico y la cuestión física no son tan incidentes en el deporte que nos compete como lo mental y el talento innato o fruto del profesionalismo, aunque sin duda es una base lógica y sustentable.

Desde su nacimiento como ciudad, allá a mediados del siglo XIX, el sitio que fuera cuna de la bandera argentina se transformó en el escenario productivo más importante del país, dada su ubicación, el provecho que sacaba de la zona por las condiciones de su suelo y el desarrollo de la agricultura. Además, el puerto era fundamental para el ingreso y egreso de materia prima y lo allí producido hacia otras grandes ciudades. En pleno auge del modelo agroexportador argentino, la pampa gringa fue vital para el desarrollo.

En aquella época, a Rosario le fue acuñada la acepción de "la Chicago argentina", por su exponencial evolución durante las primeras décadas de vida, gracias a su suelo fértil y sus llanuras vastas. La relación tenía su argumento en que la ciudad estadounidense es la que fija el precio de los granos a nivel mundial, y desde Rosario al mundo comenzaba a haber un hilo lineal clave. De cualquier manera, con el paso de los años, ese modo de conocerla, el apodo que apuntaba a su lado positivo y dinámico, volvió a tener lugar aunque con otra idea. Tras el arribo de la mafia siciliana, esta vez el sentido del sobrenombre apuntaba al costado delictivo en la comparación entre ambas metrópolis.

La inmigración italiana moldeó la región de modo tal que existieron censos, más de una centuria atrás, que dejaban a las claras la mayor presencia de personas nacidas en el país europeo que nativos. Fueron los encargados de moldear costumbres, tradiciones, elementos que hicieron que su *modus vivendi* no quedara en el olvido y se arraigara en su nuevo territorio. A diferencia del resto del país, donde la mayoría desciende de españoles, el sur de la provincia de Santa Fe fue poblado por tanos y personas que llegaban al puerto desde otras tierras, bajo el fin de reiniciar su vida con otros horizontes. Polacos, alemanes, británicos, griegos, yugoslavos (entre ellos, el padre del "Trinche" Carlovich), entre otros, no se quedaban atrás y eran tantos, a fines de siglo XIX, como los andaluces, vascos y gallegos. El puerto recibía una cantidad ingente de nuevos habitantes, provenientes del Viejo Continente. En tanto, ingleses y escoceses habían llegado para plantar los rieles de la línea ferrocarril y daban forma a los clubes.

Dos italianos inmigrantes que habían llegado a Rosario a comienzos del 1900 fueron los líderes del hampa y quienes sembraron el pánico. Juan Galiffi, más conocido como "Chicho Grande", y Francisco Marrone, "Chicho Chico", eran socios primero y enemigos luego, cuando el segundo intentó destronarlo del mundo criminal. Mientras a uno se lo distinguía por la mal denominada "mafia buena", por su profunda relación con la policía de la época, el otro lideraba una organización más joven que buscaba hacerse sitio. Ambos replicaban el modelo de Al Capone en la urbe norteamericana: eliminar la competencia a tiros con la meta de hacer prosperar sus negocios. El gángster neoyorquino dominó con violencia durante su tiempo para lograr la distribución ilegal de alcohol en tiempos de ley seca.

Sicilianos ellos, tapaban sus actividades con máscaras de ocasión. Galiffi vivió en un principio en Gálvez, a 100 kilómetros de la gran ciudad, y tenía una fonda a la que llegaban diferentes capos de otros lugares para darles continuidad a los negociados. Su local actuaba como escaparate para esconder acciones delictivas. Incluso, mientras en Rosario

era comerciante, en Buenos Aires parecía dedicarse a la compra y venta de bienes inmobiliarios, y en San Juan era bodeguero. Aficionado al teatro, la literatura y las carreras de caballos, nunca parecía enseñar su peor cara. "Usted está ante un honorable padre de familia, un hombre honrado", expresó una vez ante un periodista del diario *Crítica* que, tiempo luego, fue asesinado.

Utilizaban el secuestro, la extorsión y la vendetta. Lo hacían primeramente con miembros de su colectividad, aunque pronto aumentaron el radio de presencia para amenazar a las clases altas. Galiffi fue deportado a su país en 1933 a raíz de los crímenes del periodista y de Abel Ayerza -su rapto fue definido como "el secuestro del siglo"-, pese a que el segundo fue obra de "Chicho Chico" y sus secuaces. Jamás se le pudo probar otros delitos, más allá de las denuncias que acarreaba su figura. Murió años más tarde en su tierra natal, en épocas de la Segunda Guerra Mundial. En Rosario quedó su hija, la legendaria Ágata Galiffi, quien siguió su camino y estaba casada con un hombre cuya hermana era esposa de Marrone. Los caminos, a fin de cuentas, se cruzaban.

El progreso de la ciudad y su fertilidad continuaron con el paso del tiempo, mientras la sociedad argentina creció conforme a las raíces que los italianos cimentaron. Y poco más de medio siglo después, volvió a emerger sobre la faz rosarina aquello que refería a Chicago, nuevamente para hacer mención a la mafia. "Los Monos", liderados por la familia Cantero, hicieron crecer su poder en la zona sur, primero en los barrios La Tablada, La Granada, 17 de Agosto, Las Flores y Las Delicias, expandiéndose a posteriori por toda la zona. Controlaron el negocio del narcotráfico, siendo el puerto uno de los puntos principales de recepción de materia prima para su producción desde otras localidades o naciones. De todos modos, el dominio de las calles no se limitó a eso, sino que invirtieron sus ganancias en una flota de remises y máquinas retroexcavadoras que luego alquilaban.

La violencia se impuso desde un principio en medio del tráfico interno de drogas. Las venganzas, como en aquella época de mafias italianas, están a la orden del día, incluso en el centro de la ciudad. El clan nació primero con las carreras de caballos, pues "El Viejo", padre de la familia, tenía clara afinidad por ellas. De hecho, pese a la acumulación de dinero, siempre siguió vistiendo como en las épocas en las que recorría la ciudad con su caballo, sin hacer alarde alguno de la fortuna amasada. Sus hijos fueron haciéndose cargo, con el transcurrir de los años, de la continuidad de la estructura.

Uno de los mecanismos con los que "Los Monos" consiguieron depositar su dinero en la rueda económica de la ciudad y su andar cotidiano fue el fútbol, con las compras de pases de futbolistas y el negocio de la representación. Diferentes escuchas telefónicas, asimismo, revelan los negociados por las porciones de pases de diferentes jugadores.

También, ocurrió que barrabravas de un equipo gerenciaron la barra de su acérrimo rival. No obstante, fue ese el sitio que los catapultó a su fin, el que los dejó en evidencia y los colocó en las primeras planas de los medios de comunicación, algo que siempre buscaron evitar.

El magnífico libro Los Monos. *Historia de la familia narco que transformó a Rosario en un infierno* (Sudamericana, 2017) así lo especifica: "Los Monos progresan de una forma increíble en lo material y con ello van templando un sentimiento de invencibilidad. La maquinaria de los búnkeres, los cobros por seguridad, las máquinas viales alquiladas para realizar obra pública, los departamentos para renta, el negocio de los remises del casino, las licencias de taxis. (...) Pero hay un terreno con un encanto de doble filo al que sucumben. El lugar en el que dejaron de pasar inadvertidos, donde resultaron señalados y perdieron, fue el campo del fútbol".

De la zona sur, sitio donde nacieron sus actividades, salieron hacia el planeta futbolístico jugadores como Ángel Correa, César Delgado y Éver Banega. Es dentro de esos límites donde Ariel Cantero, hijo de El Viejo y jefe de la organización criminal hasta que fue muerto a tiros a mediados de 2013, mandó a construir una cancha para los jóvenes. Uno de los costados del potrero es una pared que tiene pintada la cara de Ariel y la inscripción "Ciudad de Dios". "Para muchos, Cantero es un señor que hizo cosas por el barrio cuando el Estado miró para otro lado. No se puede negar que su actividad es reprochable, pero para castigarla están los jueces y los policías. ¿O no?", señaló un vecino tiempo atrás, según cita el diario *La Capital*. Cualquier parecido con las épocas de "Chicho Grande" son pura semejanza. O no.

Antes de caer en gracia, y de las sospechas de que continúan controlando las calles desde la cárcel, los Cantero y sus seguidores se adentraron en el fútbol y lo utilizaron como una vía de escape para lograr dar rienda suelta al dinero obtenido. En la ciudad, el crimen organizado y el desarrollo de la economía parecen ser dos caras de una misma moneda. Los clubes, tanto los de mayor potencial como los de barrio, han tenido que luchar contra esta realidad para que los talentos futbolísticos sigan apareciendo. Y el fútbol, aún en el contexto de peligro inminente, continuó emergiendo.

Los alcances de esta lúgubre historia tocaron el corazón de la sociedad, modificaron sus hábitos y pusieron a Rosario en el centro de las miradas nacionales. Aunque la esencia del pueblo que la habita, de los ciudadanos comunes, intentó siempre mostrarse impertérrita y no sucumbir ante las noticias que se observaron día a día. Una ambigüedad de la que es difícil escapar, pero de la que intentan rescatar los signos distintivos que crearon, con mayor progreso que incertidumbre, el modo de ser colectivo. Porque sus muestras de arte y cultura, junto al paisaje

visto en los cuatro puntos cardinales y su crecimiento en años sostenidos de evolución, no caen a las primeras de cambio.

Kurt Lutman, jugador de Newell's en la década del 90 que decidió retirarse a temprana edad y de quien ya hablaremos en páginas siguientes, contó en una entrevista con el sitio web *Cultura Redonda* que "los clubes de barrio están haciendo un laburo hermoso y profundo de inclusión. Hay espacios de resistencia, instituciones que tienen muy en claro su función, y eso ya es un campeonato". Ante la contaminación de espacios populares, el fútbol juega su rol preponderante y tiene, como ha sido históricamente, un papel central en la formación.

Más allá de que en el deporte rey hayan desembarcado personalidades nefastas para realizar sus negocios, no ha mermado la pasión. Es común ver familias y grupos de amigos en las tribunas del Gigante de Arroyito, el Gabino Sosa o el Coloso Marcelo Bielsa, con sus gradas atestadas de gente en cada partido. La ciudad se sigue paralizando ante la llegada de un nuevo clásico. Ya lo exhibía el célebre Fontanarrosa en su cuento *La observación de los pájaros*, cuando seguía el movimiento de las aves para descubrir qué estaba sucediendo en el estadio, mientras caminaba por las calles vacías y silenciosas.

La locura por el fútbol y los cracks surgidos de la inagotable cantera se han potenciado entre sí, de modo que existe una unidad motora que da fuerzas por igual al incremento de la primera y la continuidad imperecedera de la segunda. A través de una se da la otra, alimentando la ambición de propios y la observación de los extraños, por el entusiasmo y el delirio en torno al verde césped. Entre tanto, el fútbol continúa siendo uno de los componentes más atractivos por estos lares, aún a sabiendas de que lo han utilizado para un sinfín de inmoralidades.

VOCES ROSARINAS

Diferentes protagonistas, desde dentro del campo de juego y por fuera del mismo, brindan su opinión sobre dos conceptos aquí tratados que se interrelacionan. Tres entrenadores, cuatro periodistas rosarinos y dos exfutbolistas de los clubes más poderosos de la ciudad se refieren al porqué de la extrema pasión por el fútbol y el talento del futbolista rosarino. Desde el consumo cultural a la idiosincrasia del jugador que da sus primeros pasos en estos territorios.

Jorge Indio Solari, uno de los hombres más importantes del fútbol rosarino, fundador de Renato Cesarini y sin duda parte elemental de la respuesta a por qué emergieron tantos jugadores de calidad de la ciudad, hace relación a la polarización existente y se expresa: "Es una ciudad chica, hay solo dos equipos en Primera División, y es 'vos' o 'yo'. Hay mucha pasión, parece que se fuera la vida. En Buenos Aires está más repartido, pero acá solamente es Newell's o Rosario Central. Igualmente, se pueden jugar 10.000 clásicos acá, y va a ganar mitad cada uno. Si el otro anda bien, me las arreglo para superarlo de alguna forma. La gente se vuelve loca, pero es para disfrutar del partido, ver qué hiciste bien o mal, ayudar al club. Los clubes grandes se deben a los dirigentes, pero los de barrio necesitan a la gente que tiene alrededor. Una hora en el club, es una hora menos en la calle, porque te forma. Mientras más instituciones tengamos, y más contención haya a pibes y pibas, mucho mejor".

Adentrado en el mundo del talento presente desde las canchas de Renato al mundo, esboza su razonamiento. "En África dicen que hay mucho diamante, acá hay muchos jugadores. La mezcla de raza (principalmente españoles e italianos, pero aquí tuvimos checoslovacos, yugoslavos, alemanes), la buena alimentación, la cabeza fresca y el deseo de triunfar definen el resultado. Han salido muchos futbolistas en cantidad y calidad. Esta ciudad se estiró y tenía espacios libres, había mucho campo donde hoy está todo poblado, y existían muchos potreros", expresa, mientras se lamenta por cómo fue ocupado cada espacio verde por el gris del cemento.

A partir de su perfil docente y sus años como entrenador, Salvador Capitano dice que "Rosario es la capital del fútbol, sin dudas", y opina sobre el futbolista de la ciudad. "Siempre que fui a dirigir afuera, llevé un argentino o más. Son ganadores, te ordenan el vestuario. Si encontrás buenas personas, investigando quiénes son, ayudan en todo aspecto al cuerpo técnico. El argentino es ganador, comparado al resto de Sudamérica y Europa. El chico rosarino quiere ganar desde los 4 o 5 años, no quiere perder a nada", expresa. Y reflexiona: "Tenemos que apuntar al entrenamiento, al esfuerzo. Ese jugador es al que hay que formar. Y nosotros lo tenemos. Son menos los técnicos y jugadores figurones. Contra todo ese circo es que hay que luchar", razona mientras habla del partido que Racing y Boca igualaron 2-2 por la Superliga 2018/19, en el que las protestas, por dentro y fuera de la línea de cal, nunca frenaron.

Sobre la pasión rosarina, quien fuera mano derecha de Solari manifiesta que "muchos padres piensan en salvarse a través de sus hijos". Enseguida profundiza: "La pasión está instalada desde que tengo uso de razón. En el último tiempo, gracias a la prensa, los empresarios y los montos de dinero, el fútbol ha cambiado muchísimo. Se hizo algo desmedido, pasaron cosas que uno hubiese querido que no sucedan. Pero esto no frena más, va a ir para adelante y cada día será peor. Entraron en juego los barrabravas, tomaron clubes y hacen negocios de todo tipo.

Es según cómo lo mires, están los que van a alentar y los que hacen lío, hay que separar y diferenciar la pasión de unos y otros".

También hace referencia a la cuestión de Omar De Felippe, exentrenador de Newell's Old Boys que ha sabido dirigir varios equipos del fútbol nacional. "Hay una pasión muy grande, pero es respetable y uno siempre intenta que no se traduzca en violencia. Esa es la realidad. Aunque es lindo y admirable cómo se vive y la manera en que cada uno siente su camiseta. Se vive diferente, pero en otros lugares es similar, como sucede en Tucumán. Ojalá no se pierda eso por el fútbol", opina, y también da su mirada sobre el jugador de acá. "Tiene unas condiciones técnicas superdotadas. He visto jugadores muy buenos, como defensores con mucha personalidad. Ojalá sigan saliendo, porque mejoran nuestro fútbol argentino a nivel selección. Hay muchísimos. Es una zona donde se captan muy buenos jugadores, y lo de Rosario es admirable. Nombres de selección, campeones del mundo, de un nivel extraordinario, muchos actuando en Europa. No hay que perder eso. Rosario es el epicentro, tal vez porque aquí están los clubes más importantes de la zona, y la mayoría cae acá".

Pablo Montenegro es periodista de Canal 3 y Radio 2, y opina sobre la exaltación con que se vive semana a semana alrededor del balón: "El fútbol moviliza a los rosarinos de todas las edades y estratos sociales, está presente en cada charla de café y ascensor, entre compañeros de oficina o vecinos. La pasión ha sido grande desde épocas fundacionales. Hay un gusto genuino por este deporte y se lo sigue por TV, radio o diario". Ariel Gómez, quien trabajó a su vez en el mismo medio radiofónico y en el novel canal 5RTV, añade su mirada. "La relación es una mezcla de amor, pasión y desenfreno. Central y Newell's se devoraron a Rosario como ciudad. Ha dejado de ser el lugar de la cultura, de la Trova y Fontanarrosa, para convertirse en uno de los puntos clave del fútbol argentino. Hoy al clásico rosarino lo quieren ver todos", asegura. Sergio Faletto, del suplemento Ovación de diario *La Capital*, va en una perspectiva similar. "El fútbol forma parte de la identidad de Rosario, por ende constituye un componente cultural muy importante que la ciudad debe preservar, porque la distingue. La forma más conveniente es aplicando individual y colectivamente el sentido común", apunta.

"La pasión es un elemento distintivo del rosarino. Y los hinchas la expresan de las más diversas maneras en pos de diferenciarse. Esta sociedad es un conjunto de idénticas características pasionales, pero canalizadas en dos clubes distintos. Para la existencia de uno, es indispensable la del otro", subraya Faletto. Montenegro asevera que "los hinchas de uno y otro son tan fanas de sus clubes como de su propia hinchada. Se vanaglorian de ser los más seguidores, aludiendo siempre a la fidelidad que los hace llenar las tribunas. Eso lleva a una comparación que pone siempre al fútbol en el centro de la escena, independientemente del presente de cada uno". Gómez, en sintonía, espeta que la ciudad "tiene dos representantes en la élite del país. Fueron creciendo y se produjo una polarización que ha sido alimentada peligrosamente, estando en el límite entre pasión y violencia".

También entra en juego el debate sobre cómo ha de tratarse en los medios de comunicación ese frenesí que existe desde la tribuna hacia afuera. Los lenguajes son muchas veces deformados y la búsqueda apunta a que los aficionados no tomen con total literalidad cualquier mensaje. "Los medios han sido una influencia negativa en el crecimiento de la violencia. Y cuando hablamos de violencia, no solo nos referimos a barrabravas, sino a los denominados genuinos -¿por qué genuinos?-. Se han excedido en el lugar que le dieron al hincha, tanto que hoy es casi igual de importante que los jugadores", reflexiona Gómez. Montenegro analiza: "Deben ser responsables a la hora de comunicar. En tiempos donde solo parece importar el resultado, hay que dejar en claro que el fútbol es solo un deporte. Un buen o mal resultado no cambia la vida de nadie". "Un comunicador es responsable de lo que expresa y no de la interpretación que hacen aquellos que viven predispuestos a ejercer violencia de cualquier tipo. El periodista tiene un compromiso social, pero existen receptores formateados por una mala concepción de la pasión. El fútbol es una parte minúscula de la vida", coincide Faletto.

Carlos Durhand, estadista del diario *La Capital*, aporta un dato peculiar que ilustra la manera en que los dirigentes rosarinos suelen pensar dos veces antes de contratar a un futbolista que ya actuó para el adversario máximo: "El último futbolista en jugar para ambos clubes grandes de la ciudad fue el arquero Juan Carlos Ángel Delménico, que atajó en 1975 para NOB y luego firmó en Central en 1981". Es decir, hace 38 años que no hay futbolistas que hayan jugado con ambas camisetas. "Más acá en el tiempo, hubo casos especiales. Carlos Gastaldi jugó en la Primera de Central en 1992 y en Reserva de Newell's dos años después. También, Jorge Drovandi y David Ollero, que fueron al banco de la Primera canaya y jugaron en Reserva rojinegra", asegura.

Por su parte, Diego Mateo y Cristian Colusso, identificados con las dos veredas más importantes del fútbol rosarino, agudizan el ojo y también opinan. El pensamiento que reflejan no abandona la concepción de la competencia que, desde la etapa juvenil, da vida al jugador. El excentrocampista de Newell's dice: "Somos una ciudad muy futbolera y, al haber dos equipos, se genera una competencia tal que crea pasión y rivalidad. Se compite en todo. El hincha de Newell's y el de Central está muy pendiente del resultado de su equipo como también por el de su clásico adversario. Eso hace que el fútbol sea tan pasional acá, a veces de manera desmedida. Probablemente, acá se viva con mayor intensidad que en otro lado. Con respecto a otros deportes, saca una diferencia abismal. Por ahí, te vas a otros lugares y por dar ejemplos, en Tucumán

el rugby le compite al fútbol. En Córdoba, el básquet es muy importante. Acá en Rosario, es solo fútbol, y los otros están muy lejos".

"Hay que tratar de civilizarnos un poco y estar más tranquilos. Evidentemente, somos muy futboleros y la pasión es muy buena, pero debemos controlarnos también", piensa el exvolante central rojinegro que nació en Roldán (a 30 kilómetros de Rosario) y se retiró de la práctica deportiva en 2016.

Desde su mirada, el exatacante de Rosario Central bucea más allá. "Creo que se pasó un poco de rosca. He estado con Kurt Lutman y muchos otros chicos haciendo averiguaciones para que vuelvan los visitantes a los clásicos. Hacemos charlas, vamos a clubes o facultades, y decimos siempre lo mismo: hay un límite. Desde el momento en que cantamos una canción en contra de nuestro rival, de 'los vamos a matar a todos'... Más allá de que sea folclore, a mí esas cosas me chocan. Hay que aprender a convivir con el otro. Le queremos ganar, pero hasta ahí nomás. Termina el partido y 'chau, loco, nos vemos'. Nosotros, con los jugadores, nos conocemos de chiquitos. Desde los 4 años que nos enfrentamos y en los partidos nos matamos, pero solo para ganar. Se nota que en los clásicos se deja la vida para llevarse el partido, aunque después nos cruzamos y tomamos un café, conocemos a la familia. Somos personas, es un juego y lo queremos ganar, pero ahí termina".

Colusso, que dijo adiós a su etapa como jugador en 2008, manifiesta que el mensaje se degeneró en demasía durante los años recientes. "Se atravesaron límites que no comparto para nada. En la vida misma, me comporto y dejo de mirar a los demás. No juzgo, y el que me juzga, allá él. Quiero lo mío, amo lo mío, y que el otro sea feliz con lo de él. Al fútbol se juega con una sola pelota, una vez gana uno, otra vez gana otro. No se puede ganar siempre. Si un día te cargan, la otra vez vas a cargar vos. Hay que sacar toda la presión". No obstante, el "Chiri" no comparte la mirada de que las familias ya no se acercan a los estadios para ver los partidos de su equipo: "Para nada. Nosotros vamos a un lugar que ya conocemos. Nuestros hijos se mueven tranquilos por la cancha. No es que las familias no asisten a los estadios. Si no van, será por temas económicos, no por otra cosa".

Acerca de lo que define al futbolista rosarino y sus características, las miradas parecen agruparse en un mismo mapa conceptual. Sus opiniones no son pura coincidencia. Mateo, en el mismo orden de lo que expone Martino acerca de la pampa gringa, dice que "hay una contextura física, a partir de los inmigrantes que han venido, que tiene mucho que ver. Salen, generalmente, chicos bien alimentados, que crecen bien. Es una región de las más ricas de Argentina". Y, junto a Colusso, aseguran que la competencia es la clave.

"Es la zona, no solo la ciudad. El jugador rosarino es habilidoso, muy virtuoso y entiende el juego, empieza a competir desde muy chico. Siempre está la discusión de: ¿Es buena la competencia en los chicos? Pero no me refiero a ganar sí o sí, sino al nivel. En Rosario, desde los más chicos, el nivel es muy alto. También la competencia en cancha de 7. Los rosarinos son futbolistas buenos de verdad y, si a eso le sumás los nombres de la región, podés hacer una selección que sea solo de acá. Hay muchos buenos jugadores, y están también los que no llegan. Todos conocemos chicos que no llegan", esquematiza el exCentral.

"Se ha perdido un poco el potrero con la cantidad de edificios que se han hecho. No sé cómo irá a repercutir eso dentro de 10 años, pero tal vez encontremos algo de diferencia en esos futbolistas virtuosos", cierra su mirada quien debutó con la camiseta "canaya" a mediados de la década del 90.

Desde su lado, el exNOB aporta su parecer: "El rosarino es un futbolista muy competitivo, porque es algo que se va generando desde que es muy chiquito. Es pasional, entrega todo dentro de la cancha. También es dueño de una gran técnica, por una cuestión de que aquí se juega mucho. El rosarino tiene mucha personalidad y carácter". Mateo también opina sobre la calidad de entrenadores surgidos en el gran Rosario y alrededores. "El técnico de acá es muy pasional, obsesivo por el fútbol. Eso es lo que ha llevado a muchos de la región a estar en el mejor nivel. Sin duda han tenido una muy buena formación desde inferiores, eso influye. Lo he vivido en la época de Jorge Griffa; hay un montón de chicos de aquella etapa, entrenados por él, que hoy están dirigiendo".

Las diferentes perspectivas aquí expuestas apuntan a que el gusto por el fútbol distingue al rosarino con respecto a otros lugares argentinos. El deporte rey ha pasado a ser un componente cultural más, pese a que el mensaje se ha deformado y la pasión a veces viaja hacia lo desmedido. Lo dicho en la prensa, argumentan los periodistas consultados, ha colaborado en cierta medida con ello. Es por eso que lo que se manifiesta detrás de un micrófono ha de ser riguroso, pese a que detrás de la televisión o radio haya receptores que orienten lo que escuchan hacia su lado de mayor conveniencia.

Un elemento distintivo, asimismo, del jugador rosarino, es la competencia a la que se ve sometido desde los albores de su carrera futbolística. Por esto no se entiende al deseo de ganar o conseguir resultados desde un principio, sino a la necesidad de insertar a un joven en un modelo que vaya más allá de la recreación. El futbolista es educado para pensar siempre que puede ser mejor, que puede dar un paso más. Desde Rosario al mundo.

RENATO CESARINI: FORMACIÓN Y FUNCIONAMIENTO

Durante más de cuatro décadas de historia, el propósito de Renato Cesarini siempre ha sido proteger el futuro. Sinónimo de docencia, educación y crecimiento a través del deporte, se transformó en una de las canteras más prolíficas del país, partiendo de un club que cobijara al colegio deportivo. Fue haciéndose a sí mismo como una institución eminentemente formadora de jóvenes y, pese a que llegó a estar en las primeras planas, nunca abandonó su intención primaria. Aquel fin con el que fue fundada en 1975 siempre fue el mascarón de proa dentro de sus intenciones.

Usina infinita en generación de talentos, nutrió al fútbol argentino históricamente. Lo hizo en sus inicios y continúa haciéndolo en la actualidad, con numerosos jugadores que emergieron desde allí al mundo y hasta alcanzaron etapas cumbres en mundiales. Por caso, en la final de la Copa del Mundo 2014 estuvieron presentes Javier Mascherano y Martín Demichelis, que salieron de las canchas de este club tan singular. Fue forjando su denominación como la entidad amateur más importante del país, dado que ninguna otra tiene los mismos alcances, instalaciones similares a las suyas o su capacidad de formación.

La pedagogía y la sapiencia allí se mezclan con el balón. El fin primordial es el crecimiento y la educación de los jóvenes dentro de la cancha, desde donde empiezan a incorporar conceptos para insertarse a la sociedad. Renato Cesarini toma al juego como un elemento totalizador, el lugar donde se encuentran diversos factores que servirán más adelante en cualquier otro ámbito. El fútbol como vía de aprendizaje futuro, inmerso en un camino repleto de valores.

Muchos chicos asomaron la cabeza desde el césped de Renato y alumbraron los estadios argentinos y mundiales. Los nombres se agolpan y, solo por añadir a algunos, podemos nombrar a Hermes Desio, Alejandro Saccone, Fabián Cubero, Javier Gandolfi, Andrés Guglielminpietro, Neri Bandiera, Juan Cruz Komar, Pablo Piatti o Augusto Solari (un apellido conectado íntimamente a las raíces del colegio). Incluso, el tucumano Joaquín Correa creció allí antes de destacar en Estudiantes de La Plata y saltar a Europa. Es que Renato cuenta con una inmensa red de ojeadores en todo el suelo nacional que cada año alimenta sus divisiones menores. La detección de talentos en otras partes del interior halla su encastre en el trabajo incesante que se hace en las canchas del predio.

A partir de México 1986, los jóvenes del club viajaron a los mundiales y dieron origen a la categoría "*sparrings*", aquellos jugadores que van al certamen como grupo de entrenamiento y apoyan a los convocados que irán por la gloria. Se hizo costumbre con la continuidad de Carlos Bilardo y en los ciclos de Alfio Basile (a Estados Unidos fueron dos equipos, uno para Argentina y otro para el combinado de Arabia Saudita, que dirigía Jorge Solari, el hombre más importante en la historia de RC) y Daniel Passarella no se modificó. Sin embargo, luego de 1998, Marcelo Bielsa decidió que ese trabajo pasaran a realizarlo los chicos de las selecciones argentinas menores. A pesar de no ser ya ese apoyo al equipo mayor, delegaciones del club se hicieron presentes en otras copas del mundo.

El club está situado hoy donde estuvo siempre, entre Rosario y Alvear, una localidad lindante a la gran ciudad. Comprende 35 hectáreas, con 52 canchas y una pensión en la que se alojan los chicos, en el microcentro. Allí es donde se empieza por mejorar la técnica individual de cada uno, para luego adaptarlo a un contexto colectivo y de equipo. Al desarrollo corporal y la recreación del deporte, los entrenadores agregan que los jóvenes puedan entrometerse en un conjunto, ser integrantes de un todo que los englobe. Infinitamente han perseguido esos objetivos dentro del club aurirrojo, aún en épocas en que los recursos fueron limitados. Emergió con ese fin y en él profundizó.

En tiempos donde lo urgente se impone por sobre lo fundamental y lo efímero reemplaza la búsqueda de un plan a largo plazo, la academia que lleva adelante el colegio es uno de los mejores ejemplos de que la enseñanza debe ser evolutiva, respetando etapas y períodos. Existen pocas instituciones amateurs que realicen una labor similar, sin los capitales que pueda aportar una organización con otros fines, como pueden ser las canteras de entidades consolidadas entre la élite futbolística. Renato se ha instalado como el gran semillero, llevando a un estrato mayor lo que hizo, entre otros de renombre, el club Parque en Buenos Aires.

Dentro del infinito predio situado a pocos minutos del centro rosarino, se respeta el placer por jugar, el sentido lúdico del juego. Y a partir de él, acumular experiencias que sirvan de unidad motora no solo para el presente, sino sobre todo para el porvenir. A través del deporte, los chicos incorporan aptitudes que pasan a ser de uno mediante la repetición constante. Allí se encuentra verdaderamente la gran virtud intrínseca de Renato Cesarini, que nunca ha dejado que una crisis pasajera lo absorba ni altere su funcionamiento o plan.

Los 15 equipos que forman parte del club compiten en las diferentes categorías del fútbol de la ciudad, al tiempo que sus jugadores incorporan un compendio de valores insoslayable, que no es más que el verdadero fin de Renato Cesarini. Apuestan a formar personas antes que jugadores, desde la niñez hasta que se alcanza la edad de jugar en la Primera. Se ha ganado una gran reputación producto de dar continuidad a un legado, independientemente de los varapalos acontecidos. Porque la vida nunca fue absolutamente color de rosa para un club amateur que supera las cuatro décadas de vida.

Tiempo atrás, numerosas giras internacionales se compaginaron con aquellos visitantes extranjeros que llegaron a sus instalaciones para observar el modelo y trasladarlo a otros territorios. También se brindaron clínicas de entrenamiento, preparación física y planeamiento (de ellas han participado nombres como Hugo Tocalli, Carlos Griguol, Edgardo Bauza, Miguel Tojo, entre otros), es decir que abarcaban la funcionalidad propiamente dicha. Nunca han tenido el propósito de esconder sus maneras. Mientras las inversiones en divisiones formativas escasean en muchas zonas del país, y también el futuro de las selecciones juveniles sigue siendo una incógnita, Renato actúa como una base que escapa al sistema.

El exfutbolista Kurt Lutman señaló en una entrevista, refiriéndose a los clubes de élite: "La institución sabe que de 100 jóvenes, van a llegar tres, y que todo el resto va a pasar mirando un futuro que luego le quitarán. Tiene que haber otras cosas, los chicos tienen que tener muchos más recursos de los que tenían cuando llegaron. Posteriormente, los clubes mandan el telegrama de despido y se desvinculan. Es casi un crimen". Pues bien, lo que distinguió siempre al club situado en las cercanías de la localidad de Alvear es lo contrario, una demostración de lo que realmente lo alejó del fútbol grande en su momento para tomar su nuevo recorrido.

Dentro del accidente de llegar o no a ser futbolista profesional y de la dificultad que acarrea el camino para lograr tal cometido, Renato actúa como escuela de vida, su mayor virtud, por la que fue condecorado cuando cumplió 40 años desde su fundación por el Concejo de Rosario. Brinda herramientas indispensables para que los chicos sepan defenderse por fuera del deporte y tomar nuevos rumbos si no han logrado dar el salto. También, con la idea de que la realidad no los atrape ni vivan dentro de una burbuja. Es ese el máximo activo del club, todo un triunfo si se mira el mundo futbolístico y su consumismo.

No solo la cancha y sus inmediaciones sirven para el crecimiento de cada niño, sino que en la pensión aprenden a organizar sus cosas y a vivir de manera colectiva. Alejados de los padres, alternan tareas de limpieza, cocina y lavado junto con el estudio, el factor más importante dentro de la estructura. Sin duda alguna, y con estos parámetros, la visión de futuro no se termina con una esporádica negativa a llegar al profesionalismo.

La finalidad del club, desde tiempos remotos y acaso contando desde el día uno de su fundación, ha sido el crecimiento de los jóvenes desde sus capacidades psíquicas, físicas y sociales, con lo deportivo como eje. En algún momento, las mieles de la máxima categoría pudieron encandilar su perspectiva principal, algo que no ocurrió ni desvirtuó las formas.

Pionero en formación como club amateur, sirvió de espejo infinito para otras personas que moldearon un club similar. Continúa siendo una base que observa cualquier grupo de trabajo que busca apostar al crecimiento de sus divisiones inferiores, observando las tareas de entrenadores metódicos y esquemáticos, estrategas y formadores de oficio y compromiso. Asimismo, pese a las semejanzas que han querido construirse en otras latitudes tomando a Renato Cesarini como punto de partida, el club rosarino ha permanecido como la institución del funcionamiento modelo, renovándose a cada paso, mientras exportó siempre jugadores desde sus canchas hacia ligas de mayor renombre.

Surgió tras que Jorge Solari decidiese replicar una escuela similar a la que vio durante sus años en México, y luego trasladó su intención a un grupo de "socios". Había trabajado en la Universidad Nacional Autónoma de Guadalajara y visto allí cómo funcionaba un instituto en el que los chicos daban el puntapié inicial a la pelota. Su búsqueda en tierras argentinas era hacerlo más expansivo, sin límites, en el que cualquiera pudiese crecer con naturalidad. Si bien en un principio fue el lugar propicio para aquellos nombres que no habían podido adentrarse en las divisiones inferiores de diversos clubes, más tarde mutó para ser una plataforma de crecimiento que abastece año tras año a la AFA.

Solari comentó la idea a sus hermanos Alberto y Eduardo, los hermanos Ermindo y Daniel Onega y Luis Artime, entre otros, y más temprano que tarde se pusieron manos a la obra. Acondicionaron el predio original, que en un principio era considerablemente más pequeño que ahora, y llevaron luz eléctrica a la zona. Los cuatro amigos fundadores habían compartido plantel en River Plate una década antes y, desde ese momento, forjaron una relación inquebrantable. La tutela de aquel equipo era de Renato Cesarini, un hombre que los marcó para siempre. Tanto que perpetuaron su nombre para la inmortalidad en la denominación del club rosarino.

Entra en escena Mario Spirandelli, quien era representante de Futbolistas Argentinos Agremiados en Rosario en la década del 70 y se encargó de toda la parte legal y jurídica en la fundación del club. "Jorge me dijo que el mejor técnico que había tenido, el mejor docente, era Renato Cesarini. Hay una anécdota que lo pinta a Renato de cuerpo entero: en una práctica avanzaba un jugador mirando una pelota, él paró la práctica y le dijo 'usted cuando maneja, ¿mira los pedales? En el fútbol y en la vida es lo mismo, levante la cabeza'", esboza.

"Lo máximo fue Renato, era un libro abierto. Cada palabra suya significaba una enseñanza", señaló Jorge Solari, según reproduce el libro *La vida por el fútbol* (Estudio Shift, 2004), del ya fallecido periodista Eduardo Amez de Paz. "Era primero en todo. Dominaba muy bien el sentido de cada frase, la aplicaba en el momento preciso", añadió quien debutó como jugador en Newell's y pasó por River y Vélez, antes de

dedicarse a ser entrenador y comenzar a trabajar en las inferiores de Rosario Central con Carlos Griguol. La labor en las juveniles canallas fue ni más ni menos que el paso previo a fundar el colegio.

Por su lado, Ermindo, otro de los grandes talentos que dio la región rosarina y sus alrededores, llegó al club millonario en 1956, tras que un ojeador se lo recomendara a Cesarini, que por entonces trabajaba en las inferiores. Tiempo luego, junto a Solari y Artime, fue convocado para jugar el Mundial de Inglaterra 1966. Junto a Daniel Onega, propusieron el nombre de la escuela, una designación que compartieron de buenas a primeras los otros miembros del grupo. De Renato Cesarini y su docencia solo existían, y se mantienen en la actualidad, palabras de respeto. Todos los jugadores que pasaron por su mano dijeron luego haber crecido, ser mejores.

Italiano él, Cesarini había llegado de muy joven a la Argentina y su camino futbolístico estuvo siempre fundido entre un país y otro. Fue campeón aquí y allá, como jugador y entrenador, grabando su apellido en la Juventus. Dirigió tanto a River como a Boca, dejando una huella indeleble en los de Núñez, y tuvo su paso transitorio por la Selección Argentina. Fallecido en 1969, meses después de dejar su trabajo deportivo, su nombre se estampó inmaculado en los libros de historia. Y en una institución que hizo gala de su capacidad formativa.

El club se afilió tres años después de su fundación al torneo de Primera División de la Asociación Rosarina de Fútbol y, en su incipiente participación, logró el título. La Copa Gobernador Molinas ya estaba en sus vitrinas, un campeonato que repitió otras dos veces a lo largo de la historia. Sin estadio propio, ya que sus instalaciones aún no estaban listas, deambulando por recintos de la zona como el de Coronel Aguirre en Villa Gobernador Gálvez (otra localidad que limita con Rosario), Renato se consagró en la primera vez que presenció el torneo. “Necesitábamos una proyección que nos diera más presencia, entonces nos afiliamos a la Asociación Rosarina. Íbamos a hacer un cuadrazo, a jerarquizar el campeonato. En una asamblea aprobaron que jugáramos, y ese primer año ganamos el torneo. Fue la única vez que Ermindo fue campeón en Argentina”, añade Spirandelli. En las filas estaban Solari, Ermindo y Artime, que habían vuelto a la actividad. Por aquel entonces, en los conjuntos zonales de Central y NOB daban sus primeros pasos Bielsa y Edgardo Bauza.

Un tiempo luego, Renato Cesarini alcanzó a jugar el torneo Nacional tras vencer a Chaco For Ever como visitante. El ascenso hacia lo más alto del fútbol nacional ya se le había negado ante el mismo rival unos meses antes. Se mantuvo dos años en la élite, con Jorge Solari como primer entrenador. Posteriormente, al equipo lo dirigieron Miguel Isabella, otro de los fundadores, y Daniel Onega. No obstante, fueron sus únicas dos temporadas en el escalón más alto, un lugar al que ya no retornó por sus alcances económicos y, más que nada, para fortalecer su paradigma formativo. Se había fundado con el objetivo de formar, no de competir en Primera División. "La idea de que el club sirviera de promoción al colegio fue brillante, pero aquello comenzó a debilitar lo prioritario", escribió en su obra Amez de Paz, periodista que fuera muy cercano a los creadores de la institución. Desde aquel momento hasta hoy en día, la filosofía que motivó el nacimiento del club no cambió.

"Continuar en Primera era difícil. Seguir intentándolo era imposible. Tenés que tener una cancha acorde, convocatoria acorde y demás cosas. Al principio, éramos muy mimados por Newell's y Central, y luego pasó a no ser tan simpático. Nos costaba mucho. No era lo mismo, cambió el país y las exigencias. Entonces, mejor quedarse en la formación de jugadores, jugando en la Rosarina. No se generan gastos. El objetivo hoy es, fundamentalmente, la formación de buenas personas, y estar nivelado económicamente. La meta ya no es llegar a competir en la élite. Es intransitable. Hay un montón de contextos en un país que te permiten hacer muchas cosas, hoy es imposible. Uno tiene que hacer bien lo que puede. Hasta aquí va bien y tiene un prestigio bárbaro. El club está asentado y encontró su lugar. Tiene relaciones con todo el mundo", expresa Spirandelli.

El fútbol es la planta, repiten actualmente como metáfora en el club y su pensión, refiriéndose al crecimiento de una semilla del mismo modo que Renato se reinventa con el paso del tiempo. El proceso en que crece un naranjo, aseguran, es el mismo al que se someten los equipos de las diferentes categorías en el esquema de la pelota. Si se continúa sembrando, dará frutos hoy y mañana, algo a lo que están acostumbrados en las instalaciones. Un punto que no pararon de alimentar y que tendrá futuro, entre otras personalidades, en los hijos de los docentes que hoy enseñan en Renato.

Una mirada al horizonte, desde cualquiera de las canchas que posee la institución, no bastaría para llegar con la vista al final del predio. El espacio verde cubre un sitio que parece infinito, con los campos de juego perfectamente delimitados, unos contiguos a los otros, y el césped parejo en cada terreno. La posibilidad de entrenar en cualquiera de ellos es una de las tantas facilidades que ofrece el club, con un sistema tan difícil de replicar como modelo en el mundo entero. Tras las letras gigantes que anuncian el nombre de la entidad, que pueden divisarse desde la autopista a Buenos Aires, llega el ingreso, el sendero de bienvenida, un árbol histórico con raíces gigantes -que puede servir como ampliación de la metáfora-, y las canchas como un lugar inacabable.

Viajar desde el club de entrenamiento hacia la pensión es trazar el recorrido por el que se alinean diariamente los sueños de los chicos. Ilusiones alimentadas por futbolistas que juegan en primeras ligas y que vivieron en el mismo lugar en que ellos lo hacen. El edificio ubicado en

calle San Martín, llegando a la esquina de Presidente Quintana, da la bienvenida con un retrato de Renato Cesarini y una condecoración histórica del Senado de la Nación, entre fotos históricas y actuales. Y en el patio, aún en el pequeño patio del que disponen los jóvenes que habitan en la morada, hay plantado un naranjo. Lo ven crecer a todo momento, así como se va haciendo cada vez más grande su intención de dedicarse al fútbol.

Dentro del trabajo metódico y la formación de jugadores, se halla una de las grandes explicaciones al porqué del inmenso talento rosarino. No solo por la cantidad de nombres que de allí han emergido, sino dado que su contribución ha ayudado a que la ciudad se transforme en capital futbolera. Del mismo modo en que es escuela, por sus instalaciones han pasado incluso entrenadores o preparadores físicos que hicieron sus primeras armas previamente a desembarcar en la élite, argentina o sudamericana. Allí descansan los ejemplos de Jorge Solari, Dalcio Giovagnoli, Eduardo Solari, Carlos Ramacciotti, Salvador Ragusa, Lito Isabella, Sebastián Beccacece, José Pascuttini y Jorge Sampaoli, entre otros DTs, y profes como Norberto Paciullo, Adrián Guibaudo, Bruno Militano, Jorge Desio, Rubén Cicapolli, Daniel Bernal, por solo nombrar parte de una lista interminable.

Renato Cesarini promueve un modelo que imitar, una manera que invita a disfrutar del juego con responsabilidad y elimina el miedo a perder. El libro *Funcionamiento, la excelencia del modelo Renato Cesarini* (2015, Librofútbol) ilustra: "Quien explique el funcionamiento promulgará el crecimiento colectivo por encima del individual, construyendo sociedades productivas y no individualismos inconducentes. Demostrará que el crecimiento asociado que permite alcanzar conlleva siempre el aumento de rendimiento y el lucimiento individual. (...) Como en la enseñanza de todo nuevo concepto, deberá seguir una progresión de lo simple a lo complejo, de lo individual a lo colectivo. Sin embargo, también propone el sentido inverso, casi un desafío, desde lo global a lo particular".

JORGE SOLARI: "RENATO CESARINI GENERÓ UN CAMBIO EN EL FÚTBOL JUVENIL Y NACIONAL"

Cada persona del ambiente futbolístico rosarino a la que se consulte por Jorge Solari, contesta que el Indio es un maestro, un hombre que innovó en el juego, un formador con todas las letras. Órgano vital del nacimiento y el progreso de Renato Cesarini como institución, conserva su sabiduría y transmite con profundidad su vida dentro del club. Cómo fue el camino tomado, la metodología de entrenamiento creada, la búsqueda de futbolistas por fuera de la zona donde está enclavado el club, el rumbo que siguió como entrenador. De eso y otros tópicos, como la evolución del fútbol, habló Solari, después de una larga charla con amigos en un bar de la zona oeste de la ciudad, donde se juntan cada lunes para debatir de fútbol y rememorar buenos y viejos tiempos.

Fue uno de los grandes incentivadores de la creación del club, un hombre que propició su crecimiento sostenido y que dio vida a su ideal, ese que modificó los medios de entrenamiento y aplicó su propia filosofía. Fue entrenador cuando el equipo llegó a los primeros y únicos nacionales que disputó, aunque nunca dejó de ocupar un rol fundamental en el organigrama cesarinense, por su capacidad formativa y los infinitos recursos adquiridos. Él, por caso, fue quien posibilitó que los *sparrings* comenzaran a ser asiduos compañeros de los jugadores convocados a cada Mundial.

Previamente a observar con detenimiento cada palabra que expone, es necesario un mini análisis de su camino como entrenador. El Indio dirigió en dos períodos a Newell's, destacándose primero por la gran labor hecha con un equipo integrado solamente por jugadores de divisiones inferiores (saldría campeón al año siguiente de su salida), y luego por las tratativas que posibilitaron el desembarco de Diego Maradona en el Parque Independencia. También dirigió en otros clubes argentinos como Independiente, institución en la que fue campeón, y entrenó a la selección de Arabia Saudita en el Mundial Estados Unidos 1994. Un maestro con mayúsculas, acaso la pata más importante de la estructura de Renato.

La creación de Renato Cesarini: "Lo pensamos mientras jugábamos en River, con los hermanos Onega y Luis Artime. Como jugadores siempre nos quejamos de los clubes. 'Mirá, nosotros lo haríamos de esta u otra manera'. Una vez terminada mi carrera futbolística, vine a Rosario y me junté con mucha gente, por ejemplo, Eduardo De Paz, un periodista que falleció, o mis hermanos. Formamos un grupo de 10, 15 personas, no éramos muchos. Empezamos, entramos a la Asociación Rosarina de Fútbol y armamos un equipo. Comenzamos a jugar en la primera local, y eso ayudó para traer cada vez más chicos. Al principio, en el club jugaban nuestros hijos, parientes, amigos de los amigos, pero no armábamos buenos equipos. Nos enfrentábamos a Newell's y Central y nos hacían 10 goles. Entonces dijimos: 'No, pará, basta de amiguismo, tenemos que salir a buscar jugadores'. También fuimos a contratar un técnico. Y empezó a funcionar. El club fue fundado en 1978. Lorenzo Biondo, presidente de la Rosarina, nos aceptó de buena forma. Revolucionamos la liga".

El objetivo de formar tras jugar los nacionales: "Había dos alternativas, jugar en Primera o mantenerse en divisiones inferiores. Para lo primero, uno tiene que tener una historia, estructura y trayectoria como

para tener gente. Rosario ya está copado con Newell's y Central. Había que irse a otro lugar. Y dijimos, entonces: 'Encarguémonos de divisiones inferiores, es lo que sabemos hacer'. El objetivo era cumplir con la función del club, con los chicos. Posiblemente, nos hubiésemos mantenido en Primera, pero nos hubiésemos fundido. La ilusión de cualquiera es jugar en Primera, pero se necesitan muchas cosas. Ahora mismo, un club tiene que tener 10.000 socios o muchísima plata. Hay que hacer una estructura que funcione, porque hay que cubrir sueldos y viajes, entre otras cosas. La institución no solo se forma con jugadores y técnicos, sino con socios y todo lo que está alrededor. Si quiere salir a vender una camiseta, tenés que tener relaciones. Así es para todo. Un club de abajo, que no tiene contactos, en el intento muere. Pensamos que podíamos manejar divisiones inferiores, nos iba a considerar un gasto que podíamos cubrir. Yo trabajaba profesionalmente. Al principio, hacíamos amistosos con los nombres de las figuras que jugaban, como Artime, Ermindo y Daniel Onega, y recaudábamos. También, compramos combis y colectivos usados para las colonias de vacaciones. Buscábamos recursos que pudiésemos hacer funcionar nosotros, pero todo cuesta".

Club formador, sobre cualquier otro fin: "Formar jugadores, sin intereses económicos. La meta nunca fue tener un lucro. Hubo jugadores cuyos traspasos dejaron unos pesos, por como es la ley ahora, pero siempre se repartió entre la gente que hizo los movimientos. Muchas veces se dan pérdidas. El club me dio muchas alegrías, satisfacciones, pero nunca pude vivir de Renato".

La metodología de Renato Cesarini: "El sistema de entrenamiento, acá en Rosario, lo hicimos nosotros. Funcionamiento con pelota, lo más parecido a un partido de fútbol. También empezamos a trabajar los espacios reducidos. El técnico es el que comanda todo; el PF trabaja a la par. Estamos ahorrando tiempo. Se trabaja la parte física con la táctica y técnica. Por ejemplo, quiero que la defensa sepa barrer, salir y volver, pero el profe está haciendo al mismo tiempo algo que le sirve a él, y empieza a manejar el ritmo. 'Jorge, le voy a dar más velocidad', y cosas por el estilo. Son elementos que no se necesitan al comienzo, pero sí a medida que avanza la competencia".

"Como yo era profesional, tenía la suerte de tener muchos amigos en Rosario. Armé un cuerpo técnico, con preparadores físicos que venían y se acercaban para aprender. Nosotros fuimos muy avanzados con respecto a los clubes profesionales. Antes, teníamos 10 canchas, aunque no todas eran profesionales. Cuatro eran de baby. Ahora, hay 52, con 26 y 26. Siempre fuimos adelantados. En el fútbol, lo más importante es la pelota, sí, pero si no tenés la cancha, ¿para qué querés la pelota? Lo fundamental era la cancha, y luego sí la pelota".

"Todo esto nos enseñó que teníamos que aprender. Fuimos los primeros en hacer clínicas en el país. Las escuelas de técnicos argentinos se manejaban con los videos nuestros. Pero también nos obligó a mejorar. Realizamos una clínica en diciembre, perfecto. Empezás a hacer un trabajo en febrero, y progresivamente lo vas perfeccionando. Nos reuníamos y preguntábamos qué estaba haciendo cada cual. Hacíamos todo más creativo y nos permitió adelantarnos a la época. Eso de jugar, tocar, salir desde abajo, nosotros lo intentamos hace 30 años, pasa que lo probamos con jugadores de Renato y sus rivales. No somos como los grandes equipos".

"Nosotros empezamos a hacer jugar a los arqueros con los pies mucho antes que otros equipos de Primera, de este país u otros. Nos dábamos cuenta que, dándole la pelota al arquero, te sacás el problema, y él juega con otro compañero. Aunque esto se da si quien ataja sabe jugar".

"Lo más importante para un técnico es saber seleccionar su equipo, más que nada en divisiones inferiores. Tenés que competir con Newell's y Central. Hay que salir a buscar, algo que acá no hacía nadie. El primero en hacerlo fue Central, donde trabajé en categorías menores. En la local, no había arquero, y trajimos a Ricardo Oso Ferrero de afuera porque un viejito nos lo había marcado. También trajimos a Zelada, campeón del mundo en el 86. Pensamos entonces, 'son buenos estos'. Y empezamos a buscar. También se dio que Central fue campeón en aquella época de Primera División, entonces iban 100 ahí y muy pocos a NOB. Don Armando Botti, gran presidente que tuvo Newell's, cambió aquello con Jorge Griffa, que equiparó al clásico rival buscando jugadores afuera. Ambos equipos empezaron a jugar en AFA, salieron campeones en Tercera División, pero avivaron a los porteños de salir a buscar chicos. Ahora, resulta que pasan cinco autos de Boca, cinco de River, tres de Racing e Independiente, y también uno de Renato. Antes, solo pasaba el auto de Renato. Era más fácil. Adonde íbamos, preguntábamos '¿quién juega bien acá?', y lo sumábamos".

"Primero, hay que copar la zona. Newell's y Central lo entendieron antes, incluso antes que los clubes profesionales de AFA. Nosotros, en Renato, aprendimos de ellos, mirándolos, hablando con uno u otro, y después están las relaciones. Llamo a algún pueblo, pregunto si conocen a alguien que juegue bien y, depende lo que nos digan, vamos o no a buscarlo. Hicimos 52 canchas en su momento, con el objetivo de organizar torneos. Nos sentamos, vemos los partidos, nos conocemos, a la noche comemos un asado y jugamos un truco. Hablamos de fútbol y les decimos a los técnicos: 'Traeme a este pibe'. Desde cualquier sitio. Sale muy caro ir a todos lados a buscar jugadores, solo los clubes grandes pueden hacerlo. Económicamente, nos fuimos cayendo, pero era una manera de competir. Y así fuimos trayendo muchísimos jugadores. También, en distintas conferencias, conocimos gente del fútbol, y después había que molestarlos y hacer una llamada para que acercaran jugadores. Las relaciones nos han ayudado un montón. Fuimos pioneros

en hacer acuerdos con los clubes. Promocionamos jugadores, algunos pibes a Primera van a llegar. Igualmente nos cuesta mantener la competitividad, porque se van muchos más jugadores que antes. Te desarman el equipo".

"La Asociación Rosarina tiene mucha competencia. Y Renato está inmerso en ello. Con nuestros jugadores, los rivales, buenas canchas. Cada categoría tiene cuatro playones, y cada día entrenan en una diferente. Regulando, cuidándolas, cortando el césped, la pelota corre. Lo aprendimos desde chicos, cuando fui a jugar a Europa. La pelota se me iba y era porque ellos tenían el césped muy cortito. Allá, la pelota era ideal y la cancha un billar".

Renato Cesarini persona: "Fue un técnico superior a los demás. Tenía mucha calle. Era un italiano que vino acá al año de vida. Hizo toda su infancia acá y volvió a Italia, donde salió campeón y fue un técnico muy renombrado. Aunque acá no era tanta su importancia. Se fue a México, vino de nuevo para acá, trabajó en inferiores de River y luego comenzó a trabajar en Primera. Tenía mucha labia, se caracterizaba por ser muy buen conversador, pero era un adelantado. Los tuve a todos: Osvaldo Zubeldía, Ángel Labruna y Juan Carlos Toto Lorenzo eran buenos técnicos, pero Renato estaba más allá. En aquella época, nos cuidaba que no fumáramos y nos alimentemos bien, sin estimulante alguno. Eran tiempos en que los estimulantes parecían estar de moda en el fútbol argentino. Como persona y como entrenador, era un adelantado. Renato sabía de todo, no solo de fútbol. Agarraba la manija y uno se quedaba siempre escuchando, aun cuando pasaban varias horas. Un tipo apasionado, que conocía y tenía dichos para todo".

Renato Cesarini club: "Generó un cambio. En el fútbol juvenil, primero, y luego en el fútbol nacional. Sobre todo, por la enseñanza. Acá hay, hubo y habrá buenos técnicos, buenos preparadores físicos. En lo que refiere a entrenamiento, siempre estuvimos muy bien, y siempre hicimos clínicas. Nadie hace nada solo. A Renato lo formamos con todos los técnicos y preparadores físicos que tuvimos, y los papás y mamás de cada chico. Por ejemplo, a Brasil 2014 fuimos con 120 pibes y todos colaboraron. Si la gente ve que le das para adelante, que la plata la ves pasar, te ayudan. Por ahí, era yo el que iba al frente, el que ponía la cara, pero así arrastro a todos los demás tras la causa".

Los *sparrings* de las selecciones: "Con Renato, fuimos los primeros *sparrings* de la AFA, en el Mundial 1986. Ya en el 82 habíamos llevado a los chicos a una gira, pero yo me vine antes, no aguanté el cimbronazo. No conseguíamos partidos. Antes, eran 22 jugadores convocados y, si se lesionaba alguno, debía jugar el utilero. Entonces, antes de viajar a México fui a hablar con Bilardo, a quien conocía de mi paso por Estudiantes. Le dije 'te llevo a los pibes, todo autogestionado'. Carlos era un obsesivo, por ahí eran las 10 de la noche y llamaba 'que vengan

los pibes'. Practicaba algunos tiros libres, a favor o en contra. Y nuestros pibes estaban contentos, imaginate, una alegría bárbara. También Maradona le decía al masajista Miguel Galíndez: 'Atendelos a ellos primero, se matan corriendo, más que nosotros'. Tras eso, empezamos a ir a todos los mundiales, hasta que llegó Marcelo Bielsa y empezó a llevar a los sub 23. Pero eso ya era diferente a lo nuestro, los jóvenes de Renato solo querían ir a la cancha, jugar y aguardar lo que le dijera Bilardo".

Paralelismos futboleros en el tiempo: "El fútbol, dentro de 20 años, va a ser mucho más rápido. Hay que preparar a los jugadores para eso, con una cancha óptima. Los europeos ya no solo tienen las canchas de primera en buenas condiciones, sino también las de inferiores. Es decir, los nuestros están aprendiendo en una escuela donde el pizarrón y los asientos están rotos, o entra viento por todos lados. No pueden aprender, pierden un montón de años, y la enseñanza va despacito. Allá va mucho más velozmente. La ventaja que tenemos es que allá no tienen tantas canchas como acá; los países son más chicos y no hay mucho espacio disponible. Antes, en Rosario había muchas canchas, se podía jugar en cualquier lado. Ahora, las edificaciones taparon todo y hay que ir a jugar afuera. Pero el afuera no está muy lejos. Allá no tienen esa posibilidad, por eso siguen llevando jugadores africanos o sudamericanos".

"El fútbol de ahora supera al de antes. En tiempos pasados, la cabeza actuaba de otra manera, los pibes nos impresionábamos por el marco y lo que nos contaban. Pero los tiempos cambiaron y el público se ha hecho más exigente".

"La táctica y la técnica han mejorado muchísimo en el último tiempo. Durante mi época como jugador, los domingos jugábamos, lunes descansábamos, martes y miércoles iba el preparador físico. El técnico solo trabajaba los jueves y domingos, día de partido. 'Tengamos cuidado, este equipo es embromado, perfilate bien, cubrilo', nos decía. Antes, de táctica, había poco. Ahora, el técnico tiene que preparar a un equipo como si fuese a rendir un examen. Luego, cuando llega la hora de jugar, el futbolista tiene que saber cómo es cada página del libro entrenado. Hoy en día, si tu rival va ganando 1-0, se tira atrás. El técnico grita '¡por afuera, por afuera!' y pone un wing, aunque los jugadores van por el medio, porque se piensa que es la manera más rápida de llegar en el apuro. Sin embargo, ¿le enseñaste a ir por afuera? ¿No? Bueno, eso debe estar mecanizado. Si el jugador no lo entrenó, no lo puede hacer. El juego se ha hecho más complicado tácticamente".

"Desde nuestra posición, tratamos de ayudar. La enseñanza de las escuelas de entrenadores es muy mala, no hay gente capacitada. Los técnicos están mal preparados y encima nadie les enseña. Visitás pueblos cercanos a Rosario, llamás a los entrenadores y no tienen mucha idea. Con las nuevas tecnologías pueden incorporar teoría, pero la parte práctica es difícil aprenderla. Hay que armar buenas divisiones inferiores

en lugares donde los equipos no son tan potentes, no hay buenos técnicos ni buenas canchas, tampoco preparadores físicos, y estás dando ventajas. Habría que mejorar todo esto. Sucede lo mismo a veces con dirigentes que no tienen capacitación ni presencia".

ROBERTO RAMÍREZ: "RENATO ES VISIÓN, PROTEGER EL FUTURO"

Roberto Ramírez gesticula con ambos brazos, habla con pasión de su trabajo en el club, una tarea que ya lleva medio siglo. Acompañó a Jorge Solari como ayudante de campo en diversos clubes, como Almagro, Tiro Federal y Atlético Tucumán. Siempre, de todos modos, regresó a la pensión de Renato, de la que hoy es encargado al tiempo que dirige a la categoría 2003. Es el lugar donde se siente pleno, y habla con la velocidad inusitada de los que no quieren dejar escapar detalle. Un hombre que demuestra, en cada palabra, su identidad con los aurirrojos.

-¿De qué manera viven los chicos en la pensión?

-Es obligatorio ir a la escuela. Los chicos de hoy van todos a la secundaria. Aprenden a cocinar, tienen consignas para tender su cama, limpiar sus lugares. Esto es como en Primera División, cada uno tiene su trabajo. Una escuela de vida, todos tienen órdenes. Cesarini, don Renato, se lo enseñó al "Indio", a los Onega y a todos los fundadores, y ellos lo trasladaron. El lema nuestro es "Proteger el futuro", el porvenir del chico. Vos de acá te vas, tal vez no seas jugador de fútbol, pero sí serás una buena persona. Con el convencimiento de que, por ejemplo, si ponés una verdulería, tenés que ser el mejor verdulero, el mejor en todo. Esto es competencia, no podés esperar que te caiga algo del cielo. Nunca cae nada, hay que salir a buscarlo. Allí también está la metodología. Cada categoría tiene su técnico y conoce el lugar que tiene que limpiar, la cancha que tiene que cuidar.

-En torno al funcionamiento, ¿cómo son los entrenamientos?

-La disciplina es clave, como los horarios. Si no entienden un ejercicio, se lo volvemos a repetir hasta que lo entiendan. Una vez que lo tienen, saltamos a otro. Así, vamos enseñando muchas consignas: tocar y mostrarse, a la vuelta no te encierres, despejá apoyando, perfilate al recepcionar. Y eso no lo digo yo solamente, lo decía Javier Mascherano. Es convencer de que lo que digo es para el bien, para que crezcas en todo sentido. Como jugador o para que sepas invertir tu dinero. Son bases que también usamos los entrenadores, para mejorar los lugares a los que vamos. Por los conocimientos y las formas, todo con sacrificio.

-El club se ha ganado la reputación de recibir jugadores de todos lados.

-De todo el mundo. Hasta hace poco tuvimos en la pensión a dos rusos. Uno vino a hacer su pasantía, para mejor técnica y juego. Son casos particulares, no se puede fichar a un jugador extranjero en la Asociación Rosarina de Fútbol, entonces les hacíamos un trabajo de planificación aparte. También tuvimos japoneses, como uno que se llamaba Ichigo. Son historias que te dejan anécdotas bárbaras. Actualmente, hay también jóvenes ecuatorianos, como otros que vinieron cuando Jorge Solari trabajo allá. En esa época en el club laburaba también Salvador Capitano. De Colombia hoy está David Cuadrado, un arquero con mucho futuro: grandote, flaco, alto, ataja muy bien. También jugadores de todo el país. De Ushuaia, Gabriel Mapusi. De Buenos Aires, Córdoba, Chaco, Salta. Todo es por contactos y amigos. "Mirá, tengo este jugador", "bueno, mandalo".

Sentado en el patio de la pensión, se refiere al futuro con total esperanza, seguro de que el trabajo que se hace día por día brinda sus dividendos. Pero también bucea en el pasado, hablando sobre dos futbolistas que vivieron desde muy jóvenes entre las paredes de Renato y hoy deslumbran en los estadios europeos: Pablo Piatti y Joaquín Correa. "A Joaquín lo vimos cuando hacíamos pruebas en Tucumán. Los lunes no entrenábamos en Atlético y salíamos a hacer clínicas o pruebas. Él estuvo tres años en la pensión, como Mascherano, Martín Demichelis o Víctor Fernando Cabrera (estuvo en River y hoy juega en el Montreal Impact de Canadá). A Pablo, por su parte, lo querían muchos clubes, pero decían que era muy chiquitito. Era un avión a chorro. En Estudiantes la rompió. Un chico extraordinario, con un poder de mente espectacular. Siempre era el primero para todo. Me acuerdo que tenía poca plata y le decía al Indio Solari que el auto estaba sucio, para lavarlo y hacerse unos mangos", explica.

-¿Cuál es la metodología futbolística de Renato Cesarini?

-Siempre nos caracterizamos por entrenar todo lo que se trabaja en Renato. Es funcionamiento. Son trabajos con consignas. A nivel profesional es lo mismo, aunque lo hacemos diferente porque son más inteligentes, dicho entre paréntesis. A todos los vamos llevando de a poco, la metodología de Renato es una de las mejores del mundo. Nosotros no ocultamos nada. Enseñamos cosas que, si querés, las tomás y las predicás después. Depende de la calidad de jugadores que tengas, podés hacer jugadas. El funcionamiento te va llevando a lo que puede venir. Esto es visión de futuro, y protegerlo. El deporte salva, no económicamente, sino en la vida.

-¿Cómo es el funcionamiento del club hoy en día? ¿Es algo que se respetó desde el primer día?

-Sí, obvio. En los horarios, la vestimenta, la limpieza, todo. En el predio hay 50 canchas, muchas más de las que había en un principio, lógicamente. El Indio era y es un visionario. Sabía que había que tener canchas. Es así, si soy mecánico y no tengo herramientas, ¿qué voy a hacer? Todos los jugadores, vengan de donde vengan, tienen lugar, los vestuarios miden 15 metros por 18. Con lluvia o cualquier condición, se puede jugar. El lugar es espectacular, no sé si hay algún otro club en el mundo que tenga un predio de entrenamiento similar. Acá ha venido hasta Joan Gamper, quien fuera presidente del Barcelona. Hay contactos con todo el mundo, son necesarios.

-¿Cuál es el objetivo de Renato? ¿Seguir formando?

-Hasta que nos muramos todos, el objetivo va a ser formar jugadores. Hoy está Jorgito (hijo del Indio), va a seguir Augusto Solari (hoy titular en Racing) y así sucesivamente. Es la base, el equipo que no cuida las divisiones inferiores, muere. Tiene que comprar. Como una planta de naranja, ponés la semilla y de ahí sale. Es la metodología que te lleva a todas estas cosas. Cada uno que pasa por acá, marca historia. Renato te hace ser mejor, enseña que hay que darle para adelante. Eso es espectacular.

-A pesar de alternar con otros trabajos, siempre volviste a Renato Cesarini

-Claro. Es lo que uno siente, como los que están hoy en día y los que se fueron. Juan y Miguel Rossi, Pedro Capitano, Hermes Desio, gente que trabajó en muchos lugares y estuvo acá. Chicos que hoy en día son grandes técnicos y han pasado por Cesarini. Te marca, uno sigue y el otro pasa y se va.

-¿Qué tipo de futbolista considerás que sale de Renato?

-Primero que nada, va a salir buena persona. Nosotros predicamos con el ejemplo, algo que aprendí de Jorge Raúl Solari. Es todo cuestión de orden, que vayan entendiendo la metodología. El jugador será muy inteligente para el fútbol, y seguro que luego será técnico. Porque la pasión que implantamos nosotros es algo que no se pierde.

“Lo lindo es que puede pasar cualquier cosa. Incluso al mismo jugador. Podés estar acá y de repente te dicen, ‘tenés que ir a entrenar a River’, y tenés que ir. O a Estudiantes, a Vélez Sarsfield, San Lorenzo. Y salen, jugadores siempre salen de Renato, bien entrenados, con orden y dinámica, que entienden el funcionamiento y las consignas para llegar”, añade.

-¿Qué significa para usted y su carrera deportiva Jorge Solari?

-Es un libro abierto. Una gran persona, un gran amigo. Estuvimos en las buenas y las malas, nos ayudamos continuamente. En el fútbol, como todo, tuvimos alguna diferencia, pero le hacía caso a él. Todo lo que aprendí se lo debo al Indio. Trabajé en el Argentino A, Nacional B y

Primera División, conocí un montón de lugares y personas gracias a él y al fútbol: Diego Maradona, Lionel Messi, Roberto Perfumo, Alfio Basile, Edgardo Bauza, Carlos Bilardo, Jorge Burruchaga, y puedo nombrar mil más. El Indio nos enseñó todo esto, a dejar todo lo que se le pueda al club. Porque lo más lindo que hay es un club, que saca a los chicos de la calle.

La charla, que se extiende con total naturalidad con el fútbol como eje, navega por diversos tópicos. Ramírez dice que en el 2019, Renato Cesarini volverá a dar clínicas y asegura que el club está creciendo mucho. "Con todos los gastos que tenemos, estamos un poco cortitos. De todas formas, cualquiera está invitado a venir, a visitar el club o traer jugadores", expresa. Mientras habla con orgullo de su trabajo, manifestando que "todo lo hacemos por dedicación al club", dice que cuenta con todas las facilidades: "Nuestra categoría tiene cuatro canchas. Si llueve, vamos a la última. Si queremos hacer fútbol rápido, elegimos cuál. Tenemos todo, incluso un colectivo que levanta a los chicos en la puerta de la pensión, los lleva al predio y los trae nuevamente".

"Renato Cesarini fue uno de los pioneros en el fútbol femenino. Hoy en día están jugando en la Asociación Rosarina de Fútbol. Recuerdo que, en el 2001, el Indio trajo de Estados Unidos una selección, después de una clínica. Estuvieron una semana en Renato", dice y vuelve a inflar el pecho. Y cierra con una metáfora, la de la planta que es testigo fiel de la entrevista.

"Es fácil comprar en la verdulería, pero tenés que tener plata. Enfrente nuestro está la planta de naranjas. Un chico come una dulce, qué rica. Agarrá la semilla, tapala con un poco de tierra, y es tan linda la naturaleza que te va a dar una plantita que cuidar. A los años, va a estar grandota. Te vas a casar, vas a tener hijos, y ellos van a comer ese fruto gracias a que vos pusiste la semilla. Y lo mismo pasa con Renato, acá va a estar tu hijo y el hijo de tu hijo. Por eso, mantén las instalaciones, no rompas, ordená, trae cosas buenas, porque el día de mañana ver jugar a tu hijo al fútbol va a ser lo más lindo del mundo. Como lo es hoy para mí con todos. Ha pasado y va a seguir pasando. Todos los que se fueron de Renato, tienen un rinconcito en el corazón que es el del club. Es la identidad que te dan los años", explica como colofón.

SALVADOR CAPITANO: "EL OBJETIVO DEL CLUB SIEMPRE FUE FORMAR"

Salvador Capitano es un innovador, pilar clave en el organigrama de Renato Cesarini a lo largo de su historia. Fue parte del club desde sus inicios, ya sea dentro como también fuera del campo de juego. Profundizó en las bases de entrenamiento, que por aquel tiempo eran renovadoras y anticiparon el modernismo. Bases que aunaron la preparación física al juego, con el objetivo de ahorrar tiempo de preparación y, sobre todo, de potenciar la técnica individual al servicio colectivo, mientras se administraban las cargas generales de cada práctica. La unión de los principios hace la fuerza.

El hombre, que no deja detalle librado al azar cuando se refiere a la entidad rosarina y habla con pasión de los inicios en sus instalaciones, se retiró joven del fútbol a causa de una lesión. Aunque, mientras jugaba sus últimos minutos como profesional, y se hacía presente en los nacionales que disputó Renato en los albores de la década del 80, hacía sus primeras armas como entrenador. Se insertaba en diversos entrenamientos, mamaba la ideología del club, la hacía propia, y fue allí donde comenzó a trabajar luego desde el otro lado de la línea de cal. Su relación con la camiseta aurirroja y, principalmente, con Jorge Solari, se mantendría por la eternidad.

Juntos trabajaron en Newell's e Independiente, siendo Toto el ayudante de campo del Indio. De hecho, trascendió sobremanera el trabajo de ambos en la Reserva rojinegra, donde lograron consagrarse en tres campeonatos consecutivos; ya en Primera División, dieron vida a un equipo formado por jugadores del club que terminó siendo subcampeón, un grupo de futbolistas que al año siguiente se coronó al mando de José Yudica. En el Rojo, en tanto, repitieron títulos de la categoría inmediatamente inferior a la élite y lograron subirse al primer lugar del podio en el torneo de Primera de la temporada 1988/89. Ya en su lugar de primer entrenador, Capitano alcanzó la gloria en Ecuador -también dirigió en Colombia, México, Chile, Uruguay y Perú-, con títulos en Emelec y Barcelona (declarado mejor técnico del año en tres ocasiones). Dirigiendo a los azules, fue invitado de lujo en 1993 al amistoso que ofició de bienvenida a Diego Maradona a Newell's. Con gol del 10, los de Solari vencieron a los ecuatorianos.

Capitano habla con pasión desde un rincón de su heladería, situada por calle Avellaneda en la ciudad de Rosario, y se refiere a cada tema de su vida futbolística, desde los inicios de Renato Cesarini a las clínicas brindadas, de la concepción de futuro del club a su objetivo primordial. Deja muchas frases de cabecera y hasta se permite una última reflexión de su paso por Ecuador.

“Estuve primero como jugador. Renato Cesarini empezó con la Primera más cuatro categorías, fue avanzando muchísimo con las escuelas de fútbol y divisiones infantiles, entre otras cosas. Durante las vacaciones, la institución llegó a tener más de 2.000 chicos practicando fútbol o natación. Me fracturé tibia y peroné en Renato y me hice técnico de muy joven. Empecé a trabajar allí, después trabajé tres años con Solari en Newell's. Tenía 28 años y debuté dirigiendo a un equipo de Primera en soledad, cuando con NOB tuvimos que ir a Colombia”.

“Jugué el torneo Nacional del 83, el anterior no pude porque estaba fracturado. Al mismo tiempo, jugaba y ayudaba en las categorías. Cuando estuve lesionado, hice el curso de técnico y empecé a dirigir. Jorge me llevó con él a Newell's, donde salimos campeones tres años seguidos con la Reserva, y dos veces fuimos subcampeones. Todo con jugadores de las divisiones inferiores del club”.

“En aquella época, era todo muy distinto a hoy, sobre todo en lo que respecta a entrenamiento. Ahí fue que Renato Cesarini sacó mucha ventaja. Solari tenía una forma de ver las cosas que era distinta a la de los demás, a él se lo puede llamar ‘maestro’. No por el hecho de fundar un club, sino por la metodología que inculcó”.

“El Indio Solari siempre fue haciendo progresar su metodología. Nos decía que nosotros incluso teníamos que mejorar lo que él hacía, que la parte física no era lo esencial, que teníamos que buscar métodos para que el jugador entrenase siempre con balón durante el poco tiempo que tiene de infantiles. En Renato, fuimos pioneros en trabajos en espacios reducidos, mientras teníamos la contra de muchos equipos de Buenos Aires que decían que eran picaditos, que no servían para nada. No era así como hablaban, teníamos un reglamento, buscábamos ciertas cosas específicas dentro del juego. En la semana, dábamos mucha importancia a la pelota, porque vos podés correr cinco días seguidos y, cuando vayas a jugar el domingo, la pelota te va a rebotar todas las veces. La técnica individual, sumada a la técnica colectiva, es lo más importante en el fútbol. Luego vienen la táctica, la estrategia, la parte física, pero nosotros siempre tuvimos esto como bandera, la pelota ante todo. Con los juveniles, nos dio mucho resultado. Pasamos a implementarlo en los mayores, los profesionales”.

“Había una muy buena búsqueda de jugadores. Renato significaba el paso previo a Buenos Aires. Nosotros hablábamos directamente con las familias. Hay miedo cuando, por ejemplo, un chico de Corrientes debe ir hacia Buenos Aires, por lo grande que es la ciudad y la imposibilidad de ir a algún lado. Renato es un paso previo, más cercano a su casa. Toda esta zona, las provincias de Santa Fe, Córdoba y Entre Ríos las teníamos tomadas con la gente que buscaba a los niños para traerlos. A los padres les gustaba que, previo a un paso mayor, sus hijos pasaran por Renato. Había un muy buen trabajo técnico, de preparación, de ir for-

mando al chico. Siempre estuvimos un paso adelante. Íbamos al interior a buscar jugadores. De acá, tal vez venían chicos de la villa. Pero los que venían de otros lados, llegaban comidos, bien fuertes, del campo".

"Empezamos a cambiar la forma de entrenar. Los preparadores físicos tenían que saber de fútbol, preparar trabajos relacionados. El Indio decía que muchos técnicos no dejan hablar a los profes, nosotros éramos lo contrario. Los preparadores deben entender lo que necesitamos en lo físico y técnico, que lo puedan hacer de forma conjunta. Ganamos tiempo".

"Los europeos llegan a Primera División y ves que juegan a un toque, es porque los campos de juego son planos y de césped sintético hace muchos años, con buena hierba. El hecho de la recepción del pase y entregar la pelota se hace con mayor velocidad, el piso te hace jugar más rápido. Pude verlo cuando estuve en Ajax, viendo cómo trabajan desde los chicos a los profesionales, o Real Madrid, Barcelona y Juventus. Viajé a muchos lugares para ver de qué manera se trabaja. Acá, en los huecos, en las canchas malas de la Asociación Rosarina de Fútbol y otras ligas, el jugador de infantiles y juveniles debía prestar mucha mayor atención a la recepción y se hizo más driblador. Allá jugaban a un toque, acá el lugar es diferente y forzó a los chicos a actuar de otra manera. Un jugador quería parar el balón, le picaba y salía para arriba, se tenía que acomodar de nuevo; lo apretaba uno y enseguida tenía que gambetear. Ahí radica la diferencia principal entre el fútbol europeo y el sudamericano, no solamente argentino".

"Hicimos muchísimas clínicas de fútbol, nacionales e internacionales. Nos llamaban de todos lados. Éramos los primeros en exponer en los congresos de la asociación de técnicos argentinos. Todo era por nuestra metodología, la que aplicábamos en Renato Cesarini. Fue un gran apoyo para que salgan jugadores".

"Este sector, de Santa Fe, Córdoba, Entre Ríos y demás, ha sido impresionante por la cantidad de chicos que han jugado. Aquí en Rosario hay cuatro ligas de infantiles. Cada una debe tener 2.000 niños jugando, empezando en infantiles de 4 o 5 años. Es una gran cantidad de pibes que se va renovando año tras año. Hay categorías que tienen dos o tres equipos. Para mí, la clave es esa. Es allí donde radica la diferencia. La segunda causa tiene que ver con los chicos del interior que llegan bien comidos. Después, si se mejora el entrenamiento, si vienen chicos del interior con aptitudes físicas, todo se va perfeccionando. Algunos chicos llegan con falta de trabajo, pero ves que sacan ventaja. Lo fundamental es lo siguiente: la base de la cantidad de jugadores que sale es de acuerdo a la cantidad de jugadores que juegan en infantiles".

"El objetivo del club siempre ha sido formar, ya no se busca algo similar a competir en los nacionales. Hoy en día, no estoy muy metido en el club. El Indio, cuando quiere, se sigue metiendo en las canchas y dirigiendo a algunos chicos. El objetivo del club lo va a dictar el hijo de Jorge, que maneja los hilos, pero siempre se apuntó a los chicos y no se va a ir por otro lado. Es imposible. Cuando jugamos torneos nacionales, podríamos habernos metido en la discusión, pero no se decidió eso".

"La gran virtud del Indio Solari siempre fue dejar un equipo armado, un escenario propicio para el entrenador que lo reemplace. Siempre dijo que, cuando nos vamos de un club, debemos dejarlo mejor de cómo lo encontramos. Y los que nos criamos a su lado, tratamos de replicarlo".

"Renato Cesarini es una escuela de vida. Siempre ha sido así. 'Proteger el futuro' es nuestro lema desde el principio, desde que nació. Se piensa siempre en preparar al chico para el adentro y el afuera. Solari, que es el más grande de todos, arma un grupo de pibes y da una charla. Por ejemplo, antes de viajar al Mundial de Brasil con 120 jugadores más los profes, les habló de algo por fuera del fútbol. Juntó a 200 chicos y dijo 'hasta hoy, tiene la suerte de viajar tanta cantidad de personas, disfrútenlo. ¿Por qué? Porque no se sabe quién va a llegar a Primera División'. Todos decimos lo mismo, a lo mejor de esos 120 llegan 10 o 12. Pero, tomando algo que también Jorge dice, hay que ser vivo en la vida. Vos dejás el fútbol y ponés una verdulería, aunque tiene que ser la mejor de Rosario. A mí, Jorge me decía: 'Capitano, usted tiene la mejor heladería de la ciudad'. Intentar ser siempre el mejor, proponerse metas, cumplir, lograrlas".

"Ahora hay muchas posibilidades de llegar a Primera, tenés la A, B Nacional y Metropolitana, C, D, los torneos federales, China, Japón, India,-Marruecos. Hay más opciones para los chicos, tenés mínimas condiciones y no jugás en Newell's o Central, pero vas a Acassuso. Observemos, sino, lo que sucede en la Copa Argentina, siempre competitiva".

"Muchas veces me da vergüenza la forma en que se intenta ganar un partido en Argentina. El fútbol podría ser mucho mejor de lo que es, sacando los jugadores que podemos sacar y enseñando el camino que se debe seguir. Pero también aparecen muchos entrenadores a los que no les importa nada y piensan que ellos ganan los juegos; es mentira, los partidos los ganan los futbolistas. El técnico aporta un montón de cosas, pero el que decide es el jugador. Debemos apuntar a otra clase de entrenamiento, de respeto, para formar. Y esos chicos están, los hay, los tenemos. Es una minoría la que hace lío, los figurones. Contra ese circo es que hay que luchar".

"Trabajé mucho en Ecuador, adonde llegué en 1992. Cuando volví para acá en el 96, después de ganar dos títulos con Emelec y Barcelona, a su selección la agarró un entrenador colombiano (Francisco Maturana primero, Luis Fernando Suárez después). Yo decía: 'Ojo con la camada de nuevos jugadores ecuatorianos'. Empezaron a mejorar los entrena-

mientos, a organizarse mejor. En aquella época, no salían grandes jugadores, el único era Alex Aguinaga (se había ido a México). Aunque, a fines de los 90, empezaron a vender jugadores afuera. Salieron futbolistas rápidos, técnicos. No son muy aptos en la velocidad mental, pero en lo físico, la potencia y la gambeta han irrumpido jugadores impresionantes. Tras eso, se clasificó a tres mundiales, quedó afuera por poco del último, por problemas administrativos ajenos. Se agrandó todo lo que es el sector infantil. Roque Alfaro Moreno, a quien tuve en Independiente y Barcelona, puso luego de su retiro una escuela de fútbol en Guayaquil y tenía 5.000 chicos, una cifra impresionante. Tuvo que ir a buscar un predio, achicar las cantidades y así poder bancar a toda la gente bajo su nombre. Tenía la parte recreativa y la que competía. Mucha gente empezó a ir a sus instalaciones y nosotros, como Renato Cesarini, lo ayudamos mucho a organizar. Él se quedó a vivir allá y todo lo hizo a través a los juveniles".

PROYECTO DE SELECCIÓN

Lo urgente se lleva consigo lo realmente importante. En pos de ir buscando soluciones inmediatas a los problemas que se presentan día tras día, los puntos fundamentales de un proyecto pueden quedar en el olvido. La desorganización de la Asociación del Fútbol Argentino dejó de lado el crecimiento de las selecciones juveniles y los resultados están a la vista. Pese a que se habla de ideas superadoras, los últimos antecedentes no fueron alentadores. Durante el segundo semestre de 2016, la dirigencia abrió paso a que se presenten proyectos nuevos, bajo la meta de seleccionar uno con el que comenzar el progreso.

Se reunieron más de 40 carpetas, con apellidos de renombre en el país, de clubes que supieron realizar un buen trabajo de inferiores. Uno de ellos era el de Renato Cesarini, que apuntaba a las excelentes maneras que habían servido para la evolución de la institución rosarina. Más allá de que la AFA no haya seleccionado proyecto alguno de los presentados e, increíblemente, contrató a alguien por fuera, es necesario desmenuzar la idea que tenían en mente las autoridades y los entrenadores de RC, una de las canteras más prolíficas del territorio argentino.

Con título de "Revolución Metodológico Futbolística", el proyecto hizo referencia en sus primeras páginas a la transformación del entrenamiento que el club supo formular en la década del '80. Fue un cambio renovador que se adelantó a la época, con la modificación de lo tradicional por un método moderno y global, con la pelota como eje en todos los ejercicios de cada práctica y resolviendo las distintas necesidades que derivan de cada competencia. Renato siempre se interesó por innovar

en su funcionamiento y aplicar elementos nuevos, para mejorar aspectos técnicos, tácticos, físicos y psicológicos del futbolista que luego se introduce en un modelo colectivo.

Además de hacer mención a las clínicas dadas en diferentes partes del país y del mundo, la cantidad de jugadores que salieron del club y hasta nutrieron al seleccionado, los diferentes equipos que fueron *sparrings* de los convocados a mundiales o cada cuerpo técnico que se formó allí, el proyecto se basa en 11 propuestas fundamentales. Estos se trasladan desde la formación del futbolista en cada aspecto del juego, a la gestión de la selección nacional en todo el territorio. Conviene ir por partes.

Las ideas y objetivos del ideario tenían que ver con preparar un jugador para la alta competencia, desarrollar un futbolista de selección, acompañar a los clubes en la formación, profundizar un estilo que potencie al hombre y priorizar el *fair play*. Con respecto a las convocatorias, Renato apuntó a desarrollar una serie de eventos que pondrían al seleccionado en el primer lugar del escalafón de la AFA, algo que lejos estuvo de suceder en el último tiempo. Los ítems estaban relacionados con la comunicación con coordinadores de los clubes, seguimiento de jugadores a través de video asistencia, organización de partidos con clubes de AFA y de ligas regionales, concurrencia a entrenamientos de diversos equipos y planificación para observar torneos juveniles del Consejo Federal, entre otros.

Conforme a las nuevas tendencias que modernizan cada año los sistemas de entrenamiento y los avances en la psicología deportiva, el proyecto apuntó a un programa que desarrolle la excelencia del talento y preste regular atención a los adelantos en materia de medicina. También apostaba a que, mediante una autofinanciación, gestionaría las selecciones con clínicas a lo largo y ancho del territorio nacional, comunicación con ligas del interior o visitas a certámenes federales y nacionales.

La idea globalizadora del club, en vistas a llevar aquello que lo enmarcó entre los mejores hacia los diferentes estratos de la selección, abarcaba desde el juego propiamente dicho y la formación individual, hasta los puntos más alejados del centro del ecosistema. Nada dejaría librado al azar y fomentaría valores como la justicia, honestidad, solidaridad y los buenos hábitos, además de priorizar el entrenamiento del fútbol. Incluso, en la categoría de desarrollo humano, la búsqueda se orientó a promover charlas de problemática social y a programar reuniones de jugadores con asistentes sociales para conocer la realidad ambiental.

En otro orden, posando el ojo sobre las competencias, la carpeta que entregó Renato Cesarini a los dirigentes no distinguía entre torneos oficiales y amistosos, en materia de juveniles. La meta era el máximo rendimiento en las participaciones internacionales, ya sea en sudamericanos y mundiales como en los campeonatos de Toulon y L'Alcudia. Incluso,

buscó promover giras por el interior del país en las que se presenten las selecciones sub 15, sub 17 y sub 20. Los viajes a cualquier parte del mundo apuntarían a jerarquizar a la selección, siempre posando la perspectiva en el alto sentido competitivo.

"Proteger el futuro", legado histórico de la entidad rosarina, pudo ser llevado a la selección bajo la metodología de preparación. "Convencidos de que debemos aprovechar al máximo el tiempo del que disponemos con los jóvenes seleccionados, nuestro método de entrenamiento por funcionamiento es el apropiado e ideal. Potenciamos los talentos técnicos, físicos, intelectuales y madurativos", se lee en una de las hojas que fue parte de la carpeta. Por otro lado, la planificación tenía como esquema central el hecho de aumentar el nivel de las prácticas a medida que se acerca la competencia, con semanas cortas en primer lugar e intermedias y pre-competitivas a posteriori. Todo ello, mediante movimientos consensuados y coordinados con el departamento de selecciones.

A modo de conclusión, la filosofía que Renato intentó posar sobre la camiseta albiceleste sentenció: "Creemos poder darles un formato específico a nuestras inferiores, para poder lograr un funcionamiento de excelencia en base a la calidad de juveniles que forman parte del fútbol argentino, valorando la importancia que tienen no solo en el presente sino en el futuro, que es ¡ahora! Buscaremos llevarlas a lo más alto de la élite mundial. Todos juntos podemos lograr la excelencia, partiendo de un trabajo en conjunto, basado en la organización, planificación, programación, comunicación y participación".

La clase dominante del fútbol argentino archivó este y otros tantos proyectos. La excelencia del modelo Cesarini no halló respuesta del otro lado del teléfono, más allá de las propuestas y lo enriquecedor que el club fue para el fútbol argentino a lo largo de sus más de cuatro décadas de vida.

Capítulo 2.

UN HILO INACABABLE DE CRACKS

"El deporte es un teatro perfecto desde donde contar historias", me dijo alguna vez el reconocido periodista Ezequiel Fernández Moores. Si tomamos su reflexión como punto de partida, bien podríamos decir que el fútbol es el mejor escenario sobre el que se sostienen la mayoría de las narraciones más bellas. Repletas de épicas individuales y colectivas, las leyendas futbolísticas atrapan, ayudan a corroborar la dimensión del protagonista, y la estructura se agiganta en territorios donde la pasión y popularidad se elevan a un pulso sin semejanza en otro punto cardinal. Rosario conoce de esas historias magníficas, de jugadores que fueron escribiendo su línea histórica. En conjunto, modelan un mapa conceptual que nos proponemos descubrir en las siguientes páginas.

¿Qué diferencia al talento rosarino del nacido en otros destinos argentinos? Posiblemente la respuesta no esté en una serie de aspectos definidos, primordiales y acabados, sino que la continua transformación y las figuras emergentes modifican el esquema. De todas formas, sí es preciso remarcar que las ligas de la ciudad se abastecen año tras año con un caudal impresionante de nuevos jugadores, que crecen encolumnados tras un sueño: el de replicar a sus ídolos del ayer. Aunque también, esos niños que renuevan las categorías hacen de las ligas regionales un fondo inconmensurable de aptitudes y virtudes. El futbolista rosarino empieza a competir desde muy joven, y su sangre por llegar a transfigurar la ilusión en realidad se hace carne progresivamente. Incluso, con semejantes leyendas a las que emular, el desarraigo de alejarse de la familia puede llegar a doler menos.

La capacidad de alzar la cabeza y decir presente en las paradas más bravas distinguen al jugador de por aquí. Porque quienes han salido desde estos lares encuentran en Rosario el sitio de despegue, pero las

captaciones han llegado a toda la provincia de Santa Fe y las zonas más aledañas de Córdoba, Buenos Aires o Entre Ríos. Entre otras regiones, desde allí arribaron, siendo jóvenes, figuras de mucho calibre. Son jugadores con inventiva, magia en sus pies, una lista de futbolistas que han hecho mayor el concepto del sentimiento ligado al balón. Se trata de hombres que siempre tuvieron un mojón al que apuntar, un motivo anterior que replicar, como por ejemplo la palomita de Aldo Pedro Poy o el zurdazo de Mario Zanabria. El gol de Jorge Valdano en la final del mundo o los de Gabriel Omar Batistuta en las finales de Copa América.

Representantes de un estilo de juego dueño de diversos matices, pero siempre respetado. De tenencia del balón y juego fluido, interacciones y sociedades entre compañeros, el valor colectivo por encima del individual, el todo imponiéndose sobre la suma de las partes. Es por ello que muchas gestas de los nombres que repasaremos, caso por caso, a continuación, significaron un título o un resultado inigualable. Rosario como base, el escenario más adecuado desde donde impulsar el mejor guión de la obra más excelsa, en los términos futbolísticos nacionales. Dentro de los teatros del país, y también fronteras afuera. Otros apellidos, por otro lado, solo hicieron sus primeras armas en los clubes de la ciudad, pero sin duda que aquello fue el bastión primordial para luego alcanzar la élite.

Equipos míticos se han establecido mediante las mejores conquistas de aquellos que acrecientan el mito futbolero. Omar Palma dibujó las mejores sonrisas en los rostros de los fanáticos de Rosario Central, cuando su equipo se consagró campeón dos veces de la mano de Ángel Tulio Zof. Desde la vereda de enfrente, Maximiliano Rodríguez se erigió en leyenda cuando lideró, junto a otros compañeros salidos de las mismas divisiones inferiores, el título doméstico con la guía de Gerardo Martino. Por su prestancia y liderazgo, hacen rememorar hitos de otros tiempos, tan vigentes como los actuales. Allí están los ejemplos, precisos y claros, de Juan Manuel Llop o Marco Ruben. La historia se renueva y siempre da un giro, pero cada uno de ellos ha servido para agregar un elemento ineludible.

Cada prestación defensiva de Gabriel Heinze se funde con el desequilibrio y el infinito dinamismo de Ángel Di María, así como el liderazgo de Javier Mascherano hace lo propio con la zurda elegante de Santiago Solari. Pese a que a muchos de ellos los diferencia el color de camiseta, en una ciudad donde lo pasional muchas veces supera al racionalismo, siempre los une el talento. El hilo invisible que los sostiene está dado por sus conquistas, por sus aportes maravillosos al seleccionado argentino. Tiene su continuidad en el presente, lógicamente, con casos testigo como los de Mauro Icardi o Giovani Lo Celso, y así siguen construyendo esa ruta imaginaria que, en el horizonte, parece infinita.

Arqueros de atajadas y reflejos espectaculares, capaces de controlar el área. Defensores sólidos, con grandes dotes para salir del fondo, dueños de un liderazgo excepcional y la voz de mando necesaria. Centrocampistas de corte y manejo, dispuestos a dar el mejor primer pase para tejer las jugadas. Delanteros con un olfato inconfundible de goleador, capaces de la acción más fantástica como también de hacer lo más inesperado con un balón en los pies. A los grandes talentos de Rosario se los evoca por esas cualidades en general, aunque en particular poseen una técnica excelsa y una mentalidad a prueba de balas. Han dado muestras, históricamente, de que las adversidades no son más que un obstáculo necesario tras las que se intenta seguir creciendo. Y continuar agregando elementos al juego, como futbolistas que rara vez se quedan estancados.

En las siguientes líneas, viajamos por la carrera de cada futbolista que reescribió lo establecido, que agregó un motivo más por el que la ciudad se enorgullece. Las infinitas conquistas de Harry Hayes (máximo goleador de Central), la solidez de Juan Simón, la finura de Enrique Chueco García, la conducción de Mauro Formica y Rubén Héctor Sosa, el desparpajo de César Delgado en sus inicios, el desnivel de Mauro Rosales, la categórica zurda de Damián Manso, las paradas del excéntrico Nahuel Guzmán, el férreo marcaje de Pablo Paz o los goles de cualquier variedad de René Pontoni y Luciano Figueroa podrían añadirse sin ninguna duda a las virtudes de los futbolistas que siguen a continuación, pero sí que cada jugador expuesto puede tratarse de un elegido. Un tocado por la varita mágica. De la clase no totalmente reconocida de Ermindo Onega a los récords pulverizados por Lionel Messi.

GABINO SOSA

“Me trataban tan bien, me querían tanto y yo quería tanto a Central Córdoba que para mí no había otra cosa en el mundo que jugar ahí”. Las palabras de Gabino Sosa, crack del fútbol rosarino en el exordio del siglo XX, parecen mirarse en el espejo con las que pronuncia Tomás Felipe Carlovich en estas mismas páginas. El Trinche se pregunta qué es llegar en el fútbol, si su gran objetivo de jugar y mantenerse en la Primera del Charrúa estaba cumplido. Gabino, un hombre trascendental en el crecimiento del club y del deporte por aquellos tiempos, vital tanto dentro como fuera de la cancha, se erigió en el ídolo máximo de la institución de Virasoro y Juan Manuel de Rosas. Tal identificación alcanzó que hoy su nombre es la mole de cemento donde cada año crecen y se renuevan pasiones.

La declaración que pronunciara años después de que llegó el profesionalismo al fútbol, que inauguran estas líneas, se dio cuando fue consultado acerca de la firma de su primer contrato. Sosa, símbolo del amateurismo, jugaba por el simple anhelo de hacer crecer al club, de jugar al fútbol y contribuir a la evolución del juego en la zona. Los más de 20 años de trayectoria que abarcó su carrera estuvieron comprendidos mayormente por el tiempo en que no se necesitaban firmas, no existían retribuciones por dinero y ni se pronunciaba la palabra primas. Central Córdoba era su vida, allí la descosía cada sábado, y entre semana era un arquitecto de los sueños por venir. Con el tiempo, el mito se fue deformando en leyenda.

Trabajador en los ferrocarriles, al igual que muchos futbolistas de la época, recorría la avenida principal del barrio Tablada una vez que terminaban sus horas de labor, hasta llegar al estadio. En el camino, saludaba a cada vecino con amabilidad, iba de tranco lento y sin apuros. Se entrenaba y luego se quedaba a observar las categorías inferiores. De ninguna manera se trataba de un simple jugador, o de alguien que era un referente por su sola condición de capitán y líder colectivo, sino que se involucraba en factores que muchas veces dependen de los directivos. A la hora de estampar la primera rúbrica, la dirigencia le ofreció un contrato en blanco y dinero para tomar un vermú, pero desestimó firmar y sí reclamó que le regalasen dos muñecas para sus hijas. Llorando, abrazó los juguetes y se volvió a casa.

Gabino forjó un estilo, el mismo que respetó el Charrúa a lo largo de los años, pese a que en tiempos recientes fue perdiendo cierta tradición. El fútbol jugado con pelota al piso, de respeto por el esférico. Por entonces, había jugadores que se adentraban en las labores del entrenador, que no adquiría una figura como la que fue adoptando con el tiempo. El gran crack de los azulgranas forjó una nueva filosofía e hizo que los jugadores de categorías menores la respetaran. De esa forma, Central Córdoba conquistó terreno y ganó con seguridad el lugar de tercer grande de la ciudad, por detrás de los colosos Newell's y Rosario Central. Su equipo peleaba los torneos de la Asociación Rosarina de Fútbol y las vitrinas comenzaban a agrandarse.

Eran tiempos de amateurismo, pero también de una creciente popularidad de los clubes de Rosario. Algunos de ellos ya desaparecidos, otros que forjaron su carácter pujante con el paso de los años. Sosa llegó al club cuando este solo tenía 10 años de vida y fue actor principal en el crecimiento institucional a nivel social y deportivo. Las masas crecieron y actuaron, y en la zona emergió un club que tuvo en su gran ídolo a un líder principal. Conjuntamente, su fútbol era de alta escuela y se transformó en un formador de talentos que emergían de las divisiones inferiores, por ejemplo, Vicente De La Mata y su hermano Francisco, Waldino Aguirre o Humberto Fiore. Todos ellos crecieron viéndolo jugar, mientras buscaban emularlo, y se presentaron en la alta categoría cuando GS era ya un veterano.

Acostumbraba a regalar goles más que a hacerlos. Se inició en la demarcación de extremo derecho, aunque luego se asentó como delantero por el centro. Regalaba asistencias, jugaba como un conductor que organizaba al equipo. Obtuvo cuatro veces el entorchado de la Liga Rosarina, desde que debutó en 1916 (con doblete a Provincial) hasta su retiro en 1936, aunque el gran legado no estuvo en los títulos ni en los récords que rompió dentro del terreno de juego, cuando las marcas no tomaban todavía la importancia de hoy en día. Sin dinero de por medio, el hombre que creció en los potrero de Tablada y República de la Sexta propició el crecimiento, el salto y empujón definitivo hacia la vida que seguiría. Igualmente, el trofeo más importante de los que ganó es el único nacional que ostenta el club, la Copa Beccar Varela de 1934; participaron equipos rosarinos, cordobeses, santafesinos, de Buenos Aires y uruguayos.

Figura de su época en la zona sur de la metrópoli, jugó para la selección rosarina en aquella época en la que llegaban rivales internacionales y no podían ante el poderío local. A fines de la década de 1910 y principios del 20, equipos como Espanyol y Barcelona de España o Chelsea y Plymouth de Inglaterra se acercaban hasta estos lares para disputar partidos amistosos. También existía la rivalidad entre Rosario y Buenos Aires, como la ocasión en que, durante 1922, se jugaron las copas denominadas Reyna y Rosario. En ambas, triunfó el conjunto de Gabino, que convirtió tanto en la ida como en la revancha. Tres años después, los británicos del Plymouth llegaron a la región y jugaron en el Parque Independencia, pero el empate sin goles derivó en un desquite que los rosarinos ganaron por 2-0 en la capital. Ese día, la estrella charrúa fue titular, pero los goles fueron anotados por Ernesto Celli.

Alternaba entre la selección local y la Argentina, de la que formó parte durante varios años y en la que protagonizó el primer título ganado por el país, el Sudamericano de 1921. Junto a otros rosarinos (Adolfo Celli, Florindo Bearzotti, Blas Saruppo y Julio Libonatti), Gabino fue homenajeado en el Teatro La Comedia. El certamen se jugaba cada año. Sosa tuvo su otra tarde de gloria unos años después, cuando le convirtió cuatro tantos a Paraguay. Además, disputó aquellos amistosos de los gigantes europeos que cruzaban el océano, y también tenían al combinado nacional como adversario. Por caso, el Plymouth fue rival también de la albiceleste y Sosa convirtió por duplicado para la victoria 3-0, siendo que en el primer gol dejó desparramado hasta al arquero. Era figura del fútbol en auge de la región, indiscutido líder de Central Córdoba y representante del seleccionado.

Su carrera estuvo casi íntegramente ligada al club en que empezó, a no ser por un año en el que debió viajar a Córdoba para hacer el servicio

militar y defendió los colores de Instituto. Durante el tiempo que pasó allí, también colaboró para la explosión de jóvenes futbolistas que luego le darían el apodo de La Gloria a los blanquirrojos. Volvió al equipo charrúa y, mientras se hacía cargo de cada equipo y era el nombre saliente de cada delantera, jugó hasta poco antes de cumplir los 40 años. Los hinchas le regalaron una casa, en la que vivió hasta el día de su muerte, en 1971.

Desde 1969, cuando se conmemoró el 63° aniversario del club, el estadio lleva su nombre, así como su busto saluda en el ingreso. Fue un regalo en vida a la persona que posibilitó el crecimiento más prolífico, el decisivo. Tiempo antes, el hombre, que se acercaba siempre a la cancha a ver a su querido equipo, se vio afectado por el fallecimiento de su esposa y dejó de cuidarse. Su ofrenda a la entidad ya había estado dada con creces.

El nombre traspasó las fronteras del campo de juego, se transformó en un apellido social de la época, de inmensa valía para el progreso del deporte en los primeros años de vida. La ascendencia lograda está testificada también en el nombre de una de las calles de la ciudad. Gabino, el futbolista que regalaba magia, que anotaba goles y daba asistencia de calidad y en simétricas cantidades, es la personalidad excluyente de la historia de un club. Pero de ninguna manera piensen que se quedó solo en eso.

VICENTE DE LA MATA

El andar desgarbado, la pelota pegada a su pie derecho en una conducción sempiterna, una gambeta tras otra. Vicente de la Mata se peinaba a la gomina, el pelo hacia atrás y la raya al medio, con un bigote moderado aunque siempre presente que en sus primeros días disimulaba la juventud, aunque por entonces llegó para quedarse. Se sacaba de encima rivales como postes, llevaba el cuero con electricidad, moviendo las piernas mientras rompía defensas y quebraba las caderas de los marcadores rivales que salían a su paso. Un delantero que marcó una época en el fútbol argentino en las décadas del 30 y 40, que salió de Central Córdoba, la rompió en Independiente y ganó tres títulos con la Selección Argentina. Un fuera de serie que quedó marcado a fuego.

Enganche hacia un lado, hacia otro, independientemente del perfil, aunque con predilección de salir hacia la izquierda. De gambeta corta, no finalizaba una que ya estaba realizando la siguiente, con lo que desairaba a cada adversario. Uno de los mitos en torno a su figura es que no daba un pase hacia un compañero sin antes realizar por lo menos dos fintas. Sin siquiera la necesidad de disponer de una gran parcela de terreno para exhibir su cualidades, en los espacios reducidos sacaba conejos de la galera. Era impredecible y además goleador. Su posición natural era la atacante, como ladero de un centrodelantero. Pero también jugó más retrasado y hasta como un interior. Su visión era completa.

Asistidor y desequilibrante a partes iguales, era capaz de desordenar a todo el equipo contrario con tal de dejar al 9 solo frente al arco. También era un gran definidor. Altruista y egoísta en dosis casi idénticas, porque no podía vivir sin la pelota en los pies y la reclamaba con gestos ampulosos y protestas. Aunque también, más allá de su desnivel individual, regalaba ventajas por doquier a sus compañeros. Sus laderos de la época lo distinguían como un genio absoluto, pero también como alguien de esporádicos berrinches y caprichos. Como fuere, Vicente, que disfrutó de una carrera de 20 años con rendimientos siempre altos, fue ídolo en cada club cuya camiseta defendió.

Nacido hace más de 100 años, sorprendía por su habilidad en los potreros de República de la Sexta y Tablada, barrios en los que formó una técnica luego mejorada infinitamente. Su familia tenía una quinta en los terrenos aledaños al estadio de Central Córdoba y en el club charrúa Vicente hizo todas las divisiones inferiores. Trasladaba la pelota con velocidad, como si un rayo atravesase las canchas rosarinas en pleno auge del fútbol de la ciudad. Los entrenadores intentaban protegerlo por su físico pequeño, y por esa razón se demoró un tanto su debut en Primera. Sin embargo, y en una muestra de lo joven que era cuando sorprendió a cada hincha, su debut se dio antes de cumplir las dos décadas de vida.

Se levantaba cada fin de semana con la ilusión de observar la clase y categoría de Gabino Sosa, un maestro sin igual que incluso solicitó la incorporación del joven Vicente al equipo de Primera. Eran los últimos años del prócer, aunque ya se preparaba a su sucesor. De la Mata, de físico espigado, piernas largas pero delgadas, ya daba qué hablar y, en los primeros años de profesionalismo (se instauró en 1931), los clubes de Buenos Aires preguntaban por él. Destacó en la Liga Rosarina y ganó el torneo Gobernador Molinas, acrecentando su valía y la ilusión que había por él. Desde la capital comenzaba la costumbre de salir en búsqueda de tesoros en ciudades del interior, aunque en esos años aún no se confiaba en la competitividad que había fuera de los límites de la gran ciudad nacional. El hábil atacante rosarino se encargaría de espantar voces y de reafirmar sus condiciones.

Los clubes porteños presionaron por su convocatoria al Sudamericano de 1937, en el que jugó con compañeros mucho mayores y cuando recién daba sus primeros pasos. Su calidad no admitía discusiones. Pese a que no fue un titular indiscutido, mostró sus dotes en cada minuto que le tocó jugar e Independiente, en plena competencia, decidió contratarlo. El consejo de Antonio Sastre, jugador del combinado argentino y del Rojo, a la dirigencia del club, fue fundamental. Central Córdoba cobró

una suma muy elevada para la época: 27.500 pesos. El gambeteador de Tablada llevaría su fútbol a Avellaneda, aunque todavía quedaba espacio para una epopeya en el torneo de países. Ingresó por Francisco Varallo en la final, ante Brasil, y en tiempo de descuento convirtió por duplicado para darle el título a Argentina. Finalizado aquel certamen, Bernabé Ferreyra, que dejaría pronto de vestir la albiceleste, se le acercó y lo felicitó.

Sastre, Arsenio Erico y Vicente de la Mata conformaron un tridente de ataque histórico, que se recita de memoria aún hoy por los hinchas de Independiente. La presencia del nuevo apuntaló a dos que ya habían mostrado sus dotes con anterioridad. De hecho, de la Mata los mejoró y, juntos, conquistaron un bicampeonato entre 1938 y 1939. Las cifras goleadoras alcanzadas por los tres, que al fin y al cabo son los máximos goleadores de la historia del club rojo, fueron escalofriantes durante las dos temporadas ganadas: convirtieron nada menos que la friolera suma de 219 goles. Antes de aquellos logros, era un conjunto ofensivo, que intentaba pelear cualquier torneo, pero la cantidad de goles no era nada semejante. En sintonía, los tres atacantes eran dinamita, acompañados por José Vilariño y José Zorrilla. En tiempos de delanteras numerosas, Independiente gestó su grandeza.

Vicente dejó su sello en un gol inigualable, considerado por muchos como el mejor de la historia del fútbol argentino, por lo menos hasta la antológica acción de Diego Maradona ante Inglaterra en el Mundial 86. Su equipo visitó el Monumental para jugar ante River, el gran rival de la época, al que superaron en los dos campeonatos obtenidos. El oriundo de Rosario tomó la pelota en la mitad del campo, tras una salida del arquero Fernando Bello, y gambeteó a varios rivales. A algunos de ellos, por duplicado. Llegó exigido al fondo de la cancha y definió con sus últimas energías, pero pudo engañar al arquero de los millonarios, Sebastián Sirni. Fue victoria para su equipo por 4-2.

La descripción de la obra de parte del protagonista posibilita tener relevancia de tamaña jugada, de la que no existen registros fílmicos y que muchas generaciones han conocido por medio de infografías. "Tras un ataque de River, tomó la pelota el arquero nuestro. La tiró larga sobre media cancha. La bajé justo en el círculo del mediocampo y giré sobre la izquierda. Allí dejé en el camino a (José) Moreno. Sobre el sector del mediocampo de River hice lo mismo con (José María) Minella. Y de nuevo tuve encima a Moreno. Le amagué tocar hacia la derecha y me fui por la izquierda. En ningún momento descuidaba la posición que iba tomando Erico, porque mi idea era tocarle la pelota a Arsenio para buscar la posibilidad del gol. Cuando fui llegando a tres cuartos de cancha, en poco espacio dejé atrás primero a (Luis) Vassini y luego a (Carlos) Santamaría, los dos zagueros de River. Y entré en el área. Otra vez amagué tocar hacia Erico y me abrí a la izquierda dejando atrás a Cuello. Pero ya tenía encima a Santamaría, al que tuve que eludir abriéndome un poco más y quedando en posición muy difícil para tirar al arco. Incluso para poder pegarle con mi pierna hábil, la derecha. Como llegaba Erico por el medio, intenté pegarle con la izquierda hacia el medio. El arquero intuyó la maniobra y volcó su cuerpo hacia el centro. Yo le di con la de palo y salió un tiro corto y débil que fue a meterse entre el poste derecho y el arquero. Los engañé a todos. ¡Incluso a mí, que quise tirar centro!", relató a *El Gráfico*.

De la Mata fue uno de los líderes del equipo por 15 años, aún ante la partida de ídolos como Erico y Sastre. Los resultados en la liga no volvieron a ser los mejores hasta el año 1948, cuando consiguió su tercer título, pero entre tanto aumentó su palmarés con la conquista de las copas Ibarguren, Adrián Escobar y Aldao. Tanta idolatría ganó que se convirtió en el futbolista más importante del club, hasta la llegada del fenómeno Ricardo Enrique Bochini, en la década del 70. Una de las tribunas de la Doble Visera, antiguo estadio de Independiente, llevaba el nombre de Vicente. Por entonces, los hinchas patentaban cánticos camino a la cancha. "¿Adónde va la gente? A ver a Don Vicente", era uno de ellos, aunque también levantaban la voz con "La gente ya se mata por ver a De La Mata". Las estadísticas vuelven a hablar por sí solas: hizo 151 goles en 362 partidos.

El camino con la selección tuvo un freno tras vencer en el Sudamericano del 37, y recién tuvo revancha en un duelo ganado a Paraguay en la Copa Chevallier Boutell, en 1943. Dos años después, volvería a tener participación, mayor que nunca incluso, en el bicampeonato en el Sudamericano (1945 y 1946). En esta última, integró la delantera con nombres de mucho peso, como Adolfo Pedernera o Ángel Labruna. No llegó a jugar un Mundial, tampoco disputó una gran cantidad de partidos con la selección (13), pero le sirvieron sobremanera para dejar huella. Anotó seis tantos, es decir, casi un gol cada dos partidos, y obtuvo tres títulos, más allá de que se fue expulsado en la final del último torneo continental.

Volvió a Rosario y se enfundó la camiseta de Newell's, aunque algunas lesiones le impidieron tener continuidad y sobresalir. Era hora de regresar a Tablada, donde primero tuvo la idea de ser entrenador, aunque no aguantó la abstinencia y se volcó al campo de juego. Jugó otros 80 partidos más. "Sigue jugando contra los años y las mataduras. Lo hace en su Central Córdoba, de donde salió luego de haber estado junto al payador de la redonda, Gabino Sosa. En un momento de abundancia de valores como en 1939, Vicente de la Mata fue el mejor *forward* argentino, y dentro de todos los años brillantes suyos aquella es carta que no se emparda. Difícil jugar tanto; más, imposible. Fue extraordinario, aunque no haya olvidado sus rezongos y sus caprichos", escribió Borocotó, legendario periodista de *El Gráfico*.

Apodado Capote, existen dos versiones de cuál es el origen de tal sobrenombre. Una de ellas es que Sastre, una vez que se dio el ingreso del pibe rosarino en el torneo de selecciones de 1937, le dijo "juntate conmigo que entre los dos vamos a hacer capote". La segunda es la desembocadura del golazo hecho ante River, ya que en un juego de cartas se denomina capote al acopio de todas las cartas. En aquella gran jugada, De La Mata juntó todas las cartas rivales, las dejó desparramadas y provocó el asombro de los presentes.

Fue entrenador de diversos equipos, como Dock Sud, Deportivo Morón y, lógicamente, Central Córdoba e Independiente. Dirigió en divisiones inferiores y poco a poco se fue alejando del fútbol, disgustado con un deporte al que veía más disputado y muy lejano del que jugaba. Tuvo un hijo al que llamó como él, pero Vicentito no pudo destacarse en Independiente, más allá de ganar dos veces la Copa Libertadores, y sufrió con las presiones de ser el hijo de una leyenda. De cualquier modo, queda en el archivo una cuestión curiosa, ya que por mucho tiempo constituyeron el único caso de padre e hijo que jugaron en el seleccionado. Luego, por ejemplo, se sumaron los Simeone.

Julio Rodríguez, historiador de Central Córdoba, aportó su visión sobre quién fue De La Mata padre, en un artículo del periodista Carlos Aira en xenen.com.ar: "Siempre tuvo un perfil muy bajo. Cada vez que podía volvía a Rosario y a su barrio. Compartía largas tertulias en el club Defensores del Charrúa. Mi abuelo contaba que cuando él jugaba en Independiente y había receso de verano, Capote jugaba torneos nocturnos que se organizaban en la cancha de Córdoba. Jugaba en el equipo Tomate, junto a Gabino Sosa y Waldino Aguirre. Hoy resulta impensado que un jugador participe en este tipo de torneos que se jugaban por plata. Era muy amigo de sus amigos. Un tipo bondadoso. En la década del 70 trabajó como mozo en su bar. En aquel tiempo muchos futbolistas incursionaron en el rubro gastronómico".

Los visitantes del bar se asombraban cuando se acercaban a tomar algo, porque eran atendidos por Vicente. El lugar hoy sigue de pie en la esquina rosarina de Corrientes y Urquiza, con la insignia Capote en letras grandes. El vicio por el cigarrillo acabó con su vida en los albores de la década del 80, cuando tenía poco más de 60 años. Era un delantero que daba espectáculo, que gambeteaba mil veces, que anotó goles y golazos, y que siempre cultivó la modestia. Un símbolo de un fútbol centenario.

FEDERICO VAIRO

Los títulos del torneo Sudamericano obtenidos en 1955 y 1957 figuraron al tope de las conquistas más valoradas por los argentinos durante mucho tiempo. Lógicamente, el bicampeonato mundial dejó a aquellos certámenes continentales algunos peldaños atrás, sin embargo fueron dos logros muy importantes en el crecimiento del seleccionado. La estructura colectiva estaba plagada de jugadores de renombre, aunque quien lideraba la última línea y formaba parte de la columna vertebral era Federico Vairo, uno de los defensores más prolíficos que hayan salido del suelo argentino. Producto de las divisiones inferiores de Rosario Central, desde allí comenzó a transformarse en líder, y luego fue un puntal de River. Un futbolista con condiciones notables, en un fútbol de otra época.

Norberto Stábile, quien parecía tener un tercer ojo para domar a los cracks, encontrar lugar a cada uno de ellos en el campo y potenciarlos, fue el entrenador de aquellas dos preseas ganadas. Primero, la ciudad de Santiago de Chile asistió al gran nivel de Argentina, y dos años luego todo se desarrolló en Lima, Perú. Pese a que en la primera coronación estuvo ausente Brasil, nada empañó lo hecho por la albiceleste, que sí vencería en el 57 por goleada a la Canarinha, luego campeona del mundo en 1958. Vairo sacaba a relucir todas sus virtudes para equilibrar la defensa, en tiempos donde la cantidad de delanteros se imponía, y se encargaba de relanzar al equipo hacia la ofensiva. Se hacía del balón y lo entregaba casi siempre hacia adelante.

Durante cuatro años jugó el rosarino en el seleccionado nacional, potenciando a sus laderos y asegurándose la titularidad. Por caso, durante el 55 contaba con las ayudas de Pedro Dellacha, y arriba desequilibraba Ángel Labruna con su genio único. Un par de años más tarde, la maravillosa delantera compuesta por Oreste Corbatta, Humberto Maschio, Enrique Omar Sívori y Antonio Angelillo se hizo casi imparable. Se trató del único torneo en que los mencionados compartieron cancha, formando un ataque siempre armónico aunque de una pegada y desnivel impresionantes. Llamados los Carasucias, por su atrevimiento y valentía, vencieron al Brasil de Pelé y Mario Zagallo. Vairo sacaba al equipo, Néstor Rossi era la estación media de mayor calidad y arriba las figuras sobresalían. Al año siguiente, la participación argentina en el Mundial de Suecia acabó en debacle, puesto que no pudo utilizar a Angelillo, Sívori y Maschio, por entonces transferidos al fútbol italiano. En aquellos años, primaba la convocatoria a futbolistas del medio local, y Stábile debió conformarse con la continuidad de Corbatta y la citación de Labruna, de ya 39 años.

Vairo jugó todos los minutos de los tres partidos en la Copa del Mundo y no pudo evitar la caída tras el desmembramiento colectivo. Capataz de la última línea, mantuvo el sitio ininterrumpidamente durante la trayectoria en que defendió la camiseta de su país. Disputó ambos sudamericanos, las Eliminatorias y el Mundial, mientras en el fútbol nacional destilaba clase cada fin de semana. No era extraño verlo destacarse todas las jornadas desde el costado izquierdo de la defensa, ya sea jugando de central como partiendo desde el lateral izquierdo. Por eso mismo, en la década del 50, fue uno de los grandes exponentes, y sus aptitudes no solo eran defensivas.

Ocupó casi todos los puestos desde la mitad de cancha hacia atrás, pero desde el costado y la zaga exhibía su marca férrea, sus grandes aptitudes para recuperar el balón y ser el puntapié de un ataque. Poseedor de una excelsa técnica, muchas veces conducía hasta el campo contrario mientras dejaba rivales en el camino, llevando la pelota a los metros decisivos. Cabeza erguida, mirada hacia el horizonte y dominio de balón eran sus características una vez que robaba el cuero, mientras se disponía a iniciar otra acción favorable a sus compañeros. Era un zaguero con categoría, de control de la pelota, capaz de captar los momentos precisos para guardar su posición o lanzarse hacia territorios adversarios. De ninguna manera se limitaba solamente a cubrir su espacio, y se adaptaba tanto al flanco zurdo como al centro de la defensa.

Elegante, virtuoso, pero a la vez contundente en la marca, Federico se transformó en un ícono del fútbol argentino en los 50. Desarrolló todas las divisiones inferiores en Central, debutó en el primer equipo y, a través del tiempo, se ganó el respeto por su continuidad al frente de la zaga. Jugó tanto en Primera como en Segunda División, en años en los que al Canalla le costaba asentarse y las actuaciones eran irregulares. Compartió plantel con nombres de gran talla, como dos que a la postre fueron entrenadores del club, Miguel Juárez y Ángel Tulio Zof, y hasta alcanzó el centenar de juegos defendiendo los activos auriazules. River no dudó y lo contrató, desembolsando una suma que para el momento fue millonaria por un defensor. Allí comenzaría la época más próspera de su carrera.

River se coronó tricampeón del fútbol argentino entre 1955 y 1957, y uno de los protagonistas de esos trofeos ganados fue Vairo, que componía la zaga con otro llegado de Central, Alfredo Pérez. Juntos se mostraban eficientes, complementarios, uno guardaba más la posición y el otro podía ganar metros con la pelota. Formaron así una dupla rosarina, ya que su ladero también había salido desde Arroyito hacia Núñez unos años antes. Metros por detrás de sus siluetas, el legendario Amadeo Carrizo defendía los tres palos, y por delante había personalidades de lustre: Labruna, Ángel Vernazza, José Prado... Entre los equipos históricos de los que han disfrutado los de la banda roja, se encontraba aquel de mediados del 50. Para FV aún había más dentro del club, pero antes realizó dos paradas que significaron su despedida. En Chile, vistió los colores del O'Higgins; allí descendió y subió nuevamente de categoría. El final del curso fue en Deportivo Cali, de Colombia.

Ya luego se sumó a las filas de las divisiones inferiores millonarias y fue uno de los mejores entrenadores de juveniles. Incluso, lideró aquella Cuarta que, en la última fecha del campeonato de 1975, puso fin a la sequía de títulos del club de 18 años. Los jugadores de Primera estaban de huelga, pero un gol de Rubén Bruno cortó con la malaria. Los siguientes años de Vairo estuvieron ligados al fútbol base, en el que dejó huella por sus enseñanzas y metodologías.

Aquel fino zaguero, fallecido en 2010 a los 80 años, dejó su estampa y fue modelo para muchos otros. Un símbolo de un balompié sin ataduras, podía proyectarse con pelota dominada desde el lateral o por carriles internos. Tomaba la lanza y evidenciaba su calidad. Un símbolo de lo que fueron, por largo tiempo, los títulos de mayor valía de la selección. Federico Vairo se fue constituyendo como un defensor con muchos recursos, desde barrio La Tablada, donde nació, hasta la camisa nacional.

FEDERICO SACCHI

Convirtió el gol decisivo del clásico rosarino, lo celebró con toda su euforia y aguardó el final del partido con ansias. Tras el desenlace, llegaría el triunfo, pero también la venganza. Una vez terminado el partido, se bañó rápidamente y salió del estadio, rumbo a un bar céntrico. Frenó en el frente del negocio, sacó pecho y mostró su estampa erguida. Orgulloso de lo que había logrado minutos antes, quería ver de cerca a aquellos que día tras día le decían, entre mesas de café, que Rosario Central era más grande y tenía más hinchas que Newell's. Desandaban los últimos días de la década del 50 y Federico Sacchi, uno de los zagueros más prolijos de aquellos tiempos, había concretado la victoria.

Jugaba de galera y bastón. Así lo retrata cada crónica de la historia, por su finura y elegancia, la ductilidad que mostraba desde la línea de fondo. Jugaba como segundo marcador central, aunque en sus inicios actuaba como centrocampista. No fueron pocas las veces en que alternó entre un lugar y otro del campo durante su carrera. Poseía una gran pegada, exhibida en cambios de frente y pases largos, y era muy solvente en cruces defensivos. Un futbolista impecable en el quite, que se animaba a jugar y a llevar la pelota hacia arriba cuando se hacía de ella. Un hombre que, además, detestaba lanzar el balón fuera de los límites de la cancha, y buscaba con ahínco la fluidez.

"¿Quién habla de perder o ganar? Yo hablo de jugar. Nunca, créamelo, nunca, al entrar a una cancha pienso en ganar o perder. Pienso en jugar bien. Si lo consigo, mejor para mí", dijo una vez a *El Gráfico*. Era un fútbol de menor rigor físico, con mayores libertades, y allí Sacchi daba un concierto de calidad. Por sus controles, su excelsa técnica, la habilidad de salir jugando. Era tan seguro con la pelota en los pies como a la hora de sacrificarse y recuperarla. Robaba y escapaba, con la frente en alto, el jopo rubio ondeando por su frente y la mirada clavada en el terreno adversario, para empezar una jugada de ataque. Defendía el buen juego y el espíritu de la buena y sana competencia, por lo que poco a poco se fue transformando en uno de los jugadores más prolíficos de suelo argentino.

Tal precisión tenía en los envíos que bien vale la pena repasar lo que una vez dijo Rubén Sosa, con quien compartió plantel en Racing, tras abandonar Newell's. "Federico era un fenómeno. Lo miraba, levantaba la mano y él, con exactitud de relojero, me la mandaba directa al pecho, lenta, suave, en un vuelo rasante. Tan lenta y precisa que, al llegar, tenía tiempo de leer lo que decía impresa: cuero argentino, cosida a mano. Ese era como jugador. Pero además, un tipo noble, derecho, un gran amigo", lo describe aquel talentoso al que apodaban el Marqués. Sacchi se hacía impasable, intimidaba a los delanteros por su presencia, se animaba a jugar y era dueño de una técnica por encima de la media.

La estadía en Newell's no duró más que dos años. Dos intensos años. Había conquistado un lugar en la Primera con la fuerza que muestran desde abajo los diferentes. El Leproso representaba el gran salto para el rosarino, que jugó durante un tiempo en Tiro Federal, en Primera C. Llegó a contar que, muchas veces, los directivos de los Tigres tenían que cerrar un vagón completo que los jugadores utilizaban como vestuario, ya que llegaban tarde al comienzo de un partido. Jerónimo Díaz, un exarquero, lo llevó a NOB, y sus días cambiaron para siempre. Llegó a Primera División, categoría en la que mostraría más temprano que tarde sus enormes condiciones.

Tiempo antes, de los campitos en los que jugaba con amigos, fue reclutado para los tradicionales torneos Evita. Eran tiempos en que mixturaba los partidos en el potrero, la mejor escuela según sus propias palabras, con los estudios en el colegio La Salle. De allí, hacia Tiro, puesto que un observador le decía a su padre que lo sacara de las canchas del barrio porque lo iban a lesionar. Ya se veía en el joven a un diamante en bruto, que no tardaría en relucir en el fútbol grande. Llegó el gol en el clásico, la victoria, su venganza en las calles rosarinas, dos años en los que creció junto a nombres como Juan Lallana o Anacleto Peano, quien lo acompañó en el siguiente paso dado en el profesionalismo. De Rosario a Avellaneda, con la firma en Racing.

Campeón al primer año, en Racing fue un hito, por la calidad y jerarquía de sus prestaciones. Con jugadores como Orestes Omar Corbatta y Juan José Pizzuti, la Academia lideró de principio a fin el torneo, aún con la amenaza latente del San Lorenzo de José Sanfilippo. Una racha de cinco victorias al comienzo del torneo hizo ver al ambiente que el equipo sería candidato. Sin embargo, todo se elevó cuando el invicto se mantuvo hasta la fecha 14. Independiente, con una goleada, le cortó la dinámica que acarreaba, pero no fue un freno muy brusco en la búsqueda del título. Los dirigidos por Saúl Ongaro alzaron el trofeo después de años sucesivos en que Racing se colocaba en los puestos de vanguardia, pero no podía llegar a la primera colocación. El torneo de 1961 fue un bálsamo.

Admirado por los centrales de la época y espejo de defensores que le siguieron, Sacchi fue ídolo de Alfio Basile y Roberto Perfumo, que debutó en la mitad celeste y blanca de Avellaneda jugando a su lado. Federico jugaba en la cueva en algunas ocasiones, y también integraba la línea de tres que le seguía a los dos centrales. Convertía goles esporádicamente, pero su gran nivel estaba inmerso en su calidad defensiva, las conducciones hacia campo contrario, los pases con pulcritud y justeza. Tanta jerarquía mostró en el estadio Juan Domingo Perón que se ganó un lugar en la Selección Argentina.

El entrenador Juan Carlos Lorenzo lo citó para el Mundial de Chile 1962, en el que jugó los tres partidos como titular. Argentina ganó, perdió y empató ante Bulgaria, Inglaterra y Hungría, respectivamente, por lo que no pudo avanzar de fase. El virtuoso zaguero dijo que, más allá de que el DT había trabajado en España y conocía de primera mano a muchos futbolistas europeos, escaseaba la información y no sabían cómo jugaban los adversarios de turno. “Lorenzo me cambió de posición. Contra Inglaterra fui volante central, (Antonio) Rattín jugó como mediocampista por derecha y Vladislao Cap de lateral derecho. No funcionó para nada”, expresó alguna vez sobre los masivos cambios que hizo el conductor. La experiencia de Sacchi por el combinado argentino se prolongó desde 1961 a 1965, aunque solo disputó 15 partidos. Un signo de otros tiempos.

Precisamente en el año en que se acabó su periplo por la selección, agregó el segundo título de liga al palmarés. Campeonó con Boca, también en su primera temporada. Una lesión mermó su rendimiento y le hizo estar todo un semestre fuera de las canchas: el Xeneize visitó Perú y, durante un partido ante Universitario, el crack rosarino se rompió los ligamentos de su rodilla. Al volver, había perdido el puesto, los hinchas le reclamaban un andar displicente y que no mostraba todo lo que era capaz de hacer. Él se escudó en que Alcides Silveira, su reemplazante, tenía más que ver con el estilo intrínseco del club. Más tarde, Sacchi jugó en Perú, Brasil y Estados Unidos, donde terminó su trayectoria.

Íntimo amigo de César Luis Menotti, una amistad que empezó en Racing. Pese a que llegaron al club desde las veredas opuestas de Rosario, eso no fue prohibitivo de la gran relación que construyeron. Al tiempo, pasaron a Boca al unísono. Luego, el protagonista de este escrito fue colaborador del Flaco cuando dirigió a la Selección Argentina, y hasta llegó a hacerse cargo de un partido (empate vs. Brasil 2-2), cuando el técnico viajó a Japón para guiar a los juveniles que conquistaron el título mundial de 1979. Posteriormente, FS dirigió a San Martín de Tucumán y Tigre, junto a otros equipos del Ascenso, y atravesó sus últimos días en el fútbol entrenando las categorías menores de Racing y Atlético Rafaela.

Sacchi es una personalidad distinguida en Rosario, donde el Consejo lo condecoró como deportista distinguido. Pasea por las calles de la ciudad y realiza trámites con la comodidad que brinda una especie de anonimato. Los que vieron sus delicias en la cancha lo recuerdan con fervor, aludiendo a su inmensa calidad. Aquel defensor que se vengó de los críticos, que fue hasta el bar a gritar una y otra vez su gol decisivo, fue uno de los defensores de mayor renombre del fútbol doméstico.

ERMINDO ONEGA

Fue un mito, aunque no pudo ser leyenda. En esa sentencia, puede abreviarse lo que significó Ermindo Onega para el fútbol argentino, desde fines de la década del 50 hasta el epílogo de la del 70. Un crack absoluto, que sin embargo no logró que su calidad fuese distinguida y valorada en su justa medida. Quizá, en eso influyó la carencia de títulos, el no haber podido reflejar con un primer puesto todas aquellas virtudes de las que hacía gala. Sus innegables condiciones contrastaron con no alcanzar ese impulso que lo depositara entre los grandes, más allá del talento fuera de todo tipo de vacilaciones. Generó una dicotomía entre los hinchas de la época, pero acabó imponiéndose como uno de los grandes talentos que emergieron de la zona.

"Siempre llegué tarde", fue la frase que acuñó y lo describe sustancialmente. Tanto cuando llegó a River, como cuando fue transferido a un histórico Peñarol mucho tiempo después, el nacido en la localidad de Las Parejas era el nuevo líder. Después de épocas gloriosas, comenzaban períodos de transición, y era Onega el encargado de liderar contra viento y marea las nuevas etapas. Heredó la camiseta número 10 del Millonario y se mostró como un fuera de serie, aunque le faltó compañía para concretar todo aquello que manifestaba en el campo. Si se levantaba encendido, era capaz de cualquier cosa dentro de la cancha. Aunque las grandes generaciones de los dos gigantes clubes del Río de la Plata, pusieron un punto final cuando Ermindo más los necesitaba.

Poco tiempo entrenándose en las inferiores de River le alcanzó para saltar al primer equipo. Renato Cesarini, entrenador por aquel entonces, lo protegía como su joven joya y lo alojó en una pensión de Colegiales. Tenía 17 años, había destacado en Sportivo, el club de pueblo en el que su padre supo ser dirigente, y le llegaba el turno de presentarse en la Reserva de la institución de Núñez. Un hombre de apellido Pezzutti, panadero de la zona que reclutaba chicos de la región, se lo recomendó a Cesarini, y dio inicio al sueño del parejense. Pocos meses después, hizo su debut en Primera, en lo que constituye una parábola de su carrera. River ya era campeón y jugó la última fecha, ante San Lorenzo, sin obligaciones. Onega reemplazó a Ángel Labruna, el prodigio de la banda, y su equipo perdió 5-1. Fue la única consecución que pudo ostentar EO, aun habiendo disputado pocos minutos. Lo que siguió no fue un tiempo próspero.

Con el campeonato obtenido, los millonarios se habían consagrado en cinco de los últimos seis certámenes, pero la continuación de aquello fue la seguidilla de 18 años sin subirse al primer sitio del podio. Un sufrimiento que, en paralelo, fue un lastre para Onega, que observó cómo se alejaron las principales figuras. Primero, Enrique Omar Sívori se fue, junto a Cesarini, rumbo a la Juventus. Luego, el desastre del Mundial de Suecia 58, en el que Argentina perdió 6-1 ante Checoslovaquia, perjudicó notoriamente al fútbol nacional. Labruna fue uno de los que salió de River y se le sumaron Néstor Pipo Rossi, Federico Vairo y Eliseo Prado. También se dio aquello que se denominó "fútbol espectáculo", y acarreó la contratación de numerosos extranjeros. Onega era, a sus jóvenes 20 años, la gran esperanza. Y sucumbió frente a la posibilidad.

Una década jugó allí donde debutó, atrayendo por su genio y siendo transversal al hincha de River, pues muchos hinchas de otros equipos pagaban la entrada para verlo jugar. Llevaba la pelota pegada al pie, era un habilidoso de otras épocas, con una potencia y capacidad goleadora excepcional, y su nivel no se resentía ocupando cualquiera de las posiciones de ataque. Siempre fue agregando conceptos a su juego, y se llevaba los aplausos ante cada acción. Las medias bajas y las canilleras al desnudo eran su señal distintiva, como así también los desabrochados primeros botones de la camisa. Ermindo tomaba el cuero y se echaba a andar, con el convencimiento de que nadie podría quitarle la magia.

Lagunero e irregular, puede estar allí la principal razón de por qué no logró ser ese gran líder que sus compañeros precisaban, para acabar la racha negativa. A su equipo le faltó la puntada final en numerosas competencias, moría de pie en la orilla sin lograr aquello por lo que tanto había peleado. El Ronco, como lo apodaban por el grueso de su voz, había pasado del centro de la delantera a la banda derecha, con la llegada del

brasileño Delém. Aun así, convocaba a sus feligreses, deseosos de ver su gambeta. Era dueño de una técnica muy depurada, el faro para todos sus compañeros, que le pasaban la pelota una y otra vez con la ambición de que inventase algo diferente.

Existían también sus detractores. El periodista Carlos Juvenal lo retrataba en la revista *El Gráfico*. "Tomamos a Ermindo Onega como un símbolo de todo lo que nuestro fútbol puede ser y no es. Lo tiene todo para ser un triunfador sin discusiones, como el fútbol argentino. Pero, del mismo modo, como se renuevan las frustraciones para este fútbol nuestro tan rico que nunca sale de pobre, cuando todo parece indicar que Ermindo pasó al frente, ocurre algo que lo frena, que lo aplasta y lo voltea". Era un futbolista de gran pegada y un pique corto incontrolable, pero no se separaba de las rachas, y los momentos de clase y categoría se mezclaban con aquellos que no lo dejaban terminar de despegar. Estos últimos eran unos pocos, pero frenaban su ascendencia.

Al tiempo que generaba el debate interno, se erigió en una de las grandes figuras de un título que estuvo entre los más importantes de la Selección Argentina, hasta la gloria del Mundial 1978. La albiceleste ganó la Copa de las Naciones 1964, un torneo que había organizado la confederación brasileña para celebrar la gloria alcanzada en las dos anteriores copas del mundo. Inglaterra y Portugal se hicieron presentes, y los argentinos tomaron el lugar de Alemania, que desechó la chance de viajar. Contra todo pronóstico, y cuando los jugadores habían discutido los premios por un último puesto, Argentina se consagró campeona con puntaje ideal y valla invicta. Ante figuras como Eusebio y Pelé, el improvisado combinado festejó por todo lo alto. Ermindo, además de ser la mejor figura colectiva, anotó un tanto en la goleada al Scratch por 3-0.

Las conquistas se celebraban el doble, vista la desorganización que reinaba en el fútbol argentino. Los dirigentes no contaban con un plan a seguir y todo se hacía sin rumbo fijo. Era un descalabro y primaba la desorientación en torno a viajes, entrenamientos y concentraciones. Una selección que quemaba jugadores, que no les permitía exhibir su mayor potencial, que no los liberaba de otras ataduras para que desplegasen su talento por el campo. El de River había logrado salirse de ese plano y coronarse en tierras brasileñas, ante la mirada de todos aquellos que se preparaban para un final de fiesta completo. Ese logro del 64 estuvo antecedido por el Panamericano del 60, en el que Onega también se despachó como mejor sabía; ese certamen se disputó solo tres veces y agrupaba a selecciones de todo el continente.

Ermindo fue uno de los convocados para el Mundial 1966, el único que jugó, y disputó los cuatro partidos. Fue la mejor participación del seleccionado desde la Copa de 1930, aun cuando las expectativas eran mínimas. Después de atacar un espacio vacío y recibir un pase aéreo, Onega definió por encima del arquero y concretó la victoria ante Suiza, que otorgó el pasaje a cuartos de final. Tan importante era su presencia que, en el segundo juego del grupo, el entrenador alemán había sacrificado a su jugador más representativo, Franz Beckenbauer, para que lo siguiera por todo el campo. La delantera del elenco nacional estaba conformada por tres riverplatenses: al santafesino se sumaban Luis Artime y Oscar Más. Todo se acabó en la primera de las instancias eliminatorias, frente a Inglaterra, con aquella polémica expulsión de Antonio Rattín. Se trató de una generación maldita argentina, a la que nadie supo acompañar.

Roberto Perfumo, el legendario defensor, elogió en su momento al 20 (llevaba ese número porque el DT Juan Carlos Lorenzo tenía la extraña costumbre de doblar los números tradicionales, y al 5 le daba la 10). "Después de Maradona, Ermindo fue el mejor que jugó en Argentina. Era como (Michel) Platini, pero más rápido. Tocaba y seguía, tocaba y seguía, iba a buscar la descarga, era un jugador adelantado 10 o 15 años a su época. Tenía un pique tremendo dentro del área, cabeceaba muy bien. A Ermindo se la pasábamos todos, sabíamos que había que dársela para que él jugara". Otros futbolistas del equipo que cayó ante los británicos eran Antonio Roma, Rafael Albrecht y Silvio Marzolini.

El del 66 fue un año de vacas flacas y desilusión para el personaje en cuestión. River no pudo coronarse en la primera final de Copa Libertadores a la que arribó en su historia. Jugó un partido desempate en Santiago de Chile, tras levantar en el Monumental la caída frente a Peñarol como visitante. Durante el juego en condición de local, el Ronco había convertido dos goles y en la capital chilena el equipo dejó escapar una chance única luego de llevar un par de tantos de ventaja. Unos años a posteriori, firmó con el Carbonero, que en la época acumulaba conquistas.

Dejó atrás los días en los que compartió cancha con su hermano Daniel (intratable goleador) y se mudó a Montevideo. Pero allí también llegó tarde, puesto que abandonaron el equipo hombres como Alberto Spencer o Julio César Abbadie. Nuevamente, a remar contracorriente, cuando los manyas tuvieron una decaída tras conseguir la gloria nacional e internacional. Tras dos décadas en tierras charrúas, firmó con Vélez y se retiró jugando para La Serena de Chile. Días antes de su retiro, se había incorporado al equipo de estrellas, que jugaba amistosos en diferentes canchas argentinas.

Nunca se alejó del fútbol y fue uno de los grandes interventores para moldear la escuela de formación Renato Cesarini, nombrada así en homenaje al gran entrenador italiano. Su hermano Daniel, Artime, Jorge y Eduardo Solari y otros apellidos desde las sombras dieron vida al club que terminó siendo escuela de vida. Ermindo Onega, un hombre talentoso y fuera de serie, llegó a jugar para la institución y fue entrenador, además de ser un maestro al enseñar detalles técnicos a los jóvenes.

Lamentablemente, su fallecimiento fue el único punto al que llegó temprano. Un accidente de tránsito en la ruta 9, cuando viajaba hacia Buenos Aires de vacaciones, acabó con su vida cuando tenía 39 años. Un hombre al que no se lo dimensionó en su justa medida, cuya inmensa calidad no tuvo correlación con la gloria. Un jugador de contradicciones, que no necesitó levantar un trofeo para ser admirado por el público que respeta las buenas formas.

AMÉRICO GALLEGO

Américo Gallego no dudó un instante. Despejó la pelota con su pierna derecha, casi golpeándola con la canilla, para alejar el peligro. Había quedado atrás el remate al poste del holandés Rob Rensenbrink, en una jugada que paralizó el colmado estadio Monumental. Pasada la acción y restablecidos los corazones argentinos, llegó el tiempo suplementario y los goles de Daniel Bertoni y Mario Kempes. Argentina tocó el cielo por primera vez en su historia y el "Tolo" se colgó la medalla como uno de los pocos jugadores argentinos campeones del mundo.

Altruista, siempre al servicio para el beneficio colectivo, Gallego era sinónimo de equilibrio. Ordenaba al equipo durante los 90 minutos y se erigía en un as de la recuperación del balón. Tenía una capacidad especial para leer cada jugada, robar e iniciar un nuevo ataque. Fue uno de los líderes de aquel equipo campeón bajo el mando de César Luis Menotti, que tres años antes de la gran conquista lo había citado por primera vez al seleccionado para el torneo Esperanzas de Toulon. Eran tiempos de renovación en el fútbol argentino, años en los que se sembró una refundación muchas veces pospuesta.

El hombre, que aún pertenecía a Newell's, el club en el que debutó, jugó casi todos los minutos del certamen disputado en tierras argentinas durante 1978, menos los últimos cinco del duelo ante Perú. Salió reemplazado cuando ya todo estaba definido y el pase a la final era un hecho. Aunque todavía quedaba la salvada *in extremis* y un tiempo suplementario revitalizador. Junto a Nery Pumpido, Daniel Passarella, Luis Galván, Alberto Tarantini y Kempes, entre otros jugadores legendarios, dio la vuelta olímpica con el gran trofeo en sus manos. Fue la voz de mando y el liderazgo en el centro del campo; su semblante serio nunca dejaba lugar a la vacilación.

Nacido en Morteros, provincia de Córdoba, llegó siendo muy pequeño a Rosario. Sin una figura paterna, puesto que su padre abandonó a la familia, Américo adoptó el apellido de su madre, que originalmente tiene una letra "ese" al final que lo transforma en plural. Previamente a incorporarse a las divisiones juveniles de Newell's, tuvo varios oficios con los

que intentó sacar adelante a la familia. Fue bicicletero, heladero, vendió churros y repartió hielo por los hogares rosarinos. Por la tarde, alternaba entre la escuela y la pelota. Su fuerza de voluntad volvió a reflejarse al hacerse sitio en el equipo rojinegro, tras no superar una prueba de Boca y retornar de River pese a que allí querían sumarlo, y al asegurarse un lugar entre los titulares "leprosos". Morrudo y prepotente en envase chico, se brindaba por sus principios holísticos.

Tan solo un año en Primera bastó para que Menotti lo observase y le otorgase un lugar fijo con la casaca celeste y blanca. Tras la histórica consecución, fue parte del seleccionado que se clasificó a la Copa del Mundo de España 1982 y fue transferido a River, donde dejaría una marca imborrable con el transcurrir de los años. Siendo defensor del título y con el volante entre los citados, el combinado argentino no pudo repetir la gran actuación en la península ibérica. Sin embargo, el "Tolo" ya había quedado en el archivo grande de la historia futbolística del país.

Consolidado en el sector medular del Millonario, Gallego fue un hombre vital del River que alcanzó la gloria en 1986, al hacerse de la liga local y la Copa Libertadores a mediados de año y la Intercontinental meses después. El liderazgo de Oscar Ruggeri, la bravura de Juan Gilberto Funes, la magia de Norberto Alonso y el desequilibrio goleador del uruguayo Antonio Alzamendi se conjugaron con el talento del centrocampista, que llevaba la cinta de capitán y fue el primero en alzar cada trofeo. El morterense se entregaba en cuerpo y alma. De hecho es recordada la imagen que lo retrata retirándose del campo de juego con la camiseta ensangrentada. Además, tenía sus propias artimañas, como una que confesó a la revista *El Gráfico*: "Me dejaba las uñas de los dedos chiquitos largas y afiladas. Las usaba en la cancha".

Su figura como volante de contención fue reconocida históricamente y se transformó en uno de los jugadores que podría integrar un 11 ideal del seleccionado. Por sus virtudes y la capacidad de hacerse el patrón de la mitad de cancha en cada estadio donde jugó, fue considerado como uno de los grandes baluartes del fútbol doméstico en las décadas del 70 y 80, acaso los períodos de mayor esplendor del balompié argentino. Solo jugó en dos equipos y en cada uno alcanzó a escribir su nombre con tinta indeleble, al igual que hizo a nivel nacional.

Ya en 1988, le costó recuperarse de una lesión y observó cómo su lugar fue ocupado por jóvenes que emergieron desde abajo y otro campeón del mundo, Sergio Batista. Pese a la ilusión de ponerse bien físicamente, bajo el mando de Menotti, el entrenador con el que había conseguido el mayor lauro al que pudo aspirar, decidió poner punto final a su carrera. Campeón del mundo a nivel clubes y selecciones, consolidándose en cada alineación y recuperando un sinfín de pelotas por partido. Catorce años de carrera en los que se subió al top ten de los mejores centrocampistas del fútbol albiceleste.

Poco tiempo tardó en ver la luz su idea de dedicarse a la carrera de entrenador. Primero lo hizo como ayudante de campo de Passarella, el gran capitán del 78 y compañero de grandes gestas en River. No solo le fue bien, sino que ya empezaba a tomar forma su idea de alejarse del cuerpo técnico que lideraba el "Káiser" para dirigir en soledad. En 1994, cuando Daniel Alberto decidió alejarse del equipo de Núñez para tomar las riendas de la selección, Gallego tomó el cargo de entrenador del club y fue campeón invicto. En épocas de torneos cortos y temporadas divididas entre campeonatos Apertura y Clausura, River se impuso sin perder partido alguno durante el segundo semestre de aquel año. El arranque del "Tolo" como conductor de grupo no podía ser más promisorio.

Volvió a escoltar a Passarella para el Mundial de 1998. Alejandro Sabella era otro de los ayudantes, guiando a una escuadra que alcanzó los cuartos de final, instancia en la que perdió ante la Holanda de Dennis Bergkamp. Habían pasado ediciones de Copa América y de certámenes juveniles, y nuevamente rondó en su cabeza una idea que finalmente estableció: ser otra vez solista, el entrenador principal. River volvió a contratarlo. Y tras la estrepitosa caída a nivel internacional frente a Boca, en la Copa Libertadores del 2000 -Martín Palermo retornó al gol tras la extensa recuperación de su lesión de rodilla-, volvió a consagrarse en el plano nacional con otros dos equipos.

Independiente se consagró tras ocho años de sequía. Con Federico Domínguez, Federico Insúa, Daniel Montenegro y Andrés Silvera entre los 11, mezcló goleadas antológicas con triunfos de jerarquía. Fue en 2002 y significó el último título local del Rojo. Dos años más tarde, disponiendo de Fernando Belluschi, Ariel Ortega e Ignacio Scocco como jugadores insignia, dio la vuelta olímpica con Newell's. Allí cerró el círculo, le devolvió todos los honores al club que lo había visto nacer.

Más acá en el tiempo, los segundos pasos por los clubes de Avellaneda y Rosario no fueron igual de estimulantes. No pudo repetir aquellas hazañas ni realizar grandes campañas y protagonizó una de las temporadas de pobre cosecha que decantaron en el descenso del club rojo. Un tanto alejado de los bancos de suplentes, no dirigió con la asiduidad de antaño, cuando se había hecho cargo de otras instituciones mexicanas o chilenas.

El "Tolo" supo reponerse siempre. Aquello que la vida le quitó, la vida le devolvió. Y con creces. Porque de su infancia difícil, tomó aire para elevarse y posicionarse entre los mejores, en medio de los elegidos que alguna vez tomaron la más preciada de las copas y la posicionaron sobre sus cabezas. Gallego fue un mediocampista aguerrido, agresivo, voraz, un futbolista que se dio todo en pos del objetivo.

ALDO PEDRO POY

Referenciar a Aldo Pedro Poy bien podría ser algo idéntico a hacerlo sobre Rosario Central. Un *One club man*, esa etiqueta que corresponde a los jugadores que escribieron su historia en las canchas portando solo una camiseta. El hombre tuvo una trayectoria acotada, diez años en lo más alto, y siempre lo hizo con la auriazul. Pero a cada año que pasó, su figura fue haciéndose más grande, incluso cuando abandonó el fútbol y la mitología hizo su curso. La leyenda fue de carne y hueso, ganó dos títulos -incluido el primero del club en la historia- y convirtió el gol más importante de todos los marcados por los canallas en los clásicos rosarinos. O deberíamos decir que, más bien, se trató del de la jugada de mayor trascendencia en la sucesión de derbis de la ciudad.

El relato podría ser poético, pero la vida de Poy estuvo ligada desde un primer momento a su identidad centralista. Nació en el barrio de Arroyito, en épocas donde los médicos llegaban hasta la casa donde moraba la familia, y la suya estaba a tres cuadras del estadio. Jugaba en las calles del barrio y pateaba la pelota todo el día, hasta llegó a hacer cortes de una esquina a otra con sus amigos para empezar un picado. La obsesión por Central lo atrapó desde muy temprano, mientras despuntaba su fanatismo por el fútbol en las cuadras aledañas a la institución. Los fines de semana, la pasión se incrementaba, dado que con su padre se hacía presente en las tribunas para alentar al equipo. Pasaron los años y llegó el gran momento de aquel joven, que se probó en el club de sus sueños por mero compromiso, sin tener una gran ambición por ser jugador profesional. Y todo se fue dando para bien. Salió campeón en la Tercera, Cuarta Especial y en Reserva.

"De muy chico fui a la cancha, siempre me llevaba mi viejo, desde que tuve 6 o 7 años. Íbamos parados detrás del arco que da a Regatas, en un corredor, y después empezaba la tribuna. Contra el tejido mirábamos el partido. Por el barrio, porque mis viejos eran fanáticos, me hice de Central, y cuando tuve 15 años fui a practicar. Siempre me querían llevar y yo no iba. De hecho, mi papá me quería llevar a Buenos Aires, tenía parientes en Lanús y él me decía que esperara un poco más. Fue a probarse un amigo mío a Central, lo acompañé y rápidamente quedé. Me conocían de los torneos de los barrios", comienza su relato, en primera persona.

Así empezó la historia para Aldo Pedro, que ya nunca se quitaría la camiseta de Central mientras entró a una cancha. Ofrecimientos no le faltaron, pero siempre se encargó de apartarse de la cuestión. Ángel Tulio Zof, por entonces entrenador de Los Andes, había pedido con insistencia por él, tras haberlo conocido en Central, pero el atacante nada quiso saber sobre alejarse de Rosario. Cuando se enteró de que las tra-

tativas entre clubes avanzaban sin problemas, salió a caminar por la costa para despejarse y pensar una salida.

"Don Ángel me vino a buscar con el presidente de Los Andes. Le dije a mi mamá que les dijera que no estaba, y ella, que era una gallega terrible, me dijo que iban a volver y que ya no mentiría por mí. Me fui a caminar por el Parque Alem, un lugar por el que pasé toda mi infancia. Desde los 6 o 7 años, íbamos a la escuela y después pasábamos todo el día en el parque. Caminando por la costa, me encontré con un pescador amigo de mi viejo. A mi papá le gustaba cazar e iba algunos fines de semana a pasar dos o tres días a la isla con este hombre. En ese momento, había diez personas allá, no era como ahora que va todo el mundo. Me crucé con él, le pregunté si volvía, y me dijo que tendría que buscar mercadería. Fui, y cuando estuve allá, me quedé. No fue algo preparado, me pasó en el momento y me fui. Crucé un viernes a la mañana y volví el sábado al mediodía", señala. Y amplía: "Viajamos a Buenos Aires, y otra vez Zof y Palacios, el presidente. Aceptaban todos mis requisitos y cada vez me comprometían más. Víctor Vesco, que atravesaba su primer año de mandato en Central y estaba escuchando, se arrimó y me preguntó si me quería ir. Le dije que no, y dimos por terminada la charla. Mi idea era una y no la iba a cambiar. La decisión ya la había tomado".

Convertía con asiduidad en los clásicos ante Newell's, parecía iluminarse en los enfrentamientos y disfrutarlos como el último. Cada vez que anotaba un gol, su equipo no perdía ante el rival de toda la vida. "Jugar frente a Newell's era muy importante. Teníamos mucha confianza, llevábamos muchos años ganando, creo que siete años en los que nunca perdimos. Entonces, eso era un plus especial. Aparte de tener buenos equipos, teníamos la confianza de que, frente a ellos, siempre ganábamos o empatábamos", rememora. No obstante, su obra cumbre llegó el 19 de diciembre de 1971, cuando por el torneo Nacional hizo el tanto definitivo que selló la semifinal. Central obtuvo el pasaje hacia el último partido, que se disputó en Rosario, y dio la vuelta olímpica al vencer a San Lorenzo. El cuento de hadas adquirió un tinte mágico mayor al obtener el campeonato en cancha de NOB, el terreno neutral que ya estaba estipulado previamente. La palomita de Aldo Pedro Poy fue elemental, decisiva, un gol que se sigue celebrando aún hoy, después de casi cinco décadas. El gol más gritado de todos los tiempos.

"En el 70 habíamos sido subcampeones. Contra Boca, en cancha de River, jugamos los últimos 15 minutos con muchísimas personas en las inmediaciones de la cancha. Podríamos haber salido campeones ahí, el técnico era Don Ángel. El equipo quedó armado, vino (Ángel) Labruna, hizo algunos cambios, le dio más poder defensivo y de mediocampo al conjunto, y tuvimos la suerte de consagrarnos. Fue el comienzo de la gran historia de Central: en el 72 volvimos a las posiciones de arriba y en el 73 otro campeonato. Un año después, fuimos campeones anuales, porque Central les ganó a los ganadores del Nacional y el Metropolitano. El club creció muchísimo gracias al orden que se impuso, siempre necesario para llegar al objetivo final. Todo se hizo mucho más organizado. Los viajes, los horarios, la comida, las concentraciones, las dietas especiales. Una gran cantidad de detalles que, hasta ese momento, no sabíamos que podían llegar a existir", rememora.

La del 71 fue la primera vez que los dos rivales acérrimos de la ciudad arribaron hasta las semifinales, y el título centralista tomó gran dimensión al tratarse del primer campeón del interior del país. Los dirigidos por Ángel Labruna eran un equipo consistente, al que costaba dañarlo, y lo dejó en claro al secar a Newell's, uno de los equipos que mejor fútbol desplegaba. Mediante un gran trabajo colectivo y una presión organizada y en sintonía, Central anuló a los mejores intérpretes del contrario, Alfredo Obberti y Mario Zanabria, y jugó con criterio cada vez que dispuso de la pelota. El gol de palomita llegó en los primeros minutos del complemento y luego el vencedor se encargó de aguantar los embates que llegaron hacia su arco. Primero controló, y luego se defendió con uñas y dientes. Así, edificó un triunfo que pasó a la posteridad.

"Cuando la cabeceé, supe que era gol. Llegué en el momento justo. El centro era fuerte, yo iba en el aire e impacté la pelota. Fue como si hubiera dado un patadón en lugar de un cabezazo", explicó Poy en un mini documental que elaboró la cadena ESPN sobre aquella mítica acción, la palomita más recordada del fútbol argentino. La acción del gol tuvo lugar en la segunda jugada de una pelota parada. Previamente a la realización del córner, el goleador se acercó al fotógrafo de *El Gráfico* y lo alertó de que preparase la máquina, que en ese momento llegaría su gol. El arquero espantó el peligro al cortar el centro, pero Central volvió a hacerse de la pelota en la mitad del campo y elaboró un nuevo ataque. Carlos Aimar dio continuidad al juego y el uruguayo Jorge González lanzó el centro con mucha fuerza. Aldo Pedro atacó el área con velocidad y se anticipó al lateral Ricardo Di Rienzo, cuyo apéndice, extirpado por un médico centralista, descansa en un museo como el órgano que más cerca pasó de la pelota tras el golpe de cabeza.

El ídolo del club auriazul partía desde el centro del ataque, pero salía de esa zona continuamente para asociarse con los centrocampistas. De esa forma, creaba espacios que luego atacaba él mismo o aprovechaban sus compañeros. Podía conducir con calidad y conectaba junto a sus compañeros para darles fluidez a los ataques. Una especie de falso 9 de los 70, rompiendo un paradigma al escapar de los centrales y ser indetectable para los mediocampistas. Y por si esto no alcanzara, el rosarino mostraba categoría con la pelota en su dominio. Aquel gol de cabeza, arrojándose al encuentro del esférico, y la posterior consecución del título, eliminaron cualquier crítica que los hinchas habían hecho previamente de él.

Nadie mejor que el propio protagonista para definirse a sí mismo: “Era un enganche con movilidad por toda la cancha. Mi gran virtud era ocupar los espacios donde podía recibir la pelota, y así auxiliar al amigo, al compañero que la tenía. Di muchos pases de gol, hice bastantes goles, jugaba como un delantero tirado atrás. En esa posición, atravesé mi mejor momento. Era un falso 9, pero teníamos tres delanteros adelante. En la mejor etapa de Central, año 74, jugaban arriba (Ramón) Bóveda, (Roberto) Cabral y (Mario) Kempes, y yo, que era un cuarto atacante, partía un poquito atrás. Además, teníamos dos volantes de marca que te mataban, quitaban muchísimo”.

El vuelo de la palomita es legendario, pero no se trató del único que realizó en toda su trayectoria. Replicó esa forma de definición en otras oportunidades, con distinta suerte. Los hinchas lo veneran tras el gol anotado en el estadio Monumental y la fecha del partido es recordada con mayor ahínco incluso que la de la certificación como ganadores del campeonato. El 19 de diciembre de cada año se repite la jugada en diferentes ciudades argentinas, hasta en Ushuaia, Tierra del Fuego, pero también se ha repetido en otros lugares del mundo. Asimismo, la jornada del partido frente a NOB dio origen a uno de los cuentos más renombrados de Roberto Fontanarrosa, que apunta a cómo se vivió la previa del encuentro en la ciudad y el secuestro del viejo Casale, para tenerlo sí o sí en la tribuna del estadio de Núñez, como cábala.

“En ese momento, no pensé en la importancia que tomaría el gol. Sí pensamos en que, a los tres días, tendríamos una final. Convertís el gol, ganás y estás feliz porque fue el único gol del partido. Sí se trató de algo especial porque definí de palomita, ante Newell’s, todo eso lo razoné. Pero nunca pensé que tendría la trascendencia que tuvo. Hemos ido por muchos lugares replicando el gol, aquí y en el exterior. Es una forma de hacer amigos nuevos. Cuando vamos a otros países, vemos hinchas de Central por todos lados, entonces se presentan. En Barcelona, había 350 personas, un día en el que también estuvo (Juan Antonio) Pizzi, que por el momento jugaba en España. Ves la felicidad de la gente que está lejos, y te das cuenta que extrañan muchas cosas, pero por sobre todo a Central. Eso es lo más reconfortante de todo esto, no el acto en sí de hacer la palomita, sino recordar un momento agradable, sin ofender a nadie. Lo seguimos haciendo. Hay hasta 3.000 canallas anotados para unirse al festejo”, expresa Aldo Pedro.

Llegó Carlos Griguol a Central y, un par de años después de haber tocado el cielo con las manos, Central repitió el título. Fueron años de crecimiento para los canallas, que se anotaron en la pelea de arriba y se clasificaron a torneos internacionales. Bajo el mando de Timoteo, el equipo era más rocoso, se exhibía muy sólido y eficiente, conseguía desordenar al rival por el criterio que mostraba con la pelota. Poy recibió, tras repetir la corona, ofertas desde Paris Saint-Germain y Celta de Vigo, pero no se

dejó tentar por la posibilidad de cobrar un salario más rico. "Amo esta ciudad. Tenía toda mi familia acá, jugaba en el club que yo quería, que amaba. No sé si en otro lado me hubiese sentido tan feliz como fui en el club. Las diferencias que podía encontrar eran de dinero, y el dinero no es lo más importante. No me arrepiento. Aparte, mis padres eran grandes, y pensaba si les llegaba a pasar algo y no estaba aquí Esos eran especialmente los motivos, pero no me fui especialmente porque nací, viví y voy a morir acá. Me encanta y amo esta ciudad, tengo todos mis amigos acá, y eso no tiene precio", asegura.

Prefirió seguir cerca de su familia, puesto que a principios del 74 llegaría su casamiento. La iglesia se vio abarrotada de fanáticos y seguidores. "Central provoca manifestaciones espontáneas. No lo tenés que convocar, se convoca solo. Dos cuadras antes, por avenida Alberdi, y dos después, había gente de pared a pared. La calle es ancha, había miles de personas. Dentro de la iglesia, ni hablar. El cura me casó en 5 minutos, porque estaban destruyendo todo. Abrieron el confesionario, cantaron con sus bombos, una manifestación popular. Fue en el año 74, luego de ambos títulos", escenifica.

Se encumbró como el ídolo de todos los tiempos, el más venerado, dueño del gol que traspasó generaciones. Hombre de un solo club, con dos copas obtenidas, líder de uno de los mejores equipos que disfrutó Central a lo largo de su existencia. Primero, se dio el gusto de ascender desde inferiores y gritar campeón con compañeros que había tenido en Reserva, como Ricardo Palma, Daniel Carnevali o José Pascuttini. Más tarde, ese equipo que compartía también con Aimar, los hermanos Killer (Daniel y Mario) y Bóveda, agigantó el palmarés. Incluso, Poy fue una especie de primer consejero de Kempes, que ulteriormente sería dueño de su propio suceso.

En alusión al cariño de los hinchas, y al amor que le brindan todas las generaciones, espeta que se sorprende todos los días. "Hay de todas las edades, desde un chico de 10 años a otro de 30, que tampoco me vio jugar. Para mí, es muy reconfortante. A veces, la gente me pregunta '¿no te cansás?', y digo ¿qué me voy a cansar?, es una caricia'. Lo veo todos los días. Yo lo siento así, y estoy predispuesto a charlar, firmar autógrafos, es una cosa natural que siempre hice y seguiré haciendo hasta que me lo pidan. Me hace mucho bien a mí también".

Una lesión a fines de 1974 lo alejó definitivamente del fútbol, tras un choque de rodillas con Zanabria, en una nueva edición del clásico. Meses antes, había sido citado para la selección que disputó el Mundial de Alemania, pese a que no disputó minuto alguno allí. Su carrera fue corta conforme a lo que apuntaba ser y su influencia en el fútbol nacional, pero a los 29 años optó por decir adiós. La imposibilidad de volver a ser, tras la lesión, lo impulsó a tomar tamaña decisión. "Me lastimé en el último partido del año. En la mitad de la cancha, fui a trabar la pelota con

Zanabria, que estaba de espaldas. Quedó mi pierna entre medio de las dos de él, cayó sentado arriba de mi rodilla y me dobló. No fue ese el real motivo, sino que me operaron mal, hubo una mala praxis. Por un problema que era mínimo, tuve que dejar de jugar. Podría haber jugado cinco años más, mínimo. Cuando me lesioné, estaba en el mejor momento de mi carrera", dice, mientras vuelve a aquellos días.

Situándose en el presente, traza paralelismos y habla de la pasión rosarina en torno al fútbol. "Me parece que la pasión atravesó límites. Es demasiada pasión. Se está transformando en violencia, y eso no es bueno. No pretendo que se vuelva a jugar un clásico con las dos hinchadas, los dos clubes tienen capacidad para llenar ambos estadios. Existe mucha necesidad recíproca de que pierda el contrario. Yo soy más positivo, quiero que gane siempre Central", señala. Con respecto al talento que emergió y sigue dando frutos desde Rosario, asegura que "se trabajó muy bien. Hubo años en que las cosas se hicieron de forma correcta tanto en Central como en Newell's. En esta zona, y 150 kilómetros a la redonda, la gente se alimenta muy bien. Hay chicos muy fuertes, y eso es muy importante. De las villas salen cada vez menos jugadores, porque lamentablemente falta comida. La región es muy rica y hay una gran cantidad de jugadores. Uno puede recorrer pueblos aledaños y siempre hay alguno que juega bien".

El relato de su célebre gol trascendió fronteras y se erigió en la conquista más festejada alrededor del globo. Ese futbolista que aún hoy es abrazado por los fieles es quien nunca cambió su vida en Rosario. Del fútbol pasó a la política viva, emergente y activa en el andar de la metrópolis, donde se transformó en uno de los vicepresidentes del Consejo. Aldo Poy, el mítico delantero que protagonizó la palomita más famosa, el idolatrado por abuelos, padres e hijos. Un delantero de una sola camiseta. "Central es una parte muy importante de mi vida. He tenido otras, como haber formado un matrimonio, tener tres hijos espléndidos y cinco nietos, ser concejal de Rosario, pero Central es lo máximo. La felicidad que me dio el club solo es comparable con el nacimiento de mis hijos, o cosas muy profundas. Yo entraba a la cancha y era feliz", cierra, a modo de epilogo.

SANTIAGO SANTAMARÍA

El pelo negro azabache, ondulado, el bigote frondoso, de la misma tonalidad. Santiago Santamaría intimidaba con la mirada cuando se acercaba al área rival. Goleador de estirpe y presencia, corpulento e imparable, hizo celebrar a los hinchas de Newell's en casi un centenar de ocasiones. Sus actuaciones de lujo son recordadas en la ciudad con murales, pero más aún cada día que juega el primer equipo, con una bandera que exhibe su rostro al lado de otros grandes ídolos. También, en el ingreso al predio Jorge Griffa, su figura se erige como una de las primeras, en paralelo a figuras del mismo o mayor calibre. Cucurucho, apodo por el que se lo conoció por su físico espigado y la boca ancha, rompía redes y atravesaba defensas como un puñal.

Con un promedio de gol que superaba la anotación cada dos partidos, tuvo una gran incidencia en el equipo de Juan Carlos Montes, aquel primer campeón de la historia del club en 1974. Su nombre quedó grabado por tamaña conquista, conjuntamente a otros eximios jugadores como Mario Zanabria, quien le había otorgado tal sobrenombre, Alfredo Obberti o Armando Capurro. Santamaría era un portento físico que partía desde la banda derecha, como un clásico *wing*, pero realizaba diagonales con insistencia y la fuerza de un toro. Acumulaba goles por su potencia, una capacidad de desborde absoluta y una pegada brutal. Desnivelaba en los mano a mano y se hacía incontenible, así como lo era una vez que llegaba a la zona de definición. Más que la sutileza de elegir un palo y definir colocando el balón, el atacante tenía un disparo furibundo.

La del 74 se trató de la coronación más importante en el archivo rojinegro, y no solo por la posibilidad de abrir por vez primera las puertas vidriosas de las vitrinas. El último partido del cuadrangular final fue disputado ante Rosario Central, en el viejo estadio del clásico adversario, más allá de que tuvo la representación de una cancha neutral. Newell's caía por dos goles de diferencia, pero llegó al empate en poco tiempo. La parda era menester para alcanzar el título, y la zurda de Zanabria decoró el partido para la eternidad. Dentro del club, cerca de las zonas de parrillas y en el ingreso a la tribuna del Palomar, una pared recuerda a los héroes de ese campeonato. A su lado, descansa el arco en el que se dio la remontada. Un justo homenaje para el ganador del certamen Metropolitano, en el que Santamaría convirtió ocho goles en 15 partidos.

Era el tercer año del goleador en el equipo, puesto que había llegado en 1971. Criado en la localidad de Godoy, a poco menos de 100 kilómetros de distancia de Rosario, se fue de joven a vivir a la ciudad de San Nicolás. Por entonces, su casa estaba enclavada en una zona peligrosa, de difícil acceso y mucha delincuencia; hoy en día, ese sitio es uno de los más visitados y venerados por los argentinos, puesto que allí se encuentra la Basílica de San Nicolás. A los 19 años se incorporó a Newell's, posteriormente jugó en equipos regionales como Atlético Empalme de Villa Constitución y no necesitó períodos de adaptación ni pasos prolongados por la Reserva. Al poco tiempo de llegar, ya jugaba en Primera. Cumplida mitad del torneo largo que se jugaba, Cucurucho, que por entonces jugaba pocos minutos tras ingresar desde el banco de suplentes, se hizo con la titularidad. Un lugar de privilegio que no abandonaría.

Tres fueron los pasos del artillero por Newell's. El primero estuvo comprendido por aquellos tres primeros años, acabados con la ida hacia Europa tras conseguir el título. Más tarde, su primer regreso se dio en los albores de la década del 80, y agregó un segundo retorno luego de un pequeño paso por Junior de Colombia (también, jugó solo tres partidos en Talleres de Córdoba). Quemaba las redes y anotó 90 goles mientras jugó en NOB, en 293 encuentros. Las cifras, a fin de cuentas, lo elevan a un pedestal. Santamaría es el segundo máximo goleador de la historia, y el noveno que más partidos jugó. Por un tiempo, llegó a estar en el primer sitio de aquellos que más tantos anotaron, pero fue superado por Víctor Rogelio Ramos. Era un auténtico cañonero que, desde la banda, atacaba el área. Su potencia y definición lo caracterizaban.

El histórico Stade de Reims de Francia fue la parada europea. Junto a Carlos Bianchi, estrella por entonces del fútbol galo, César Laraignée y Delio Onnis, fundaron lo que fue conocido como "la era del tango" en el equipo. El de Godoy hizo *hat-tricks*, dobletes, respondió con una gran cantidad de goles a las expectativas que había generado tras destacar en Argentina. Incluso, fue quien más goles marcó dentro del club en uno de los certámenes de la Ligue 1. Sin embargo, el gol de mayor importancia se dio en la Copa de Francia: anotó en la final en el duelo ante Saint-Étienne, aunque luego los verdiblancos dieron vuelta el marcador. Por esos años, el conjunto ganador del trofeo atravesaba un período de esplendor. Santamaría recibía, por entonces, ofertas para volver a Argentina, pero siempre las desechó. Juan Carlos Lorenzo, entrenador del Boca que había sido campeón continental y del mundo, intentó convencerlo. También lo llamaron de River, pero siempre dijo que su gran objetivo era volver a Newell's. Y terminó cumpliendo.

Preseleccionado en 1974 y 1978 para la Selección Argentina, los cortes definitivos de lista lo dejaron fuera de los convocados a las citas planetarias. Igualmente, tuvo su revancha en 1982. Al unísono de su segundo paso por el equipo rosarino, César Luis Menotti lo citó para el Mundial de España. Allí jugó dos partidos, ante El Salvador y Brasil, con saldo de victoria y derrota, en ambos haciendo su entrada desde el banco. En totalidad, fueron 11 los partidos de Cucurucho vestido de celeste y blanco, con dos goles en su haber. Uno de ellos estuvo adornado por una asistencia mágica de Diego Maradona, que le envió un pase al espacio, en el 5-1 amistoso frente a Austria.

Una vez alejado del profesionalismo, se asentó en la provincia de Córdoba y dirigió equipos zonales, como uno de la localidad de Laborde. Sus malas administraciones económicas lo llevaron a vivir sin sustento. A los 60 años, una afección cardíaca fue la causa de su fallecimiento, alejado de aquellos días en que era una fiera indomable para cualquier defensor. Se fue muy joven, qué duda cabe. Su hijo cumplió con el objetivo póstumo del padre, esparcir las cenizas por el campo de juego del estadio Marcelo Bielsa. Desde el 2013, Santamaría descansa en ese césped que alumbró de goles.

Siempre primó el sentido de pertenencia en el talentoso puntero, que desestimó los llamados de clubes grandes para volver a Newell's. Las banderas en las tribunas, con su cabellera oscura y el bigote tupido, siguen flameando. Sus goles se ven en cada réplica de video que un entrenador les muestra a sus juveniles. Y en los gritos de aquel jugador récord en clásicos disputados ante Rosario Central, situado también al tope de goles hechos al adversario máximo (9). Cucurucho, un artillero certero.

VÍCTOR ROGELIO RAMOS

La experiencia europea había finalizado y llegaba el momento en que Víctor Rogelio Ramos regresaba a Newell's. Lo hacía como un jugador contrastado, que había adquirido experiencia en el fútbol francés, dispuesto a partir de allí a darle al equipo un salto de calidad. Era menester una vuelta de tuerca allá por 1987, el entrenador José Yudica recién tomaba los controles del vestuario y el equipo no lograba abrir la puerta a la gloria en los años recientes. El delantero volvió al club en el que debutó y junto a él se dio el regreso de otras figuras como Roque Alfaro y Sergio Almirón. Lo que siguió a esos días de inicio de temporada sería inigualable, tanto en aspectos colectivos como individuales. Ramos y Newell's se tomaron de la mano para ya no soltarse.

Convirtió un doblete y se trepó al alambrado, en la escenificación de alegría por ganar, pero también por sobrepasar a Santiago Santamaría, que anotó 90 goles. Con el primero lo igualó y al segundo alcanzó una cima que no abandonó desde 1988. Pasó a liderar la tabla de máximos anotadores históricos del club durante el profesionalismo. Una vez acabado el festejo de cara a los hinchas, a escasos milímetros de su cuerpo, Ramos aguardaba que Gerardo Martino, una de las figuras de aquel equipo, lo agarrara en su caída. Pero él se soltó y, ya en el aire, vio que nadie lo esperaba y que sus compañeros estaban a metros de distancia, por lo que cayó sin amortiguación. El golpe derivó en una fractura de costilla. Aquello no disminuyó su ritmo, durante una temporada sin igual para el equipo rojinegro.

El título, alcanzado en su totalidad por futbolistas formados en las entrañas de la institución, no podía ser más que un motivo de orgullo sin equivalencias en los anales del fútbol local. Al goleador lo acompañaban jugadores como Norberto Scoponi, Juan Manuel Llop, Martino y Gustavo Dezzoti. Yudica impuso su impronta y el salto de calidad, aunando el regreso de tres hijos pródigos, y durante las 38 fechas Ñuls formó una campaña notable. En el transcurrir de la segunda parte del curso, el con-

junto solo perdió un partido y en el andar se divisaba un estilo armónico, acompasado en todas sus líneas.

Durante el exordio de su carrera, Ramos era un mediapunta con mucho gol y se hizo un hueco entre los 11 habituales cuando Yudica, que atravesaba su primera etapa en el club, lo ubicó como extremo derecho, en lugar de Santiago Santamaría. A ambos los unió una lista interminable de goles. Desde aquel día en que reemplazó a Cucurucho, todo fue a mayores para el atacante. Jugaba por todo el frente de ataque, no se limitaba solo a la banda derecha y muchas veces aparecía por detrás del centrodelantero. Los defensores no podían seguirle el rastro porque rara vez se quedaba por un largo rato en un sitio. Dentro del área era un artillero nato, muy certero e intuitivo. Carecía de cierta capacidad de remate desde afuera, pero dentro del área la defensa no podía cometer el error de darle uno o dos metros de maniobra. Rápidamente sacaba ventaja.

Newell's fue su casa en un período que se alargó por más de un lustro. Hizo varios goles por sus recursos, y en la etapa del campeonato conseguido a su regreso se dio el brinco a la eternidad por su seguidilla de goles. No obstante, Víctor Rogelio no arrancó siendo aquel futbolista que siempre intimidaba a la última línea rival. Su lugar en la cancha, desde que arribó a las divisiones inferiores, era la mitad del campo. Jorge Griffa observó en él una gran capacidad de llegada al área adversaria, además de una muy buena pegada. Jugaba como 5, pero no por sus aptitudes defensivas, sino por la conducción y la posibilidad de rondar los metros finales del campo. El mítico conductor de juveniles lo adelantó en la cancha y luego Yudica le dio el lugar preponderante en la punta, desde donde se cansó de anotar goles. Tanto que hizo 102 goles en 242 partidos.

Río Negro, un club con historia y tradición de la zona oeste rosarina, había sido el paso previo a desembarcar en Newell's. Por aquel entonces, el equipo, en el que también jugaban Juan Simón, Roberto "Tota" Rodríguez y Ricardo Demagistris, salió campeón con mucha continuidad. Newell's y Rosario Central realizaban pruebas cada tanto en las pequeñas y modestas entidades de la ciudad, y en una de ellas Ramos se unió al club. Los compañeros mencionados también lo hicieron en paralelo. Tras su llegada, la rápida irrupción en Primera, el debut con Miguel "Gitano" Juárez, el regreso y la acumulación sin freno de goles, logró subirse a un pedestal.

La vida en Francia, el conocimiento de otro fútbol y cultura, y un nuevo idioma, estuvieron en el interín. Condorito, como se lo apodaba por su aspecto similar al de la caricatura, dada su quijada larga y nariz prominente, jugó tres años en la Ligue 1. Fue subcampeón en Nantes, una entidad que construyó su grandeza en el fútbol galo con el correr de los años, sin prisa y con pausa. Luego, pasó a jugar en el Sporting Toulon, paso previo a recalar nuevamente en Newell's. Yudica, quien lo había cambiado a la posición donde mejor se desenvolvió, tenía preparado un lugar de privilegio para el gran goleador. Hizo historia, alcanzó la idolatría y quedó libre. Nueva Chicago, que navegaba por B Metropolitana, lo cobijó y, a pesar de que no obtuvo el ansiado ascenso, exhibió un muy buen nivel (tuvo una racha de siete goles en cinco partidos). El ocaso fue en Unión, donde jugó por expreso pedido de Mario Zanabria, que decidía las estrategias del Tatengue.

Convocado por Carlos Bilardo, que tomaba el mando del seleccionado, el máximo anotador leproso jugó con la camiseta argentina la Copa América. Era 1983, año en que increíblemente había hecho la espeluznante cifra de 30 goles en 30 partidos, una cifra al alcance de muy pocos en el ambiente futbolístico argentino. De cualquier manera, no alcanzó un mayor suceso con la elástica de su país. Había disputado partidos en las juveniles albicelestes, pero un reclamo que siempre le hizo a su carrera fue no haber jugado un Mundial.

En 1991 marcó el final. Nunca tuvo la obsesión por ser entrenador y se abocó a los labores de representante, una tarea que abandonó a los pocos años, ya que no pudo encontrarse. "Yo no tenía experiencia ni conocimiento cuando me metí con el tema de las transferencias y eso lo asumo como un error. Creí que por el nombre me iban a respetar un poquito más", explicó en entrevista con el diario *La Capital*, años atrás. En la misma nota, explicó que había desarrollado negocios poco fructíferos, con los que había malgastado la plata que ganó como futbolista, y expresaba su gran idea. "Lo que siempre busqué es trabajar con los delanteros. No tuve suerte hasta ahora a pesar de que he llevado mi proyecto a varios clubes. Quiero enseñarles a los chicos de divisiones inferiores cómo se define, cuáles son los movimientos de un delantero".

Por su don de artillero y las cifras que superan el centenar de goles, Condorito alcanzó el primer peldaño de una escalera a la que muchos les cuesta siquiera comenzar a subir. Más en estos tiempos, de menos goles y mayores fluctuaciones de jugadores entre equipos. Por eso mismo es que no abandonó el primer sitio en más de tres décadas. Un goleador empedernido, el que supo dejar atrás a Santamaría y Alfredo Obberti.

MARIO ZANABRIA

Restaban solo 9 minutos para el final del juego, cuando Mario Zanabria dibujó una de las parábolas más recordadas en la historia del clásico rosarino. Tomó la pelota de aire en la línea que delimita el ingreso al área grande y, sin dejarla caer, lanzó una volea prodigiosa con su pie zurdo. El viaje fue directo hacia el ángulo del arquero rival, que nada pudo hacer para evitar la igualdad. Newell's había igualado el encuentro, el último

del cuadrangular que definía el campeonato Metropolitano de 1974, y con ello conseguía su primera estrella en 71 años de historia. Su número 10 y capitán, el talento más diferencial, había anotado el gol decisivo y era llevado en andas por los miles de hinchas que invadieron el estadio.

El destino quiso que aquel último partido, derbi de la ciudad, se jugase en la cancha de Rosario Central como territorio neutral. Es que todos los partidos de ese mini torneo que definió el campeonato fueron jugados en estadios previamente dictaminados por sorteo. Central se había puesto en ventaja de dos goles, superaba por todos los frentes a Newell's y forzaba un partido desempate, a través de los tantos de Gabriel Arias y Carlos Aimar. Aunque allí estuvieron Armando Capurro y el propio Zanabria, que sentenció el título para los dirigidos por Juan Carlos Montes. Dos victorias, ante Boca y Huracán, y el empate ante Central fue el saldo de ese playoff final. El club rojinegro, que había estado en etapas definitorias de torneos anteriores, veía por fin construida su propia campaña de título.

Talentoso, cerebral, inteligente, todas esas cualidades distinguían a Zanabria, que daba juego al equipo mediante su creatividad con la pelota. Era el enlace que unía las líneas del conjunto, poseía una zurda de mucha calidad y una gran pegada. Su ritmo era cansino, pero aceleraba y pausaba el juego como pocos. Así, se erigió en uno de los mejores futbolistas de la década del 70 en la Argentina, por sus virtudes para conducir y la magia que desprendía su pierna izquierda. Había llegado a Rosario proveniente de Unión, donde también era uno de sus jugadores irreemplazables. De hecho, con la camiseta rojiblanca de la ciudad en la que nació, consiguió el ascenso de Segunda a Primera División en 1966. Un trasfondo institucional hizo que los tatengues se desprendieran de algunos de sus futbolistas. Por entonces, el técnico de NOB era Miguel Antonio Juárez, que no dudó en responder afirmativamente a los dirigentes cuando le preguntaron si lo quería. El "Gitano" había sido compañero suyo en la capital provincial.

"Newell's había tenido en el 71 un equipo muy lujoso, futbolísticamente hablando. Cuando iba a jugar a Buenos Aires, iban a verlo muchas personas imparciales. No eran hinchas de NOB precisamente, sino gente a la que le gustaba el fútbol. Ese conjunto no tuvo la suerte de salir campeón, ya que perdió la semifinal en cancha de River. Después de ese golpe, el equipo se desarma, pero en el 74, con la llegada de Juan Carlos Montes, que había sido compañero nuestro hasta el año 73, se hizo una mixtura de experimentados y mucha juventud. Por suerte, se pudo coronar con el campeonato, por primera vez en la historia", rememora el protagonista. El hombre, líder del ataque y abastecedor de otros nombres rutilantes como Santiago Santamaría o Alfredo Obberti, jugó los 21 partidos del certamen.

Newell's trazó un ciclo siempre ascendente en esa campaña histórica, dado que casi nunca abandonó el primer puesto de su zona, el que le entregó la clasificación al mini-torneo de cierre. Nunca perdió como local y, en la fecha interzonal, derrotó por 4-2 a Central en el Parque Independencia. La coronación en territorio del rival acérrimo se dio cuando faltaban dos minutos para el final, puesto que las invasiones de ambos públicos hicieron que el partido no pudiese acabar. Unos días luego, la Asociación del Fútbol Argentino dio por terminado el encuentro. El zurdo, fino y categórico con el balón en sus pies, había conquistado el gol más importante de la institución, con aquel zurdazo de aire que rompió cualquier atadura previa. A los apellidos de experiencia ya nombrados, se sumaban jóvenes como Andrés Rebottaro, Jorge Valdano, Ricardo Giusti, Arsenio Ribeca, José Pavoni o Carlos Picerni.

Lejos de ingresar en polémicas, el santafesino habla sobre aquel gol convertido ante el eterno adversario y se refiere a la gloria conseguida. "Cuando obtuvimos ese logro, lo primero en que pensamos fue que éramos campeones del Metropolitano, más allá del rival y la cancha que sea. Lógicamente, todo forma parte del folklore y la alegría del hincha, por la coincidencia de enfrentar a Central y en su cancha. Pero nuestra primera sensación, la del festejo, fue la del primer título. Era algo que iba más allá de cualquier otro tipo de celebración", señala, mientras retorna a aquellos días en que se ganó la idolatría. Sus enganches, los remates con la zurda, ese pie capaz de lo más inesperado, permanecen en los mejores recuerdos de los fanáticos que observaron la primera consecución.

Durante ocho años de carrera, había ganado sitio en los dos clubes en los que había jugado. Unión significó la tranquilidad de que había tomado el camino correcto, cuando debutó a los 18 años. Poco tiempo antes, terminó la escuela secundaria y se dedicó de lleno al fútbol, en detrimento de continuar una carrera universitaria como le proponía su madre. Sin embargo, ella lo apoyó y le pidió que, si en verdad era su sueño, se dedicase de lleno a ir por él. Eso hizo. Luego, la llegada a Newell's, el cambio de aire y el título alcanzado, fue la ratificación de su talento. Pero aún quedaba lugar para más historia, como así también se dio un cambio en sus maneras de jugar. MZ se hizo un jugador más completo a medida que pasó el tiempo y, una vez contratado por Boca, debió adaptar su juego a otro estilo.

A su creatividad natural, la que partía casi por inercia desde sus botines, el 10 agregó rigor físico, se transformó en un jugador más combativo que no dudaba en sacrificarse para recuperar la pelota. Juan Carlos Lorenzo, uno de los entrenadores más importantes que ha tenido el medio argentino, fue uno de los artífices del cambio. "La forma de jugar era distinta. En Newell's se jugaba con trazos más cortos, los jugadores se acercaban al poseedor de la pelota, y así se avanzaba. Boca era distinto, con gente de mayor experiencia, solidario en su despliegue, con mane-

ras totalmente diferentes. Así como en NOB tenías a tus compañeros cerca, en esta nueva etapa era al revés: recibías la pelota y los futbolistas buscaban los espacios. (Enrique) Mastrángelo dibujaba la diagonal, (Darío) Felman iba al fondo, (Vicente) Pernía picaba por la punta. Es decir, tenía un estilo diferente, había que adaptarse. Uno lo que hacía era volver a ocupar una posición en el momento en que la pelota se perdía, porque el equipo lo requería y había que hacerlo", expresa y esboza comparaciones.

Dada su capacidad de adaptación, y su fuerza para ocupar un rol defensivo sin pruritos, se ganó la estima de los hinchas de Boca. Allí alcanzó tres hitos determinantes en la historia del club, el bicampeonato en la Copa Libertadores y el título del mundo en la Intercontinental. Los rivales en el ámbito americano, en sendas finales, fueron Cruzeiro y Deportivo Cali, mientras que venció al Borussia Mönchengladbach alemán en territorio nipón. Zanabria convirtió un golazo en el partido ante Libertad del torneo continental del 77, el primero conseguido, y desde allí el equipo se clasificó a las finales. Jugadores como Hugo Gatti o Rubén Suñé se sumaban a aquella escuadra que, además de subirse al primer peldaño global, había ganado el torneo argentino en la única final superclásica que se disputó por mucho tiempo. Es decir, Mario, el zurdo y elegante sin contratiempos para arrojarse al piso, había tenido una década del 70 maravillosa.

Ante la consulta sobre qué sentimientos invadieron su cuerpo ante tamaños logros con la camiseta de Boca, prefiere nuevamente la modestia. "Es algo similar al campeonato de Newell's o el de Unión del 66. Fue la primera vez, y por tanto es la más recordada. Pudimos lograr los primeros títulos internacionales del equipo. La Copa Libertadores era una asignatura pendiente, Boca no la había logrado hasta el momento. Estuvo cerca con los muchachos de la década del 70, (Antonio) Rattín, (Silvio) Marzolini, (Nicolás) Novello, (Norberto) Madurga... Grandes jugadores que no pudieron lograrlo, sí lo hicimos nosotros, en el 77 y repetimos en el 78. Y después, también por vez primera, se ganó la Intercontinental. Lo primero es lo que toma más fuerza, 22 años después vinieron otros títulos, gracias a Dios, de la mano de (Carlos) Bianchi. Boca volvió a ganar esos trofeos, pero los nuestros tienen tal magnitud porque abrieron el camino", subraya.

Asimismo, el protagonista en cuestión rememora la conducción del Toto Lorenzo: "Tenía un liderazgo muy especial, una forma muy directa de llegar al jugador. No andaba con chiquitas, era muy verborrágico, y en el trabajo era de la misma manera. La enseñanza que dejó es de algo que mucho no se usaba por la época: estudio obsesivo del rival, un conocimiento dimensionado de lo que era cada equipo, cada ciudad a la que ibas a jugar en Libertadores. Un técnico que te daba la tranquilidad de que, antes de un partido, la parte teórica del fútbol, aunque no siem-

pre es determinante, estaba toda controlada. Dejaba muy pocas cosas al azar. Luego, el fútbol es fútbol y, cuando los muñequitos se empiezan a mover, todo cambia. Él intentaba que todo lo que dependiera de él estuviese cubierto. Daba información, decía las cosas que podían llegar a ocurrir haciendo tal o cual cosa".

Un tiempo antes, Zanabria había tenido su oportunidad en la selección, durante el Sudamericano de 1975, pero la acumulación de jugadores en su misma posición le jugó una mala pasada. Se trató de una época próspera para el fútbol doméstico en lo que se refiere a esos enlaces talentosos. Quizá, hubo tantos de primer nivel que aquello no tuvo semejanza. "Los equipos argentinos tenían casi una única manera de jugar. Todos lo hacían con cuatro defensores, tres volantes y tres delanteros. Dos wines y un 9 de área. Un mixto por la derecha, un contención que era el más retrasado y un N° 10 armador por el sector izquierdo. En esa época había muchos, y muy buenos, en cada uno de los equipos. Si ibas a River, estaba (Norberto) Alonso, en Boca lo veías a (Osvaldo) Potente, en Racing a (Ricardo) Villa, en Independiente jugaba (Ricardo) Bochini, (Carlos) López en Colón, (Aldo Pedro) Poy en Central, (José) Valencia en Talleres de Córdoba Como si fuera poco, para finales de los 70 aparece (Diego) Maradona", relata.

"A la hora de elegir, Menotti seleccionó tres que eran muy buenos: Villa, Valencia y Alonso -recuerda Marito-. Luego, también tuvo a Kempes, que jugaba allí con una característica más agresiva. Los demás quedamos afuera, como (Carlos) Babington, que era figura de Huracán, y tantos otros que hasta el momento habíamos alternado. Quedaron 10 importantes afuera, pero los que llevó eran fundamentales también. Se trataba de los mejores del momento".

Un paso intermedio por Argentinos Juniors y la última parada por Huracán fueron los últimos mojones de una trayectoria fabulosa. Aunque siguió ligado al fútbol, ya como entrenador aquel fantasista jugador. Tuvo su tiempo en Newell's y dirigió otros equipos argentinos. Además, estuvo en Ecuador, México y Honduras, donde fue campeón dirigiendo al Real España. "Los estilos van cambiando de acuerdo a los jugadores que tenés. Los entrenadores, cuando nos recibimos, de lo que tenemos que estar capacitados es de manejar todos los sistemas. Con el tiempo, lo podes ir moldeando a tu manera. Por ahí no desarrollás lo que primordialmente era tu idea, pero, de acuerdo a lo que disponés, lo hacés", analiza y entra en perspectiva sobre qué busca en sus equipos.

Ese jugador que creaba, asistía a sus compañeros y convertía goles imponentes no se molestaba cuando el entrenador le sugería no guardarse nada en pos de recuperar la pelota. Haciendo gala de su perfil bajo, cierra la comunicación y se describe como futbolista: "Tenía un poquito de todo, mucho potrero. Me crié en los de Santa Fe, en terrenos en muy mal estado, canchas que ni canchas eran. Un terraplén al cos-

tado de la vía. Le poníamos dos arcos a cada lado, pero no tenía forma de cancha. Entonces, uno, jugando en ese tipo de lugares, se forma de una manera distinta. A lo mejor, no sobresalía en nada, pero tenía buena pegada, me la rebuscaba para gambetear, si había que tocar tenía buen pase en corto y largo. Un poco de todo, como creo que tenían todos los números 10 que nombramos antes y jugaban en aquella época. Éramos todos muy parecidos".

Zanabria convirtió goles que abrieron caminos, cuando era un pibe atrevido que rompía defensas en Santa Fe a través de la gambeta y el juego simple, al momento de romper la red con esa volea memorable ante Central, o en la Libertadores ganada con Boca. Compartió década con otros monstruos que actuaban en su misma posición, pero no por eso se amedrentaba. Trasladó la creatividad y la sensibilidad de sus pies a las más inolvidables coronaciones, desde aquellos terraplenes de la capital.

OMAR PALMA

A Omar Palma siempre lo caracterizó una gran virtud. Se imponía en las circunstancias más difíciles, las paradas bravas, aquellas que reclaman del líder futbolístico. Ponía el equipo a sus hombros y salía a dar pelea. Fue así que convirtió goles clave que le sirvieron a Rosario Central para consagrarse en diferentes torneos, como así también para salir de Segunda División y retornar a la élite. Emergía cuando era menester, en los casos donde el 10 debe decir presente y exhibir su talento sobre el césped. Su pie derecho fue fundamental para que el equipo auriazul cosechara triunfos.

Tres pasos por el Gigante de Arroyito atestiguan la magia del "Negro". En cada uno de ellos obtuvo logros y subió a lo más alto del podio. Ya sea tras su debut a fines de la década del 70, como a mediados de los 80 y de los 90, Palma se transformó en figura y, con goles vitales, fue pieza clave. Conducía con el cuerpo erguido y la cabeza levantada, y podía inventar sobre la marcha. Era dueño de una pegada magistral, y de una mirada periférica privilegiada, de la que hacía gala al colocar pases entre líneas. Partiendo desde el centro del campo, no tenía un lugar fijo y se ofrecía por todo el frente de ataque, elaborando o culminando las jugadas.

Pese a que su habilidad y destreza con el balón se hicieron presente en casi 20 años de carrera, le costó llegar a debutar. Lo hizo recién a los 21, ya que no había podido insertarse entre los titulares de equipos juveniles. Palma aduce que su suplencia obedecía a su pequeña contextura física. No obstante, cuando un entrenador creó una nueva división

en la cuarta categoría, llegó su chance y no la dejó pasar. Entre otros jugadores rezagados, compuso un equipo que fue campeón. Su lugar en el club estaba asegurado.

Vivió desde muy joven en el barrio de Arroyito, donde está enclavado el Gigante. Tras llegar a los 8 años desde Chaco, jugó por plata y en las villas mientras crecía su sueño de sumarse a las filas "canayas". Una vez que pasó a formar parte de Central, su familia ya no le permitió seguir jugando ese tipo de torneos, pues el profesionalismo sería la base de su crecimiento. Fue plomero, gasista y alternó entre otros oficios, hasta que ya nadie pudo sacarlo del campo de juego. En un principio, era extremo, aunque poco a poco fue asentándose en el puesto de enganche, para hacer de la mediapunta su sitio de partida.

Tan solo meses después de su debut, llegó el primer título, el Nacional de 1980. Se había presentado de la mano de Ángel Tulio Zof, en un partido frente a Boca disputado un tiempo antes de la gran final, ante Racing de Córdoba. Central ganó como local con un gol de Palma y, más allá de la derrota en condición de visitante, se alzó con el cetro. Significó el tercer título local del club en su historia, el penúltimo de una historia que se hizo más grande aún siete años después. A Omar le tocó jugar esa definición cumbre puesto que se habían lesionado dos volantes del equipo titular, Alfredo Sperandío y Héctor Chazarreta. Actuó como centrocampista, una función a la que no escapó en sus comienzos como jugador, y tuvo como compañeros a Daniel Carnevali, Edgardo Bauza y Daniel Teglia, entre otros.

Llevó su fútbol a cualquier estadio y respondía ante los momentos adversos de su equipo. Su talento era evidente, daba mucha dinámica al juego colectivo y era poco menos que imposible quitarle el esférico, aún pese a su pequeño cuerpo. Además, era prepotente, enojón, respondía si lo buscaban o intentaban empezar una gresca. Palma siempre se envalentonó y nunca se achicó, y la acumulación de tarjetas tampoco se hizo esperar. Creaba, desequilibraba, anotaba goles con asiduidad, y no se escondía más allá del desafío que le esperara enfrente. Pero tenía prohibido disminuir su nivel, su importancia en la cancha.

Tiempo después, cuando la camiseta con el número emblema del fútbol nacional era suya en el conjunto rosarino, llegó el peor momento de su carrera. Había concedido ciertas ventajas en su rendimiento y una lesión le hizo perder tres meses de competencia, en una temporada que determinó el descenso de Central a Segunda. El "Negro" jugó pocos partidos en Colón y retornó a la mitad auriazul de Rosario, donde no pudo evitar la caída en desgracia a mediados de 1985. Sin embargo, lo que vendría sería una marca histórica, un hecho aún mayor y único en los registros del fútbol argentino.

Con Pedro Marchetta conduciendo las tácticas y estrategias del equipo, Central consiguió el ascenso antes del final de año. Palma se reinventó y, cómo no, marcó otro gol decisivo para el retorno, ante Villa Dálmine. Un solo curso en Primera B (actual B Nacional) fue suficiente para que Central ratificase su regreso. Debió aguardar unos meses, por la finalización del certamen de Primera, para comenzar a jugar nuevamente en la categoría grande, dentro de un torneo que comenzó días luego de la consagración de la selección de Carlos Bilardo en el Mundial de México.

Ya sin el director técnico con el que se coronó velozmente en el ascenso, los dirigentes volvieron a contactar a Zof, el viejo sabio que había hecho debutar a Omar Palma. Juntos crearon una sociedad histórica que dio grandes dividendos. Central fue el primer equipo, y hasta ahora único, que logró consagrarse en el torneo local en la temporada inmediatamente posterior a subir desde Segunda División. La gesta se agrandó cuando se tomó en cuenta qué equipo quedó en segunda posición: Newell's cosechó tan solo un punto menos. Fue el súmmum para el enganche, que paseó su talento y se convirtió en el máximo goleador del certamen largo, con 20 tantos en 38 fechas (jugó todos los partidos). Disfrutaba de la presencia de Roberto Gasparini, un mediocampista que lideraba en la zona medular y permitía al genio desprenderse para ubicarse cerca del área. Estaba acompañado en la zona de gestación, y lo aprovechaba a las mil maravillas. Además del protagonista del conjunto y su ladero, también se anotaron en la conquista nombres como Alejandro Lanari, Ariel Cuffaro Russo, Hugo Galloni o José Daniel Di Leo.

Dejó Central siendo campeón, con el título conseguido y la clasificación a la Copa Libertadores adquirida. Firmó contrato con River que, tras el retiro de Norberto Alonso, buscaba un enganche que sea un nuevo eslabón en la cadena. El equipo millonario acusaba la ausencia de un futbolista que hiciera jugar al equipo, que condujera desde la posición del enganche. Carlos Timoteo Griguol lo llamó y firmó a los pocos días. Con otras responsabilidades, Palma no pudo repetir el mismo nivel que acarreaba y le costó adaptarse a su nuevo club. Su estadía fue corta y partió a México, la parada previa a su último retorno a la institución de sus amores. Aun así, lejos de su estado óptimo de forma, se fue de Núñez con la consecución de la Copa Interamericana, ganada al Alajuelense de Costa Rica.

El fútbol nuevamente lo depositó en la intersección de las calles Génova y Avellaneda, para volver a soltar su magia y ser parte de un acontecimiento histórico. La de 1995 fue una remontada épica ante el Atlético Mineiro y, nuevamente con Zof en el banco de suplentes, Central ganó la Copa Conmebol. La comunión entre el entrenador y el 10 era absoluta. El chaqueño dio una asistencia en el partido de vuelta, en el segundo gol de Horacio Carbonari que, sobre el final, dictaminó la victoria de su equipo por 4-0 para llegar a los penales. También escribió su nombre entre los que acertaron en la tanda (hizo el primero) y celebró por todo lo alto mientras la ciudad se estremecía en el festejo azul y amarillo. Un nuevo gol clave, un nuevo trofeo que añadir al palmarés. Roberto Bonano fue figura en los penales y jugadores como Eduardo Coudet, Pablo "Vitamina" Sánchez, Martín Cardetti y Rubén "Polillita" Da Silva se encolumnaron tras el talento de Palma.

Dos personalidades que lo conocieron de cerca hablan de él. Aldo Pedro Poy señala: "Un gran jugador, sin lugar a duda. Mucha calidad, mucha técnica, uno de los mediocampistas más importantes que tuvo Central en muchísimos años". Por la misma sintonía, coincide Bauza, que opina que Palma "fue un futbolista extraordinario, desde el lugar que se lo vea. De esos difíciles de encontrar. Podía jugar en varios puestos, era un muy buen armador y goleador. Tenía una gran técnica".

Jugó hasta los 40 años y expresó que pudo haber estado en las canchas por un período más prolongado. Cuando promediaba 1998 dijo adiós, y un año y medio después gozó de su partido despedida en el Gigante de Arroyito, ese estadio donde una tarde convirtió cuatro goles, pero en el que es el jugador que más veces (6) fue expulsado en las cuatro décadas de vida del estadio. Una cara y otra de su temperamento quedó demostrada. Meses ulteriores al retiro, coordinó las divisiones inferiores del club durante una corta etapa. Incluso, llegó a dirigir la Primera en la B Nacional, en un paso que no se extendió demasiado allá por el 2011.

Lejos del fútbol, dedicó su vida a la política comunal de Ibarlucea, un pueblo ubicado a escasos kilómetros de Rosario, del que se enamoró por una casa de fin de semana y en el que luego estableció su hogar. Fue intendente durante cuatro años, aunque su vida en ese ámbito no tuvo mayor continuidad. Siempre buscó regresar al fútbol, al punto de que también dirigió a Central Córdoba. De todas maneras, los trabajos que realizó cerca de la pelota, ya retirado, no tuvieron el mismo asidero que lo que realizó cuando lideraba a un grupo dentro del rectángulo.

El "Negro" contagiaba con su magia, marcó goles que quedan registrados en hojas doradas. Supo cómo renovarse para ubicar nuevamente a Central entre los mejores. El club de Arroyito fue su lugar en el mundo, donde soñó jugar desde muy joven, mirando el estadio desde afuera mientras jugaba para sobrevivir.

JUAN MANUEL LLOP

Existen rostros relacionados con la gloria, la estirpe ganadora de un tiempo determinado. Uno de ellos es el de Juan Manuel Llop, hombre excepcional de la historia de Newell's. Por personalidad, figura, liderazgo y capacidad de decir presente en los momentos cumbres, elevó su nombre a un pedestal durante su paso como jugador. Gran parte de su carrera transcurrió en el estadio Coloso, con pequeños pasos en otros clubes argentinos, aunque siempre identificado con Rosario desde que llegó siendo joven, proveniente de la provincia de Buenos Aires. Fue uno de los futbolistas de mayor importancia dentro de una época excelsa de la Lepra, acicalada por títulos nacionales y etapas definitorias del ámbito internacional.

Ya sea partiendo desde el centro del campo, en sus inicios, como en la defensa ya en los últimos años de transcurrir rojinegro, Llop fue un efectivo vital. Era parte de la columna vertebral, una pieza clave para darle salida al equipo y equilibrar la mitad del campo. Asiduamente, comenzaba los partidos jugando por la banda, aunque su comprensión del juego hacía que leyera los espacios a la perfección según las circunstancias. De ese modo, mixturaba su buen pie con la recuperación de la pelota, transformándose en figura desde sus comienzos con la casaca número 6.

Desde adentro, Llop asistió al proceso de cómo Newell's se instaló entre los mejores, la manera en que el club subió al mismo peldaño que los grandes del país. La década del 80 es considerada una de las más importantes del fútbol argentino, por la calidad de los equipos y jugadores que habitaban en la liga y cuyas proezas son recordadas con nostalgia a día de hoy. Mediante diferentes figuras principales que aportaron su parte, NOB se elevó cuando pocos preveían su crecimiento, su evolución sin prisa aunque también sin pausa. Fue mediante los juveniles que la directiva encabezó el progreso, potenciado por el regreso de figuras y entrenadores que escribieron su nombre y apellido en pluma indeleble. "El crecimiento se dio porque la institución estaba muy ordenada, en todo sentido, con un proyecto de jugadores de divisiones inferiores. Ese proceso se vio cristalizado en la calidad del equipo y los resultados. Desde el año 84, que empezamos a estar entre los primeros lugares, hasta la Copa Libertadores del 93, fueron 10 años que atravesamos siendo protagonistas. Me tocó a mí ser partícipe de esa época fundamental dentro de la institución. Lo vivimos con éxito, la alegría de entrar en la historia en muchos aspectos", analiza, mientras bucea por aquellos años.

Jorge Griffa, tras su etapa europea como jugador, lideró un proyecto de divisiones inferiores que tuvo grandes resultados a lo largo del tiem-

po. Chocho Llop se erigió en un estandarte de aquella cantera, una de las más prolíficas y respetadas a nivel continental. "Llegué con casi 17 años a las divisiones inferiores, pasé primero por la pensión de Doña Pepa, después fui a la del club. A los dos años, prácticamente estaba en el plantel de Primera División", cuenta Llop. Gran maestro, Griffa estableció bases certeras e ineludibles que sirvieron para el desarrollo de los jóvenes, propiciando el mejor escenario para que el talento se desenvolviera en el campo. El ojo clínico resultó ser una de sus mejores virtudes, tanto para el protagonista de este texto como para otros apellidos ilustres.

"Juan Carlos Montes me hizo debutar, tuvo el ojo para que yo esté en Primera División. Luego, llegó Jorge Solari, vital dentro de esos años, un adelantado en cuanto a metodología de trabajo. José Yudica coronó, con su impronta, todo el trabajo que se venía haciendo. Formamos uno de los mejores equipos de la historia del club. Veníamos de tres o cuatro años en que la mayoría de nosotros jugábamos juntos. En ese proceso, solo se agregaron (Víctor Rogelio) Ramos, (Roque) Alfaro y (Sergio) Almirón. Yudica fue clave por cómo amalgamó lo que veníamos haciendo", relata Chocho, y traza un recorrido por los técnicos que lo dirigieron.

¿Qué sucedió en medio de esa sucesión de entrenadores? El joven centrocampista adquirió experiencia y, con el paso de los años, pasó a ser un indiscutido. Cerca estuvo de alcanzar la gloria en 1987, pero Rosario Central consiguió tan solo una unidad más y dejó sin disfrute a la otra mitad rosarina. Aunque la espera no debió ser muy prolongada, puesto que al año siguiente Llop alzó la copa de campeón nacional bajo el paraguas protector de Yudica. Habían pasado las campañas de Solari, que formó un equipo que funcionaba como tal y al que solo le hacía falta un primer puesto, y el tricampeonato de Reserva con Salvador Capitano. Por fin, Newell's alcanzaba el súmmum, con un equipo formado íntegramente por futbolistas salidos de las divisiones menores del club: Gerardo Tata Martino, Roberto Sensini, Gustavo Dezzoti, Norberto Scoponi, Jorge Theiler y Almirón, por nombrar a una minoría. Un logro que llenó de orgullo a la institución, que allí moldeó un cambio definitivo en su historia. No solo por el logro, sino también a nivel de juego.

Empero, la conquista cerca estuvo de llenarse de épica al unísono que al club le iba de maravillas en el plano doméstico. Alcanzó la final de la Copa Libertadores y se impuso con una mínima ventaja a Nacional de Montevideo en la ida, con gol de Jorge Gabrich. La vuelta, en el estadio Centenario de Uruguay, no pudo ser igual y el Bolso pasó por arriba al elenco. Fue 3-0 para los charrúas, que celebraron una vez acabado el tiempo extra, ya que no se decretó un partido extra como en ediciones anteriores ni se definió en el tiempo reglamentario por diferencia de goles.

La semilla que se había sembrado tiempo atrás, daba sus frutos. Pese a la desolación derivada de la primera gran definición americana en la que participó, Newell's daba cuenta de que el camino que seguía era el indicado. Todavía habría lugar para más epopeya, sustanciada en otros dos títulos locales, ya de la mano de otro gigante. Marcelo Bielsa había tomado el lugar de entrenador, otorgándole a Llop un lugar de extrema importancia en el entramado defensivo de su equipo. Pese al gran logro local, al asombro causado a nivel internacional, Newell's no sufrió una gran descompensación colectiva. Al contrario, continuó teniendo su base firme, sostenida, la columna vertebral seguía de pie. Ya sin ocupar su sitio en la zona medular, ese que tanto lo había representado en diez años de carrera, Llop se retrasó unos metros y comenzó a jugar en la última línea. El rendimiento alcanzado no mermó jamás. Siempre titular, lideró una tropa que iría por más cosechas.

Juan Manuel asegura que Bielsa fue un revolucionario. “Se trató de algo muy diferente a lo que veníamos realizando. Tras un proceso de varios años, llegó una reconstrucción en torno a la metodología de trabajo, con una gran cantidad de jóvenes que llegaban proyectados desde inferiores y entrenados por Marcelo. Se comenzó con otro proceso que, al igual que el anterior, fue muy exitoso”, recalcó.

Newell's construyó una nueva hazaña cuando derrotó en la final argentina a Boca, superando al poderoso y consagrándose con un estilo ofensivo, dinámico y voraz. El equipo de Bielsa sometía al adversario, se juntaba con el balón y tenía mucha fluidez. El Loco hacía sus primeras armas y ya extrapolaba al gran público sus intenciones. Sucedidos los partidos de ida y vuelta, ambos con triunfos locales por un gol de diferencia, la tanda de penales definió al campeón. Mientras Scoponi se erigía en gran figura, Llop anotó su penal, un remate que terminó siendo clave en el embarrado terreno de la Bombonera. NOB repitió título, algo que haría nuevamente dos años después, con Chocho mezclando partidos entre la defensa y el mediocampo. Tres grandes logros en el país, aunque dos decepciones internacionales si se cuenta la otra gran final de Libertadores a la que llegó la escuadra rosarina. En 1992, el verdugo fue Sao Paulo de Brasil, que lo derrotó por la definición desde la pena máxima tras igualar en el global (JML también anotó su penal).

Sobre las dos finales internacionales perdidas, dice sin dudarlo que estuvieron a la altura, y eso es motivo de orgullo para Chocho. “En la primera final de Copa Libertadores, nos faltó experiencia, y en la segunda no fuimos eficaces desde el punto penal. Estuvimos muy cerca de ganar la serie, a 20 minutos, y enfrentamos al mejor equipo de toda la historia del San Pablo, que tuvo tres años brillantes”.

Tal fue la comunión del hombre con la institución rosarina que, más allá de no acabar su trayectoria en el club (jugó también en Estudiantes de La Plata, Quilmes y San Martín de Tucumán), fue recibido con aplausos y ovación cada vez que visitó el estadio como entrenador de un equipo visitante. Y, más allá de no realizar grandes campañas cada vez que le tocó dirigir a Newell's (dos períodos, con una separación de 15 años entre uno y otro), aún conserva la moción de diferente que supo ganarse en el césped. No es para un hombre cualquiera atravesar gran parte de una vida futbolística dentro de un club, mantener su lugar entre los 11 y ser vital en logros que permanecen en los libros de historia.

Desde la dirigencia leprosa le otorgaron la primera posibilidad para lanzar su carrera como entrenador, un andar desde el banco de suplentes que coleccionó pasos por otros equipos argentinos y sudamericanos. Un sinfín de clubes condujo en su carrera como DT, alcanzando un ascenso a Primera con Godoy Cruz (la primera vez del Tomba en la máxima categoría) y realizando buenas campañas con Atlético Rafaela y Banfield. Su ideal, la intención de replicar ese juego agresivo, dinámico y ofensivo, muchas veces no encontró similitudes entre la teoría y la práctica.

De cualquier manera, defiende su carrera desde los bancos: "Como entrenador me fue muy bien, pasa que hay caminos y caminos por recorrer. A veces, tenés que estar en situaciones diferentes de equipo. En Godoy Cruz fuimos campeones y ascendimos, en Banfield salimos terceros, a Racing y Barcelona de Ecuador los salvamos del descenso. Siempre dirigí a equipos en que tenía que resolver situaciones incómodas, por eso es que la carrera del director técnico se encamina hacia diversos horizontes. Me tocó ese tipo de horizontes, como sucedió en Atlético Rafaela o en el fútbol boliviano. Es el rumbo que me ha tocado. Sinceramente, van 20 años de carrera y no me puedo quejar, porque con mi cuerpo técnico permanentemente tenemos trabajo, y eso es algo que hemos construido".

Llop estampó el sello como un jugador que atravesó en primera plana, siendo protagonista cúlmine, un tiempo de esplendor del club en el que se inició. Fue indiscutido para Griffa, Yudica y Bielsa, tres próceres rojinegros. "Soy una pieza importante en la historia del club, el tercer jugador con más partidos, jugué en la época en que más títulos se logró. Eso es lo lindo, haber jugado con grandes compañeros y amigos, y a su vez quedar dentro de la historia. Con el tiempo, uno se da cuenta de lo que hizo. Fui un jugador práctico. Sabía mis condiciones, tenía mucha perseverancia para estar cada día de la mejor manera, y siempre pensaba que se podía dar más", opina. Fueron 12 años en Newell's, donde trazó un periplo dorado en sus días con los pantalones cortos y botines.

JORGE VALDANO

La mente de Jorge Valdano viajó a otra dimensión en pleno césped del estadio Azteca. Pensó en si aquello que estaba viviendo era propio de un sueño de la infancia, que su madre lo despertaría justo en el mejor momento para ir a la escuela. De repente, volvió a la realidad, abrazado por sus compañeros albicelestes que hicieron una montaña humana sobre su figura. Había convertido el segundo gol en la final del Mundial 1986 y, tras soportar los sofocones posteriores del partido, se sintió campeón del mundo. A partir de ese momento, más allá de las vicisitudes y la continuidad rutinaria de la vida, fue siempre un poco más feliz cada día según sus propias palabras, recordando que había llegado al punto que cualquier futbolista persigue en su carrera.

El inicio de la jugada, en el contraataque, lo tuvo recibiendo un saque de Nery Pumpido sobre la banda derecha. Se sacó dos hombres de encima, condujo hasta la mitad del campo y cedió para Diego Maradona, que encontró a Héctor Enrique con un toque corto. Valdano siguió su carrera hacia el área rival, mientras sus compañeros tejían la jugada. Dibujó un desmarque perfecto a la espalda de la defensa y recibió la asistencia del Negro. Luego, definió ante la salida del arquero, con el pie derecho. La acción, en su conjunto, puede ejercer como el gran ejemplo que aglutina las virtudes que el delantero puso a disposición del colectivo. Porque el nacido en Las Parejas de ninguna manera se limitó a las funciones de delantero, sino que cubrió un campo de acción muy amplio, y no era extraño verlo ayudar en fase defensiva.

Inmerso en un equipo que no otorgaba referencias de marca y cuyos integrantes se movían por diferentes parcelas de la cancha, Valdano no era un atacante estático. Se asociaba con los volantes por todo el frente de ataque, colaboraba en la recuperación de la pelota con una fuerza inquebrantable y siempre le quedaba aire para llegar y culminar las jugadas. Entregado por completo a la causa nacional, dijo más de una vez que su gran rendimiento exhibió la estabilidad del plan, pero muchas veces llegaba exhausto a la zona de definición. Por caso, en la gran final ante los germanos, debió perseguir a Hans-Peter Briegel y realizar una marca personal a pedido del entrenador, pero en su libro *Los 11 poderes del líder* (2012, Conecta) asevera que nada modificaría su anhelo de campeón: “Tomé una decisión, correría hasta desmayarme. Se trataba del partido más importante, el más esperado de mi vida, y no había términos medios. Seguía corriendo impulsado por la pasión, por la excepcionalidad del momento, por el sentido del deber”.

Con la ilusión del título, esa que tomó impulso como sentido común del grupo, tras charlas de concentración que limaron asperezas, sabía que nada podía contaminar la gran ambición que tenía. La oportunidad de inscribir su nombre en letra dorada, como uno de los campeones del mundo, se imponía sobre cualquier otra necesidad o identificación. Por eso, dejó de lado de inmediato su íntimo sentir ligado al discurso de César Luis Menotti y persiguió con ahínco todas las tareas que le encomendó Bilardo. A raíz de eso, se lo veía ayudar como el que más, en condición de pieza indiscutida de un equipo que alcanzó un logro gigante. "Yo estaba ahí para respetar el plan común, no para discutirlo", dijo en entrevista con diario *La Nación*. "Cuando le dije que sí a la convocatoria, se me terminaron las dudas. A veces de acuerdo y a veces en desacuerdo, pero un soldado más", subrayó.

El Doctor disponía de descansos entre partido y partido en lugar de entrenamientos diarios, por lo que era necesario combatir el aburrimiento y la ausencia de actividad con pelota durante largas horas. Uno de los hobbies de Valdano fue la lectura y poco a poco se fue transformando en un prototipo de futbolista contracultural. Por la noche, escribía sus memorias de la Copa del Mundo en un diario personal, aunque decidió quemar cada hoja un tiempo después, cuando se percató del grito de guerra que el grupo había dado en la reunión grupal posterior a la obtención de la copa. Nada de la intimidad del equipo argentino y ese mes de convivencia se filtraría a la prensa, más allá de los videos que filmaba Néstor Clausen y luego fueron tomados por los medios de comunicación.

Convirtió ante Alemania, pero también había anotado dos goles en la fase de grupos, en una competencia de la que disputó los siete partidos posibles. Hizo uno ante Corea del Sur, en el debut, y dos ante Bulgaria. Tras la desazón del Mundial de España 1982, el hombre, que había salido campeón del torneo Esperanzas de Toulon con la selección juvenil en 1975 (con gol en la final incluido), tuvo sus días de gloria. Y ese fue el gran reconocimiento para el parejense, que se marchó de Argentina hacia Europa a los 19 años, en épocas donde no era moneda corriente que los jugadores cruzasen el charco con tan pocos partidos en Primera División. Valdano solo llevaba un año jugando en Newell's.

Juan Carlos Montes lo hizo debutar y JV formó parte del equipo que alcanzó el primer título de la institución rojinegra. Compuesto el conjunto por jugadores salidos de inferiores, Valdano recién se presentaba cuando la gloria llegó, allá por 1974. Jorge Griffa lo había moldeado en divisiones inferiores y él debutó con fuerza en el primer equipo. Anotó en el debut, ante All Boys, y luego convirtió un golazo ante Ubaldo Fillol, que defendía el arco de River. Controló un envío con el pecho y, sin que la pelota tocara el piso, soltó un remate que se clavó arriba. Llegó su presentación con la selección mayor tras el campeonato juvenil logrado en Francia y estampó su apellido en la red por duplicado, ante Uruguay en el estadio Centenario. Hacerse notar en los momentos cumbres era una de sus grandes cualidades.

Delantero fino y elegante, su físico espigado se conjugaba a la perfección con una técnica por encima de la media. La altura no era de ninguna manera un impedimento para mostrar sus virtudes con el balón, y a ello añadía una capacidad excelsa en definición. La llegada al Deportivo Alavés le permitió ir adaptando, mediante pequeños pasos, el fútbol europeo a sus cualidades. Mostró una versión óptima y pronto llamó la atención en la liga española. Real Zaragoza lo contrató y terminó siendo una figura trascendental, líder y capitán. En el equipo aragonés disfrutó de su estadía más duradera en un club, cinco años, y agregó elementos a su juego como el cabezazo, pero los mejores días como jugador estarían por llegar. Jugando para el Real Madrid, subió varios escalones y se erigió, con el tiempo, en una personalidad fundamental dentro del andar de la institución.

El gigante madrileño protagonizó noches apoteósicas que agigantaron su inmenso espíritu europeo y, de la mano de la Quinta del Buitre, la histórica generación de futbolistas del club, acumuló trofeos. Valdano y el mexicano Hugo Sánchez apuntalaban con su experiencia a los jóvenes, comandados por Luis Butragueño. Se hicieron de dos copas UEFA, en sendas victorias ante el Videoton húngaro y el Colonia alemán, e hicieron del Madrid un equipo al que nunca habría que dar por vencido. De hecho, las remontadas contra cualquier expectativa fueron continuas, como aquella en que levantaron la serie ante el Borussia Mönchengladbach germano, con un doblete del santafesino. Además de hacer incluso mayor el aura internacional que rodea al club, junto a aquel gran equipo el delantero argentino ganó dos ligas y una Copa del Rey.

Una hepatitis B cerró de forma inesperada su trayectoria como futbolista, cuando apenas contaba 31 años. Los resultados de los análisis arrojaron, tan solo horas después de abandonar las canchas, que la enfermedad había desaparecido. Pero la decisión estaba tomada, y no le resultó difícil escapar a la cotidianeidad del fútbol, ya que siguió ligado a él. Dos años después del retiro, Bilardo lo alentó a ponerse nuevamente a punto físicamente, para llegar en condiciones a disputar el Mundial 1990. Hacía dos años que no jugaba profesionalmente y aquello significaba una carrera contra sí mismo. Peleó y estuvo cerca de responder a la promesa del Doctor, que le había sugerido “dame seis meses de tu vida y te doy un Mundial”, pero algunos contratiempos físicos dijeron presente. Finalmente, no estuvo en la lista de cara al certamen de Italia. Su lugar fue ocupado por Gabriel Calderón.

Del otro lado de la línea de cal, comenzó su gestión como entrenador, pese a que el camino en el banco de suplentes no se prolongó en demasía. El trabajo en las divisiones menores del Merengue funcionó como examen previo. Sucedió a Jorge Solari en la conducción del Tenerife, lo salvó del descenso y al año siguiente lo clasificó para la Copa UEFA. Llegó la gran chance en el primer equipo del Real Madrid y repitió el título de liga. Pese a que con él debutaron jugadores ilustres como Raúl o Guti, no pudo resistir ante los contratiempos de la entidad, que por esos días cambió su presidente, y tuvo que abandonar el cargo. La última experiencia la tomó en Valencia, donde sin mayores logros asimiló que su gran ambición en el deporte estaba en otro ámbito.

Asumió como director deportivo y más tarde fue director general en la Casa Blanca, ejerciendo como un nexo entre dirigencia y plantel. Fue allí que incrementó su visión y estrategia sobre cómo liderar un grupo de trabajo y un gigante mundial. Sus libros publicados hablan de la forma de llevar diferentes recursos del fútbol, su gran mercado y concepción social, a empresas o cualquier organismo definido por un esquema colectivo. Se desarrolló en *management* deportivo, desde los despachos del Santiago Bernabéu.

Sus artículos en diversos medios de comunicación, como los publicados durante largo tiempo en el periódico español *El País*, ayudan a la comprensión del juego y también refieren a los estamentos que componen al fútbol como negocio, entre otros factores. Se edificó a sí mismo como un personaje cultural dentro del fútbol, por su lenguaje vasto y análisis amplio. La trayectoria como escritor se hizo lugar inmediatamente tras que dejara los días de jugador. Así, modificó su vida dentro de las canchas hacia el exterior, de la conducción desde un escritorio a ser una fuente soberbia de consulta.

Ese hombre que soñaba despierto, en la hierba del mítico recinto mexicano, se fue reconvirtiendo. Llevó la elegancia de su pie derecho a la prosa de sus escritos, y la capacidad de adaptarse a diferentes modelos fue el puntapié para luego depositar al juego en otro plano, de mayor estudio. Valdano incluso trabajó por fuera del deporte, en calidad de docente de una universidad o como generador de ideas, en búsqueda de avances y desarrollo de una sociedad, un pueblo que debe sacar el máximo jugo de sus posibilidades. Eso era lo que hacía Jorge, desde los campos de Las Parejas hasta la capital de España, con una ineludible parada por el Distrito Federal.

ABEL BALBO

Había irrumpido con fuerza, mediante el talento juvenil que rápidamente le permitió ganarse un lugar en el primer equipo. Newell's vivía una época próspera en cuanto a juveniles y él era un exponente más, tan ilusionante como indispensable para el gran logro que llegaría a posteriori. Tan solo una temporada le alcanzó a Abel Balbo para dejar su sello en el club rosarino, conseguir un título local y ser objeto de deseo de otros equipos argentinos y europeos. Con capacidad para ejercer de

centrodelantero o acompañar a una referencia de ataque, el atacante fue conquistando cada vez más lugar y cautivó a José Yudica.

Convirtió nueve goles en el torneo largo de 1987/88, el único que jugó con los colores rojo y negro, y pudo escribir su nombre en una coronación histórica. La institución ubicada entre avenida Pellegrini y el hipódromo fue siempre un semillero de grandes perlas futbolísticas, y en aquel campeonato se consagró con un equipo formado absolutamente en las divisiones inferiores. Balbo era el exponente de las últimas apariciones (junto a Roberto Sensini), aunque en el equipo también jugaban Norberto Scoponi, Gerardo Martino, Juan Manuel Llop y Raúl Roque Alfaro, hombres de experiencia.

Una temporada antes, Newell's había observado en primer plano cómo Rosario Central se adueñaba del primer puesto de la tabla, consiguiendo un título antológico al hacerlo en el año inmediatamente posterior al ascenso a Primera. Tan solo un punto distanció a ambos equipos, aunque ya era tiempo de revancha para los "leprosos", que se acostumbraron a subirse a los primeros peldaños. Incluso, poco tiempo antes, Jorge Solari y Salvador Capitano habían dado forma al equipo, logrando un tricampeonato en la Reserva. Fue allí que se cimentó la plataforma de despegue. Balbo añadió su calidad y su muy depurada técnica al servicio de un equipo que ya había amenazado con dar el gran zarpazo. Durante aquella campaña, el entrenador tan solo utilizó a 16 futbolistas, dando cuenta de lo compacto que era el grupo.

Balbo se había criado bajo el ala de Jorge Griffa y su poder de formación. Llevó su talento a las canchas del fútbol argentino y fue contratado por River, que realizó con él un movimiento similar al que había hecho con Gabriel Batistuta. "Bati", también, solo había jugado un año en NOB previamente a desembarcar en el Millonario. No obstante, los paralelismos con el hombre de Reconquista no acabarían allí. La estadía de AB en Buenos Aires no duró mucho más que su período rosarino, dado que dio el salto al Viejo Continente tras solo actuar durante un campeonato con la banda roja. Más allá de no trascender en demasía, el paso por Núñez fue bueno y le sirvió para continuar con su evolución. Eran tiempos distintos a los actuales, las aventuras por los gigantes de Capital Federal eran más necesarias que hoy en día si el objetivo era cruzar el charco. Dos años en Argentina, dos equipos, una consecución bien guardada en los anales del fútbol argentino y un rendimiento óptimo que atrajo las miradas del Calcio. Udinese era su nuevo destino.

En Friuli, marcó un hito. Fue una de las grandes contrataciones de Giampaolo Pozzo, el hombre que poco tiempo antes se convirtió en presidente de la entidad, y que tiempo después se adueñó de otros clubes europeos. Balbo dejó un gran rédito económico, su gran nivel le permitió firmar con la Roma y la cifra fue mucho mayor a la establecida en su llegada. Udinese vivía sumergido, por aquel entonces, en un subibaja entre Primera y Segunda categoría. Los escándalos de arreglo de partidos golpeaban cotidianamente su puerta y le habían hecho perder varios puntos. De hecho, en 1990 no pudo completar el ascenso a Serie A por la quita de cinco unidades. Pero el hombre nacido en Villa Constitución (a 58 kilómetros de Rosario) fue clave en las dos campañas que duró el paso por Serie B, tanto que anotó 23 goles primero y 11 después, habiendo jugado casi todos los partidos. Así, los "bianconeros" retornaron a un lugar que jamás abandonaron.

Luego de las cuatro temporadas disputadas en Údine, donde volvió a compartir plantel con Sensini, Balbo partió rumbo a Roma. Toda su carrera europea se desarrolló en Italia y el equipo capitalino sería una nueva experiencia aunque no la última en el país de la bota. A pesar de que alternó titularidades y suplencias, el santafesino tuvo mucho protagonismo y siguió acumulando goles con "La Loba". Compartió plantel con figuras como el brasileño Aldair y los italianos Marco Delvecchio y Francesco Totti. Los títulos serían propiedad de su segundo paso por el estadio Olímpico, sin embargo sus cifras anotadoras no eran comunes. Con el tiempo, se transformó en uno de los pocos argentinos que sobrepasó el centenar de goles en el Calcio (los otros son Gonzalo Higuaín, Mauro Icardi, Batistuta, Enrique Omar Sívori, el franco-argentino David Trezeguet y Hernán Crespo).

Fue parte del gran equipo de Parma que cerró una década inmejorable en la finalización del siglo XX, alcanzando una copa nacional y una Copa UEFA, añadidas a lo que el club había conquistado en los inicios de la misma década. En la final del certamen internacional que ganó, Balbo partió desde el banco e ingresó en el segundo tiempo por Enrico Chiesa. En el equipo dirigido por Alberto Malesani, también jugaba "Boquita" Sensini y actuaban otros argentinos como Juan Sebastián Verón y Crespo (figura de aquel partido cumbre, convirtiendo el primer gol del juego). Aquel período se tradujo en el gran esplendor del conjunto azul y amarillo, algo que no pudo repetir después de que el dinero y los empresarios dejaron de invertir.

Balbo tuvo un breve paso por Fiorentina y llegó el turno de su segunda travesía por Roma, donde sumó un Scudetto y una Supercopa nacional pese a no jugar con continuidad. En los inicios del nuevo milenio, vio mermada su participación en un equipo que se coronó en liga tras más de 30 años, con el talento y la clase de Vincenzo Montella, Batistuta y Totti. Los paralelismos con el gran centrodelantero que tuvo la selección continuaban diciendo presente, puesto que ambos solo jugaron en un país europeo y, además, compartieron planteles y el gran logro romano. También Abel tuvo su paso por Boca, aunque fue en el ocaso de su carrera y por un tiempo no muy prolongado. Su intención fue ganar la Copa Libertadores y se insertó en el equipo para los octavos de final; sin mostrar un buen nivel y tras la eliminación en cuartos, abandonó la prác-

tica activa del fútbol. Ya retirado, se radicó en Italia nuevamente, donde con el tiempo dirigió a diferentes equipos del ascenso.

En paralelo al trazo europeo de su carrera, el jugador salido de la cantera de Newell's fue uno de los pocos futbolistas argentinos que jugó tres mundiales seguidos. Inscribió su nombre en las ediciones de 1990, 1994 y 1998, incluso cuando era casi improbable que viajase al certamen francés. Daniel Passarella no lo convocaba desde hacía un año y medio, aunque acabó por imponer su nombre sobre otros de jerarquía, como, por ejemplo, Claudio Paul Caniggia. Balbo solo anotó un gol con la selección en las tres copas que jugó: en Estados Unidos frente a Rumania, el partido que significó la temprana eliminación argentina tras el doping de Diego Maradona.

Rompió redes durante los 90, regó de talento las canchas italianas y fue un asiduo citado al combinado albiceleste. Tal vez flotó la sensación de que Abel Balbo pudo trascender en el ambiente futbolístico con mayor fuerza, aunque las cifras goleadoras atestiguan su importancia en los equipos donde destacó. Un artillero de varios registros técnicos, de templanza en el área adversaria.

ROBERTO SENSINI

Una palabra resume la carrera de Roberto Sensini: Profesionalismo. El hombre nacido en General Lagos, a pocos kilómetros de Rosario, se mantuvo en el primer nivel hasta que las cuatro décadas de vida comenzaron a golpear la puerta. Alcanzó 16 temporadas en el Calcio y durante 15 años tuvo puesta la camiseta de la selección. Un defensor que alternó acciones y goles, que son rememorados por hinchas rosarinos e italianos, con frustraciones que marcaron su camino por la selección. Aunque siempre pudo reformularse, volver a ser, para conservar el lugar que había ganado.

Hoy recuerda el penal que decantó la victoria alemana en la final del Mundial 1990 y continúa defendiendo su postura de que no le hizo falta a Rudi Voller. Sí acepta que el modo de arrojarse al piso en el área pudo confundir al árbitro Edgardo Codesal. Sensini había jugado aquel partido cumbre como titular, un año después de abandonar el fútbol argentino y viajar hacia la Serie A. Tenía una alta consideración en la opinión de Carlos Bilardo, que lo había citado por primera vez tres años atrás. A fines de 1987, con motivo de la celebración del título conseguido unos meses antes, la selección venció a los germanos 1-0 en cancha de Vélez.

Precisamente, al certamen en tierras mexicanas había viajado con la delegación de *sparrings* de Renato Cesarini, el club que aportó a los jugadores de entrenamiento desde la Copa del 86 hasta la del 98. Roberto jugaba en la Reserva de Newell's en aquel tiempo, aunque fue invitado a unirse al grupo que viajaría a apoyar a los 22 convocados. Jorge Solari, entrenador del conjunto "leproso" que disputaba la liguilla pre Copa Libertadores, le expresó a Sensini que no tendría mucho lugar en el primer equipo para las instancias definitorias de ese torneo reducido. Tras escuchar a uno de los fundadores de Renato, no dudó en viajar.

Los jóvenes debían replicar movimientos de los rivales siguientes, para que los jugadores del seleccionado pudiesen tener una primera noción de qué irían a encontrarse durante el partido. Vivían en un centro cercano a la concentración del América, donde se alojaban Diego Maradona, Jorge Burruchaga, Jorge Valdano y compañía, y se acercaban cuando era necesario. Sensini tuvo la oportunidad de marcar a Daniel Passarella, previamente a que el "Káiser" fuera desafectado. También al 10. Incluso se puso la camiseta azul para jugar un mini partido amistoso, en el que Bilardo quiso constatar si la indumentaria suplente pesaba más con la transpiración que la titular. Fue un par de días antes a los cuartos de final ante Inglaterra y 24 horas después se daría la alocada travesía de conseguir camisetas similares por el Distrito Federal. Esa es otra historia.

Fue durante los días de Mundial que el defensor de Newell's atrajo las miradas del entrenador, que tiempo más tarde le daría lugar en la mayor. Conservó su sitio durante tres lustros, alternando puestos de la defensa con el mediocampo. De hecho, jugó como volante central el encuentro ante Alemania que significó su debut. Polifuncional, se adaptó a lo que necesitó cada entrenador y, más allá de no ser una pieza clave de la columna vertebral, casi siempre se hizo sitio. Con el paso de los años se concatenaron las experiencias y acabaría jugando tres mundiales, con la posibilidad finalmente desestimada de acudir a un cuarto.

Actuó como lateral derecho en EEUU 1994 y ocupó todos los sectores de la defensa luego. Una nueva mala cayó cuando salió tarde con la línea defensiva y habilitó a Emmanuel Amunike, el delantero nigeriano que decretó sobre el cierre la victoria de su selección en la final de los Juegos Olímpicos de Atlanta 1996. Logró reponerse con buenos rendimientos y fue citado nuevamente para el certamen de Francia 1998. Marcelo Bielsa, que lo había tenido en las inferiores del equipo de Parque Independencia, lo incluyó en una lista previa de jugadores que viajarían a Corea y Japón 2002, pero finalmente no pasó el corte. En ese entonces acabó su periplo con la camiseta celeste y blanca, en la que machacar una y otra vez le permitió superar contratiempos.

Mientras jugó en el seleccionado desarrolló una carrera en paralelo que le permitió quedar en los registros grandes de tres clubes: Newell's, Parma y Lazio. Tras formar parte de las divisiones inferiores que coordinaba Jorge Griffa y ser dirigido por Bielsa -también fue parte a préstamo

de Unión de Álvarez, un club de pueblo que eliminó a NOB en la liga rosarina-, fue campeón en Primera División con el equipo que dirigía José Yudica. Se hizo de su primer título en el curso 1987/88, actuando de lateral izquierdo con compañeros como Gerardo Martino o Roque Alfaro. En entrevista con *El Gráfico* contó que, en juveniles, Bielsa pidió llevar palos de escoba en el micro rumbo al entrenamiento; sin emitir palabra y ante la mirada atónita de sus hombres, recién llegados a la cancha, dijo que los utilizarían como estacas. El primer paso estaba dado y, a fin de la década del 80, partió a escribir historia italiana.

Udinese fue su primer y último club en el Viejo Continente. Es idolatrado y adorado allí, pero más lo es en Parma, donde se convirtió en protagonista especial de varias conquistas. El equipo parmesano había ascendido por primera vez a la élite en 1990 y, a través de la inyección económica de la empresa Parmalat, consiguió ganar ocho títulos en una década. Se llenaron las vitrinas con una Recopa, dos copas UEFA, una Copa Italia y demás trofeos. Sensini fue figura en el primero, con un gol anotado en la semifinal. También se destacó en la final de la Supercopa italiana que añadieron al palmarés, al marcar un gol y borrar del campo a Jean-Pierre Papin, del Milan. Con laderos como Gianluigi Buffon, Fernando Couto, Lilian Thuram, Gianfranco Zola, Juan Sebastián Verón y Hernán Crespo, en distintos espacios temporales, escribió una página que quedó archivada en los libros de historia. Eran años en que el Calcio era la mejor liga del mundo, con los capitales más poderosos y figuras de renombre. Las burbujas del dinero luego desaparecerían.

Junto a la "Brujita" y Crespo, también elevó a un pedestal a la Lazio, equipo con el que logró ganar el Scudetto (entre otras consecuciones) a comienzos del presente milenio. El entrenador sueco Sven Goran Eriksson podía decidir entre varias opciones para formar al equipo titular, puesto que tenía a otros argentinos, Matías Almeyda y Diego Simeone, a los italianos Alessandro Nesta y Roberto Mancini, al chileno Marcelo Salas, al serbio Sinisa Mihajlovic, al checo Pavel Nedved Sensini integró dos equipos mayúsculos en clubes modestos. También, en su última etapa como futbolista, alcanzó a clasificarse a la Champions League con Udinese, el equipo que también le daría la primera oportunidad de dirigir.

La experiencia como conductor de grupo llegó inmediatamente tras el retiro en el estadio Friuli. No alcanzó mayor suceso, pero su nombre aún se escribe en letras grandes por aquellas tierras. Volvió a Argentina y entrenó a diversos equipos, como Estudiantes de La Plata, Newell's, Colón y Atlético de Rafaela. Ganó más de lo que perdió, sin embargo todavía no ha conseguido llevar a los primeros planos a sus equipos.

Sensini priorizó el entrenamiento a lo largo de su carrera, se erigió como líder defensivo y subió al primer lugar del podio en varias ocasiones. Amado en muchos de los lugares por los que pasó, su rendimiento y los goles importantes trascendieron tanto como las veces en que se consagró. Un futbolista que, más allá de las malas atravesadas con el combinado nacional, supo emerger siempre que le tocó vivir en la oscuridad.

NORBERTO SCOPONI

Existen muchas imágenes emblemáticas de Norberto Scoponi con la camiseta de Newell's. Fue vital en cuatro de las seis estrellas que ostenta el club, a fines de la década del 80 y principios del 90. Sin embargo, ninguna de esas representaciones tiene tanta importancia en la historia del club rosarino como la que lo retrata parando dos penales en la lluviosa tarde de la Bombonera, allá por 1991. Su equipo subió al mismo escalón que los gigantes, venció a pesar de la presunta inferioridad y la marcada disparidad en presupuestos, y fue campeón del fútbol argentino. En la tanda definitoria desde los doce pasos, el arquero se iluminó para siempre.

La victoria en la final de ida, jugada en el estadio de Rosario Central, brindaba una diferencia mínima. El gol de Eduardo Berizzo establecía un margen, pero los "leprosos" no llegaban confiados ni mucho menos a Buenos Aires para dirimir al gran ganador de la temporada. Tras conseguir el Apertura 1991, se enfrentó al Boca que se coronó en el Clausura. El partido se jugó tras una lluvia torrencial, con la cancha embarrada y sin estar en óptimas condiciones. Cerca del cierre, los "xeneizes" igualaron la contienda y llegó el alargue. Nada se modificó durante la media hora agregada y llegó el momento de Scoponi. Se hizo gigante ante los remates de Alfredo Graciani y Claudio Rodríguez, para celebrar una consecución histórica.

Teñido de épica, el triunfo del equipo que dirigía Marcelo Bielsa fue acaso el más importante dentro de un período glorioso para el club de Parque Independencia. Tras los subcampeonatos de las dos temporadas anteriores (en una de ellas, el campeón fue el rival acérrimo, Central, recién ascendido), en 1988 se consagró bajo el mando de José Yudica, con futbolistas exclusivamente salidos de las inferiores. Antes del "Piojo", Jorge Solari había sembrado las bases y, a posteriori, llegó el turno de Bielsa, que juntó mucha juventud con nombres de experiencia, como Scoponi y Gerardo Martino, y llegó a lo más alto. Al campeonato obtenido en 1991 y la superfinal ganada, se sumó otro título en 1992, con sendos triunfos en los clásicos de la ciudad. Faltó coronar los cuatro torneos nacionales ganados en cinco años con un lauro internacional, algo que estuvo muy cerca de suceder en el 88 y en 92. Nacional de Uruguay y el magnífico Sao Paulo de Telé Santana ahogaron el grito de gloria en las finales.

Newell's tenía un estilo revolucionario cuando Bielsa manejaba la batuta. Arriesgaba ofensivamente, presionaba en campo rival y atacaba la mayor parte del tiempo de juego. Una gran cantidad de jugadores eran de las inferiores, como Mauricio Pochettino, Fernando Gamboa, Berizzo más los jóvenes Julio Zamora y Julio Saldaña. Scoponi y su extravagancia, su pelo largo y enrulado, su personalidad y los buzos coloridos que utilizaba, le daban al conjunto el liderazgo necesario. También él era de las inferiores, pero llevaba tiempo en el primer equipo. Luego de debutar en 1981 y no tener demasiado lugar, fue rescatado por Carlos Montes primero y por el "Indio" Solari después. Tras eso, no abandonó la titularidad. Eran otros tiempos, una continuidad con una camiseta que se hace efímera en los días que corren. En total, fueron 14 años del "Gringo" en la entidad rojinegra. A los títulos, añadió diferentes registros: fue récord de valla invicta, con 518 minutos; el arquero que más partidos jugó en el club, y el segundo jugador con más presencias (escolta de "Tata" Martino).

De chico, Norberto acostumbraba a jugar como mediocampista central o centrodelantero. Debía ayudar en casa con la empresa familiar, repartiendo leña o carbonilla para panaderías junto a sus hermanos. Comenzó a jugar en clubes de barrio y llegó a Impulso, una institución que funcionaba en aquella época como una suerte de filial de NOB. Allí comenzó a ocupar el arco, un puesto al que también estaba acostumbrado de cuando jugaba con chicos mayores que él. Poco tiempo pasó hasta que dio el salto y se sumó a la Sexta división "leprosa". De allí en más, construyó un camino que lo depositó en los primeros lugares entre los arqueros más importantes que tuvo la institución en más de 100 años.

Alfio Basile tomó nota de su sostenido progreso, de la experiencia adquirida, y le dio un lugar entre los tres arqueros del seleccionado. Luis Islas y Sergio Goycochea se mantuvieron un paso adelante. Sin embargo, el rosarino estuvo entre los convocados de la Argentina que obtuvo el último trofeo que se añadió a las vitrinas: la Copa América de Ecuador 1993. Un año luego, viajó a Estados Unidos para disputar el Mundial. Se veía al mismo nivel que "Goyco", pero el entrenador apostó por Islas.

Pasados casi tres lustros, se marchó de Newell's con el pase en su poder. Incluso, había compartido plantel con Diego Maradona durante la corta estadía del 10 en su regreso al fútbol argentino. El astro jugó seis partidos y Scoponi fue titular en cada uno de ellos. La historia ya estaba escrita en los arcos que dan al palomar y al hipódromo, y llegaba el momento de una nueva aventura.

Cruz Azul de México lo esperaba. El período de bonanza no se acabó en el equipo de la Máquina Cementera, a pesar de que cayó en la final del torneo nacional durante su primer año. El conjunto ganó dos veces la Copa Concacaf y Scoponi, en su segundo año allí, fue elegido mejor arquero de la temporada. Una lesión lo marginó bastante tiempo de la competencia oficial y, cuando regresó, no pudo quitarle el puesto a Óscar "Conejo" Pérez. Además, surgió un problema cuando el club olvidó incluirlo en el *draft* de jugadores transferibles, por lo que no llegaron muchas ofertas.

Retornó a Argentina, firmó en Independiente y disputó un lugar con el colombiano Faryd Camilo Mondragón, toda una institución en Avellaneda. El "Gringo" tenía 37 años y atravesaba los últimos compases de su carrera, aunque aportaba su conocimiento en el puesto y la calidad de sus atajadas. Yendo más allá, no era ningún negado en el juego con los pies, y tenía una confianza máxima en sí mismo. Transcurrido un par de años en Buenos Aires, volvió por poco tiempo a México y jugó en La Piedad, donde se retiró tras otro subcampeonato. Eran los albores del nuevo milenio.

Se radicó en el país norteamericano y continuó ligado al fútbol, puesto que integró más de un cuerpo técnico, en los que fue auxiliar o entrenador de arqueros. Pese a que se habló en distintas ocasiones de la probabilidad de un retorno a Newell's, nunca se dio. La última vez fue a inicios de 2018, cuando pensó en llegar como ayudante de Gamboa, pero el club contrató a Omar De Felippe. El último gran cariño que se llevó del público fue en medio del homenaje que le hizo la institución a fines de 2011, previamente a un partido del primer equipo.

Aficionado a las motos, siempre dejó ver su larga cabellera, esa que hoy sigue siendo una de sus características diferenciales. Scoponi fue parte de un período próspero de Newell's, se transformó en un hombre clave durante un proceso muy prolongado. Y en aquella tarde de la Bombonera trazó uno de los momentos más importantes, la victoria colosal.

RICARDO GIUSTI

Hablar de disciplina táctica significaba hacerlo de Ricardo Giusti. Era indistinto el sitio de la mitad de cancha que ocupase, aun así el entrenador de la selección nacional de 1986 lo ponderaba entre sus jugadores insustituibles. Por su comprensión del juego, la obediencia al trabajo encomendado en el campo y su llegada, jugó cada minuto de los siete partidos de Argentina en el Mundial de México, erigiéndose como pieza clave y adaptándose a diferentes circunstancias. El volante siempre estaba al pie del cañón, predispuesto, suelto, al servicio de un equipo que se fue haciendo en el transcurso de la competencia y que marcó un hito inmenso.

Vivió tres años de ensueño por aquella época, puesto que trepó a lo máximo con la camiseta albiceleste, pero también lo había conseguido un par de años antes en su club, el Independiente de José Omar Pastoriza. Tanto para el histórico entrenador del Rojo como para Carlos Salvador Bilardo, Giusti era un futbolista vital, con una capacidad absoluta de ajuste a los diferentes planes de juego. Desde la final de Tokio a la del estadio Azteca, su figura lo elevó hasta que fue considerado uno de los mejores exponentes argentinos de los 80. No significaba eso que el Gringo tuviera un talento sin igual, pero sí ofrecía un servicio colectivo al nivel de muy pocos.

Ya sea jugando como centrocampista interior, en la misma línea que Sergio Batista o por uno de los costados, realizaba su tarea en el campeonato mexicano y se transformaba en un comodín. Un polifuncional que respondía a la labor requerida. Primeramente, unos metros por encima del Checho, alternaba para subir hasta tres cuartos o resguardar su posición, según el contexto. Alineado cerca del mediocentro, dejaba que los jugadores de ofensiva dispusieran de más metros para desplegarse. Ubicado cerca de la banda, colaboraba con José Cuciuffo, stopper por derecha, y se centraba cuando era necesario. Conocía los momentos para realizar tal acción y, pese a que casi siempre cubría un mismo sector del campo, lo hacía sin fisuras y relevando a sus compañeros.

En primera persona, brinda su perspectiva y se refiere al Doctor. “Bilardo fue un tipo muy acertado en lo que se propuso. Tenía un gran objetivo, el Mundial. Mi primer partido en la selección fue en el 83, contra Chile, y yo tenía que marcar al 10, que jugaba muy adelantado y era armador. No me sentía cómodo, el tipo corría muy poco, y yo si no corro me vuelvo loco. En el entretiempo le dije a Carlos lo que me pasaba, que no me podía mover. El chileno se quedaba estancado y yo debía ver cómo jugaban los demás. Entonces, empezó a dar algunas indicaciones y me dice: ‘Quiero ganar siempre, pero estoy pensando en México 86’. Estamos hablando del primer partido de la selección, teníamos que jugar lógicamente las Eliminatorias, pero él ya pensaba en la Copa del Mundo. En todos los entrenamientos y partidos, hablaba del 86. Siempre fue así, desde tres años antes del Mundial. Su arma fundamental era la táctica. Todos los días, dos o tres horas. Era obsesivo al mango, con videos era terrible. Sobre todo, con los centrocampistas, a mí, el Checho Batista, que teníamos que saber todo lo que pasaba, explicarles a los delanteros cuándo apretar, volver o esperar”.

Giusti sabía qué espacios del campo ocupar según le demandase la jugada. Fue por eso que su rendimiento no mermó conforme al paso del segundo Mundial ganado por Argentina. Hizo el trabajo de hormiga, una labor silenciosa, por la que sería distinguido y elogiado tiempo después. Uno de los efectivos claves para subir la pelota y darle continuidad al juego, pero más todavía a la hora de la contención. Aquel equipo de

Bilardo jugaba con mucha fluidez, contrariamente a algunas etiquetas casi imposibles de quitar, y en el campo contrario existía una movilidad y rotación irrefrenables, que hacían que los rivales nunca tuvieran referencias de marca.

Consciente de las etiquetas impuestas al campeón del 86, dice respetar todas las opiniones, aunque asegura que escucha muy pocas. “La Selección del 86 fue fantástica, y lo digo de forma objetiva, sin bronca por la gente que está muy en desacuerdo de Bilardo y la que intuyo que va a seguir sin hablar bien del equipo. La del 78 también fue buenísima, si nos referimos al antagonismo molesto que existe entre (César) Menotti y Bilardo, y con Menotti tengo una relación excelente. Además, creo que el mejor plantel de la historia del seleccionado fue el del 82, sin embargo nos volvimos muy pronto. El que niega que el equipo del Mundial de México jugaba bien y era ofensivo, no sabe. Son todas boludeces que no hay que escuchar”, indica.

“A veces, los equipos se forman casi inesperadamente. Haber llegado antes que todas las otras selecciones fue muy favorable, teníamos mejor estado físico porque nos adaptamos a la altura, el smog, el calor. Eso, como primera medida. Después, los equipos se forman a los cachetazos. Hubo una serie de desencuentros entre nosotros, hasta que hallamos un punto en el que debatimos entre todos, con reuniones muy fuertes que tuvimos. A partir de ahí, empezó un grupo sólido, nos consolidamos. El laburo de Bilardo fue fundamental, es mérito de él haber encontrado el equipo, pero muy positivo fue ir por un camino igualitario, en el que íbamos todos”, dice Ricardo, sobre cómo se gestó el equipo campeón.

Clave en el ámbito de clubes y selección, puede vanagloriarse de dar el penúltimo pase de la jugada que Diego Armando Maradona construyó para todos los tiempos, ante Inglaterra por los cuartos de final. RG tocó corto para Héctor Enrique, y este se la dio al 10, que comenzó el trayecto legendario. Disputado ese partido cuatro años luego de la Guerra de Malvinas, ninguno de los futbolistas hacía alusión, antes del juego, al conflicto bélico, pero igualmente lo tenían presente en sus mentes. “Los días previos fueron distintos. Hablamos con el grupo y Bilardo de que para nosotros no debía ser una venganza, pero cada uno sintió que jugábamos un partido especial. No solo por el hecho de pasar a semifinales, el gran objetivo nuestro, sino por lo que ese momento representaba para los argentinos. Sabíamos que era el primer partido que jugábamos contra ellos tras la guerra. Cada uno de nosotros tenía un amigo, familiar o conocido que había ido a Malvinas, y sentíamos algo distinto. Personalmente, me venían imágenes de la guerra, y no es que los quería matar a los muchachos ingleses, que eran unos fenómenos, pero sí entré diferente. Tenía muchas más ganas de ganar que ante el resto de los equipos”, expresa.

Ante la pregunta de qué sentimientos lo invadieron una vez cerrada la final frente a Alemania, Giusti espeta: "La sensación de ganar el Mundial fue muy linda, lógicamente. De mucha alegría en el vestuario, algo similar nos pasó con Independiente en el 84. Pero no llegás a entender fehacientemente lo que acabas de lograr. Ahora, te ponen una camarita en el Obelisco y ves en el celular todo lo que está pasando, pero antes no había nada. Yo me comunicaba desde allá con mis padres, que estaban en Albarellos, llamando al almacenero de la esquina. Le decía 'mirá, en 5 minutos vuelvo a llamar'. Entonces, llegaba mi vieja, le decía cómo estaba y listo. Esa era la gran diferencia que había con lo que sucede en la actualidad. Aunque no te das cuenta, no percibís lo que lograste. ¿Qué es lo más me alegró? Como parte de un equipo, haber colaborado para alegrar, aunque sea por unos días, a más de 30 millones de personas. Eso es lo que llevo adentro, lo más importante de todo, más allá de levantar la copa".

El gran triunfo argentino se enlazó con la carrera en clubes. Fue en Independiente donde mejor le fue, dado que en un período de un par de años conquistó el país, el continente y el planeta. En un principio, allá por 1983, anotó un gol con el que su equipo se coronó campeón nacional, y de yapa envió a Racing al descenso. Un año después, le ganó a Gremio en la gran final de América (el último de los siete trofeos del club en la máxima cita americana) y unos meses luego venció al Liverpool inglés en la final japonesa. Un lustro después, agregó otro torneo local, esta vez dirigido por Jorge Solari, aunque con una participación más moderada dentro del terreno.

"Cuando llegué en el 80, Independiente no estaba bien. Es más, se ubicaba en los puestos de abajo. Un año después, mejoramos, y ya en el 82 y 83 teníamos un gran equipo. Jugábamos muy bien. Con Pastoriza a la cabeza, nos consagramos, primero en el fútbol argentino, luego de la Copa Libertadores y la Intercontinental. Les ganamos bien a los ingleses. Nuestro equipo tenía nombres muy importantes. (Ricardo) Bochini fue lo máximo, y un pasito atrás, muy cercano, estaba (Jorge) Burruchaga, que para mí fue un jugador increíble. Burru era muy simple para jugar, ayudaba a los volantes y delanteros, tenía pase gol, gol, remate y sacrificio. Era completo, jugó muy bien en Francia y en la selección. Teníamos también a (Claudio) Marangoni, (Hugo) Villaverde, (Julio) Trossero, (Hernán) Clausen", recuerda, con la mente fija en aquel gran equipo.

Toda su carrera transcurrió en el fútbol argentino. Comenzó en Newell's, posteriormente a que su hermano, que jugaba en el club, le consiguiera una prueba. Cautivó en los primeros entrenamientos a Jorge Griffa, que incluso lo fue a buscar a su casa, en la pequeña localidad de Albarellos, cuando una lesión pareció alejarlo de su sueño. "Me había agarrado un fuerte dolor en la columna. Me hacían tratamientos, ponían inyecciones, y no se me iba. En un momento dije que no quería saber más nada, porque me hicieron de todo y me seguía doliendo. Un día apareció en mi pueblo, me dijo 'vení, te voy a llevar a un lugar', y así fue como al día siguiente estaba de nuevo en Newell's. Me llevó a un médico, que me hizo otro tratamiento especial, y pude seguir. Siempre fue gracias a Griffa, por eso le tengo mucha estima y no solo por su capacidad, él hizo mucho por el bien mío", cuenta.

Tras compartir cancha con Marcelo Bielsa en la Cuarta Especial, llegó a Primera y utilizó la camiseta número 10. Sus funciones en la cancha se correspondían más a la de un mediapunta, aunque poco a poco fue acercándose más a la medular del campo, a equilibrar sus tareas entre una mitad y otra. Incluso, integró el primer equipo campeón de la institución, en el 74. "Debuté pero jugué muy poco, como (Jorge) Valdano. Juan Carlos Montes -el DT- era un fenómeno total. En ese momento estaban Marito Zanabria y Alfredo Obberti, a los que al principio trataba de usted, por el respeto que les tenía. Montes me dijo un día 'estuvimos hablando con Mario, el Mono, todos confían en vos, y te voy a poner'. Me llevó, jugué un ratito. Tuve otra lesión importante, estuve casi un año sin jugar, en el 75 jugué muy poco", recuerda.

"El campeón fue un equipo fantástico. Hay equipos cuyos simpatizantes tienen paladares diferentes, de acuerdo a la historia. Por ejemplo, en Boca es correr y meter, por eso era "huevo, huevo, huevo, Giunta, Giunta, Giunta". En River, es distinto. En Independiente, también, el paladar es de buen juego; yo jugué 11 años allí y había veces que ganábamos y la gente se iba disconforme. Con Newell's, pasa lo mismo, y con esto no quiero agredir ni nada por el estilo a la gente de Rosario Central, porque también tuvo excelentes equipos. El estilo que defiende la gente de NOB es de jugadores de buen pie, y ese equipo representaba fielmente lo que pensaba el hincha. Buen trato de pelota, gambeta, remate. Para mí, fue uno de los mejores equipos que vi en la historia", analiza.

"En mis primeros pasos, pisaba un poco más el área y hacía algunos goles. De hecho, teníamos una Cuarta Especial espectacular con Griffa, y voy a decir el mediocampo como lo decía él: Giusti, Gallego y Alfaro. Hacíamos 8, 10, 12, 15 goles. Los equipos de la zona no eran demasiado competitivos. Hacía goles hasta de tiro libre y era más llegador. Después, por circunstancias de necesidades del equipo, me adapté. En Newell's jugué más de 100 partidos, pero me hubiese gustado trascender más", señala. La historia de sus días rojinegros no terminó de la manera deseada, y salió rumbo a Argentinos Juniors. Fue en La Paternal donde conoció a Diego Maradona, que comenzaba a asombrar al país. Unos años luego, fueron indispensables para Bilardo.

"Cuando integré el equipo de Argentinos, Diego recién arrancaba -rememora Giusti-. Y fue una experiencia maravillosa. Fue el mejor de todos los Maradona. Estuve en el Mundial con él, pero lo de aquella época fue extraordinario. Jugaba solo, nosotros teníamos un equipo mediocre,

pero hacía todo él. Era algo increíble. Íbamos a jugar por el interior y el exterior, Bolivia, Perú, Ecuador, por todos lados, gracias a él. Todos lo querían ver. Ganaba los partidos. Había más espacio, pero también mucha mayor agresividad. Las patadas eran impresionantes, le pegaban por doquier, pero él era muy guapo, se levantaba y si la tenía que poner, la ponía. Eso lo hacía el número 1. Hacía cosas que uno no las podía creer".

Los días como futbolista de Giusti se cerraron de una forma que nada tuvo que ver con su recorrido previo, al consumarse el descenso mientras jugaba en Unión de Santa Fe. También había sido una pieza importante en el Mundial de Italia 1990, al que llegó condicionado por las lesiones, debutando recién en el tercer encuentro. Jugó octavos de final, cuartos y semifinales, pero la expulsión ante el local le privó de jugar el partido cumbre ante Alemania. Fueron sus últimos momentos vestido de celeste y blanco.

Se sumerge en el pasado y manifiesta: "Fue duro. En ese Mundial fue todo muy distinto. No estábamos bien. Yo me perdí los dos primeros partidos, estaba lesionado. (Oscar) Ruggeri, Checho Batista, Maradona y Burruchaga tenían problemas físicos. Lamentablemente, no pude jugar el primero ni el último, esos que todos dicen que son los más vistos por los espectadores, de inauguración y final. Tenía una sensación ambigua: en primer lugar, estaba contento porque llegar a esa instancia fue maravilloso, en un torneo en que tuvimos inconvenientes físicos, con los italianos que no nos querían ver porque Diego era figura en el sur y los del norte nos querían matar, y la prensa europea que se mostraba muy crítica hacia nosotros. Pero, al mismo tiempo, me quedaba la sensación de amargura por no poder jugar el partido decisivo. En ese momento me encontraba bárbaro, más allá de mi edad y las dificultades físicas, contra Italia me había sentido muy bien. Igualmente, dejamos en el camino al favorito, y los italianos nunca se olvidarán de eso".

Siguió ligado al fútbol, aunque no dentro de la cancha, sino desde la esfera de la representación de jugadores. "Llevo muchos años. Tiene sus cosas buenas y malas, como todo. Hay que acostumbrarse a vivir con esta profesión, en algunos momentos es fea y en otros linda. A uno lo hace seguir en contacto con lo que le gusta, los jugadores, el fútbol. Aunque te encontrás con personajes que nada tienen que ver con el deporte, que creen que se las saben todas Es mi trabajo, lo que me da de comer, lo hago con gusto, muy tranquilo y de la manera que quiero. No me desespero, aquí estamos con Daniel Luzzi y Daniel Sperandío, que también jugó al fútbol y somos amigos desde hace muchísimos años, desde que él jugaba en Central y yo en NOB. Estábamos casi todo el día juntos. El fútbol debe ser así y no debe existir el odio. Nos basamos en la confianza que tenemos uno al otro, un elemento que en este rubro debe existir", recalca.

Giusti fue siempre un jugador holístico, dispuesto a brindarse por el todo, a las ayudas máximas. Dice que no existió promesa a la Virgen de Tilcara, sino una a la Virgen de Luján que cumplieron a los pocos días de llegar de México, y que aquella selección tenía todas las cábalas que uno se pudiera imaginar. El fútbol lo premió con el ascenso al peldaño más alto del podio, con dos casacas que lo tienen muy identificado. Desde su polifuncionalidad, Ricardo al mundo.

OSCAR RUGGERI

Dos imágenes pueden servir como ilustración para contar una historia. En el caso de Oscar Ruggeri, para observar el punto más importante de su trayectoria futbolística, de 17 años. Es necesaria retrotraer la línea de tiempo hasta 1986, cuando el por entonces defensor del combinado argentino y de River, se subió a lo más alto del balompié global. A nivel de selección y clubes, siendo un jugador trascendental en ambas conquistas. Temperamental, recio y sólido, alcanzó la cumbre y un status como jugador que no abandonó, por más que hayan pasado décadas de aquellos logros inigualables. Pocos zagueros han alcanzado la estirpe del Cabezón, que supo por entonces adaptarse a diferentes prestaciones defensivas, sin que ello afectase su rendimiento de efectivo clave en el colectivo.

"'Chau, Tolo (Gallego), nos vemos en los primeros días de julio'. Me miró y me gritó '¿vos estás loco? Si volvés los primeros días de julio, es porque te quedas hasta el final'. 'Claro -le respondí-, nosotros vamos a ser campeones del mundo'", espetó el hombre al mediocampista central de aquel River, que por entonces jugaba Copa Libertadores. Los tiempos actuaban en contra del seleccionado y las expectativas eran demasiado bajas en torno al equipo, que viajó a México casi sin compañía de feligreses en el aeropuerto. Argentina se fue haciendo en medio de la competencia, sus jugadores establecieron el mejor diálogo y limaron asperezas, y alcanzaron uno de los dos títulos más grandes de la historia nacional. Pero en el subibaja de la competencia, Ruggeri celebró, se subió al avión de regreso, continuó festejando y, a los días, debió enfrentar a Boca por el certamen continental.

Al defensor nada le daba vuelta sus convicciones. Volvió con el nivel de antes de partir rumbo al Distrito Federal y trepó a lo más alto del continente. Lideraba la defensa, pero ese equipo tenía otros nombres de gran peso como Américo Gallego, Norberto Alonso, Juan Gilberto Funes y Antonio Alzamendi. Derrotaron en la gran final a América de Cali y luego viajaron a Japón, donde en Tokio lograron llevarse la Copa Intercontinental ante el Steaua Bucarest, el conjunto rumano que le había

ganado, contra muchos pronósticos, al Barcelona. Tiempo antes, esos peldaños de escalera hacia la gloria eterna, habían tenido su comienzo en el partido frente a Boca disputado en la Bombonera; River venció 2-0 en el encuentro de la pelota naranja y dio la vuelta olímpica en el terreno de su clásico adversario. Sin más, Ruggeri cerró un año inolvidable.

Jugó los siete partidos del Mundial de México 1986 y se hizo presente en cada minuto de juego. Se convirtió en un bastión elemental del conjunto, partiendo desde la posición de stopper derecho, aunque capaz de ocupar otros espacios según el contexto le demandase. Hizo un gol en el debut, ante Corea del Sur, y la carta de presentación fue inmejorable. Fue el segundo tanto de Argentina en el certamen, y luego él mismo supo cómo reinventarse para responder a los propósitos del entrenador. Durante el segundo juego, al que calificó como su mejor partido, ocupó la banda derecha como si se tratase de un carrilero de pura cepa. Limitó el alcance y la productividad del italiano Alessandro Altobelli, se proyectó una y otra vez al mejor estilo de un wing de antaño y lanzó gran cantidad de centros peligrosos a la llegada de Jorge Valdano.

Su funcionalidad en el equipo también estuvo relacionada con disminuir el foco de riesgo que pudiesen ocasionar las figuras del equipo rival. Hizo marca personal y siguió desde el inicio a Gary Lineker, pese a que no pudo evitar que el inglés descontara en el duelo de cuartos de final. Ya en la definición cumbre, el estadio Azteca observó cómo Karl Heinz Rummenigge y Rudi Voller tuvieron que hacer esfuerzos titánicos para escapar a la lucha física con el número 6. Puede que el entrenador argentino hiciera, con esta decisión, que uno de sus futbolistas estuviera limitado para jugar, pero lograba anular la dinámica del mejor futbolista rival. Caudillo, hombre de carácter, el central se mostraba inalterable y respetaba aquello que su entrenador le encomendara. Un soldado.

De gesto adusto, mirada férrea y concentrada, Ruggeri se erigió en uno de los grandes caudillos que tuvo el seleccionado. Así como en el Mundial no era extraño verlo tomar la lanza y salir desde el fondo conduciendo el balón hasta llegar al área grande del equipo contrario, se fue haciendo como un líder que tuvo continuidad en el tiempo. Mostraba presencia, liderazgo, y la experiencia le dio una voz de mando clara y precisa desde el fondo, para ordenar a sus compañeros. Sólido en la marca, muchas veces daba la sensación de ser impasable, por su estilo aguerrido y su ductilidad para hacerse con el balón. No se trataba de un defensor con exclusiva técnica o andar estético, sino de un jugador fuerte, intimidatorio, que contagiaba. De carácter y un poder mental irrefrenable, heredó la capitanía de Diego Maradona y siguió agregando conquistas al palmarés celeste y blanco.

Al igual que pocos en la historia y que otros rosarinos, jugó tres mundiales, ya que también estuvo convocado para Italia 1990 y Estados Unidos 1994. Entre esas dos citas mundialistas, se subió al primer escalón del podio otras tres veces vestido de selección. Y en tres años consecutivos. Paralelamente, se trató de las últimas conquistas de Argentina hasta el día de la fecha. En 1991 y 1993, obtuvo dos veces la Copa América, en Chile y Ecuador, significando la primera de ellas un corte a la racha negativa de 32 años sin ganar el certamen, con el incansable poder goleador de Gabriel Batistuta.

En medio, se hizo de la Copa Rey Fahd, el primer prototipo de lo que a posteriori fue la Copa Confederaciones. Argentina tomó esa competencia como preparación para el torneo ecuatoriano, pero no tuvo problemas para vencer a Costa de Marfil y al local, Arabia Saudita. Ruggeri, como portador de la cinta, fue el encargado de mantener los brazos erguidos y levantar la copa por encima de cada cabeza del grupo en cada uno de esos logros consecutivos. Inmersa entre cada consecución que se añadió a las vitrinas de la Asociación del Fútbol Argentino, quedó por aquel tiempo una racha de más de 30 partidos sin perder del seleccionado.

Ruggeri jugó casi un centenar de partidos para la selección, bajo la conducción de Carlos Bilardo y Alfio Basile. Pero aquel 1986 se trató de un año inigualable, alcanzando todo aquello con lo que un futbolista puede soñar a la hora de imaginar sus días con la pelota. Ganó el torneo local, el Mundial, la Copa Libertadores y la Intercontinental, si tomamos las cosas en orden cronológico. Impactante. Por un lado, respondía a las expectativas del Doctor, su DT en la selección, sin ningún miramiento, y por otro era capataz en la zaga del River de Héctor Veira. Se ganó con creces el corazón de los fanáticos, que en principio lo miraron de reojo por haber salido de la vereda contraria. Boca, que lo había sumado a las inferiores tras una prueba en Rosario Central, lo tuvo en sus filas más de tres años, aunque se fue con libertad de acción.

A Logroñés, modesto club español, se fue con Alzamendi, pero pronto llegó otra gran oportunidad. La chance de refrendar, en España, lo hecho en el continente americano y su selección. Con el Real Madrid ganó la liga 1989/90, la última de la Quinta del Buitre, la mítica generación que adornó de conquistas el Santiago Bernabéu, y la última de una seguidilla de cinco campeonatos domésticos consecutivos. Récord histórico. Ruggeri tenía a su lado a Fernando Hierro en la defensa, pero más adelante había apellidos de sumo peso en la historia madridista, como (Emilio) Butragueño o (Hugo) Sánchez. Dentro de un vestuario en el que abundaban las tensiones, recibió la noticia del entrenador galés John Benjamin Toshack de que ya no sería tenido en cuenta, en épocas pre Ley Bosman y limitación para la cantidad de extranjeros (solo podía haber tres). Lejos de claudicar, el argentino intentó hacer valer su contrato y salario, más allá de no jugar.

Sin entrar en la sintonía de Vincenzo Guerini, técnico italiano que dirigía al Ancona, el periplo del Cabezón por Italia no fue muy duradero. La historia cuenta que el estratega le ordenó perseguir por todo el campo

a Batistuta, durante un encuentro ante Fiorentina. El partido finalizó con derrota 7-1, pero extrañamente no hubo goles del artillero viola. Las relaciones entre jugador y técnico no se pudieron reencauzar y la estadía duró menos de lo planeado. Tras ello, emprendió de a poco el regreso a Argentina -había vuelto para jugar un tiempo en Vélez-, previo paso por América de México, y volvió para salir campeón con San Lorenzo. Ruggeri fue campeón nacional jugando para Boca, River y el Ciclón, un logro que han alcanzado pocos. Durante el último trofeo ganado, con los colores azulgranas, nuevamente tuvo la guía del Bambino Veira, que campeonó tras imponerse en cancha de Central en la última jornada.

El nacido en Rosario fue adoptado por Corral de Bustos, una localidad cordobesa. Actualmente, la cancha del Club Atlético y Social Corralense lleva su nombre. De allí viajó a Buenos Aires, posteriormente a jugar en el club de su pueblo y a una negativa de un doctor por que continuase jugando al fútbol, al constatarse una lesión de espalda cuanto tenía 15 años. Hizo caso omiso, viajó con sus amigos a jugar un torneo Evita, en Bell Ville, y luego su carrera no paró. Hasta acumular conquistas. Hasta llegar a lo más alto. Se retiró en Lanús, donde convirtió el único penal que alguna vez ejecutó. 100% de efectividad, podría jactarse. De San Lorenzo se había marchado luego de liderar una huelga con el gremio de futbolistas.

"Me hice duro por las palizas de mi vieja. Tremendas palizas. Y ya no me entraron balas. Hoy estoy feliz por los valores con los que me educaron", dijo en una entrevista con *El Gráfico*. Desde temprano forjó su carácter, este futbolista que sin duda se sitúa en un top ten entre los más destacados de la Selección Argentina históricamente. Intentó ser empresario, pero esos días estaban alejados de la pasión futbolera, la que intentó volver a tener cuando comenzó su etapa como DT. Sin continuidad, optó por lanzarse a ser comentarista o panelista de fútbol. Pero su estirpe como jugador sigue teniendo un halo inconfundible. Fue un símbolo, alguien que nunca se escondía en las paradas más difíciles, el Cabezón Ruggeri.

JULIO ZAMORA

Las gambetas, la categoría y el talento de Julio Zamora permanecen esparcidos por el césped del estadio Marcelo Bielsa. El rostro impertérrito del hombre, eternizado en una bandera que baja de la tribuna en cada partido, rememora a cada hincha lo que el delantero brindó con la camiseta de Newell's. También, da la bienvenida al predio Bella Vista, el lugar donde se entrena el primer equipo, acompañado de otras gigantografías de personalidades que supieron qué hacer para ser recordados por siempre. Es que el Negro fue justamente eso para la mitad rojinegra de la ciudad: un hombre que trascendió y se transformó en un gran ídolo.

Tres períodos atravesó por el equipo, dejando siempre una estela que persiguió sus pasos, desde su debut a mediados de los 80 hasta su despedida del club, aunque todavía no del fútbol, en 1998, mientras era llevado en andas. El público leproso despidió aquella tarde con honores al jugador que había desplegado su magia, al que había sido casi inigualable en una época dorada del club. Un hito que se erigió en figura fundamental de diferentes logros. Siempre que retornó, brindó su calidad, la que lo caracterizaba por la elegancia de su pie derecho. El público volvió a brindarle apoyo y pagarle semejantes obras de arte, obsequiadas desde la cancha, cuando los problemas de salud lo aquejaron.

Para todo hubo tiempo, pareció decir Zamora mientras desandaba los 15 años que duró su carrera. Y no solo fue Newell's el lugar donde lo recuerdan como un crack, donde lo homenajean con creces. Sus pasos por Rosario estuvieron intercalados con excursiones por River, México y Europa, donde estuvo poco tiempo, meses que le sirvieron sobremanera para incrementar su talento y moldear en mayor medida su personalidad. Incluso, su retiro no fue con la camiseta que lo vio nacer, si bien se despidió bajo una lluvia estruendosa y una emoción que no pudo disimular, sino que aún le esperaban pequeñas etapas por otros dos clubes, uno boliviano y otro argentino.

Fue de la mano de Jorge Solari que debutó. Aún persisten las producciones fotográficas que lo muestran junto al Indio y otros grandes jugadores que dieron las prolíficas divisiones inferiores de NOB. Eran tiempos de estabilidad, en los que se sembraron las bases de un proyecto que haría historia no mucho tiempo después. Bajo las órdenes de Jorge Griffa, la institución había dado un paso adelante en lo que refiere a las categorías menores, y en la Primera se les daba un lugar que muchas veces parece inusual a los futbolistas que emergen de abajo. Así como construyó un gran equipo que estuvo plagado de futbolistas de la cantera, edificó una gran campaña que no pudo coronar. Sí lo hizo a la temporada siguiente, aunque Zamora ya no estaba en el equipo.

Su amor por el conjunto del Parque Independencia se había incrementado con sus primeras visitas al estadio, en condición de hincha. Iba a ver al equipo cuando José Yudica hacía su primera incursión en el banco, al que volvería para consagrarse ocho años luego. El Negro jugaba en las inferiores y no faltaba los fines de semana a la cancha para alentar al primer equipo. Mientras, soñaba con verse ahí dentro, recordando esas navidades en que el padre le regalaba la camiseta de Newell's y su madre la del clásico rival, Rosario Central. Él prefería con orgullo la primera, en tanto desechaba la otra.

Fino, elegante, muy técnico, su capacidad con la pelota nunca pasó desapercibida. Partía de la posición de extremo derecho, pero podía acabar definiendo en cualquier parte del frente de ataque. Era dueño de una pegada excelsa, de la que hacía gala ya sea en pelota parada como en el dinamismo del juego. Se asociaba con precisión y gambeteaba con mucho desequilibrio. Muchos de sus goles son recordados, como los que les hizo a Boca en la Bombonera o a Central como visitante. Zamora dejó, sin duda alguna, el recuerdo de días felices entre la gente leprosa, por la importancia y la valía de sus anotaciones.

En River logró ganar su primer torneo, en un campeonato doméstico. Fue en su segundo año en el club, posteriormente a un corto paso por el Sabadell español, y en la totalidad de su paso millonario logró un buen promedio (un gol cada cinco partidos). Como compañeros de equipo tenía entre otros nombres a Gabriel Batistuta (al igual que JZ había saltado de Rosario a Núñez), Hernán Díaz, Leonardo Astrada, Héctor Enrique o Ángel Comizzo. Pero era momento de retornar por la gloria, por aquello que se le había negado en su primera experiencia. Ya con Bielsa conduciendo a Newell's, era la hora propicia para retornar y ser una de las cartas más fuertes de triunfo. Con el tiempo, entraría en la historia.

La calurosa tarde del 22 de diciembre de 1990 terminó reflejada por los gritos desaforados y el desahogo del Loco, el entrenador, al terminar el partido que Newell's empató ante San Lorenzo en el estadio de Ferro. River no había podido vencer a Vélez y el título de Ñuls era un hecho. Zamora, titular y pieza clave, celebró aquella consecución que el equipo refrendaría meses después, con una gesta enorme, inolvidable y heroica como visitante, en la Bombonera. Se dirimió al campeón de la temporada 1990/91 y Newell's consiguió llevar a un estrato aún más alto su historia.

Cada escena posterior al final del partido, previa a los penales tras sendas victorias por la mínima para cada equipo, parecía extraída de una película de guerra. Camisetas y caras embarradas por doquier, ausencia de colores nítidos. Todo parecía teñido de épica, la que se logró cuando Zamora anotó su remate desde los 12 pasos, el último que pateó Newell's, y Norberto Scoponi atajó dos en la serie. Para el futuro lo esperaba una última estadía en el Coloso, el punto cúlmine de su mejor etapa como jugador. De todas formas, en medio llevó su magia a tierras norteamericanas, donde también fue muy querido.

Tres años en Cruz Azul, con un título de una copa nacional y uno de Copa de Campeones de la Concacaf (junto a Scoponi), le permitió ser uno de los extranjeros más idolatrados de la Máquina Cementera. Formó una dupla letal con Carlos Hermosillo, delantero al que asistió una infinidad de veces. El título de liga se hizo esperar aunque, como le sucedió en su primer paso por Newell's, se dio al año siguiente de su salida del club. Dejó tal imagen en el estadio mexicano que hoy es recordado con mucho orgullo por los simpatizantes, y desde el club salieron ayudas económicas muy necesarias cuando su salud se vio deteriorada.

Al igual que hicieran varios de los hombres que pasaron por las manos de Bielsa en el conjunto rosarino (Gerardo Martino, Juan Manuel Llop, Mauricio Pochettino, Fernando Gamboa), Zamora comenzó a dejar que su creatividad como entrenador hiciera el resto de su carrera deportiva, luego de abandonar los cortos jugando para Jorge Wilstermann y Platense. No obstante, esa trayectoria fue inestable a lo largo del tiempo, tras su debut en Newell's y diversos pasos por otros equipos sudamericanos, entre ellos varios peruanos y bolivianos. Precisamente, dirigiendo en Bolivia fue que sufrió dos accidentes cerebrovasculares de los que pudo salir con vida gracias a tratamientos médicos que pudo cubrir, en parte, con ayudas que les otorgaron leprosos y cementeros. Pero desde Real Potosí, el club al que dirigía, no obtuvo noticias: se desvincularon de la situación y la vigencia de su contrato.

Su camino más ilustre ya había sido trazado, con el número 7 en la espalda y diversos retornos que aumentaron la devoción de los hinchas, que lo aplaudían cada vez que escuchaban su nombre en el estadio. Julio Zamora era un jugador distinto, dejaba que su magia actúe por él. Newell's se lo agradeció cada vez que pudo, entre otras cosas, dándole la posibilidad de abrir una escuela de fútbol en Bolivia bajo su nombre. Una escuela que tiene el estadio Bielsa como anhelo máximo de los jóvenes bolivianos. JZ7 supo cómo ganarse el respeto y está inmortalizado en una bandera.

ROBERTO BONANO

La ida había sido un suplicio. Rosario Central llegó a la final de Copa Conmebol en 1995 con seis victorias en igual cantidad de partidos. Desde octavos de final, cuando comenzó su participación, hasta la definición cumbre, sus juegos se contaban por triunfos. El primer choque, disputado en Brasil ante Atlético Mineiro, obligaba a otro desafío en la vuelta. El conjunto dirigido por Ángel Tulio Zof debía remontar cuatro goles de diferencia, algo que logró recién en los últimos instantes. Tres goles en la primera mitad hacían posible la hazaña, sin embargo no fue hasta el final que la serie se igualó hasta decantar en la tanda de penales.

Allí estaba Roberto Bonano, ya asentado como titular y uno de los pilares del equipo "canaya". Festejaba, cerraba sus puños ante cada gol y se persignaba. Desde el arco veía que lo soñado podía hacerse realidad. Ya en los tiros desde los 12 pasos, su intervención fue clave para frenar el disparo de Leandro Tavares. El cuadro de Minas Gerais había fallado sus dos primeros penales y la gran chance dependía de los futbolistas

locales. Cerca estuvo el arquero centralista de tapar otros dos disparos, que igualmente llegaron a la red. Pero el gol de Rubén Da Silva hizo explotar de algarabía el Gigante de Arroyito. Central consiguió su primera y única copa internacional y la ciudad vivió una fiesta casi irrepetible. Se vivían los últimos días del 95.

Bonano era un arquero sobrio, seguro, se había adueñado del arco. Estaba en el mejor tramo de su paso por el club rosarino, aunque también atravesaba sus últimos días con el buzo auriazul. Pocos meses después, fue transferido a River, donde también dejó estela. Aquella hazaña en la final del extinto certamen sudamericano lo marcó a fuego, como a todos sus compañeros -entre ellos, Federico Lussenhoff, Eduardo Coudet, Omar Palma, Martín Cardetti-, y pronto su carrera tendría retos a tono con lo que había exhibido en Rosario.

Su rendimiento en la década del 90 le posibilitó pelear de igual a igual el puesto con dos gigantes de fines del siglo XX. Primero, compitió con Roberto Abbondanzieri la portería de Central, y más tarde lo hizo con Germán Burgos, el extrovertido arquero campeón de la Copa Libertadores con River en 1996. Precisamente, Bonano ya formaba parte del plantel cuando el “Millonario” se consagró internacionalmente tras 10 años. Era un recién llegado, demasiado pronto para discutir el sitio a un histórico. Entre preseas locales e internacionales, alternó titularidades y suplencias hasta que pudo quedarse definitivamente bajo los tres palos.

Protagonizó, a mediados del 2000, una jugada que dejó un registro para el fútbol argentino. Hasta el día de hoy, continúa siendo el único arquero del profesionalismo que pudo marcar un gol con la camiseta de River. Fue ante Vélez, por la Copa Mercosur, otro de los certámenes que ya no se juegan por estos lares. Enfrente estaba el paraguayo José Luis Chilavert, que lo criticó durante una batalla dialéctica que tuvo lugar en los medios de comunicación en la semana previa, y le había convertido de penal en la primera mitad. Por la misma vía, “Tito” decretó la victoria de su equipo, que arribaría hasta las semifinales de la competencia. El arquero le solicitó la pelota a Javier Saviola y Juan Pablo Ángel, habituales encargados de rematar, y definió con un tiro raso y al medio. Suficiente para tomar su revancha.

Eran tiempos en que se había convertido en un asiduo para la Selección Argentina. Marcelo Bielsa le daba lugar entre sus convocatorias y Bonano respondía. Fue quien más atajó en la ruta de clasificación hacia el Mundial de Corea y Japón 2002, al paso de unas Eliminatorias que el combinado albiceleste pasó como una tromba y acumulando resultados positivos. El rendimiento alcanzado en Sudamérica no tuvo semejanza en tierras asiáticas y la ilusión duró muy poco, aunque el rosarino ya no tenía sitio en el 11 de inicio. Pese a estar entre los citados, no jugó minuto alguno, ya que Pablo Cavallero fue quien jugó los tres partidos de la fase de grupos.

La primera convocatoria del arquero de Rosario con el seleccionado había sido a fines de 1996, un año después de obtener la Conmebol. En los últimos días de aquel año, defendió los colores nacionales en una derrota amistosa frente a Yugoslavia, en Mar del Plata. El entrenador era Daniel Passarella. Tito debió aguardar para otra oportunidad, que llegaría gracias a su óptimo nivel en River tres años después. Jugó los últimos clásicos frente a Brasil del siglo pasado, con derrota en el global: pese a la victoria 2-0 en Buenos Aires, el Scratch fue muy superior en Porto Alegre y ganó 5-2. Aun así, el nivel de Bonano fue una de las pocas noticias positivas para el Loco, quien lo mantuvo entre sus habituales citados. El arquero había sido vital para que la derrota no fuera incluso más abultada.

Cierta tirantez para renovar su contrato con River hizo que la relación con los dirigentes se desgastara. Apareció en escena el Mónaco, el club del Principado, con serias intenciones de llevárselo. La chance no avanzó y acabó firmando para el Barcelona, una opción inesperada en un primer momento. Fue presentado el mismo día que Saviola, unos instantes antes, lejos de los flashes que dijeron presente con magnitud cuando el "Conejo" se asomó en la sala de conferencias. "Soy un arquero sobrio, hago las cosas con sencillez, transmito tranquilidad y ejerzo con voz de mando desde la valla", manifestaba el arquero ante los micrófonos.

Durante su etapa en Catalunya, compartió equipo con Robert Enke, el portero alemán que sufría depresión y se suicidó al arrojarse a las vías del tren. También competía por el puesto Víctor Valdés, quien años después fuera uno de los hombres insignia para Josep Guardiola en uno de los mejores equipos de todos los tiempos. Pero Bonano supo hacerse lugar y aprovechó su chance. Tres años en el Camp Nou sirvieron para que su nombre también sea recordado allí, más allá de no haber obtenido títulos. Fue dirigido por Carles Rexach (estaba en el club al momento de su llegada), Louis Van Gaal y Frank Rijkaard, entre otros técnicos.

Los pasos por otros dos clubes españoles antecedieron su retiro. Real Murcia, primero, y Deportivo Alavés, a posteriori, lo contrataron. La aventura con el club blanquiazul no finalizó del mejor modo, pues el equipo había logrado el ascenso a Primera División pero los problemas económicos se multiplicaban. Dmitri Piterman conducía los destinos de la institución desde su despacho y todo parecía ir sobre ruedas, hasta que los desmanejos condujeron al desfalco. Roberto Bonano, junto a otros jugadores experimentados, se unió a la causa de compañeros jóvenes que no cobraban su sueldo. Tras ello, colgó los botines y dejó los guantes, en 2008.

Su vida siguió ligada al fútbol. Fue entrenador de arqueros y ayudante de campo en diversos cuerpos técnicos, como en la Selección de Catalunya o junto a Eduardo Berizzo en diferentes equipos. Junto al “Toto”, con quien había compartido una gran etapa en River, llegó a Estudiantes de La Plata y O'Higgins, un club modesto de Chile en el que hicieron historia al ganar dos campeonatos, los primeros de la entidad. “Tito” abandonó el país trasandino para regresar a Barcelona y reencontrarse con su familia, aunque se unió nuevamente a Berizzo cuando dirigió en España. Estuvieron en Celta, Sevilla y Athletic Bilbao.

Entre tanto, quien fuera condecorado como uno de los mejores 100 arqueros del siglo XX, se hizo lugar para cumplir su ambición de escribir. Formó parte del proyecto denominado *Pelota de Papel* que se tradujo en dos libros de cuentos y obras literarias, redactadas por exfutbolistas sudamericanos. Además de Bonano, formaron parte Kurt Lutman y Sebastián Domínguez, además de otros tantos.

La carrera del arquero rosarino tuvo dos títulos internacionales consecutivos, el arribo a la selección y la firma con el Barcelona. Dejó marca por su personalidad y voz de mando, características sumadas a sus virtudes innegables bajo los tres palos. De aquel penal atajado ante Atlético Mineiro a los días actuales parece haber un océano, aunque a esas más de dos décadas no las separan más que los siete metros de un arco.

ROBERTO ABBONDANZIERI

La trayectoria de Roberto Abbondanzieri puede definirse desde lo estadístico. Si observamos la cantidad de títulos que obtuvo, el promedio nos brinda una suma asombrosa: 17 campeonatos logrados en 16 años de carrera. Aunque su etapa como futbolista, su personalidad en el área propia, de ninguna manera puede reducirse a lo numérico. El arquero fue uno de los factores diferenciales en los equipos que integró, marcó un hito en Boca e, incluso, fue uno de los pocos arqueros que portaron la cinta de capitán desde el arco de la selección. Un hombre tan ganador como clave por sus atajadas, ya sea en la dinámica del juego o en definiciones desde los 12 pasos.

Se transformó en el arquero más ganador que tuvo el equipo de la Ribera. Se ubica entre los más laureados de la historia del club y en su puesto específico nadie lo supera. Hizo historia posteriormente al remar a contracorriente, dado que debió aguardar el tiempo suficiente en el banco de suplentes. Tras aguardar por su sitio, agarró la titularidad y ya no la soltó, siendo partícipe clave de muchas consecuciones, en una época dorada de Boca que lideró Carlos Bianchi desde el banco de suplentes. Los logros nacionales encontraron correspondencia fronteras afuera, y no solo dentro del continente. El equipo se subió dos veces a lo más alto del mundo en tres años.

En paralelo a su llegada, se dio la del colombiano Óscar Córdoba, otro jugador cuyo nombre aún se recuerda con nostalgia en la Bombonera. El Pato observó sus gestas cuando el equipo conquistó América y el planeta en el 2000, venciendo a Palmeiras y Real Madrid, aunque sufrió una grave lesión de hombro en un Superclásico del torneo local que le quitaría la única vía por la que podía ganar espacio entre los 11. Ya estaba acostumbrado a remarla desde atrás y nunca se amilanó, de hecho, exhibía sus dotes en cada participación. Una vez que el Perugia de Italia golpeó la puerta del arquero cafetero, el arco fue absolutamente de Abbondanzieri, que durante mucho tiempo estaría entre los efectivos que más sobresalieron.

Ser suplente no era un problema para él, se había habituado a serlo también en Rosario Central, el club desde el cual saltó a Primera División tras seis años en divisiones inferiores. Competía por el puesto con Roberto Bonano y juntos se consagraron en aquel épico logro del Canalla en la Copa Conmebol de 1995, cuando remontaron a Atlético Mineiro en el Gigante de Arroyito. Tito era titular en el ámbito continental y Pato defendía la portería en el terreno doméstico. Carlos Bilardo, que lo había conocido en las divisiones inferiores del seleccionado (formó parte de la sub 17 que jugó la Copa América -subcampeón- y el Mundial a fines de los 80), pidió por su contratación en La Boca.

Su debut se dio al ingresar por el extrovertido Sandro Guzmán, al que Héctor Veira expresó la célebre frase “te saco para protegerte”, durante un entretiempo. Pero Córdoba tomó el lugar con la fuerza de un huracán y a Abbondanzieri no le quedó más remedio que esperar por su oportunidad. Ya en su época de gloria, acumuló un trofeo tras otro, con compañeros como Rolando Schiavi, Sebastián Battaglia, Martín Palermo, Juan Román Riquelme, Guillermo Barros Schelotto... Dos títulos en la Copa Libertadores, otros dos en la Copa Sudamericana, dos veces la Recopa, varios torneos locales y una nueva Intercontinental, ante el Milan, donde empezaría a mostrar al mundo su fama en las definiciones de penales.

Cierto es que el tiro de Alessandro Costacurta fue muy malo, el zaguero mordió el pasto en su remate. Pero allí estaba Roberto Carlos, dispuesto a parar el tiro y a gozar después con la certificación de Raúl Cascini. Luego del empate 1-1, Boca volvió a subir al primer peldaño de la escalera global, como había hecho ante el Merengue, algo que no había podido refrendar frente a Bayern Munich. Era 2003 y Abbondanzieri ya se erigía en un arquero cuyos registros se harían difíciles de olvidar. Pero no sería lo único, sino que aún quedaría más tela para cortar, como la vez en que atajó el penal de Maximiliano López en el Monumental y venció a River, para depositar a Boca en otra gran final de Libertadores,

o cuando definió la Sudamericana ante el Pumas mexicano en condición de local, siendo el último pateador de la tanda que sentenció la serie. Convirtió a la izquierda del arquero y corrió a la platea para celebrar con su padre, que días antes había sido operado del corazón.

Por aquel entonces, ya comenzaba a ser parte habitual de la selección, cuando Marcelo Bielsa lo citó por primera vez a la mayor. El Pato fue protagonista de dos frustraciones colectivas, como lo fueron las finales de Copa América perdidas ante Brasil en 2004 y 2007, en competencias cuyas finales tenían a la Albiceleste como gran favorito, por su forma arrolladora de plantarse en los duelos cumbre. En medio de ambos torneos, también viajó al Mundial de Alemania 2006, siendo titular hasta que un choque con Miroslav Klose hizo que lo sacaran en camilla del encuentro de cuartos de final ante el local. Argentina ganaba mediante un gol de Roberto Ayala, pero sufrió el empate con Leonardo Franco bajo los tres palos y cayó en los penales. Otra historia podría haberse contado si Argentina disponía de un especialista en los remates definitorios.

No obstante, quiso alejarse del ritmo frenético de las grandes ciudades, volver a experimentar la tranquilidad de su pueblo. Bouquet, la localidad en la que se crió, que dista a 150 kilómetros de Rosario, fue siempre su gran refugio. Aun cuando tenía apenas un solo día de descanso, optaba por volver y no quedarse en Buenos Aires. Fue por esa razón que aceptó la oferta del Getafe español, con el objetivo de vivir por fin alejado de las presiones que llegan incluidas en el paquete al firmar en uno de los clubes más grandes del país. Se radicó en las afueras de Madrid y con su equipo se concentraba recién horas antes del partido. Predominaban los momentos con la familia y, si bien la situación no era como regresar a su tierra natal, sí se asemejaba. Quiso rubricar un contrato por sola una temporada, con la meta de retirarse pronto, pero los planes se trastocaron rápido, dado que el club no quiso tenerlo por poco tiempo.

El paso por el equipo que atravesaba su tercera temporada en la élite de España se prolongó por tres temporadas, campañas en las que se hizo líder del vestuario. Abbondanzieri logró el trofeo personal denominado Zamora, otorgado al arquero menos vencido de la Liga, y su equipo llegó a instalarse en dos finales de la Copa del Rey, que no pudo conquistar. Por si fuera poco, Getafe a punto estuvo de inmiscuirse entre los semifinalistas de la Copa UEFA, aunque una levantada histórica del Bayern Munich los dejó sin nada. Al Pato se le achacó que podría haber hecho algo más en uno de los goles del implacable Luca Toni, aunque pronto quedó en anécdota y primó el gran recuerdo que dejó allí.

Retornó a Boca y otra vez tenía en mente el retiro cercano, pero la fecha marcada en rojo en el calendario volvió a sufrir una postergación. El equipo xeneize ya no pasaba por un momento similar al que había caracterizado los días de gloria y al santafesino no le quedó otra opción que partir nuevamente, cuando desde la dirigencia y un cuerpo técnico interino le dijeron que ya no lo tendrían en cuenta. De cualquier forma, aún le aguardaría más historia a la vuelta de la esquina. Se calzó los guantes y la camiseta del Internacional de Porto Alegre en febrero de 2010 y cerró el año siendo campeón de América y en el tercer puesto del Mundial de Clubes, campeonato en el que dijo adiós al fútbol jugando unos minutos en el partido por el premio consuelo.

Por sus logros, Abbondanzieri fue condecorado como uno de los mejores arqueros de la primera década del presente milenio y, en 2012, su apellido figuró en el puesto N° 10 entre los mejores arqueros de lo que se llevaba de siglo. La lista la encabezaban nombres como Gianluigi Buffon e Iker Casillas. El Pato era un arquero sobrio, siempre seguro, que dominaba su área por completo. No necesitaba de grandes estiradas ni voladas para la foto, si bien también tuvo de esas, puesto que gran parte de sus mejores intervenciones partían de su correcta lectura y mejor ubicación. Un recurso que mejoró sobremanera con el tiempo fue el saque de arco, aspecto en el que mostró una precisión magnífica.

El click llegó durante ese momento en que jugaba para Inter. En una entrevista con diario *Clarín* se había encargado, meses antes, de pronosticar un retiro en Central. Pero no se dio y sí llegó el momento de dedicarse al campo en su pequeño pueblo, donde más de una vez fue tentado para ser intendente. Siempre se negó aduciendo que lo suyo no es la política, y en esos sitios donde el reloj no apremia fue que transcurrió los meses posteriores al retiro. Llegó el tiempo para otros deportes o actividades, como el automovilismo, habiendo participado en una carrera de Top Race, o el fútbol tenis. También tuvo su partido despedida en el estadio de Sportivo Las Parejas, el club desde el cual pasó a Central. Al equipo parejense había llegado antes de cumplir una década de vida, después de destacar jugando para un conjunto de Bouquet en un torneo interzonal. Roberto era marcador central y debió pasar al arco por la lesión de un compañero. Nunca abandonaría ese rol.

Sin la idea de liderar un cuerpo técnico, se sumó al grupo de trabajo de Martín Palermo como su ayudante principal. También formaba parte Schiavi del equipo, aunque se alejó luego. Sumaron experiencias en Godoy Cruz, Arsenal y Unión Española de Chile, acaso el lugar en el que mejor les fue. En carrera ascendente, aún les esperan mayores desafíos.

El Pato fue siempre un hombre que prefirió mantenerse alejado de los grandes focos, al que las presiones del entorno no le caían en gracia. Si bien nunca se dejó avasallar, buscaba superar el bullicio. Supo emerger la cabeza y no desesperarse cuando el banco de relevos era su sitio, y esperó el momento para marcar historia. Un ganador nato, un arquero en mayúsculas.

GABRIEL OMAR BATISTUTA

Entre los grandes ídolos históricos del seleccionado argentino. Allí se encuentra Gabriel Omar Batistuta, en ese espacio abstracto descansan sus goles decisivos, su instinto depredador. Goleador por naturaleza, rompió redes donde fuese, era un artillero absoluto. Dueño de una virtud tan intrínseca como su capacidad para convertir, solo necesitaba la posibilidad de rematar, de dar rienda suelta a su disparo. Y era en ese momento que se transformaba y mostraba su pericia asesina de cara a la red. Con la melena rubia al viento y su andar siempre peligroso por el campo, se encontraba al acecho en cada acción.

Lo suyo no era un talento fino, de toque estético. No destacaba por asociarse con los compañeros, sino por su potencia, su desequilibrio en metros finales. Traducía en gol cualquier oportunidad que le quedase cerca. Giraba en milésimas de segundos y sacaba un latigazo furibundo, imposible para el arquero adversario. Sus definiciones sí que poseían la elegancia de un goleador nato, empedernido, dispuesto a sacar provecho de cada tajada. Desde cualquier sector de la cancha podía partir su disparo hacia la red. Cuando conducía, aprovechaba su cuerpo granítico y era imposible quitarle la pelota, era un portento físico que avanzaba como una topadora.

Sus goles fueron trascendentales en las dos últimas grandes conquistas que logró Argentina: la Copa América de 1991 y también de 1993, anotando en ambas finales y liderando la tabla de máximos anotadores en la primera de ellas. Eran sus primeros años de carrera, pero ya enseñaba virtudes al mundo y se aseguraba el puesto de centrodelantero en la selección, un rol que pocas veces estuvo en duda a lo largo de la década. Era nada más colocar el balón cerca de la frontal contraria y aguardar que "el Bati" hiciera lo suyo. Dominaba el arte de la definición con pulcritud y parecía sembrar el pánico en el equipo rival, que intentaba sin éxito no dejarle siquiera un metro de ventaja.

Profundizó su capacidad goleadora con el paso de los años, llevó sus goles a Europa y continuó inflando sus números con la celeste y blanca. El debut en mundiales fue maravilloso, en aquel partido ante Grecia disputado en USA 1994 convirtió por triplicado. Fue durante ese encuentro que hizo el gol más temprano de Argentina en copas del mundo al hacerse presente en la red a los dos minutos de juego ante el arquero Antonis Minou. También anotó un *hat-trick* en la cita máxima siguiente, contra Jamaica en Francia 98. Aunque si por algo sobresalía, además de su notable virtud de convertir de mil maneras, era por sacar la cabeza cuando más era menester su inyección rematadora. En los tres mundiales que jugó, agregando Corea y Japón 02 a la lista, hizo goles en cada presentación: Japón y Nigeria lo sufrieron además de Grecia. Así, añadiendo celebraciones, se configuró como el hombre que más goles hizo en la selección en la historia del gran certamen global (10).

Agregó incluso dos títulos de menor relevancia a la carrera albiceleste. Fueron la Copa Rey Fahd, actual Copa Confederaciones, y la Artemio Franchi, un trofeo que se disputaba entre los campeones continentales de América y Europa. Hombre clave en las Eliminatorias, apareció cuando las inclementes lesiones le quitaron el peso que traía. Recordados son sus goles en el estadio Monumental, levantando la pierna derecha y señalando su rodilla. Hacía gala de su estupenda pegada, no solo en jugadas con la dinámica del partido, sino también en acciones de pelota quieta. Tenía múltiples registros, en todos ellos poseía características que sacaba a relucir, y ocupó el primer sitio de los máximos anotadores de la Selección Argentina por años. Hasta que Lionel Messi le quitó el honor.

Originario de la ciudad santafesina de Reconquista, debutó en Newell's y pasó por los dos grandes equipos del fútbol nacional. Durante el paso por las inferiores del club rosarino, aún lo veían algo precipitado en sus intenciones. Así lo define Salvador Capitano, el entrenador que dirigía a la Reserva con Jorge Solari cuando Gabriel Omar emergió: "Lo conozco desde aquella época. Era algo torpe, aunque también muy potente. Metía los brazos, iba para adelante, era un tanquecito". Sobresalió en un campeonato juvenil amistoso que se jugó en el Viejo Continente, con rivales de la talla de Juventus, Real Madrid, Milan, Manchester United y River. Tras eso y su irrupción en la Primera División, fue contratado por el "Millonario" posteriormente a solo una temporada en el Parque Independencia. También duró 12 meses su estadía en el Monumental: llegó a la salida del club de César Luis Menotti y no encontró sitio.

Saltó de uno de los gigantes a otro. En Boca se desató y formó una dupla letal con Diego Latorre, y consiguieron llegar a lo más alto en la liga local de 1991. Tal nivel le permitió al 9 ser llamado por la selección y comenzar el próspero camino con la camiseta de su país. Incluso, del otro lado del charco golpearon las puertas y partió con rumbo a Florencia, Italia, donde marcó época. Batistuta fue un ícono en la ciudad del arte, del Renacimiento. Tanto que, entre el sinfín de estatuas y exposiciones urbanas de la ciudad, aparece un busto que rememora sus goles en una de las tribunas del estadio de Fiorentina. Jugando para el club "viola", fue un hito, convirtió goles de cualquier clase y llamó la atención de propios y extraños.

En Firenze logró reponerse del descenso que marcó el inicio de su trayectoria europea y, a fuerza de goles, devolvió el club al lugar al que pertenecía. Luego, en la temporada 1993/94, lideró la tabla de goleadores de la máxima categoría, habiendo anotado en 11 partidos consecutivos. Junto a compañeros como Rui Costa (con quien se entendió a la perfección) o Enrico Chiesa, consiguió otros dos títulos añadidos al as-

censo, la Copa y la Supercopa nacionales. La década del 90 fue de gran auge en el Calcio, allí se encontraban las máximas figuras productos de capitales inmensos y empresarios que volcaron en el fútbol sus fortunas. Las burbujas relucientes fueron desapareciendo, aunque nada quita la gloria que alcanzó el fútbol italiano en su período de esplendor, a fines del siglo pasado.

Fiorentina se ubicó entre los mejores de la liga y, a cada año que pasaba, escalaba posiciones. Más allá de que nunca llegó a competir con los realmente poderosos, dueños de un presupuesto mayor, logró insertarse entre ellos. Y Bati tuvo una influencia indiscutible en ello, pues era siempre contundente y rompía redes con una asiduidad increíble. Solo era necesario para él llegar a pelear por el Scudetto, motivo por el que partió rumbo a Roma. Con los colores de "la Loba", en su primer año allí, pudo escalar hasta la cima y el equipo capitalino alzó un título que se le negó por más de 18 años. Fue la tercera consagración del club y la última vez que se coronó en la Serie A, lo que habla de la magnitud de la consecución. Como no podía ser de otra manera, el delantero argentino incluyó su apellido entre los grandes anotadores, con compañeros como Walter Samuel, Francesco Totti y Vincenzo Montella.

La travesía por Italia agregó otro equipo, el Inter, a la lista de su currículum personal. No pudo repetir el nivel que traía y viajó a Qatar, donde pasó los últimos años de su carrera, mientras seguía aumentando cifras. Batistuta fue, por sobre todas las cosas, un atacante con el talento innato de romper redes, por la fuerza de sus disparos y la imposibilidad de detenerlo cuando encaraba mano a mano. Las lesiones jugaron su papel determinante durante los años de carrera e incluso ya retirado de la actividad profesional. En entrevistas televisivas llegó a contar que solicitó al médico que le cortara una de sus piernas dado el dolor que le producían sus desgastados tobillos.

Todavía perdura la eterna dicotomía entre lo que podía aportar su figura y la de Hernán Crespo. Daniel Passarella y Marcelo Bielsa prefirieron no juntarlos y, entre ambos delanteros, solo compartieron 90 minutos, sin haber jugado juntos alguna vez desde el arranque. Pero Bati siguió su curso, perforando arcos, sin importar el defensor y el portero que tuviese enfrente. Un hombre de temer cuando desplegaba alas y se echaba a andar, que sacó ventajas de cualquier resquicio disponible. Goleador con todas las letras.

WALTER SAMUEL

Infranqueable. El concepto define el estilo de Walter Samuel, un defensor eficaz y sólido que, en poco más de dos décadas de carrera, se convirtió en uno de los jugadores argentinos más ganadores de la historia. Tras dejar su marca en el fútbol local, a fines de la década del 90 y principios del nuevo milenio, se plantó en la élite europea y ya no la abandonó. Se mantuvo en los primeros planos y jugó en grandes clubes del Viejo Continente, siendo dirigido por entrenadores de mucho renombre. Su nombre está inscripto entre los pocos que lograron ganar la Copa Libertadores y Champions League.

Pese a ser cordobés de nacimiento (ciudad de Laborde), su trayectoria futbolística comenzó en Firmat, ciudad santafecina que se encuentra a poco más de 100 kilómetros de Rosario. En el club Argentino jugaba como lateral izquierdo. Dio el salto rápidamente y, con 18 años, debutó en Primera División con la camiseta de Newell's. Ya comenzaba a entregar registros de su calidad defensiva, mientras se mudaba de la banda al sector central de la zaga. Aquel equipo "leproso" era dirigido por Mario Zanabria y Walter alternaba partidos con Diego Crosa o Juan Vojvoda. No obstante, en el Parque Independencia no estuvo demasiado, ya que Boca posó sus ojos sobre él y se lo llevó a mediados de 1998.

Eran los albores de la etapa gloriosa del equipo de la Ribera, bajo la conducción de Carlos Bianchi. La sucesión de logros parecía nunca acabar, siendo acaso el mejor período histórico del club. Samuel también ingresó en los libros de historia cuando, en el estadio Azteca y frente a más de 100.000 personas, convirtió de cabeza para asegurar el pasaje a la final del máximo certamen continental. América de México había logrado remontar la desventaja de la ida, ganando por tres goles de diferencia tras la derrota 4-1 en la Bombonera. Pero allí apareció el central, elevándose por sobre cualquier rival y haciendo gala de su impecable juego aéreo. Cabeceó y la pelota se metió bombeada por el segundo palo. Boca consiguió avanzar a la definición cumbre, una serie que ganaría días luego ante Palmeiras. A la foja de títulos, agregaría también un bicampeonato local, previamente a cruzar el charco.

La llegada al Calcio le valió el apodo de "El Muro". No solo debido a que arribó a una liga que mejoró su calidad defensiva, sino porque el presidente de la Roma, Stefano Sensi, fue quien lo definió así al contratarlo por más de 20 millones de euros. También dejó su huella allí, en lo que era ni más ni menos que el comienzo de una gran travesía por las canchas de Europa. Italia fue el país en el que mejor logró desenvolverse. Consiguió ganar el Scudetto en 2001, con Fabio Capello como entrenador y compañeros de la talla de Gabriel Batistuta, Abel Balbo, Vincenzo Montella, Hidetoshi Nakata, el brasileño Emerson y el legen-

dario Francesco Totti. Fue un hito para la institución capitalina aquel torneo, puesto que hacía 18 años que no lograba ganar la Serie A.

Real Madrid lo contrató con la idea de que lidere su última línea y sea clave con el fin de retornar a los primeros planos. Llegó a la "Casa Blanca" para reemplazar a Fernando Hierro, que había salido tiempo antes de la institución. Pero el argentino no consiguió seguir con su gran nivel y retornó, tras una temporada, al fútbol italiano. España fue el único lugar en el que Samuel no ganó. Por aquel entonces, Jorge Valdano era el director deportivo del "Merengue" y Samuel se encontraba entre los zagueros más importantes del mundo.

Llegó al Inter de Milán y, progresivamente, fue conquistando un espacio cada vez mayor. Se convirtió con el tiempo en el argentino que más ligas italianas ganó (6), siendo parte de dos equipos históricos del Neroazzurro: el que se subió a lo alto en el país de la bota tras los escándalos administrativos de Juventus y Milan, y el dirigido por José Mourinho que se hizo con el triplete de títulos. En la temporada 2009/10, ganó Serie A, Copa Italia y Champions League, derrotando al Barcelona de Josep Guardiola en la semifinal y al Bayern Múnich de Louis Van Gaal en el partido decisivo, disputado en el Santiago Bernabéu. Junto a Walter, en aquel conjunto también decían presente otros argentinos como Javier Zanetti, Esteban Cambiasso y Diego Milito, autor de ambos goles en la final del trofeo de Europa. También conseguirían ganar el Mundial de Clubes, entre un sinfín de lauros.

Samuel era impasable en el mano a mano, tiempista, férreo y con una lectura muy precisa de lo que cada jugada pedía. Aún se recuerdan sus sólidos marcajes y acciones muy puntuales, como una en que cortó con exactitud una conducción de David Beckham que parecía enfilar al inglés hacia el gol. Se imponía en el juego aéreo en las dos áreas y lograba sacar la pelota desde atrás con mucha pulcritud, gracias a la categoría de su pie zurdo. Y siempre agregó cosas a su juego, pues la experiencia le valió para ser mejor a cada año que pasaba. Las lesiones graves en sus rodillas, sin embargo, fueron minando sus posibilidades.

Los últimos años de trayectoria futbolística los transcurrió en Suiza, jugando para el Basel. Ganó dos títulos de liga y se retiró con bombos y platillos, a los 38 años. Más allá de no jugar con asiduidad durante el primer año, dijo adiós al fútbol defendiendo la camiseta azulgrana cada fin de semana. En una entrevista con la revista *El Gráfico*, Samuel expresó que tuvo la posibilidad de retornar a Newell's o Boca, incluso de jugar en Racing con Milito, pero entendió que sus condiciones físicas ya no eran las mejores para lograr su cometido de dar lo mejor de sí.

Su carrera en la selección también tuvo grandes momentos. Tras ganar el Sudamericano de Chile y el Mundial de Malasia con la sub 20 que conducía José Pekerman, fue citado a los mundiales de mayores en

2002 y 2010. En Corea y Japón jugó los tres partidos de un certamen que acabó en decepción para los dirigidos por Marcelo Bielsa. En tierras sudafricanas, fue titular en los dos primeros encuentros bajo la tutela de Diego Armando Maradona. A la Copa del Mundo de Alemania, en 2006, no fue convocado, pese a que el combinado argentino era dirigido por Pekerman, quien le había dado la posibilidad de joven.

De chico, Walter era Luján y no Samuel. Utilizaba el apellido de su madre, aunque lo modificó poco después de debutar en Primera por el de su padrastro. De allí proviene que, en diferentes crónicas de la época, ya sea de partidos jugados en Newell's o en las selecciones juveniles, no figure su actual nombre completo.

Tras descansar en Firmat y Rosario y tomarse unas merecidas vacaciones, posteriores a su duradera carrera en los campos de juego, Samuel retornó a Inter. Si bien se retiró a mediados de 2016, en septiembre de ese mismo año ya se encontraba nuevamente en las instalaciones de la ciudad de Milán. Primero realizó un trabajo de *scouting*, buscando defensores en otras ligas, y más tarde se sumó al cuerpo técnico que encabezó Stefano Pioli y que dirigió al equipo durante la 2016/17. Ya más acá en el tiempo, el lugar al que retornó fue a la Selección Argentina, para integrar el equipo de ayudantes de Lionel Scaloni en su paso como entrenador de la selección.

Supo dejar su marca, se consagró en casi todos los lugares donde jugó y convirtió goles importantes. Samuel levantaba la cabeza, elegía la mejor opción de pase y rápidamente se aprestaba a blindar su zona. Otro de los grandes talentos que utilizó Rosario y sus alrededores como gran plataforma.

JUAN ANTONIO PIZZI

Tres fotos pueden servir como símbolo, a modo de representación ilustrada de la carrera de Juan Antonio Pizzi. Las imágenes lo retratan celebrando, como el gran e implacable goleador que fue. Un delantero con varios recursos para transformar su calidad en ventaja para su equipo, al que no se le podía dar resquicio alguno en el área. Al centrodelantero se lo ve en esa secuencia en noches épicas y tardes de recreación, aunque siempre como figura icónica de una conquista. Para contextualizar el relato, es necesario analizar qué se observa en cada diapositiva. Pues adelante.

La primera de ellas manifiesta una de las gestas alcanzadas con Rosario Central, el club en el que dejó una huella que perdura a pesar de que el amarillo vaya tiñendo las hojas de los libros. Ocurrió en el se-

gundo de sus tres pasos por el club. Durante el partido de vuelta de los cuartos de final de Copa Libertadores, ante América de Cali, en 2001, el goleador se despachó con un doblete *in extremis*. Cuando la ilusión parecía acabarse y el equipo colombiano se llevaba la clasificación en el estadio Pascual Guerrero de Bogotá, apareció el 9. Los colombianos ganaban por diferencia de tres goles e incluso se apresuraban a realizar cambios para guardar jugadores, en vistas a la siguiente instancia. Pero con un tanto al minuto 89 y otro en tiempo de descuento, el atacante empató el global en 3-3 (también había convertido en la ida) y forzó los penales. Allí, convirtió el suyo y Laureano Tombolini se erigió en héroe absoluto. El Canalla se instaló entre los mejores cuatro de América, pese a que todo se acabó en semifinales ante Cruz Azul.

El equipo era dirigido por Edgardo Bauza, presente entre las celebridades máximas de la entidad auriazul. Precisamente, el Patón fue uno de los dos entrenadores que dirigieron a Pizzi mientras fue jugador de Central -más allá de un único partido conducido por Juan José López-. Don Ángel Zof le había dado la posibilidad de debutar, a fines de los 80, y lo ungió como su centrodelantero preferido. A lo largo de la carrera centralista, su promedio de gol fue asombroso, con una media de más de un gol cada dos partidos. Se sitúa aún hoy en el quinto lugar entre los máximos artilleros históricos y primero entre los que más goles hicieron en el club en Libertadores.

Pizzi era dueño de una potencia temible, ya sea en remate con su pie derecho o con el cabezazo. Cerca estuvo, en su etapa en divisiones inferiores de Central, de dejar el fútbol luego de un choque con Roberto Bonano en un entrenamiento. La acción derivó en que le quitaran un riñón por precaución, aunque los médicos le aconsejaron que intentara hacer otro deporte. Hizo caso omiso, dadas las opiniones de los doctores del club, y pronto se afirmaría en Primera. Había llegado desde Santa Fe, donde era fiel seguidor de Colón, club del que su padre había sido presidente. Sin embargo, con la idea de estudiar Medicina, se había mudado a Rosario. El porvenir le guardó actuaciones con goles de todo tipo; todavía es recordado su control hacia dentro, cómo perfiló el tiro y el disparo al ángulo que sacó en un clásico frente a Newell's.

La segunda imagen está relacionada con su primera experiencia europea: el Tenerife español. Al equipo de la isla del océano Atlántico llegó por expreso pedido de Jorge Solari, el entrenador rosarino que dirigió allí por dos años. Le costó la adaptación a JAP en un primer momento, aunque las buenas llegaron un tiempo luego. En las jornadas semanales, se lo veía con otros argentinos del plantel, como Oscar Dertycia, Ezequiel Castillo y Fernando Redondo, además de Jorge Valdano y Ángel Cappa, que conformaron el cuerpo técnico que sucedió al Indio. Pizzi fue protagonista de campañas históricas y, merced a sus goles, consiguió arribar

al primer sitio del podio como máximo goleador histórico de la institución. En una temporada, por caso, hizo la friolera suma de 31 tantos.

Fue adorado por el público, que vio cómo su equipo, acostumbrado a pelear en zonas bajas de la tabla, se anotó en las posiciones de vanguardia. Los tinerfeños se permitieron jugar la Copa UEFA en dos ocasiones y dañaron las ilusiones del Real Madrid también por duplicado, en años consecutivos. El fixture determinó que, en esas dos campañas, se debieran enfrentar al Merengue en la última jornada de cada respectiva liga. Con sendos triunfos, ahogaron las chances de conquista, títulos que se llevó ambas veces Barcelona por un punto de diferencia. Tal rendimiento exhibió el santafesino durante su estadía blanquiazul, que fue contratado por el club culé.

Es aquí donde encontramos la tercera foto que refleja el suceso futbolístico de Juan Antonio. Para Barcelona jugó dos años y siempre fue aclamado por el público. No era un habitual en el 11 titular, ya que ese puesto lo conservaba el fenómeno Ronaldo. No obstante, el argentino reemplazó al brasileño en varias ocasiones saliendo desde el banco, así como en tantas otras oportunidades en que Ronnie era convocado a su selección. Marcó un gol histórico en la Copa del Rey, al final de un partido que se rememora entre los más importantes del archivo culé. Frente al Atlético de Madrid, que había ganado el doblete de Liga y Copa, Pizzi convirtió sobre la hora en un encuentro infartante que terminó 5-4 a favor, no sin antes pasar por una ventaja colchonera que parecía inalcanzable. Así los catalanes se anotaron en semi y se llevaron el trofeo luego frente al Betis. A Pizzi lo rebautizó esa noche un relator español con el apodo de Macanudo, en un intento de argentinizar sus palabras en pos de agradecerle su gol. La coronación fue una de las seis medallas de campeón que consiguió el exCentral en el Barca, donde fue dirigido por Bobby Robson y Louis Van Gaal.

Inmerso en la continuidad de su calidad goleadora, fue tentado a formar parte de la selección española y no desestimó la oportunidad. Creyó que su chance de ser llamado por Argentina había pasado, que ni siquiera le posibilitaron mostrarse en su período de esplendor. Lo convocaron a La Furia y se anotó con varios goles, dentro de un equipo que tenía una filosofía de juego diferente a la actual. Jugó la Eurocopa de 1996 y estuvo en el Mundial de Francia 1998, donde jugó un solo partido (ante Paraguay). Incluso, le marcó un gol a Argentina de cabeza durante un amistoso, en una situación que calificó como una de las más incómodas de su periplo con el balón.

Central, Tenerife y Barcelona fueron los clubes en los que más sobresalió, donde alcanzó gestas épicas, aunque también tuvo pasos por Toluca, Valencia, River, Porto y Villarreal en diferentes momentos. En el Millonario firmó siendo una contrastada figura europea, que regresaba con todas sus definiciones y goles a cuestas. Hizo varios, aunque no

cumplió con todo lo que se esperaba de él y la aventura no duró mucho tiempo. A pesar de ello, si por algo destaca su enorme trayectoria, es por la virtuosidad de su pie derecho, el modo feroz de sentenciar a un arquero, la capacidad infinita de escribir su nombre en los marcadores de los partidos.

Una vez acabada su etapa futbolística, trabajó por unos pocos meses en las divisiones formativas del Barcelona e intentó adentrarse en el mundo de la representación de jugadores, aunque no fue lo suyo. Realizó el curso de entrenador en Europa, siguiendo su verdadera vocación, con compañeros como Luis Enrique o Josep Guardiola, quienes habían sido laderos en el Camp Nou. Se trató de un curso intensivo para exfutbolistas internacionales, aunque Pizzi lo superó con creces y ya estaba listo para dar el siguiente paso.

Sus siguientes años los vivió en diferentes lugares y países, aunque le costó estabilizar su carrera del otro lado de la línea de cal. En Colón de Santa Fe fue vilipendiado por la dirigencia que lo contrató sin tener un rumbo claro ni darle apoyo. Formó dupla técnica con el peruano José del Solar y fue despedido tras cuatro juegos, sin haber conocido la victoria. Chemo regresó a su tierra y a Macanudo le costó relanzar sus ideas como entrenador, hasta que Santiago Morning de Chile le dio la posibilidad. Llegó a semifinales del torneo nacional y arribó a uno de los clubes grandes, la Universidad Católica, donde fue campeón. Al año siguiente, perdió la final chilena de una forma increíble, aunque había crecido significativamente, y en tierras trasandinas lo aguardaba uno de sus períodos de gloria.

Retornó por cuarta vez a Central, con el objetivo de devolverlo a Primera División. Realizó una gran campaña, pero logró solo un punto de los 12 últimos y perdió la posibilidad de ascenso en la Promoción ante San Martín, de San Juan. Dos años luego, fue campeón con un estilo ultra ofensivo en San Lorenzo. Aunque, contrariamente a lo que todos pensaban, abandonó el Bajo Flores intempestivamente y aceptó una oferta del Valencia. En el conjunto Che el camino no fue a mayores, aunque sí consiguió depositar al equipo en las semifinales de Europa League.

El nuevo contacto chileno le ofreció suceder a Jorge Sampaoli, guiar a la generación dorada del seleccionado y la posibilidad de conquistar el continente, algo que el combinado había logrado tan solo un año antes. Hizo frente a muchas críticas y oposiciones, sobre todo cuando perdió ante Argentina el primer partido de la Copa América Centenario, desarrollada en Estados Unidos. Pero logró rehacerse, darle al colectivo un estilo más equilibrado del que imprimía el anterior DT, aunque nunca dejó de apostar por un juego dinámico y agresivo. En los penales, volvió a derrotar a su país natal. Fue su primera experiencia en selecciones, maltrecha por no lograr la clasificación al Mundial de Rusia 2018, al que igualmente viajó dirigiendo a Arabia Saudita.

La secuencia de imágenes pinta de cuerpo entero el rumbo que tomó Pizzi y su maestría en goles. De las calles de Santa Fe, donde practicaba con amigos la técnica de salto y cabezazo, al estadio de Arroyito, de Tenerife a Catalunya, de Chile a lares árabes. Pizzi fue un artillero en la máxima dimensión del concepto, un hombre que le puso cifras a su pasión futbolística, un técnico tan meticuloso como obsesivo.

JOSÉ CHAMOT

Poco más de 16 años tenía cuando arribó a Rosario. El traslado de su padre, en relación al trabajo del que disponía, motivó el viaje y el cambio de morada. Desde Concepción del Uruguay, la ciudad entrerriana donde nació, llegó a San Lorenzo, a pocos minutos de viaje de la gran metrópoli santafesina. Su sueño ya era dedicarse al fútbol, de hecho ya había jugado en las inferiores de Gimnasia y Esgrima, en su lugar natal, pero se sumó a una prueba en Rosario Central y se hizo un hueco. Conquistó un lugar que, tan solo dos años después, lo terminaría depositando en la Primera División.

La vida transcurrió rápido para José Chamot desde la mudanza. En tan solo cuatro años, pasó de ver a la Selección Argentina campeona del Mundial 1986 por TV a jugar con aquellos futbolistas consagrados en tierras mexicanas. Dos años en inferiores, dos años en la máxima categoría y un salto a Europa, con la convocatoria de Carlos Bilardo en medio de ese camino que avanzaba como flecha. Su intención, en un principio, era quedar en el equipo canalla como volante central, aunque debió aguardar un tiempo hasta consolidarse en el lateral izquierdo. Tras jugar en inferiores, Ángel Tulio Zof lo colocó entre los titulares del primer conjunto.

Allí comenzó una vasta trayectoria que acumuló muchas aventuras europeas, con recorrido por la liga italiana y española. Central fue el único club argentino en el que jugó, el que lo vio nacer y al que volvió para despedirse del fútbol. De perfil bajo, casi nunca se escuchó su voz durante su época como profesional. Prefería que sus actuaciones hablasen por él, que su temperamento dentro del campo de juego cobre el principal protagonismo. Después de irrumpir con fuerza en el Gigante de Arroyito, fue transferido, con tan solo 21 años, al Pisa italiano. En su primera experiencia en el Viejo Continente, compartió plantel con Diego Simeone y Christian Vieri, el implacable goleador italiano que, por entonces, era una imagen en formación del notable jugador que sería.

Inconclusa había quedado la posibilidad de ser traspasado a River. Daniel Passarella, entrenador de los millonarios en los inicios de la década del 90, quiso sumarlo, aunque la chance no prosperó. Su objetivo

era dar el salto hacia otra liga, cruzar el charco, y pudo hacerlo al firmar contrato con los toscanos. Sufrió el descenso de categoría, pero su contundente nivel siempre fue mirado con ojos que iban más allá de los resultados por otros clubes del mismo país. Pronto, llegaría el llamado para que su trayectoria agregue paradas más que interesantes. De acuerdo a la calidad de los equipos por los que pasó, sin duda alguna que la carrera de Chamot fue de progreso en progreso.

Era un lateral potente, veloz, que atacaba el espacio con mucha profundidad en la banda izquierda. Recorría ese flanco todo el partido, era incansable, y producto de su rapidez podía llegar al fondo y centrar o equilibrar su zona de cobertura. Muchas veces, la velocidad era el arma indispensable que le permitía corregir un fallo. Su primera etapa como deportista, aún en Entre Ríos, fue clave en función de este último aspecto, dado que practicó atletismo previamente a hacer fútbol. Conocía cómo bajar el centro de gravedad, cuándo acelerar, de qué manera aprovechar toda su fuerza. De cualquier modo, tampoco escapaba a la posición de central izquierdo, función que comenzó a adoptar cuando sus entrenadores observaron su modo de salir jugando y su eficiencia en la marca. Al llegar a Europa, lo colocaron en la posición del 6 y, fue tal la continuidad que adoptó en ese puesto, que le costó volver a sentirse cómodo jugando de marcador de punta cuando era citado a la selección.

Por la ausencia de Juan Simón, Chamot se había sumado a una gira de la selección en los albores de los 90, pero la siguiente convocatoria albiceleste tardó en darse. Fue en 1993 que debutó oficialmente, tomando una relevancia en el seleccionado que no abandonaría por casi 10 años. Su relación con Argentina fue cada año más importante, y la calidad de sus prestaciones en la élite le permitió ser convocado a tres mundiales. No son muchos los compatriotas del entrerriano que pueden elevar la voz y aseverar que repitieron tal hito y viajaron a tal cantidad de copas del mundo consecutivas. Pues José Chamot lo hizo, participando en cada una de ellas, desde 1994 a 2002.

Foggia fue el siguiente escalón tano y, con la camiseta de Lazio enfundada, el defensor alcanzó su mejor nivel. Los italianos Alessandro Nesta, Roberto Mancini y Guerino Gottardi, el croata Alen Boksic y el checo Pavel Nedved compartieron con el argentino la consagración en la Copa Italia de 1998, al vencer al Milan de George Weah en la final. En el camino a la gran definición, derrotaron a Roma, su clásico adversario. El equipo lazial se haría, luego, de la Supercopa nacional. Atlético Madrid lo contactó para que lidere la defensa, pero el nivel general del equipo no fue bueno y Chamot no tuvo la continuidad necesaria debido a sendas lesiones.

Ya nuevamente en lares italianos, repitió el título de Copa que había conseguido cinco años antes, aunque esta vez lo hizo con el Milan. Incluso, integró el equipo que acabaría conquistando la Champions

League, con laderos de la talla de Alessandro Costacurta, Paolo Maldini, Gennaro Gattuso, Andrea Pirlo, Andriy Shevchenko y otro argentino, Fernando Redondo. A ese equipo lo dirigía Carlo Ancelotti y tuvo en el zaguero a un defensor polifuncional que alternó titularidades con las excelentes figuras que poseía el equipo por aquella época. Chamot volvió a España por un tiempo muy corto, jugó en el Leganés del que José Pekerman era director deportivo, y retornó a Central para ponerle punto final a su carrera. Sin embargo, la continuidad de lesiones hizo que no existiera un cierre adecuado.

Más de 10 años en la élite europea, alineados con su figura en la Selección Argentina. Bilardo, Alfio Basile y Passarella lo tuvieron entre sus preferidos. El protagonista de este escrito actuó como titular en todos los partidos argentinos del Mundial 1994, jugó cuatro de cinco en la edición disputada en Francia y, en la corta travesía por Corea y Japón, dijo presente en el último juego, ante Suecia. Siempre supo llevar su óptimo rendimiento en las canchas del Calcio y la Liga.

Inmediatamente tras su retiro, comenzó a perfeccionarse para ser entrenador. Hizo la carrera e integró diversos cuerpos técnicos, como el de Ariel Cuffaro Russo durante un semestre en Central, o acompañando a Matías Almeyda en el año en el que River estuvo en la B Nacional. Pocas veces pensó en ser la cabeza de un grupo de trabajo, aunque eso no demoró en llegar, puesto que fue designado Coordinador de divisiones inferiores en el club canalla cuando, en 2014, se inició un plan integral. Ese rumbo lo llevó a dirigir la Reserva primero y a hacerse cargo, interinamente, del plantel de Primera, previamente al retorno de Edgardo Bauza. Siendo el orientador de las divisiones formativas, Central se quedó con el primer lugar de la tabla acumulada de divisiones inferiores en 2016, y las juveniles participaron por primera vez de las infantiles de AFA. “El progreso de los chicos se da cuando un lateral, un central, un 5 o un enganche ve que está mejorando en la parte de movimientos, en la técnica. Y eso es debido al trabajo del día a día, de la búsqueda de darles a los chicos todas las posibilidades para que ellos puedan ir afilando sus armas”, afirmó en el libro *Captación Canaya* (2018, HatTrick).

El entrerriano había llegado con una meta al Gran Rosario y, a partir de la confianza de Zof, comenzó su propulsión. Allí se inició una carrera que siempre fue a más, merced a su pulcritud defensiva y la virtud de sus proyecciones ofensivas. Un hombre de personalidad aguerrida dentro del campo, aunque alejado de las grandes escenas fuera. Chamot se ganó lo que construyó, sin alardes.

SANTIAGO SOLARI

Una vida relacionada al fútbol. Santiago Solari dio sus primeros pasos en Renato Cesarini, el club que su tío Jorge fundó en la década del 70. Fue su cuna y el lugar donde comenzó a hacer sus primeras armas, mientras en la casa observaba videos y ediciones recortadas de partidos junto a su padre, Eduardo, quien fuera entrenador. Absorbió aquello como una esponja, mientras se entrenaba y hablaba solamente de lo que sucedía en el verde césped. Los debates familiares eran monotemáticos, y a día de hoy lo siguen siendo. Tienen al esférico como protagonista principal de sus intercambios de ideas.

Fue el representante de la familia que alcanzó la élite europea en su mayor dimensión. Cierto es que su tío dio vida a una de las canteras más prolíficas a nivel mundial y que su progenitor desarrolló una amplia carrera en los banquillos. También Augusto, su primo, ha sabido ganarse su lugar en diversos equipos de la Primera División argentina, en tanto que los hermanos del actual centrocampista de Racing se encuentran al unísono en las filas de Renato -Valentino juega en la categoría 2002 y Francesco en la 2004-. Pero fue el "Indiecito" (el porqué de su apodo es evidente) quien jugó en los más altos estratos, en la alta alcurnia del Viejo Continente, y llegó a la dirección técnica de un gigante. La categoría de sus compañeros y entrenadores lo atestiguan.

Posteriormente a una carrera intachable, habiendo pasado por equipos importantísimos a nivel global, Santiago llevó todo aquello que mamó en Renato Cesarini hacia las divisiones inferiores del Real Madrid. Es que, tras colgar las botas en 2011 y un período de evolución y aprendizaje, comenzó su periplo en la Casa Blanca. Vivió en Rosario un tiempo y retornó a Europa, donde acumula las experiencias de entrenamiento con los jóvenes del futuro y un período en la élite. Ha dicho en más de una ocasión que siente más el fútbol de posesión del balón y el progreso a través del pase que el fútbol directo. Y su período en el predio de Valdebebas acumuló títulos juveniles y también salto de etapas. Porque Solari no solo cree en el crecimiento de los futbolistas, sino también en que el entrenador es quien debe hacerse de abajo. Por eso, construyó su camino para llegar a conducir la Primera División.

Al Santiago Bernabéu llegó en el 2000, a posteriori de un paso poco productivo por el rival acérrimo de la ciudad, Atlético Madrid. Los colchoneros sufrieron el descenso por desmanejos administrativos y entraron en un proceso de quiebra, por lo que le aconsejaron al rosarino que buscara nuevo club. Fue allí que apareció la gran oportunidad, el club donde se haría un espacio mayúsculo entre tantos jugadores que, aunados con la camiseta blanca, fueron nombrados como "los galácticos".

En Madrid fue clave y supo ganarse la titularidad; a cada temporada, su aporte se hizo más vital.

Su estadía en Argentina había comenzado en River. Debutó profesionalmente un mes antes de que los dirigidos por Ramón Díaz consiguiesen alcanzar el título de Copa Libertadores en 1996. Tiempo después, fue incluido a último momento dentro del grupo que viajó a Tokio para jugar la Copa Intercontinental frente a Juventus. El equipo argentino cayó por la mínima diferencia tras el gol de Alessandro Del Piero, aunque Solari finalmente no estuvo siquiera en el banco de suplentes. Haber viajado, expresó tiempo luego, era ya un premio. Compartía plantel con Enzo Francescoli, su ídolo de la infancia.

En Núñez jugó tres años y cruzó el charco. Su camino del otro lado del Atlántico comenzó en España y continuó en Italia, sin interrumpirse por nueve años. River lo había llevado desde Renato Cesarini, donde entrenaba Solari tiempo después de actuar en las inferiores de Newell's. Con dos títulos de liga argentina y la Supercopa sudamericana de 1997 bajo el brazo, marchó hacia la capital española. La calidad de su zurda era innegable, también su comprensión del juego. Desde el mediocampo creaba ventajas para sus compañeros por pegada, aunque también ayudaba en fase defensiva. Llevó sus condiciones hacia su nuevo destino, y su evolución como jugador nunca tuvo freno.

Con la camiseta del Real Madrid fue partícipe en la construcción de una de las jugadas más memorables en la historia de la Champions League. Combinó con Roberto Carlos por izquierda, mientras Zinedine Zidane tomaba sitio en las inmediaciones del área rival. El lateral envió un centro preciso a la frontal y el francés conectó un zurdazo letal de volea hacia la red. El estadio Hampden Park de Escocia se estremeció y los merengues ganaron su novena Copa de Europa, ante Bayer Leverkusen. El Indiecito logró tomarse revancha a fin de año de aquella final del mundo a nivel clubes perdida con River, puesto que vencieron 2-0 a Olimpia de Paraguay. Solari ingresó en el segundo tiempo.

Luis Figo, David Beckham, el brasileño Ronaldo y Zidane, entre otros, se llevaban todos los flashes. Eran la expresión máxima de un club que siempre busca nutrirse de la mejor materia prima, que cotidianamente va en busca de la gran figura de turno. Santiago, junto a Esteban Cambiasso, aceptaba destacarse detrás de escena, mientras era servicial al equipo. Añadió títulos a su palmarés personal y se ganó un lugar entre los corazones de la hinchada blanca. Por el lugar que conquistó durante cinco temporadas en Real Madrid, se asentó luego en la ciudad. Y nadie debatió su nombramiento como director técnico en el entramado de formación de jugadores madridista, 10 años luego de abandonar el club como jugador.

Tres años en Inter de Milán fueron el prólogo de su nuevo desembarco en Argentina. El listado de consecuciones se agrandó sobremanera durante su etapa italiana, ganando tres veces el Scudetto. Poco antes de firmar contrato en la ciudad de la moda, Alex Ferguson había querido llevarlo a Manchester United, pero la negociación no prosperó. Santiago nunca tuvo representante, siempre decidió llevar adelante él mismo el porvenir de su carrera.

Marcelo Tinelli se insertó de lleno en el armado del equipo en San Lorenzo durante 2008 y uno de los refuerzos estrella fue Santiago Solari, en una mixtura de nombres importantes que amenazó con hacer un ruido mayor al que finalmente hizo en la Copa Libertadores. Tras presiones de barrabravas, Solari optó por salir del club y experimentó en el fútbol mexicano, aunque una pretemporada muy desgastante en lo físico lo obligó a dejar su rumbo norteamericano. En Peñarol, tres años después de retornar definitivamente a América, se retiró de la práctica activa del deporte.

La lectura del juego que exhibía cada fin de semana se mezcló entre los campos de juego y las redacciones. Escribió columnas durante un largo tiempo en el diario español *El País*, al igual que mantenía entrevistas interactivas con lectores en la misma plataforma. Comenzó su camino como "periodista" durante su ciclo en Inter y lo continuó hasta no hace mucho tiempo. Además, fue comentarista televisivo de diversos torneos, como el Mundial 2014. Su mirada analítica no se limitó a lo que podía brindar dentro del rectángulo.

Una de sus respuestas ante las consultas de los aficionados pinta la calidad de compañeros de los que disfrutó: "Un control de Francescoli o de Zidane, una gambeta de Ronaldo, un recorte de Figo, un pase de Guti. Una definición de Raúl. Un remate de Roberto Carlos. Un lanzamiento de (Fernando) Hierro, un cabezazo de (Fernando) Morientes, un anticipo de (Hernán) Crespo ", respondía ante la pregunta de qué gestos técnicos destacaría de quienes fueron sus laderos.

Por otro lado, de muchos entrenadores supo forjar su incipiente camino como DT, según explicó en entrevista con *El Gráfico*. De Vicente del Bosque, quien lo dirigió en Real Madrid, extrajo las maneras sobre cómo liderar un grupo, de Marcelo Bielsa (en la Selección Argentina) la obsesión por los detalles, de Ramón Díaz la intuición, de Roberto Mancini la variedad en el trabajo táctico, aunque sentenció que fue Arrigo Sacchi de quien sacó mayores utilidades. Ante semejante foja de servicios, sumada a su familia, es imposible no aumentar la pasión futbolística.

Obtuvo las licencias UEFA, con trabajos de campo incluidos, y comenzó en 2015 a entrenar en Madrid. Dirigió al Cadete B y al A, con los que se consagró campeón. Igualmente expresó que la gran conquista fue que casi todos los jugadores fueron promovidos luego a la categoría superior, el Juvenil C. Se hizo cargo a posteriori del Juvenil B y llegó al A cuando Zidane asumió en el primer equipo, lo que provocó cambios en la estructura del club. A su vez, lideró al conjunto en la UEFA Youth League, la Champions League juvenil, y tomó su cargo en el Real Madrid Castilla, el equipo filial del Madrid, hasta ascenderlo a Primera. Peldaño por peldaño.

Cuando ZZ aterrizó en el primer equipo, muchos nombraron a Solari como uno de sus posibles ayudantes, aunque Santiago conservó su trabajo con los jóvenes. A pesar de que muchas veces estos no tienen un lugar de privilegio en las filas de la Primera del Madrid, el rosarino mostró orgullo por el modelo de formación y por la cantidad de jugadores formados en la institución que juegan en diferentes partes del mundo.

Cuando el francés se fue de la Casa Blanca, Solari se hizo cargo del primer equipo, aunque sin mucho éxito. Rápidamente fue Zizou el que volvió a tomar los mandos del combinado merengue.

Solari llevó su talento a la élite y lo encumbró en grandes estadios. Allí, su zurda emergió y su valía en los equipos que integró siempre fue en aumento. El fútbol perdura en su vida y, seguramente, moldeará su futuro. Fue su base, a partir de vínculos familiares, y su recorrido con el balón alimentó su visión. Desde Rosario y las canchas de Renato a Madrid.

MARCELO DELGADO

Existe una seña identitaria que define a Marcelo Delgado, el remate con tres dedos de su pie derecho, una virtud que ha sacado a relucir en cada club donde jugó. La capacidad de darle ese efecto al balón lo acompañó desde muy joven, cuando jugaba en los potreros de su Capitán Bermúdez natal, y con el paso de los años fue perfeccionando el tiro hasta transformarlo en un arma letal. Innumerables goles hizo de esa forma, depositando la pelota en lugares inalcanzables para el arquero, con una comba estupenda que se dibujaba en el viaje del esférico al arco. Fue la distinción del Chelo que, a fines del siglo XX y principios del XXI, se erigió en uno de los grandes delanteros del fútbol argentino.

Su trayectoria fue en ascenso, desde su debut en Rosario Central hasta desembarcar en un Boca histórico, con un paso muy productivo por Racing entre esas experiencias. Un crecimiento que no imaginó cuando le dijo a su padre que ya no iría a entrenarse con las inferiores del equipo canalla porque, aseguraba, el debut solo llega para elegidos. Iría a hacer changas hasta encontrar un trabajo estable, pero buscaba olvidarse del fútbol. La intención duró segundos y rápidamente el espíritu futbolístico volvió a su cuerpo cuando su progenitor le devolvió la mirada y le dijo

que ningún motivo era suficiente para abandonar la pelea, cuando se estaba tan cerca del objetivo. Marcelo levantó la mirada, buscó su bicicleta y enfiló sin chistar hacia el predio de entrenamiento, alejado del centro de la gran ciudad. El camino continuaría y pronto encontraría una respuesta positiva.

Con Ángel Zof en el banco de los suplentes hizo su ingreso sobre el final en un partido ante Huracán como visitante. Pero, a la semana siguiente, en Arroyito y frente a River, convirtió el primer gol de una tarde que acabaría en empate. Comenzaba a ser importante en la estructura en sus comienzos con la camiseta auriazul. Una producción de la revista *El Gráfico* lo mostraba junto a otros jóvenes que aspiraban a mucho y terminaron siendo figuras reconocidas de nuestro fútbol, como Rubén Capria, Darío Cabrol, Raúl Cascini y Leonel Gancedo, entre otros. Caracterizados con latas y pinceles, la revista hacía alusión a que pintaban bien, con buen futuro.

El Chelo le convirtió a Newell's, en el clásico disputado como local, y comenzó a mostrar al ambiente sus condiciones. Decisivo al encarar, era veloz como pocos, un hombre que desairaba al marcador que se colocase como obstáculo. Se asentó como jugador de la máxima categoría, habiendo superado aquellos días de incertidumbre, en los que ya no quería entrenar. Una duda que se despejó en cuestión se segundos. Atrás quedaba la tranquilidad de su pueblo, donde se había iniciado jugando para Club Defensores de Villa Cassini, un lugar al que volvería en más de una oportunidad. Su comenzar en Primera coincidió con la citación al Mundial juvenil sub 20 de 1991, pero la participación argentina fue esperpéntica y el equipo fue eliminado en primera ronda. Habría tiempo para el prometedor delantero de resarcirse con el seleccionado.

Previo paso por Cruz Azul, donde recaló nuevamente años después y dejó su sello, llegó a Racing y fue parte de un gran equipo. No pudo consagrarse, pero sí convirtió goles vitales e hizo que su nombre quedara registrado en tardes históricas. Primero, en el estadio de Independiente, empatando un partido que el clásico rival parecía llevarse sin problemas cuando vencía por dos goles de diferencia. Claudio Piojo López anotó el descuento y Chelo mostró toda la clase de su disparo tres dedos. Avanzó con el balón dominado y la mirada fija en el defensor rival, que retrocedía, y llegó a la línea del área grande. Fue allí que soltó un remate excelso, con una comba feroz, al segundo palo. El arquero recién vio lo que había sucedido cuando la pelota estaba dentro de su arco. Fue igualdad final en un recinto históricamente difícil para la Academia.

Otra de las tardes emocionantes de las que fue protagonista ocurrió en la Bombonera, el escenario que vería sus mejores obras unos años después. Triunfó Racing por 6-4 en un partido que tuvo una clara superioridad blanquiceleste. Ante el equipo de Diego Maradona, y con compañeros como Ignacio Nacho González, Carlos Teté Quiroz, Capria

(ese día hizo *hat-trick*) y Roberto Pompei, Delgado convirtió uno de los goles y su equipo se llevó un partido recordado por la eternidad. Fue una de esas tardes históricas para Chelo, cuyo nivel fue tan trascendente en Avellaneda que le valió diferentes convocatorias para el seleccionado.

Daniel Passarella, entrenador del combinado argentino desde 1994 a 1998, le dio lugar al intrépido y sagaz delantero. Chelo fue convocado para tres certámenes consecutivos, pese a que su lugar en el conjunto fue disminuyendo. En Estados Unidos consiguió la medalla de plata de los Juegos Olímpicos de Atlanta, un año después estuvo entre los citados de la Copa América y el Káiser lo incluyó en la lista de jugadores que viajó al Mundial de Francia. Más allá de que no jugó minuto alguno en la gran cita global, Delgado conservó su nombre en el equipo luego. Su objetivo, decía en entrevista con el diario *Clarín* a principios del año mundialista, era ser el gran asistidor de Gabriel Batistuta, aunque no pudo transformarlo en realidad. También Marcelo Bielsa lo mantuvo en Argentina, pero hubo diferencias con el Loco en los períodos de entrenamiento que decantaron, años después, en la renuncia del de Capitán Bermúdez a jugar con la camiseta de su país.

La mala situación financiera que se llevó puesto a Racing a fines del milenio pasado hizo que saliesen algunos jugadores, entre ellos Delgado, que hallaría en Boca su lugar en el mundo. Su aporte a la causa fue total en una época dorada de la institución de la Ribera, con múltiples conquistas que llevó del plano local al planeta futbolístico. Dirigido por Carlos Bianchi, aquel equipo xeneize hizo más que lo que parecía imposible, logrando subir a la cumbre. Durante su etapa en el club, consiguió tres veces la Copa Libertadores, una Intercontinental y dos veces la Recopa, entre títulos varios que bañaron esos tiempos de gloria.

Fue clave en su primer año, en el que le quitó el puesto a Guillermo Barros Schelotto y se complementó a las mil maravillas con Martín Palermo. Se subió a la cumbre continental: el equipo derrotó en Tokio a un Real Madrid plagado de figuras, como Iker Casillas, Roberto Carlos, Luis Figo y Raúl. De hecho, brindó una asistencia genial al gran 9, que ese día reescribió la historia con dos goles decisivos. El Chelo también hizo cinco goles en la siguiente Copa conquistada y, ya en la tercera ganada, finalizó en lo más alto de la tabla de goleadores (9, incluido el que marcó casi desde la mitad de cancha a Santos, en el Morumbí, ante la salida del arquero), sacándole el máximo jugo a sus sociedades con Guillermo y el promisorio talento de Carlos Tevez.

La única mancha de su paso por Boca data de la final ante Bayern Munich de 2001, cuando fue expulsado por doble amarilla. Le costó recomponer relaciones con los hinchas, aunque lo hizo más temprano que tarde, vista la calidad de sus goles y el poder de sus asistencias. Retornó por un breve tiempo a Cruz Azul, un lugar al que hoy es citado para jugar

partidos de leyendas, y volvió a la Bombonera para seguir agrandando las vitrinas.

Partiendo como segunda punta, Marcelo Alejandro era un hombre indescifrable cuando encaraba, podía salir para cualquier costado y no se conocía cuándo soltaría su gran remate, su prodigiosa pegada. Generaba peligro con cada desborde en velocidad y se cansó de brindar pases de gol. Aún quedan en la retina de los hinchas bosteros los goles que hizo ante River, destacando el anotado el día del retorno de Palermo tras la lesión o el doblete del Monumental, ante Ángel Comizzo.

Belgrano de Córdoba y Barcelona de Ecuador lo vieron despedirse de su etapa profesional, luego de que su retorno a Central viera frustrado. Aunque no sería lo último que haría vestido de pantalones cortos y botines. Cuatro años después de su retiro, mezcló proyectos y negocios personales con el retorno al fútbol, al Villa Cassini que lo había visto nacer y al For Ever de la ciudad de La Plata. Sin mucha trascendencia, dejó de lado esas experiencias al poco tiempo.

Hombre pueblerino, de perfil bajo, Delgado siempre prefirió la calidad del hogar, la tranquilidad de lo conocido. Acaso por eso será que nunca dio un gran salto hacia ligas europeas, cuando su nivel en Racing y Boca podía ser causante de una transferencia de renombre. Retornó cuando pudo a Bermúdez, para descansar y alejarse del bullicio. Un delantero que a día de hoy sigue siendo punto de comparación para los extremos que contratan los clubes por los que pasó. "Deben mirar lo que hacía el Chelo", repiten unas voces y otras.

LUCAS BERNARDI

El fútbol desplegado distinguió a Newell's durante el primer semestre del año 2013. Dominaba a sus rivales, controlaba los partidos de principio a fin y se imponía en casi todas las fases del juego. Tras nueve años, el equipo rosarino volvió a consagrarse en el ámbito local, y lo hizo mediante un estilo que llevó a cualquier cancha. Las funciones de gala se acumularon, hubo grandes actuaciones y la ilusión siempre merodeaba el estadio Marcelo Bielsa. Gerardo Martino conducía desde el banco de suplentes a su obra maestra y, en el campo de juego, sobraban jugadores identificados con el club. Lucas Bernardi era uno de los grandes líderes.

Con la camiseta número 7, el centrocampista fue una de las claves de aquel campeón, por su capacidad de liderazgo y para organizar al conjunto. Actuaba como único volante central o podía hacerlo como interior, si es que Diego Mateo también estaba en el equipo inicial. Bernardi ha-

llaba un lugar en el cual recepcionar la pelota, siempre listo para brindar el primer pase de una secuencia infinita. Alzaba la cabeza, tocaba hacia el hombre mejor ubicado de la siguiente línea y enseguida se ofrecía como apoyo. Newell's comenzaba a tejer la forma que justificó como pocas veces a un campeón nacional.

Existen campeones que, durante su larga carrera al título, muestran algún que otro síntoma de irregularidad que rápidamente es despejado. No ocurrió en el caso del conjunto rosarino, que será recordado como uno de los grandes equipos del último tiempo en Argentina. Con la posesión del balón como eje, los "leprosos" se asociaban y desordenaban a los rivales con mucho talento. Vencieron a River y Boca en Rosario (1-0 y 4-0), justificaron cada victoria con el juego y dominaron con puño de hierro la competición. Tras esperar un resultado ajeno, en el cual Lanús no pudo vencer en La Plata a Estudiantes, el pueblo rojinegro salió a las calles. Poco pudo hacer el equipo esa misma tarde, por Copa Argentina, dado que la cabeza se encontraba en otra parte. La realidad estaba en los festejos que dijeron presente por toda la ciudad.

Bernardi había dejado atrás un período en el que no se había podido asentar. Tras una etapa europea, regresó al club que lo vio nacer en 2009. Sin encontrar su mejor nivel, los problemas extrafutbolísticos no tardaron en llegar. Incluso, pensó en dejar de lado la práctica deportiva. Hasta que llegó Martino y encontró un estilo que le calzó justo a sus virtudes en la zona media del campo. Activo para jugar y relevar a cualquier compañero, el 7 era vital en la columna vertebral, tanto como los otros puntales de una conquista histórica. Nahuel Guzmán se hizo su lugar en el arco, Gabriel Heinze lideró la defensa y tanto Maximiliano Rodríguez como Ignacio Scocco se transformaron en las grandes figuras por su desequilibrio y los goles anotados. Aquel NOB, además, cerca estuvo de posicionarse nuevamente entre los cuatro mejores de América.

El título doméstico significó la redención del volante. Cinco años en el Parque Independencia dieron continuidad a los dos que habían pasado a fines de la década del 90, entre que debutó en Primera y partió a Francia. Tenía a su lado, por aquel entonces, a jugadores como Sebastián Cejas, Juan Pablo Vojvoda, Julio Saldaña, Mauro Rosales, Sebastián Cobelli o Germán Real. La gran carrera que supo formar en el Coloso tiene su correlato en la lista de los jugadores con más partidos del club, donde Bernardi figura en el séptimo lugar. A fines de 2014, desde los cuatro costados del estadio cayeron la ovación y los aplausos en su despedida.

Su estadía en Europa se extendió por ocho años, aunque a gran parte de esa trayectoria le dio vida en el Mónaco. Un solo año en el Olympique Marsella fue suficiente para que el equipo del Principado se fijara en él y lo contraten. Con los blanquirrojos llegó a la final de la Champions League en la temporada 2003/04, frente al Porto de José Mourinho. Los dos equipos lograron instalarse en la gran definición por sobre los gi-

gantes del Viejo Continente. Con goleada incluida, los portugueses se llevaron el trofeo. Sin embargo, nada empañó la campaña del cuadro en el que actuaba Bernardi, con laderos como Patrice Evra, Ludovic Giuly o Fernando Morientes, y la compañía de otro argentino en el plantel: Hugo Ibarra. El rosarino dijo, tiempo luego, que aquella derrota no fue una gran tristeza ni mucho menos; en la misma noche del partido, el club celebró haber alcanzado tal instancia de la Copa de Europa.

El rendimiento exhibido en Mónaco propició su convocatoria al seleccionado. José Pekerman le dio la chance en la Copa Confederaciones 2005, donde tuvo su oportunidad más allá de no hacerse con un lugar entre los titulares. Argentina jugó en gran nivel durante el certamen, aunque en la final alemana se encontró con todo el poderío de Brasil, que lo venció sin atenuantes. Lucas no volvió a jugar con la celeste y blanca posteriormente.

Mixturando el fútbol argentino y el francés, dio lugar a una carrera de 16 años y ciertos vaivenes, pero de finales felices. Fue un puntal del Newell's campeón, el que celebró tras el retorno a la democracia. De lado habían quedado los nefastos días de conducción de Eduardo López, y los regresos de futbolistas identificados con el club le devolvieron la gloria a la casaca rojinegra.

Sellada su etapa como jugador profesional, el excentrocampista descansó tan solo un semestre y retornó al primer plano del balompié. Asumió la conducción técnica de un Newell's al que le costó superar la época post Martino. Fue allí que comenzó un raid por diferentes clubes en los que Bernardi nunca pudo asentarse. Cuatro años, cuatro equipos diferentes y la imposibilidad de dejar una huella indeleble allí donde fue. Logró ingresar a un círculo de entrenadores en el que es difícil mantenerse y más dificultoso aún reinsertarse tras un tiempo fuera. Allí se encuentra Lucas Ademar, aguardando poder dar el zarpazo y contagiar su estilo a un equipo, para darle sustento a su incipiente carrera como director técnico.

GABRIEL HEINZE

Remató con su pie derecho al primer palo, dio un giro de 180 grados, levantó sus brazos mientras cerraba los puños y cerró sus ojos. Instantáneamente, sus compañeros se abalanzaron sobre él, para celebrar su único gol con la camiseta de Newell's. Fue ante Unión, en el arco del estadio Marcelo Bielsa que da hacia el palomar del Parque Independencia. Gabriel Heinze había jugado muy poco en su primera etapa en Newell's, tras debutar en Primera División allá por 1997. Él mismo se debía un retorno al club que lo vio nacer, una vuelta que se dio tras 15 años de carrera europea. Y con la camiseta del club del que salió y en el que se despidió futbolísticamente, acabaría dejando una huella muy profunda.

Hombre temperamental, contracultural, muchas veces se mostró ajeno al sistema dominante que engloba al ambiente del fútbol. No se dejó arrastrar y apostó por la firmeza en sus convicciones y la franqueza, para trazar una trayectoria poco equiparable. Jugó en los principales equipos de las mejores ligas de Europa y retornó al fútbol argentino con el objetivo, que finalmente cumpliría, de ser campeón. Su legado trascendió infinitamente más allá del único gol que logró marcar. Su zurda ya había dejado una firma en los campos de juego.

La presencia de Gerardo Martino como conductor del equipo fue clave para que volviera, según comentó en su presentación allá por mediados de 2012. Newell's no atravesaba un buen presente y debía escapar cuanto antes de la zona de descenso. Heinze y otros históricos (Maximiliano Rodríguez, Lucas Bernardi e Ignacio Scocco), que lograron fusionarse con la camiseta rojinegra en el momento exacto, fueron el mascarón de proa dentro de la cancha. El sentido de pertenencia distinguió a NOB, que se construyó como un sólido campeón a partir de un estilo muy reconocible. El equipo hacía un culto de la posesión de la pelota, se asociaba con mucha fluidez y las partes se complementaban a la perfección. El hombre nacido en Crespo, Entre Ríos, era siempre una salida clara desde atrás por su capacidad para conducir o encontrar pases. También, sin dudas, una de las certezas de liderazgo que tenía el grupo.

Su carrera por las ligas española, portuguesa, francesa, inglesa e italiana lo acreditó entre los mejores del mundo y le dio una mayor comprensión del juego. Solamente había jugado ocho partidos tras su debut en el estadio Coloso, cuando le llegó la temprana oportunidad de dar el salto. Fue primero el Real Valladolid y luego el Sporting Lisboa los sitios que necesitó como plataforma de despegue. Tras ello, sería objeto de deseo de los principales equipos del globo terráqueo y se asentaría entre los mejores centrales del Viejo Continente. Su convocatoria a la Selección Argentina no tardaría en tomar forma.

Cuando daba sus primeros pasos en el PSG, que también contaba con el talento siempre alegre de Ronaldinho, recibió su primer llamado para ponerse la camiseta albiceleste. Bielsa lo llamó y, desde el año 2003, se convirtió en un hombre asiduo del combinado nacional. Continuó haciendo aún más importante su recorrido del otro lado del charco y se calzó una medalla histórica para el deporte argentino, cuando en 2004 ganó en Atenas la primera presea de oro en los Juegos Olímpicos. Aquel equipo que dirigía el "Loco" se consagró con seis triunfos, 17 goles convertidos y la valla invicta. Heinze fue uno de los tres mayores citados, junto a Roberto Ayala y Cristian "Kily" González. Carlos Tevez se erigió

en figura de la competencia, con compañeros como Germán Lux, Javier Mascherano, Andrés D'Alessandro y César Delgado.

Barcelona había intentado contratar a Heinze cuando se llevó a Ronaldinho desde París, aunque finalmente no fue parte de un combo. Manchester United lo cobijó entre sus filas, aunque le costó hacerse de la confianza del entrenador Alex Ferguson, puesto que este le había advertido que perdería lugar en el equipo si viajaba a los JJOO. Al argentino poco le importó y priorizó su sitio en el seleccionado. Ya sea para jugar como central o lateral izquierdo, siempre se exhibía al pie del cañón en cualquier convocatoria. Era casi un desconocido por su aventura casi testimonial en su tierra, pero fue ganando cada día mayor lugar tras la primera citación.

Los entrenadores se sucedieron en la conducción del elenco nacional, pero todos ellos siguieron contando con Gabriel. José Pekerman le dio la posibilidad de jugar su primer Mundial. Titular en territorio teutón en cuatro de los cinco partidos que disputó el equipo, el sueño finalizó en cuartos de final ante el dueño de casa. De todas maneras, con la camiseta albiceleste dijo presente en tres instancias cumbre que finalizaron con derrota ante el mismo rival, Brasil. Fue en la Copa América de 2004 y 2007 y en la Copa Confederaciones de 2005. Durante aquellos tres certámenes, Argentina parecía llegar a la final como gran candidato y terminó por llevarse sendas frustraciones.

Conservó su sitio en la zaga argentina con el paso de los años y, ya con Diego Maradona como director técnico, viajó a Sudáfrica para jugar el Mundial 2010 en Sudáfrica. Fue vital en el primer juego, para cantar victoria con un gran remate de cabeza en el primer tiempo. El arquero nigeriano Vincent Enyeama se transformó en la gran figura de aquel partido, negándole el gol a Lionel Messi en una y otra ocasión. La selección se instaló entre los ocho mejores, aunque el camino nuevamente tuvo su punto de culminación ante Alemania. Con la número 6 en la espalda y pese a no coronar con un título su muy buena labor, Heinze fue sinónimo de solidez y seguridad desde la última línea.

En tanto, mientras atravesó su trayecto por la mitad roja de Manchester, fue una de las figuras. De hecho, desde el club lo condecoraron como el mejor jugador de la temporada 2003/04, por encima de figuras como Wayne Rooney o Paul Scholes. Fue el primer futbolista no europeo en lograr tal distinción. Acumuló trofeos, no solo individuales, y se hizo de un nombre fundamental entre los once de Sir Alex, ganándose su confianza tras un comienzo en el que dejó de la Old Trafford para viajar a Grecia.

Heinze puede vanagloriarse de ser uno de los pocos que compartieron plantel con Cristiano Ronaldo y Messi. Junto al portugués, compartió equipo en el United y en Real Madrid. De Messi, asimismo, fue colega en la selección en los dos mundiales que disputó. En una entrevista con el diario *La Nación*, diferenció el talento de uno y otro: "Cristiano tiene una autoexigencia y una rigurosidad envidiables. Es un obsesivo y, hasta que no logra el objetivo que se puso en su cabeza, no deja de intentarlo. Leo es inexplicable, futbolísticamente no es de este planeta", argumentó.

De Madrid salió cuando pasaron dos años desde su llegada, pese a que tenía contrato por otro par de temporadas. Por aquel entonces, previamente a la Copa del Mundo en tierras sudafricanas, aceptó la sugerencia de Maradona para cambiar de aire y mudarse a una liga en la que pudiese jugar todos los fines de semana. Olympique Marsella lo recibió de brazos abiertos, en lo que se configuró como el paso previo a su primera experiencia en la Serie A. Jugando para Roma, dijo adiós al camino europeo que duró una década y media. El retorno a Rosario fue un hecho.

La calidad de los equipos por los que pasó atestigua su evolución como futbolista y el nivel de su carrera. También lo hacen la categoría de compañeros y entrenadores. Además de los dos astros del modernismo y Ronaldinho, el entrerriano compartió casaca con Sergio Ramos, Francesco Totti, Didier Drogba y Ruud Van Nistelrooy, entre muchos. Del otro lado de la línea de cal, lo dirigieron nombres como Didier Deschamps y Fabio Capello, aparte de Ferguson y Bielsa. Con semejantes pergaminos y tal camino construido, era indudable que Heinze apostaría por seguir ligado al fútbol y trazar su camino como entrenador.

No obstante, primero estaría el título con Newell's, los cuartos de final de la Copa Libertadores en los que cerca estuvo el equipo de eliminar al Atlético Mineiro y una despedida marcada por la emoción. Ante All Boys, en mayo de 2014 y en la penúltima fecha del torneo (quiso que su último partido fuese como local), fue aplaudido desde los cuatro puntos cardinales del estadio y partió entre lágrimas, mientras los compañeros lo saludaban con remeras que tenían la inscripción: "Gracias Gringo, gracias campeón".

Siempre crítico con la dirigencia del fútbol argentino y con todo lo que rodea al ambiente, Heinze es un apasionado por el juego y parece dedicarse solo a lo que pasa dentro de la cancha. El primer paso, por Godoy Cruz, estuvo dañado por la imposibilidad de dirigir desde el banco al no disponer aún del título de entrenador. Solicitó un permiso que le fue denegado y, pese a que podía dirigir entrenamientos, paradójicamente no podía guiar a sus jugadores a su lado en los partidos. Debía ver los juegos desde un palco.

Tiempo luego, dio vida a un Argentinos Juniors que pareció ir a contracorriente. Alejado de presiones, el "Bicho" jugó un fútbol de alto vuelo y consiguió el ascenso a Primera con mucho fundamento. El excentral es un obsesivo de brindarles herramientas a los jugadores. Incluso, en una

oportunidad, le hizo lugar en su casa a un joven del club de La Paternal para que mejorase sus hábitos alimenticios. Siempre reacio a expresarse ante la prensa, protagonizó algunas peleas dialécticas y de lectura del juego con diferentes periodistas, una cuestión que se hizo recurrente y apareció nuevamente en Vélez, el tercer club que entrenó.

Visceral y apasionado, apuesta por un fútbol dinámico, rápido, moderno. Fiel a sus convicciones, nunca se apartó del propio camino ni optó con contestar de forma políticamente correcta. Heinze no se interesa por el qué dirán de sus palabras, sino por expresarse conforme a sus sentimientos y a la manera en que vive el fútbol. Puede que las críticas compitan con los elogios en su incipiente carrera como DT, pero de ninguna manera se apartará de la ruta en la que cree.

MARTÍN DEMICHELIS

"De la pensión de Renato Cesarini, a la final del Mundial". En el club rosarino inflan el pecho al hablar de Martín Demichelis, que jugó durante más de un año en las canchas que se sitúan cerca de la localidad de Alvear, a mediados de la década del 90. Incorporó conceptos, amplió su repertorio y rápidamente dio un gran salto hacia su carrera profesional, sin pasar por otras instituciones de la ciudad. Años más tarde, se transformó en el exponente máximo de la estructura amateur más importante del país. Había llegado a lo más alto, pese a que solo faltó coronar su actuación con el gran título.

El zaguero integró una generación de jugadores que, aún ante la desorganización y las impericias de la Asociación del Fútbol Argentino, alcanzó tres finales consecutivas. Careció de acierto para llevarse alguna de esas definiciones y la opinión pública cargó con todo su peso sobre los jugadores, a pesar de ser los protagonistas claves de alcanzar los partidos trascendentales, sin un escenario que los sostenga. Pasaron dos Copa América y una Copa del Mundo, entre 2014 y 2016, y la desazón se apoderó de la celeste y blanca. Demichelis fue uno de los jugadores más experimentados del combinado nacional y no participó del tercer gran encuentro, ya que no fue convocado al certamen centenario de Estados Unidos.

Su historia con el seleccionado se había iniciado casi una década atrás de la competencia desarrollada en Brasil, con la participación en la Copa de las Confederaciones 2005, y a la experiencia que cargó le sumó episodios inesperados. José Pekerman decidió dejarlo fuera de la lista de convocados que jugaron el Mundial de 2006, pese a que integraba una nómina previa. Por aquel entonces, "Micho" llegó a decir que ya no quería vivir más. Eran tiempos en los que se encontraba ya asentado en el fútbol europeo y la Copa iba a disputarse en Alemania, el país donde destacaba cada fin de semana. Tampoco estuvo entre los citados a la copa continental de 2007. Sin embargo, pronto tendría revancha y se transformaría en un habitué.

Diego Maradona lo llamó y le dio la titularidad en todos los partidos que Argentina jugó durante el Mundial 2010. Un error en el control de la pelota posibilitó que Corea del Sur descuente en el segundo partido de la fase de grupos, aunque el fallo no trajo mayores consecuencias. Disputó cada minuto y observó, ya desde adentro y pisando el verde césped, cómo los alemanes volvieron a imponerse con fuerza sobre el equipo nacional, al igual que había sucedido cuatro años antes. La pesadilla germana se hizo presente al siguiente Mundial, nuevamente. Pero en el proceso clasificatorio, Demichelis sufrió la reprobación de la gente en el estadio Monumental, durante un partido frente a Bolivia. Falló en el cálculo, perdió la posición ante el delantero Marcelo Moreno Martins y no pudo evitar el gol contrario. El estadio estaba a medio llenar, no existía comunión entre el público y los jugadores, pero a Demichelis le costó recuperarse de los silbidos de los hinchas, que emergían con ruido cuando el defensor tocaba el balón.

Como se ve, a la luz de las situaciones acontecidas, no le resultó todo color de rosa en la selección. No obstante, Alejandro Sabella también dispuso de sus servicios. Pese a la sucesión de entrenadores, seguía estando entre los predilectos. Viajó al Mundial 2014 y, tras aguardar su momento entre los posibles relevos, jugó desde el comienzo frente a Bélgica en los cuartos de final. Ya no perdió su lugar entre los titulares y el equipo mantuvo la valla invicta hasta el tiempo suplementario del partido cumbre. La gloria se escapó por detalles, así como sucedió un año luego en Chile, cuando el zaguero también había logrado insertarse entre los once de arranque en las instancias definitorias. Incluso, Edgardo Bauza lo tuvo como puntal de la defensa, contando con su temperamento y experiencia, y llegó a jugar en las Eliminatorias al Mundial 2018 por las lesiones de los centrales titulares.

Demichelis sufrió altibajos, pero siempre logró mantenerse en la selección. El hombre que comenzó a jugar profesionalmente en River estuvo al pie del cañón cada vez que se lo necesitó. Actuó por un período mayor a una década con la camiseta de su país, mientras su trayectoria europea agregaba títulos a su palmarés y transcurría entre equipos y proyectos de mucho renombre.

A River había llegado desde las bases de Renato Cesarini. Oriundo de la ciudad cordobesa de Justiniano Posse, representó una muestra más del alcance de captación que posee el club de Rosario. Cualquier joven debe estar preparado para dar un salto, un paso que puede establecerse en un momento dado. Martín jugaba en la zona central de la defensa, pero no eludía responsabilidades si le tocaba posicionarse so-

bre la mitad del campo. Mientras atravesaba etapas en las inferiores de la entidad de Núñez, hasta trabajó como cadete para el club durante un tiempo no muy prolongado. Llegó al primer equipo y fue tal la impresión que causó, que solo duró dos temporadas en Argentina. Bayern Munich lo contrató apenas lo vio andar, y aprobó la solicitud de que se quedase seis meses más en el fútbol doméstico antes de viajar a la ciudad bávara.

Ramón Díaz y Manuel Pellegrini fueron sus entrenadores durante la corta estadía con la banda roja, y con ambos consiguió sendos títulos locales. Bajo las órdenes del DT riojano, por caso, coronó la gran campaña del torneo Clausura 2002 con un triunfo ante Rosario Central como visitante, en el que todos los jugadores salieron al campo con el pelo teñido de diferentes colores. La consecución se repitió con el conductor chileno, un hombre con el que se reencontraría en el ocaso de su carrera. En ambos certámenes logrados, "Micho" compartió plantel con futbolistas como Fernando Cavenaghi, Luis González, Andrés D'Alessandro y Javier Mascherano.

Un sinfín de cetros nacionales decoró su aventura muniquesa, que se extendió por ocho años. Hubo campañas de dobletes de liga y copa, y el Bayern continuó agrandando su imagen de gigante en Alemania. Se convirtió en el primer argentino en jugar para el club germano. Comenzó actuando como mediocentro, cerca de Michael Ballack, pues la zona central de la defensa estaba ocupada por Samuel Kuffour y Thomas Linke. Dirigido en primera instancia por Ottmar Hitzfeld y después por Jürgen Klinsmann y Louis Van Gaal, entre otros, Demichelis fue haciéndose lugar en la última línea. Tuvo como compañeros a diferentes leyendas teutonas, como Bastian Schweinsteiger y Philip Lahm. Consiguió ganarse el respeto de la Bundesliga y su nombre es recordado por aquellos lares, pese a no haber podido ganar la final de Champions League en 2010, ante el Inter de Milán. Su liderazgo, elegancia, capacidad para salir jugando y la eficacia de su cabezazo, son características que quedaron registradas.

Acabados los años en Múnich, formó parte del gran proyecto que construyó el Málaga español, que a fuerza de petrodólares dijo adiós a los puestos de descenso y alcanzó a adentrarse entre los ocho mejores del gran certamen de clubes del Viejo Continente. Además, llegó a Manchester City, donde obtuvo una liga con la guía de Pellegrini desde el otro lado de la línea de cal. Sin jugar mucho en el Espanyol de Barcelona, retornó a Málaga para abandonar el fútbol a mediados de 2017, tras que se viera frustrada la posibilidad de retornar a River.

Un hombre que no pudo dejar su nombre escrito en los anales del fútbol argentino, pero que aun así fue una pieza segura del seleccionado por un período muy duradero. Su último partido con el combinado argentino fue a los 36 años. Por su prestancia, capacidad en el juego aéreo y la calidad para conducir, con la vista en el horizonte y el pecho erguido, Demichelis formuló la gran carrera que terminó realizando. Desde Renato Cesarini al mundo.

MAXIMILIANO RODRÍGUEZ

Es un hombre de goles importantes Maximiliano Rodríguez. Un futbolista tocado por la varita mágica que, en muchas oportunidades, sacudió cimientos y fue decisivo para su equipo. Desde Newell's a la Selección Argentina, Maxi dejó una huella que se traduce en títulos conseguidos y clasificaciones épicas a instancias que sus equipos hacía tiempo no visitaban. Un período de una década europea en medio, y el viaje a Uruguay para seguir triunfando en Peñarol. Su nombre es imborrable en los museos de cada club donde jugó. Y a esos goles tan fundamentales es menester darles un contexto en orden cronológico, con el que de la mano se cuenta una carrera atiborrada de presencias en momentos culminantes. Una persona respetada por propios y extraños.

Aún atravesaba los primeros años de carrera cuando recibió el llamado de la Selección Argentina sub 20 que debía, en casa, mostrar ante su público de qué manera había conseguido ser campeón de dos de los tres últimos mundiales. La meta era refrendar los buenos resultados y el buen hacer del proceso de José Pekerman, ante la mirada de cientos de fanáticos que llenaron en cada partido el estadio de Vélez. Era el 2001 y el combinado juvenil se floreó. Nicolás Burdisso, Javier Saviola, Andrés D'Alessandro, Leandro Romagnoli, Leonardo Ponzio (compañero de Maxi en Rosario), entre otros, celebraron aquel título en el que desplegaron un gran juego, siendo superior a la mayoría de los rivales. Rodríguez se anotó allí como un titular indiscutido y se inscribió entre los goleadores de la final: 3-0 ante Ghana. El conjunto había logrado cumplir con las expectativas.

El segundo ocurrió cinco años después, ya siendo parte de la selección mayor que jugó el Mundial de Alemania 2006. Ingresó en el tiempo suplementario del partido de octavos de final, ante México, y convirtió un gol que aún se festeja. Controló con el pecho y sacó un remate prodigioso de volea con su pierna zurda, la inhábil. El balón viajó directo al ángulo del segundo palo, inatajable para el arquero Oswaldo Sánchez. Alzó los brazos y se sumergió en la celebración infinita de sus compañeros. Por fin, Juan Pablo Sorín había escuchado su reclamo de que lo asistieran del otro costado del campo, y el lateral izquierdo fue muy preciso en su envío. Lo de Maxi no tuvo comparación y su gol fue elegido como el mejor de esa Copa del Mundo. Pocos días después, frente al dueño de casa en cuartos de final, anotó su penal en la serie definitoria

tras el empate 1-1, pero Jens Lehmann atrapó dos de los otros remates argentinos y se llevó la clasificación.

Viajamos en el tiempo y podemos hallar un sinfín de goles importantes de la Fiera, apodo que le pusieron sus entrenadores de divisiones inferiores en Newell's, cuando jugaba de delantero y era siempre peligroso en el área rival. Sin embargo, nos adentramos en el 2014 y nuevamente lo vemos con la indumentaria de su país. El de Brasil fue su tercer Mundial consecutivo, algo de lo que muy pocos jugadores pueden hacer alarde. Había comenzado la competición como titular pero, luego de la primera fecha disputada ante Bosnia, mermó la cantidad de minutos que jugó. Volvió para anotarse una fecha clave más, la del 9 de julio. Durante aquel día patrio, el combinado nacional volvió a una final del mundo tras 24 años. Lo hizo venciendo a Holanda por penales, y el tiro de Maxi Rodríguez fue tan decisivo como especial. Pateó al medio el remate que sentenció la serie, con el que se desató la loca carrera de todos sus compañeros desde la mitad de la cancha. Con suspenso, la pelota ingresó al arco y dictaminó el resultado de la segunda semifinal. El cierre de la historia es conocido, nuevamente con los germanos como verdugos.

Dos años después, ya como hombre insignia, figura irremplazable y relevante del NOB que volvió a su esencia con los regresos de apellidos contrastados, el dueño de la camiseta número 11 logró anotar el gol que definió un clásico como visitante. Ante la mirada de los hinchas locales, sin público rojinegro, definió al segundo palo a la salida de un córner. Fue la última acción del partido, un instante imborrable para los simpatizantes. De esa manera, el club de Parque Independencia puso coto a una racha muy adversa: llevaba casi ocho años y diez clásicos sin vencer al acérrimo adversario. Maxi ya había convertido en el Gigante de Arroyito con anterioridad, pero el partido se había saldado con derrota.

El gol que certificó la victoria en territorio ajeno se inscribe como uno de los más importantes, pero el rosarino regó de rendimientos excelsos su segundo paso por la institución. El lugar que lo había cobijado desde muy joven, en el que jugó durante tres años (con breve paso intermedio por Talleres de Córdoba, sin minuto alguno) para luego dar el salto a Europa, lo recibió con honores. Desde la dirigencia se contactaron para hacerle saber que precisaban de sus servicios, por el momento complicado que vivía el club. Hizo todo lo posible y abandonó su grata estadía en Liverpool, donde aún hoy lo recuerdan con cariño y elogios. De hecho, en la ciudad de The Beatles querían renovarle el contrato por otras dos temporadas, aunque acabaron por rendirse ante el deseo máximo de Rodríguez.

De la mano del ídolo y otros regresos rimbombantes, Newell's se alejó de la pelea por el descenso, lo que era acaso la meta más inmediata. Ignacio Scocco, Gabriel Heinze, Lucas Bernardi eran, junto a Maxi, los

líderes dentro del campo, bajo la tutela desde fuera de Gerardo Martino, uno de los grandes próceres. El equipo fue subcampeón en primera instancia, cuando la presión de bajar de categoría parecía respirarle en la nuca, y se consagró campeón al torneo siguiente. Brindó varias exhibiciones durante el campeonato, consiguió triunfos de renombre en el estadio Coloso y fuera de casa, y fue uno de últimos grandes campeones que tuvo el fútbol argentino. La consecución no podría explicarse de manera alguna sin el regreso de estos ídolos, que alcanzaron un nivel máximo de complementación. El conjunto hacía un culto de la posesión del balón, se juntaba con mucha precisión y encontraba siempre un pase más al hilo de la jugada. Tenía a los mejores pasadores del país, laterales con mucha proyección, y encontraba siempre hombres a diferentes alturas del campo. Así, trascendía y lograba mucha profundidad.

Incluso, la Lepra estuvo muy cerca de llegar a otra gran final de Copa Libertadores, como había conseguido en 1988 y 1992. La Fiera había convertido el penal definitivo de la serie ganada a Boca, en una eliminatoria que pareció guionada por los mejores directores de cine. Los tiros desde los doce pasos se sucedían y muchos jugadores llegaron a patear dos veces. Convirtió por duplicado y celebró con los brazos abiertos, aguardando el abrazo de sus compañeros. Un año antes de su impactante anotación para Argentina frente a Holanda, posibilitaba que su equipo avanzara un paso más en el sueño de conquistar el continente. Habían pasado varios partidos en los que NOB fue decididamente superior, como, por ejemplo, ante Deportivo Lara y Olimpia, pero en las semifinales no pudo conservar lo hecho como local y fue eliminado. Maxi también había convertido en la ida, pero en Brasil ante Atlético Mineiro fue derrota sin atenuantes.

Al club de sus inicios había vuelto en pos de que el equipo conservase su sitio. Coronarse campeón estaba entre sus objetivos, aunque lo primordial era salvarlo y alejarlo de las últimas ubicaciones. Lo logró con creces, dentro de una entidad que transcurría los primeros años de democracia interna tras los años de desmanejos de Eduardo López. La escuadra que orquestó Tata y tuvo en Maxi a una fiera indomable marcó una época. Rodríguez hizo goles de cualquier color y con distintos recursos, incluso mediante jugadas en las que se sacó a varios rivales de encima para definir frente al arquero. Iniciaba los partidos como extremo, aunque aparecía en cualquier sector del frente de ataque, y se lo veía con asiduidad asociándose en el mediocampo. Aquel equipo no tenía posiciones fijas, y sí muchas variantes para llegar al gol.

Pese a que cerca estuvo de volver a obtener el cetro nacional, Newell's se fue deformando y le costó sacarse el peso de ya no tener a Martino como entrenador, una vez que Tata cedió la posta. El equipo no halló el rumbo y retornaron algunos problemas del pasado, que llevaron a Maximiliano a desestimar la idea que tenía al pegar la vuelta del Viejo

Continente. Las idas y venidas con los dirigentes hicieron que deje de lado su intención de ya no salir del club, y firmó con Peñarol de Uruguay a mediados de 2017. Existía una tensa relación dentro de Newell's y las semanas de cada clásico se antojaban peligrosas. El atacante sufrió varios sucesos amenazantes, como la ocasión en que balearon la casa de su abuela. En medio de ese clima de sospechas y tintes peligrosos y violentos, optó por poner una pausa a su estadía allí, con el objetivo cumplido de volver una vez más y retirarse en el recinto Bielsa.

Del otro lado del Río de La Plata también lo adoran, pues fue bicampeón y consiguió una Supercopa en el plano doméstico, junto a futbolistas como Lucas Viatri o Cristian “Cebolla” Rodríguez. Y por si fuera poco, también hizo goles decisivos, que significaron títulos. Así como en el Manya es idolatrado, también su nivel dejó un gran recuerdo en sus estadías europeas. El paso por el fútbol español y el inglés lo curtieron en experiencia, aunque él siempre estuvo entre los futbolistas más destacados de cada plantel.

A Espanyol de Barcelona llegó después de que las negociaciones se dilataron demasiado, pero eso no impidió el traspaso y que le colocasen una cláusula de contrato millonaria para los albores del milenio, nada menos que 24 millones de euros. De un crecimiento progresivo, Maxi fue el máximo goleador extranjero del equipo en su tercera temporada. Su gran nivel allí lo depositó en Manzanares, donde jugó para Atlético de Madrid con nombres de categoría, como Fernando “Niño” Torres o José “Perla” Reyes. Tras años en el Colchonero, fue capitán por un período prolongado. Más tarde, consiguió con sus desbordes, diagonales, aceleraciones y remates con el pie derecho que los fans de Liverpool le dedicaran canciones. Fue compañero de Steven Gerrard y dirigido por Rafa Benítez, y hasta llegó a ganar la Copa de la Liga, poco tiempo antes de regresar a Rosario.

Aquel niño que se crió en casa de sus abuelos es hoy un hombre admirado por la parcialidad rojinegra, una personalidad declarada ciudadano ilustre de la ciudad al que también respetan de la otra vereda. Sin una figura paterna, debía aguardar que su madre llegase a casa tras largas horas de trabajo. Compartió horas de fútbol callejero con sus primos que vivían en el barrio y viajó a cada estadio donde jugó Newell's. Incluso, dijo presente en la Bombonera cuando se dio la consagración con Bielsa como DT. Precisamente, el Loco fue quien luego lo llevó a Corea y Japón 2002 como *sparring* de los mayores. Maxi, el joven que también alentó a sus compañeros de Quinta a jugar con el pelo teñido de rojo y negro un partido que definía al campeón, en el Gigante de Arroyito. La Fiera se ganó, a base de goles y talento, que los hinchas echen lágrimas cuando se quiso ir y cuando volvió, para después retornar con mayor fuerza.

MARCO RUBEN

Alzó el trofeo bien alto, tomándolo con ambas manos, y comprendió que todo tenía sentido. El porqué del regreso en 2015 al club que lo vio nacer, la gloria tras muchas frustraciones, su primer título como profesional. Marco Ruben levantó la Copa Argentina y con ello, además de poner fin a ese reloj interminable que marcaba la sequía de 23 años sin títulos para el club, agigantó aún más su figura. Los hinchas ya lo tenían en un pedestal, pero el centrodelantero cumplió con el gran objetivo que se había trazado al momento de su retorno, la posibilidad que otras veces había visto de cerca. Festejó con el alma, los puños cerrados y un grito enfurecido el gol que anotó en la tanda de penales, y luego corrió una carrera inmortal para celebrar con Matías Caruzzo, autor del remate decisivo.

Había tomado la capitanía a su regreso del fútbol europeo, donde estuvo siete años en diversas ligas, y pronto se convirtió en un gran referente. Anotó un gol decisivo frente a Tigre, en el último minuto de su nueva presentación, y su rendimiento fue siempre en ascenso. Por la calidad de sus goles, se transformó en el mejor delantero del país, con una capacidad única para sentenciar al arquero y con diferentes formas de facturación. El atacante es dueño de una amplia gama de variados recursos, puede definir con ambas piernas, mediante un cabezazo notable, y mostró saber complementarse con un jugador de características similares o teniendo el abastecimiento de un segundo punta. Tras su vuelta, fue dueño absoluto de un equipo que se subió a los puestos de vanguardia del fútbol argentino, pese a que vio de muy cerca la frustrada posibilidad de consagrarse.

Bajo la conducción técnica de Eduardo Coudet, se presentó como un hombre maduro, con intervenciones de jerarquía, un factor diferencial que marcaba el pulso del equipo. Dos finales perdidas de Copa Argentina ante Boca y River, la primera de ellas marcada por un bochornoso arbitraje, se habían sumado a la caída en la definición cumbre ante Huracán. Es decir, tres derrotas consecutivas, cuando se pensaba que ya era hora de volver a girar el reloj de arena que incrementaba los días y meses desde aquella Copa Conmebol de 1995. Por si fuera poco, Central asombró en la liga doméstica por su control de juego y estilo ofensivo y agresivo, a través de jugadores como Nery Domínguez, Walter Montoya, Giovani Lo Celso, Franco Cervi y Marcelo Larrondo. Atacaba de forma directa y los jugadores se lanzaban como leones hambrientos en pos de recuperar el balón, cerca de la zona de pérdida. Aunque todo quedó en ello y el mayor logro fue la clasificación a la Copa Libertadores, tras un año de ausencia. Los rosarinos llevaron ese juego por América y arribaron hasta

cuartos de final, habiendo estado cerca de eliminar al Atlético Nacional colombiano, a la postre campeón.

El cuarto intento fue el vencido para la entidad auriazul, que por fin pudo renovar su vitrina al derrotar a Gimnasia y Esgrima La Plata en Mendoza. Edgardo Bauza mantuvo a Ruben como el gran líder colectivo y, más allá de que el 9 no estuvo durante el torneo conseguido en el nivel que supo tener, sí logró aquello por lo que tanto había peleado. Así lo describe el Patón: "Marquito es diferente, un muy buen jugador. Es muy intuitivo, un gran goleador. El equipo debe ayudarlo para que él pueda desatarse. Delante del arco, Ruben sabe todo". Acompañado por Fernando Zampedri en el ataque, obtuvo eso que tanto buscaba. "Tengo unas ganas locas de ser campeón en Central. Es un sueño, lo que quiero, lo que vine a buscar desde que volví al club", había manifestado en entrevista con revista *El Gráfico*, a inicios de 2016. Deuda saldada entonces.

Recuperó la energía, la ambición por jugar, en el preciso momento en que regresó a la ciudad de Rosario. Cerca de sus familiares, de los que estuvo alejado durante mucho tiempo, experimentó la necesidad de volver a ser aquel que había saltado a Primera en 2004. Ariel Cuffaro Russo, que lo había dirigido en Sexta división, fue el encargado de sumarlo a Primera junto al legendario Ángel Tulio Zof. Poco tardó en hacerse lugar ese joven de 17 años que compartía habitación con Chacho Coudet, que llegó a bautizarlo como "Niño Viejo", por el profesionalismo con que encaraba sus incipientes pasos en la élite. De hecho, una anécdota cuenta que el hoy entrenador lo echó del cuarto cuando observó que el delantero se dormía a las 23 horas, acostumbrado a levantarse temprano para ir al colegio.

La historia cuenta que Ruben estuvo cerca de no formar parte del club en el que es ídolo, ya que no pasó una primera prueba. Formaba parte de Combatientes, de la localidad de San Lorenzo, y pensó más de una vez la oportunidad de aceptar la invitación y viajar a Paraguay. Existía un grupo que llevaba jugadores de la zona a Libertad, que conducía Gerardo Martino. Los padres no aceptaron que Marco saliese del país siendo tan joven y le sugirieron volver a probar suerte con la camiseta auriazul. Destacó frente a la mirada de los entrenadores y comenzó un periplo que lo tuvo como protagonista absoluto. Goleador empedernido, muchas de sus conquistas son inolvidables, sobre todo en los clásicos frente a Newell's. Bien vale recordar algunas.

Un derbi histórico fue el del Apertura 2006, año en que el jugador nacido en Capitán Bermúdez (vivió desde muy joven en Fray Luis Beltrán) se afianzó en Central. Durante la goleada por 4-1 en condición de local, anotó el tercer gol, tras un doblete del costarricense Paulo Wanchope. Hizo un autopase hacia adelante, con el que eludió a los dos marcadores centrales, y definió al segundo palo de Justo Villar. Luego, le cometieron un penal que Cristian "Kily" González cambió por gol, sellando la gran diferencia. A su retorno, le anotó otros tres tantos en diferentes partidos, dos de ellos como visitante. Por si todo esto no alcanzara para evidenciar su injerencia, dijo presente en las dos últimas eliminaciones directas de su equipo al adversario acérrimo, en la Copa Sudamericana 2005 -gol de Germán Rivarola- y la Copa Argentina 2018.

A comienzos de 2007, River lo contrató inmerso en un paquete, junto al arquero Emanuel Ojeda y el lateral Cristian Villagra. El objetivo era que la joven figura del fútbol nacional reemplazara a Gonzalo Higuaín, vendido a Real Madrid. Sin pena ni gloria en Núñez, comenzó la carrera del otro lado del charco. Fueron siete años allí y un pequeño paso por México, hasta que Central lo trajo a préstamo. Luego, la entidad auriazul compró su pase en cinco millones de dólares, una cifra récord para el club. "Esta adquisición es la más importante de la historia de nuestra institución, junto a la compra de Mario Alberto Kempes. Es un hito para el club. El mejor del país es nuestro", se leía en el parte de prensa que comunicó la transacción. En medio de las dudas y las trabas que el Dinamo de Kiev, dueño del pase, ponía para la obstaculización del pase, amenazó con retirarse del fútbol. Su intención estaba clara, retornar a su lugar de origen.

Su primer paso fuera de Argentina fue España. En el Recreativo de Huelva hizo siete goles en poco más de una temporada, incluyendo un doblete ante Barcelona. Luego pasó al Villarreal, donde jugó tanto para el primer equipo como para el B. En el filial, se vio su mejor versión, con la que logró dar el salto a la plantilla de élite. Durante aquel año en el conjunto de reserva, hizo 18 goles, cifra solo superada en el primer año de su vuelta a Rosario (hizo 24 en 35 juegos de 2015). El Submarino Amarillo jugaba Champions League y al santafesino se le hizo difícil ganar un sitio como titular, ante figuras como el brasileño Nilmar o el italiano Giuseppe Rossi. De 2010 a 2012, distribuyó sus recursos goleadores por Liga, Copa del Rey y Europa League. Por último y aun así, no pudo evitar el descenso de categoría. El balompié español, según dijo en diferentes entrevistas, fue el que más lo hizo progresar.

Los ucranianos de Kiev también lo prestaron al Evian, de la segunda francesa, y los Pumas de México, aunque su nivel decayó. Coudet lo pidió y llegó a Rosario habiendo convertido únicamente dos goles en el año anterior. Pero fue su año de destape, quizá demostrando que necesitaba sobremanera regresar al Gigante de Arroyito. Luego de un cortocircuito con los dirigentes y la posibilidad desechada de salir hacia el Santos de Brasil, vio la gloria frente a frente al celebrar un título doméstico. Central se configuró, así, como el primer equipo del interior en ser campeón de la Copa Argentina (ya lo era del fútbol argentino en general). Historia pura. Tras el título, sí llegó el momento de salir y probar suerte en Atlético Paranaense, de Brasil, para volver con mayor fuerza.

Hombre de pueblo, al que no lo atrae vivir bajo el flash de las cámaras, Marco Ruben suele escabullirse en el río y su pasión por la pesca. Parece ir a contracorriente del futbolista modelo de la actualidad: perfil bajo, nada de declaraciones altisonantes y gusto por la música criolla, vernácula. Admirador tanto de Horacio Guaraní como de José Larralde, le gusta recitar, algo que ya hizo en un programa de televisión. Sin duda, un jugador que escapa a la modernidad, pero que paga el aliento de su gente con goles clave, apariciones en clásicos y liderazgo en el gran título que sumó al palmarés.

LEONARDO PONZIO

Recorrió el camino de principio a fin, Leonardo Ponzio. Se convirtió en una pieza paradigmática de la revolución, del renacimiento tras las sombras. Desde las profundidades de Segunda, a la gloria continental, y por duplicado. El centrocampista fue uno de los futbolistas más trascendentales en el volver a ser de River Plate, atravesando en su totalidad esa etapa de más de un lustro, en la cual supo ganarse la altísima estima de los fanáticos. Palabras como liderazgo, suficiencia y aplomo lo describen, y ponen en relieve lo que significó el santafesino para un club que lo adoptó como propio, más allá de no haber sido fruto de las divisiones inferiores. Un hombre que se fue rehaciendo a sí mismo, para ser un motor de equipo.

La experiencia en la B Nacional fue traumática, aunque el equipo cumplió con el objetivo de regresar a Primera División solo un año después de la debacle. El volante había regresado a Núñez, donde ya había jugado más de un año tiempo antes, para disputar el segundo semestre de ese año en Segunda. Las complicaciones abundaron y las presiones que obligaban al gigante muchas veces se hacían insostenibles. Pero nunca se lo vio claudicar ante la afrenta, con la meta de depositar al club en el lugar al que pertenece de la forma más veloz posible. Fue aquello la piedra basal de la resurrección, como si tocar fondo hubiera sido necesario para resurgir como el ave Fénix. Ponzio, que durante su primera etapa en el equipo había logrado dar una vuelta olímpica, retornó no solo para ascender, sino para aprovechar un terreno que, sentía, no había aprovechado en su justa medida antes.

Tras el resurgir, recorrió toda una vida futbolística en el Millonario, en tiempos donde las prisas se imponen, así como los jugadores nómades a los sedentarios. Protagonizó, desde el principio, ese camino que primero se afianzó en lares nacionales, para acabar conquistando el continente. Lo hizo absorbiendo presiones, sin chistar cuando le tocó ser suplente, y volviendo al primer equipo como una gran figura que contagió al conjunto, por su espíritu combativo y de lucha. Una pieza siempre menester en el rompecabezas de los entrenadores. Pasó de jugar siempre y gobernar el centro del campo, a bancarse estoicamente los días en que miró de afuera, sin estar siquiera concentrado. Acaso sabía que se daría el período de reivindicación, algo que llegó y con creces.

Marcelo Gallardo, el entrenador con el que marcó una época en River, manifestó que Ponzio se asemejaba a Tom Hanks en la película *El náufrago*, al momento de su asunción. "Estaba barbudo, demacrado, despeinado. Y ahora está rejuvenecido, de verdad. Eso provoca el fútbol cuando un jugador toma confianza". Pero el volante central recuperó su esencia, se hizo un líder indiscutible de numerosas gestas y batallas, que serán recordadas por mucho tiempo en las entrañas riverplatenses. Actuando como un hombre solitario en la medular, o formando un doble 5, se vio su mejor versión, adaptándose como pocos a los requerimientos de su entrenador. Un lobo hambriento con capacidad absoluta de resiliencia.

Referente incombustible, se ganó con honores un sitio en la historia del club, y no solo por esa continuidad sin pausa tras el renacer. Se erigió en uno de los hombres decisivos en los cuatro triunfos consecutivos de eliminaciones directas ante Boca, tres de ellas en carácter internacional, todas con títulos y copas que se depositaron en las vitrinas del Monumental. Las victorias se acumularon y tradujeron el plan de renovación en realidad, tras haber tocado el suelo. Ponzio se convirtió en uno de los pocos futbolistas en la historia de River en ser bicampeón de Copa Libertadores, habiendo ganado una de ellas al clásico adversario, en una final que pasó a las páginas grandes de los libros de historia. Un hito que coleccionó logros y que alcanzó a Leonardo Astrada en la lista de los más ganadores (12 títulos), a cuatro de Ángel Labruna, Ricardo Vaghi y Bruno Rodolfi, que se ubican en el primer sitio.

El entrenador lo adoptó como uno de sus piezas vitales: el mediocampista es emblema, un jugador cargado de simbología. Dentro de aquellas victorias superclásicas, fue el encargado de imprimir al colectivo ese tinte de juego agresivo y vehemente, con el que achicó a su rival. Ya sea jugando como único medio de contención o acompañado, se le veía aquí y allá, dispuesto a todo, estableciendo la línea de presión y actuando como un falso enganche; la idea, claro está, no era organizar a su equipo, sino ser uno de los que asfixiaban arriba, mientras le cubrían la espalda. Dentro del estilo del Muñeco, estuvo en cada renovación del plantel, siendo fundamental para ser competitivo bajo cualquier coyuntura, y adaptándose a funciones que, quizás, no tenían que ver con su punto de partida usual. Ponzio fue haciéndose a sí mismo como un ídolo moderno.

Aquel hombre que abandonó España para dar una mano, que jugó con su pantalón ensangrentado por un problema de hemorroides, y que ni siquiera así salió del campo. Además de jugar en su rol tradicional,

lo hizo como marcador central, líbero y lateral por ambas bandas. Un polifuncional de esos que de ninguna manera hacen resentir la idea conjunta que plasma el entrenador. De todos modos, fue en el centro del campo que emergió como un león, desde donde se alzó como uno de los hombres más trascendentales de la historia. Esa historia que le tenía guardado un pedazo grande de épica, acaso un premio a su lucha por no perder nunca su lugar.

El primer período en River tenía un primer puesto de torneo local, pero estuvo seguido por el último lugar, el principio del fin. Sintió que debía regresar, porque el producto estaba inacabado y no se había desarrollado como había querido. Entre medio, dos etapas en Real Zaragoza, la institución española en la que también fue campeón, con títulos que se festejaron por todo lo alto, y obtuvo un ascenso. Desacostumbrado a ser apuntado por los flashes del éxito, en el estadio de la Romareda la felicidad abundaba en esos días. Y el hombre estaba acompañado por otros argentinos, como Gabriel Milito, Luciano Galletti y Andrés D'Alessandro. A su primera temporada, alcanzó a ganar una Copa del Rey, añadiendo luego la Supercopa española.

Los matices históricos de las consecuciones se acentuaron por la calidad de rivales. Zaragoza venció al Real Madrid en la copa doméstica, y al Valencia en la final que lo enfrentó al campeón de Liga. Su ascendencia se incrementó y acabó su estadía, interrumpida por aquella primera vuelta a Argentina, como el gran capitán. Gabi, el histórico volante que luego firmó en Atlético de Madrid, portaba la cinta anteriormente. Al igual que sucedió cuando regresó por segunda vez a River, el club blanquiazul jugaba en Segunda División cuando volvió, y atravesó sin inconvenientes la ruta para salir del ostracismo. Un camino sin las enormes presiones argentinas.

No obstante, el periplo del equipo español, de nuevo en Primera División, no estuvo acompañado por grandes resultados, lo que había caracterizado aquella primera etapa. Navegó por la parte baja de la tabla y peleó hasta las últimas jornadas de cada liga para mantenerse, aunque ello desgastó a Leonardo, que optó regresar a su tierra y reformularse en River. Conjuntamente, quiso volver a tener de cerca el apoyo familiar. Más acá en el tiempo, su nombre apareció en una causa judicial que apunta al arreglo de un partido que posibilitó que Zaragoza no descendiese, siendo Deportivo La Coruña el equipo que bajó de categoría.

A partir de allí, los hinchas de River lo adoptaron como uno de sus abanderados máximos en los días que corren, pero su camino empezó en Newell's, allá por el comienzo del presente siglo. Jugó tres años y destacó con la camiseta número 5, al mismo tiempo que Maximiliano Rodríguez hacía su presentación en sociedad. Durante aquellos días se dieron dos situaciones particulares que pudieron torcer el rumbo de la carrera de Ponzio, pero las chances fueron desestimadas y, más tarde,

llegó la transferencia al único club europeo en el que jugó. Primero Boca y luego Olimpia de Paraguay intentaron sin éxito contratarlo.

"El día que venda a (Juan Román) Riquelme, compro a Ponzio", dijo Mauricio Macri, presidente del club xeneize en su momento. Una vez se concretó la salida del 10 al Barcelona, las noticias apuntaban que la transacción entre NOB y Boca estaba hecha. Incluso, las declaraciones del jugador, que manifestó no ver con malos ojos arribar a un club grande, trajeron consigo la silbatina de los hinchas en un partido ante Olimpo. Eduardo López, exmandamás dirigencial de los leprosos, era un hombre difícil de quebrar en cuestiones económicas, y la negociación, que parecía sumar a Maxi Rodríguez, no prosperó. "López nunca nos dijo nada, pero sí, se generó como que estaba todo hecho. Y al final se cayó. No sé", apuntó el propio jugado en una entrevista con revista *El Gráfico*. Unos meses antes, el gigante paraguayo había conquistado la Libertadores y tenía la oportunidad de sumar a un refuerzo para jugar la Intercontinental ante Real Madrid; la chance se diluyó, aunque Ponzio luego pudo jugar igual ante el equipo campeón.

Al unísono, repartía su lugar en el Coloso con su importancia en la selección juvenil, con la que se consagró campeón en Mundial sub 20 de 2001, disputado en nuestro país. Jugó todos los partidos, aunque fue titular en cinco de ellos, tomando el lugar que Luis Zubeldía había dejado por lesión. Javier Saviola, D'Alessandro y Fabricio Coloccini eran otros estandartes de aquel gran equipo formado por José Pekerman. Así, se sacó la espina del mal Sudamericano jugado en el sub 17, cuando no consiguieron clasificarse a la Copa del Mundo. Hugo Tocalli, el ladero incondicional del entrenador que refundó las juveniles, expresó en nota con *La Nación* su punto de vista sobre Ponzio: "Lo conocimos cuando tenía 15 años. Era un pícaro del fútbol, muy inteligente y vivo dentro de la cancha. Siempre nos llamó la atención por su poca edad en ese momento. Venía todas las semanas a entrenarse a Ezeiza desde Rosario, y no se cansaba nunca. En esa época, jugaba de central y era bueno como líbero también. Después, lo usamos de marcador de punta o volante derecho".

Lo dicho, Ponzio siempre se adaptó a diferentes roles, pero de chico tenía un modelo a quien seguir: Gabriel Batistuta. Era delantero nato durante sus primeros días en Williams Kemmis, el club en el que empezó a jugar en Las Rosas, el pueblo de Santa Fe en el que nació y creció. Luego fue a Primera Arbolada, de Arrecifes, a 200 kilómetros de su hogar, y se acostumbró a los viajes. Hasta que Roberto Puppo, coordinador de las divisiones menores de Newell's, lo contactó. La historia comenzó allí, cuando se radicó, con 14 años, en la pensión ubicada en la intersección de calles Presidente Roca y Mendoza. Rosario, Zaragoza y Buenos Aires, y un nivel consolidado en cada caso, con la deuda interior no haberse afianzado en la selección mayor.

Su pueblo natal es su lugar en el mundo. Allí se refugia cada vez que tiene un tiempo libre, con sus amigos de la infancia y los trabajos de campo. Viste bombacha, botas y boina, y comienza a realizar las mismas actividades rurales que veía en sus padres cuando era niño. Se aleja del prototipo de futbolista que rige estos días, un líder contracultural. Un hombre que, desde allí, supo hacer historia, con su característico perfil bajo. Ese centrocampista al que le gustaría seguir ligado al fútbol, aunque no como entrenador, sino como un nexo con todo aquello que precisa un plantel profesional. El renacido.

JAVIER MASCHERANO

Casi dos décadas, ni más ni menos. La carrera de Javier Mascherano en la Selección Argentina duró la escalofriante cifra de 19 años, desde que se hiciera lugar en 1999, hasta su despedida en el Mundial de Rusia. Fue subiendo escalón por escalón, integró cada selección juvenil e, incluso, debutó antes en la selección mayor que en River, su equipo por entonces. Símbolo histórico del equipo nacional, el resultado de muchas finales acabó jugándole en contra con el tiempo, y terminó destiñendo de cierta manera una carrera intachable. Javier Mascherano conquistó el centro del campo albiceleste con puño de hierro y un profesionalismo absoluto.

La sucesión de entrenadores nunca le pesó al mediocampista central, que supo conservar su sitio cuando no existía un proyecto claro. Marcelo Bielsa, José Pekerman, Alfio Basile, Diego Maradona, Sergio Batista, Alejandro Sabella, Gerardo Martino, Edgardo Bauza y Jorge Sampaoli lo citaron una y otra vez, y su ascendencia en el equipo fue absoluta. Con solo 24 años, Diego le dio la cinta de capitán, por sobre nombres como Javier Zanetti, que también integraba el seleccionado. Se erigió en un gran líder, llegó a jugar cuatro mundiales y siempre lo hizo como titular. De Alemania a tierras soviéticas, un indiscutido.

Mascherano formó parte de una generación histórica del seleccionado, que sin embargo no pudo coronarse con un título de relevancia. Al que se le escapó un sinnúmero de finales. La desorganización propia de la Asociación del Fútbol Argentino impidió la creación de un escenario en el que los grandes cracks que formaban parte del plantel se potenciaran, se asociaran con naturalidad y sacaran a relucir el enorme talento que partía de sus botas. Con esos condicionamientos y una dirigencia que nunca estuvo a tono, lograron plantarse en diferentes partidos definitorios, en los que la gloria les fue esquiva. Se sucedieron las tres finales consecutivas (dos veces en la Copa América y el Mundial de Brasil), pero el mediocentro aún añade las derrotas en encuentros cumbres conti-

nentales de 2004 y 2007 y en la Copa Confederaciones de 2005. Un auténtico calvario.

El grupo de futbolistas se encerró sobre sí mismo, pasaron a ser el corazón de la selección. Conformado por Lionel Messi, Sergio Agüero, Lucas Biglia, Gonzalo Higuaín, Sergio Romero y Mascherano, construyó su caparazón protector. Fueron vilipendiados sobremanera por la prensa y la opinión pública, al punto de pensar en abandonar el barco en más de una oportunidad. Aunque siempre creyeron que la siguiente oportunidad sería la vencida, la mejor vía de escape, la última chance de consagración. Igualmente, el seleccionado se tuvo que conformar cada vez con menos: de no poder celebrar ante alemanes y chilenos, pasó a festejar una clasificación *in extremis* al Mundial en la altura de Quito. La autogestión del gran grupo, que muchas veces se interpuso a voluntades de diferentes entrenadores, se fue deformando.

Transcurrida la final de 2015 en Santiago de Chile, el hombre nacido en la ciudad de San Lorenzo, a 30 kilómetros de Rosario, pensó en que el problema era él. Las decepciones calaron muy hondo, hasta replantearse si el verdadero problema de cada frustración era excluyentemente su presencia. Aun así, Javier siempre supo de qué forma transformarse en importante, como lo hizo en la última Copa del Mundo. Sampaoli, aún con las dudas previas al debut, terminó colocando al centrocampista de inicio. Y lo mantuvieron los cuatro partidos que duró el corto periplo, más allá de su bajo nivel. Una vez sentenciada la eliminación ante Francia, puso punto final a su carrera con la celeste y blanca.

Vio negada la chance con la selección mayor, la acumulación de posibilidades nunca le otorgó el cierre deseado. No obstante, sí que cuenta victorias el volante central, y como ejemplo certero están las dos medallas doradas obtenidas en Juegos Olímpicos consecutivos, los de Atenas 2004 y Pekín 2008. Al primero viajó como un joven prometedor, que igualmente ya había debutado con la absoluta en el año anterior. Y al siguiente fue convocado como uno de los tres mayores de 23 años. Ningún jugador pudo repetir semejante hazaña de conseguir dos preseas máximas en fútbol olímpico. En Grecia, el equipo era dirigido por Bielsa y consiguió un paso triunfal que no conoció de rivales, anotando 17 goles sin sufrir ninguno. Las figuras eran Germán Lux, Roberto Ayala, Luis González y Carlos Tevez. En China, en tanto, conducía Batista y tenía como laderos a Messi, Agüero y Juan Román Riquelme.

Ya en las selecciones juveniles, su virtuosismo y calidad desde el círculo central se tornaban fundamentales. Jugó en el sub 15, Sudamericano y Mundial en sub 17 y sub 20. Por esos días, llamó la atención de Ajax y Real Madrid, que lo tantearon para sumarlo. También presenció como *sparring* el torneo de Corea y Japón 2002, y fue allí donde Bielsa lo conoció. Tan cautivante fue su talento para el Loco que, un solo año después, lo hizo debutar en un amistoso jugado frente a Uruguay, con

motivo de la inauguración del estadio Ciudad de La Plata. Fue empate 2-2, aunque eso se transformó en anécdota. Mascherano aún no había hecho su presentación en la Primera de River, y ya sacaba crédito argentino. De hecho, su debut con la camiseta millonaria llegaría menos de un mes después.

El camino había empezado poco antes de la finalización del pasado milenio, cuando Jorge Indio Solari lo llevó a La Plata para un amistoso que la sub 13 jugaría en el estadio de Gimnasia ante Polonia. Por ese entonces, el sanlorencino formaba parte de Renato Cesarini, el club que había elegido por sobre llamados de Newell's y Rosario Central, cuando destacaba en las instituciones de barrio de su ciudad (Cerámica y Barrio Vila). La delegación aceptó la prueba que solicitó el entrenador rosarino, el joven se quedó con el equipo y viajó al predio de Ezeiza con sus nuevos compañeros. Meses luego, en la ciudad santafesina de Sunchales, se puso por primera vez la casaca argentina para disputar sus primeros minutos. Las agujas del reloj no se detendrían hasta que pasaron 19 años. Tales números alcanzó que, todavía en la desazón de la ausencia de títulos, son un reflejo del lugar que supo ganarse. Es el futbolista que más partidos jugó con la selección mayor (147) y el segundo -detrás de Maradona- en cantidad de juegos disputados en mundiales (19). En total, hizo tres goles, dos en la Copa América 2004 y otro en un amistoso de preparación de cara al Mundial 2014, contra Trinidad y Tobago.

De las canchas de Renato saltó a River, posteriormente a un convenio que realizaron ambas entidades. Y en solo dos años y con torneo local ganado, se ganó la gran admiración del público, que lo despidió con grandes honores en un partido ante Huracán de Tres Arroyos. El cantito cayó desde las cuatro tribunas del Monumental: "Si se va Mascherano, no vamo' a llorar, algún día, algún día volverá". Al Jefecito, sobrenombre que le calzó justo en su carácter de sucesor de Leonardo Astrada, se le cayeron las lágrimas en el campo de juego. Tal identificación había logrado con Núñez que incluso le dedicaron banderas varias. En el camino, desplegó su capacidad infinita para recuperar balones y regaló un golazo por Copa Libertadores, ante el Olmedo ecuatoriano. Tomó la pelota cerca del círculo central, fue dejando atrás a los marcadores que salían a su paso y definió al segundo palo.

Corinthians, a través del gerenciamiento del empresario iraní Kia Joorabchian, se llevó mediante grandes desembolsos a dos grandes figuras del fútbol argentino. Pese a que tenían inminente salida a Europa, Mascherano y Tevez fueron transferidos al Timao, donde lograron un Brasileirao. Al año siguiente de su firma, el club paulista jugó ante River por Copa Libertadores y el 5 fue expulsado tras una falta a Marcelo Gallardo, que había sido su compañero meses antes. La ovación del estadio volvió a atronar, mientras el jugador recorría todo el césped para retirarse. El hecho le acarreó, de cualquier modo, las primeras críticas de

la prensa brasileña. Las mismas se vieron acrecentadas cuando se peleó con un compañero en pleno entrenamiento, o cuando fue autorizado por el empresario para viajar a un amistoso con la selección aun cuando el DT no lo permitía. La estadía no se prolongó mucho más, y volvió a salir junto a Tevez hacia otro destino. Fue contratado por el West Ham inglés, un sitio en el que no encontró la estabilidad que quería y salió nuevamente. Aunque lo que llegaría en ese momento sería la confirmación de Mascherano como jugador de élite.

El marco de Anfield Road lo impresionó una y otra vez durante los cuatro años en que jugó para el Liverpool. Compartió la zona medular del campo con apellidos ilustres, como Steven Gerrard y Xabi Alonso. El entrenador, en gran parte de su etapa Red, fue Rafa Benítez. Llegaron a una final de Champions League en 2008, pero en el estadio olímpico de Atenas cayeron ante el Milan. Esa misma metrópoli de la que se había llevado la medalla más importante un póker de años antes, esta vez le devolvía la otra cara de la moneda. El propio técnico español quiso llevárselo consigo luego a Inter, pero la obsesión de Masche era dar otro paso. En cada mensaje a Messi, le hacía saber su intención de que lo contratara el Barcelona, y le insistía en que convenciera a Josep Guardiola para que se diera el fichaje.

"Durante el Mundial 2010 escuché que se iba Yaya Touré y que buscaban un mediocampista, entonces le decía a Leo que me encantaría jugar en el Barça. Leo hablaba con Guardiola y la respuesta de Pep era: 'Va a venir acá, no va a jugar y me va a armar un quilombo de novela. ¿Cómo hago para tener al capitán de la Selección Argentina en el banco?'. En agosto, el Barcelona perdió la primera final de la Supercopa con el Sevilla, sin los españoles campeones del mundo, que estaban con licencia, y resultó ser el último toque de convencimiento de Pep para llevarme", expresó el mediocampista en entrevista con *El Gráfico*. Y sumó: "Me recibió con música clásica y una frase que no olvido más: '¿Vos sabés que venís acá a no jugar, no?'". Torció la opinión del catalán a fuerza de voluntad y terminó siendo protagonista principal de uno de los mejores equipos de la historia.

Pep lo transformó en defensor central y el argentino se erigió en baluarte del colectivo, un subcapitán con voz de mando en el vestuario. Hizo un arte de la recuperación del balón, y se mostraba como uno de los mejores del mundo a campo abierto, cuando debía ocupar grandes zonas del campo. A fin de cuentas, acabó jugando casi la mitad de su carrera en la última línea, dado que el paso por el Camp Nou se extendió por casi ocho años, y estuvo decorado por una cantidad inusitada de títulos. Aquello que se le negó en la selección, observó de cerca y con creces a nivel clubes. Fue así que modificó la mirada del entrenador catalán, que lo calificó de insustituible y tuvo varias frases de elogio

hacia su persona. "Es una joya, su fichaje no tiene precio", declaró sin titubeos Guardiola.

Jugó a un rendimiento notable y ganó dos veces la Champions League, subiéndose a la cumbre del mundo también en dos oportunidades. Una de ellas, frente a River, la noche en que no devolvió el saludo a la hinchada del equipo que lo vio nacer. En medio de críticas, aseguró que lo hizo para no perder concentración. Ya había abandonado el puesto de centrocampista, al que sin embargo volvía cuando jugaba para su nación. Se hallaba en una dualidad de roles, aunque siempre estaba en el equipo de arranque. Las temporadas pasaron, su nivel fue cuesta abajo por el lógico desgaste y el estadio culé lo despidió como se le dice adiós a un ídolo, con letras gigantes en el césped que agradecían sus días en Barcelona y un pasillo que le hicieron los jugadores. Luego, en conferencia de prensa, se emocionó e hizo llorar a todos sus compañeros, que lo observaban desde primera fila.

La Superliga china y sus estratosféricas inversiones fueron el paso siguiente. Su familia volvió a radicarse en San Lorenzo y él se afincó solo del otro lado del mundo, con el único objetivo de recuperar su mejor versión. La carrera hacia Rusia 2018 ya se jugaba y la única meta que perseguía era de estar al 100%, para de una vez por todas conseguir lo que tanto anheló. No pudo ser finalmente, aunque en el Hebei Fortune del fútbol oriental encontró la continuidad perdida, con Ezequiel Lavezzi como compañero y Manuel Pellegrini, que lo había dirigido en River, en el banco de suplentes. Y retornando a sala de máquinas de la cancha.

En el futuro de Javier Mascherano se avizora su carrera como entrenador. Con la experiencia de su etapa futbolística y una comprensión fantástica del juego, alimentó esa búsqueda. Sus aventuras en Barcelona colaboraron en demasía con eso. Mientras tanto, la chance de un retorno a River está latente, para cerrar el círculo. También lo esperan en Central, el equipo por el que simpatizaba de chico. Solo sus decisiones dictaminarán el porvenir.

Ejemplo de profesionalismo y autocrítica, no hubo alguien que se reproche un error a sí mismo como lo hizo Mascherano. Ese soldado que iba directo a morir, como se calificó previamente a la gran competición rusa que marcó su despedida argentina, tenía como apodo El Viejo durante sus días de juventud, puesto que ya era un obsesivo por el cuidado personal y deportivo. Un jugador que cambió la posición de centrodelantero por la de volante cuando era joven, y que amplió sus dotes en las tareas de contención para llegar a Primera. El que alentó a Romero antes de los penales frente a Holanda con una frase que caló bien hondo, la de "hoy te convertís en héroe". Protagonista de una acción grabada en el archivo, el quite de experto ante Arjen Robben, que se aprestaba a definir y eliminar a Argentina sobre el final. El dueño de los Maschefacts en 2014 y la adoración del público. Aquel al que una publicidad manifestaba que, en lugar de un corazón, tenía un motor dentro del cuerpo. Un futbolista histórico.

ÁNGEL DI MARÍA

Un joven de andar desgarbado, hiperactivo, al que nunca se lo veía quieto, sobresalió como pocas veces en un partido ante Rosario Central, cuando era un niño. Jugaba para El Torito, el club que se ubicaba a pocas cuadras de su casa, en el barrio La Cerámica. Convirtió dos goles y fue incontrolable, por lo que los ojeadores canallas no hicieron más que ofrecerle la chance de sumarse a sus filas. Pocos días antes de cumplir 7 años, la Asociación Rosarina de Fútbol lo registró como nuevo integrante del fútbol infantil auriazul, tras que los dirigentes entregasen 26 pelotas como forma de pago a la institución donde había dado sus primeros pasos futbolísticos. Ese joven cuya madre había recibido el consejo de un médico de que haga deportes, para descargar su alta actividad, comenzaba un período que, una década después, lo depositaría en la Primera División.

Jugó en cada una de las categorías infantiles y alternó las inferiores de AFA con los torneos de la federación local. Su madre atravesaba toda la ciudad en bicicleta para llevarlo a practicar. Él se entrenaba con la Sexta división cuando Ángel Tulio Zof retornó a Central, en uno de sus tantos pasos por el Gigante de Arroyito, y lo subió al primer equipo. A los 17 años hizo su presentación, con su juego descarado, el desparpajo de un joven que se sacaba hombres de encima por una velocidad inusitada. La cara de niño lo delataba y rápidamente fue centro de atención, en un equipo que contaba con Marco Ruben y Pablo Vitti. Sin embargo, debió soportar la idea de su entrenador de bajar a Reserva para volver con mayor ahínco. Lo hizo al poco tiempo, para ya no dejar la alineación titular durante casi un año y medio.

De los picados en el barrio y sus amigos de Perdriel, la calle de su primera casa, a los torneos de barrio que ganaba, y que incluso siguió jugando cuando llegó a Central. Con sus amigos, compartía ese sueño de llegar a ser profesional, aunque solo él lo logró. Pateaba el cuero cuando acababan sus horas en la carbonería de su padre, al que ayudaba en el fondo de la casa, donde el frío de invierno paralizaba las manos. Empaquetaba y aguardaba que llegase el camión de distribución, para empezar a cargar. Hoy en día, orgulloso de sus orígenes y su humilde familia, hace honor en su piel a aquellos días. “Nacer en la Perdriel fue y será lo mejor que me pasó en la vida”, tiene tatuado en el brazo izquierdo. Las instalaciones de El Torito aún lo recuerdan, con el mural existente al ingresar por la primera puerta. Fuera del complejo, una leyenda es

testigo fiel del período en que el club cerca estuvo de desaparecer por cuestiones económicas: "Sin potreros no hay Ángel Di María". Por el mismo lugar, hicieron sus primeras armas nombres como Julio Zamora o Nery Domínguez.

Menos de 40 partidos jugó Angelito en Central, dentro de una etapa de urgencias en la que hubo seis entrenadores diferentes. Desde la liga de Portugal, tierra de extremos y wines por excelencia, no dudaron en llevárselo, y la transferencia sirvió para sanear el tejido económico. Pese a que Boca había consultado por él y a que River intentó conservar una prioridad de compra (proveniente del mismo momento en que se dio la venta en conjunto de Juan Ojeda, Cristian Villagra y Marco Ruben), se hacía evidente que su futuro estaría en canchas europeas. Y una vez allí, pese a que le costó la temprana adaptación, pudo mostrar sus cualidades.

El año 2007 fue el de gran despegue para ese flaco espigado que parecía tener una fuerza y un envión sobrenaturales. Además del salto de charco, dio sus incipientes pasos en las selecciones juveniles. Pieza vital en el Sudamericano sub 20 de enero que posibilitó la clasificación al Mundial de cinco meses después, continuaría su progresión en Canadá, donde Argentina se consagró campeona con jugadores como Sergio Romero, Gabriel Mercado y Sergio Agüero. Aquello fue también una gran baza para que desde el otro lado del mundo apuntasen hacia sus virtudes. Pero pronto quedarían de manifiesto sus dificultades físicas, al perderse el partido definitivo ante República Checa, por una molestia muscular anterior. Esas lesiones serían recurrentes a futuro.

Establecido como titular indiscutido y haciendo de las suyas en la liga lusa, José Mourinho lo llamó para un proyecto superador. La abundancia de títulos se correspondió con su gran rendimiento en el estadio Da Luz, adonde había llegado con el mote de sucesor de Simao. Di María era un joven ya dispuesto a algo grande, a dar un paso ascendente que descubriese todavía más su potencial, y Real Madrid lo compró por 25 millones de dólares. De aquellos 26 balones de otras épocas a estas cifras, decía presente su continuo crecimiento. En la capital española se transformó en un gran futbolista que pasó por varias posiciones, y en cada una de ellas fue fundamental. Con goles y asistencias, tuvo máxima preponderancia en títulos que quedaron en la historia.

Su lugar de inicio fue el extremo derecho, desde donde partía para cerrarse hacia dentro y rematar o colocar pases de gol. Con la llegada de Gareth Bale por un número sideral, perdió ese sitio, aunque nunca se dejó amedrentar y pasó a ocupar la posición de interior izquierdo, desde donde colaboraba en dos funciones. Ese equipo de Mou y el siguiente de Carlo Ancelotti eran muy verticales y podían crear oportunidades de gol con frecuencia, sin mucha elaboración. Fideo aceleraba cada posesión con su dinámica y, al unísono, mostraba una disciplina defensiva a prueba de balas. Incansable, ocupaba un campo y el otro y permitía que las transiciones, tanto de defensa a ataque como en el sentido contrario, no se resientan. Se hizo insustituible, más aún cuando colocó aquel centro que Cristiano Ronaldo cabeceó a la red, en el estadio Mestalla frente a Barcelona, durante el tiempo suplementario de la final de Copa del Rey 2011.

A la gran definición de la copa española, le dio su crédito tres años después, en una misma final de clásico. Picó al vacío apenas arrancaba el juego y definió al segundo palo, abriendo lo que sería triunfo y otra consecución. También, otro de los partidos que ingresó a la galería merengue fue aquel de la final de Champions League 2014, siendo absolutamente clave para igualar el duelo y ganarlo en la media hora añadida, ante Atlético de Madrid. Su slalom con el balón y los quiebres de cintura aún están esparcidos por el estadio de Lisboa, ese en el que había dejado una gran imagen con Benfica. Por sus méritos, ganó el premio a MVP de la final. Más allá de que estos no fueron sus únicos títulos, sí están entre los más importantes. Mejoró notablemente su calidad de asistidor y llegó a ser imprescindible.

Para ese momento, ya era un jugador fijo del seleccionado mayor, parte de una generación que se mantuvo durante mucho tiempo. Después de la conquista planetaria con el sub 20, obtuvo la medalla de oro en los Juegos Olímpicos de Pekín 2008, mostrando una gran compenetración con Lionel Messi y Juan Román Riquelme. Sergio Batista dirigía ese equipo sub 23 que consiguió defender con honores la presea conquistada por la albiceleste cuatro años antes. Di María hizo un gol en cuartos de final, ante Holanda, y fue figura en el último juego, al sentenciar al arquero con una definición de crack, de vaselina. Alfio Basile, entrenador de la mayor, le dio un lugar que defendió a capa y espada.

El rosarino está cerca de alcanzar el centenar de partidos con la albiceleste, pese a que su retorno sea una incógnita tras la desilusión de Rusia 2018. Vilipendiado por gran parte de la sociedad ante la seguidilla de finales sin victorias, llegó a evaluar la chance de no continuar en el seleccionado mucho tiempo antes. Así lo narró en entrevista con diario *La Nación*: "Las críticas te limitan muchísimo. Todo se vuelve tan doloroso, que llegás a dudar de quién sos como futbolista. Por la cabeza, se me cruzó muchas veces dejar, pero nunca terminé de confirmarlo internamente. Creo que nunca lo hubiese hecho, es un lugar de privilegio". Infatigable, siempre dispuesto y peligroso merced a su prodigiosa técnica en velocidad, fue uno de los cuatro fantásticos en los que se basó Alejandro Sabella para liderar las Eliminatorias. Di María, Messi, Agüero y Gonzalo Higuaín castigaban cualquier error rival y, a través de ellos, Argentina se clasificó al Mundial de Brasil 2014. Una vez allí, el DT cambió las formas, pero Fideo mantuvo su lugar.

Las presiones siempre parecieron achacar su rendimiento. En la carrera meteórica del conjunto hacia la final, un desgarro puso en suspenso su intervención. Venía de anotar el mejor gol de su carrera, un tanto elemental en las aspiraciones del combinado, ante Suiza en cuartos de final; cuando finalizaba el tiempo extra, definió de zurda con un tiro que se fue haciendo inalcanzable para el arquero. Un desgarro en cuartos, contra Bélgica, lo puso en suspenso. Ya no volvería a jugar, pese a que, horas antes del encuentro cumbre versus Alemania, le dijo a Sabella que estaba dispuesto a cualquier prestación.

El técnico prefirió no arriesgar y el propio futbolista explicó qué pasó aquel día en el medio *The Players Tribune*, ese lugar en el que los protagonistas se expresan en primera persona. "Esto pasó en la mañana de la final, a las 11. Yo estaba sentado en la camilla, a punto de recibir una infiltración en la pierna. (...) El médico Daniel Martínez entró al cuarto con un sobre en la mano y me dijo 'Ángel, mirá, este papel viene del Real Madrid'. '¿Cómo, qué estás diciendo?', le dije, y me contestó 'nos están forzando a que no te dejemos jugar hoy'. Le pedí que me diera la carta y ni siquiera la abrí. Solamente la rompí en pedacitos y le dije 'tirala, el único que decide acá soy yo", manifestó.

Las recurrentes lesiones musculares volvieron a atormentarlo, en la Copa América de Chile, 12 meses después. No pudo completar el primer tiempo del partido definitorio y volvió a ser reemplazado, al igual que sucedió en el certamen continental de 2016. Durante la competencia en Estados Unidos se lastimó en fase de grupos y recién volvió en la final, aunque muy disminuido físicamente. Tampoco pudo completar el partido. Los problemas en sus piernas estuvieron también durante el proceso clasificatorio a la copa de Rusia. Él mismo puso palabras al sinfín de golpes, haciendo alusión a la presión en instancias decisivas. "La terapia me ha ayudado mucho. Me lesionaba y psicológicamente me mataba pensar que ya no me daba para la selección", enfatizó sobre su karma.

Aunque su instinto es el de superación, por eso siempre volvió a emerger. Acaso fue a razón de ello que lloró para descargarse en dos oportunidades, cuando consiguió la caótica clasificación al Mundial soviético, en Quito, o cuando los de Jorge Sampaoli vencieron a Nigeria y tuvieron una vida más en San Petersburgo. Su golazo en octavos, ante Francia, sirvió de poco, mientras que todo estuvo acentuado por el bajo nivel que mostró el colectivo. Obstinado, precipitado y yendo muchas veces al choque, el rendimiento del rosarino contrastó con ese crack de talento sobrado que repartió las bondades de su zurda por Europa.

De cualquier modo, el hecho que le permitió nunca bajar los brazos y siempre apuntar a ir por más fue la lucha de guerrera de su primera hija, que nació prematura. A los seis meses de gestación, Mía vio la luz por una intervención de cesárea, aunque debió permanecer internada más de dos meses. En tanto los médicos les daban a los padres noticias no muy alentadoras, nunca perdió la fe junto a su pareja. Solo podían visitar a su pequeña dos veces por día, hasta que la pesadilla acabó y pudieron llevar a su hija a casa. Actualmente, Ángel y Jorgelina, su esposa, ayudan a fundaciones que tiene que ver con la causa.

En paralelo, cuestiones relacionadas a la extensión del vínculo con el Madrid hicieron que la relación con los dirigentes se haga muy tirante, y optó por desembarcar en otra liga. Manchester United, conducido por el holandés Louis Van Gaal, fue el siguiente club de su trayectoria, y la compra significó la de mayor envergadura en la Premier League antes de la transacción millonaria de Paul Pogba. Poco tiempo después, PSG lo contrató y, pese a que no es un titular que no admite discusiones, sí aportó goles que ayudaron al equipo a gobernar como monarca en el fútbol doméstico. Por ejemplo, el *hat-trick* en la instancia cumbre de la Copa de la liga. La gran deuda parisina es, qué duda cabe, la coronación internacional. Las onerosas cifras de los traspasos que protagonizó Fideo lo erigieron en el futbolista más caro de la historia (174M).

El gran objetivo de Fideo es retornar a Central, y despedirse del fútbol en el estadio que observó las primeras mieles de ese zurdo ágil y con estirpe de atleta. Ese será el próximo mojón de su carrera, ornamentada por sus brillantes intervenciones en clubes y que no encontró reciprocidad en la selección. Un talento incomparable, capaz de sobreponerse a cualquier adversidad y siempre dispuesto a intentarlo una vez más. Aquel "Carbonero", de la Perdriel a la torre Eiffel.

ÉVER BANEGA

El barrio de la zona sur rosarina, en el que se crió y creció, siempre actúa como un *boomerang* para Éver Banega. Allí donde esté, sentirá la necesidad de retornar a las calles donde dio las primeras patadas a la pelota, a esos potreros donde adoptó una técnica envidiable. Es el lugar al que siempre vuelve, cuando los días del ajetreado fútbol europeo le permiten un respiro y tener vacaciones. Visita viejos amigos, rememora los momentos en los que, junto a sus hermanos, soñaba con ser profesional, y retorna a su club con otras energías. Los días de la dura infancia no los olvida y son, por el contrario, un sustento único. Aquel joven que cruzó el océano Atlántico tras un año en la primera argentina, es hoy un futbolista maduro.

"Hasta que empecé a jugar como profesional, a mi familia no le alcanzaba el dinero para comer y había que adaptarse a cualquier cosa. Solo nos faltó comer barro mojado. ¡Si nos queríamos comer entre nosotros!", graficó el jugador, en una entrevista publicada en el diario español *El País*, allá por 2009. Ayudaba a su padre albañil en diferentes obras, y

jugaba al fútbol en cada tiempo libre del que disponía. Su progenitor, incluso, fue el promotor de su carrera deportiva, puesto que lo llevó primero al club Nuevo Horizonte y luego a Alianza Sport. Fue allí que Éver le dijo que su futuro estaba en una cancha, que quería dedicarse al juego profesionalmente. Pensó más de una vez la idea de alejarse de sus seres queridos para trasladar todos sus sueños a su gran ambición, aunque siempre persistió.

Durante sus días en Nuevo Horizonte, enfrentó más de una vez en baby fútbol a Lionel Messi (pese a que EB es un año menor), el niño que jugaba para Grandoli y ya mostraba una calidad muy por encima de la media. A medida que creció dentro del campo de juego, Banega se afianzó como enganche, sacando ventaja por su inmenso dominio del balón. Igualmente, las condiciones de vida de la familia no eran óptimas y hasta debía compartir botines con sus hermanos. A las 13, el que jugaba primero cada sábado era Luciano, a las 15 hacía lo propio César, y luego ya era el turno del hermano que llegó a la élite. Calzaban casi lo mismo y no tenían problemas en quitarse el calzado una vez que finalizaba cada partido. El gran sueño que tienen entre los tres es, el día de mañana, poder compartir cancha jugando para el mismo equipo.

Jorge Bernardo Griffa, que controló las divisiones juveniles de Boca Juniors durante la primera etapa de Mauricio Macri como presidente, se llevó consigo al pibe, que rápidamente ascendió al primer equipo. Alfio Basile fue el entrenador que pidió subirlo y luego Miguel Ángel Russo lo tomó como el gran relevo de Fernando Gago, que había sido transferido a Real Madrid. Eran futbolistas de un corte similar, aunque Banega, que había pasado a jugar de volante central desde su llegada a Buenos Aires, daba algo de mayor agilidad al juego. Gracias al gran nivel en el poco tiempo que llevaba desde su presentación, se hizo con la titularidad en el último gran equipo que supieron formar los de la Ribera, conquistando la Copa Libertadores de 2007.

Flanqueado por Pablo Ledesma y Neri Cardozo a los costados, y con Juan Román Riquelme en un rendimiento estratosférico, Boca subió al primer peldaño del continente, al derrotar a Gremio en la final con global de 5-0. En la delantera de ese equipo jugaban Martín Palermo y Rodrigo Palacio, y Banega era el indiscutido mediocentro que daba salida y comenzaba a mover los hilos del equipo. Dueño de una gran visión de juego y un muy buen primer pase, se erigió en uno de los puntos más representativos del campeón, y fue tal la trascendencia alcanzada que los equipos europeos se lo llevaron muy pronto. Jugaba con soltura, pese a tener 19 años, giraba y entregaba el balón con mucha precisión.

El inicio de su carrera no pudo haber sido mejor. Era su primera temporada, habitual titular, campeón americano, e incluso había más. A mediados de año, se consagró con la selección sub 20 en el Mundial de Canadá, venciendo en la final a República Checa. El plantel, dirigido por Hugo Tocalli, tenía también otros futbolistas que luego llegaron al equipo mayor, como Sergio Romero, Gabriel Mercado y Sergio Agüero. El rosarino disputó el partido decisivo desde el comienzo, un encuentro que configuró el quinto título global para esa categoría de la albiceleste en 12 años. Figura de Boca y de su país, desde Valencia no dudaron en pagar más de 20 millones de dólares por su ficha, tras el Mundial de Clubes en el que Boca perdió la final ante el Milan.

Su adaptación al fútbol del Viejo Continente no fue buena. En la misma nota del medio español, lo aceptó: "Cuando llegué, era chico y me equivoqué, salí por ahí". De idas y vueltas y discusiones con entrenadores, Banega no halló su lugar y, en primer lugar, fue cedido a préstamo al Atlético de Madrid, donde compartió vestuario con Maximiliano Rodríguez. A su retorno, el club Che lo vendió por limosnas al Sevilla, buscando sacarse un problema de encima. El entrenador español Unai Emery, que lo había tenido a su llegada a Europa, lo pidió expresamente para explotar todo lo que tenía para dar. En Andalucía, el mediocampista encontró su sitio, donde evolucionó y volvió a ese nivel que tuvo al subir a Primera. "Con Emery tuvimos cruces cuando era más chico, ya me calmé bastante. Con los años, vas aprendiendo cosas y la experiencia te permite desarrollarte de otra forma. Hoy, además de correr, uso la cabeza para jugar. Igual, nunca perdí la esencia del barrio", manifestó unos años atrás, en nota con diario *La Nación*.

Debutó con la selección mayor en 2008, un año después de la coronación juvenil y mientras daba sus primeros pasos del otro lado. Basile, el mismo que había confiado en él con mucha clarividencia, lo hizo debutar en un amistoso con Guatemala. Sergio Batista también lo tuvo entre sus predilectos y le dio un lugar clave en su búsqueda de renovar el mediocampo. Desde su llegada a Europa, Banega jugaba por delante del 5, como interior o enlace, y replicaría esas funciones con la albiceleste. En el trinomio de volantes centrales que puso Checho en su esquema, la labor del rosarino era soltarse y ser el gran socio de Messi, que actuaba como falso 9, aunque aquella idea de replicar la filosofía Barcelona se desmoronó de buenas a primeras.

Tras no ser convocado por Diego Maradona al Mundial 2010 y perder la Copa América en casa, en 2011, Éver Banega vivió una de las más grandes frustraciones. Fue pieza de recambio vital para Alejandro Sabella, uno de los suplentes con mayor rodaje, pero se quedó fuera de la lista que viajó a la Copa de Brasil 2014. Pese a integrar la nómina previa, el corte no le permitió cumplir un anhelo que sí se hizo carne en Rusia 2018. Allí, conquistó un lugar y fue figura ante Nigeria, dándole una asistencia inmejorable a Messi. Miembro de una gran generación a la que el título le fue esquivo, perdió ambos certámenes continentales ante Chile, en el equipo conducido por Gerardo Martino. En esos años,

pese a que el periplo por España e Italia no fue un camino de rosas, sí supo sacar lo mejor de sí.

El retorno a Argentina para jugar en Newell's, el club del que es hincha, no significó una plataforma que le permitiera asentarse en la selección. Provenía de una lesión insólita, la fractura de tibia y peroné al ser chocado por su propio auto, cuando paró a cargar nafta y olvidó poner freno de mano al coche. Un semestre jugó en el Coloso, sin mucha repercusión, aunque dejando algunos grandes partidos, como la goleada a Nacional de Uruguay, por Copa Libertadores. Compartió vestuario nuevamente con Maxi Rodríguez, y otros apellidos de mucha importancia como Gabriel Heinze, Nahuel Guzmán y David Trezeguet. La ilusión en el plano continental no duró demasiado y, tras quedar fuera de la lista de convocados a la gran cita de naciones, puso primera y buscó rehacer su vida futbolística en la liga española. Mejor no podía haber sido su reinserción, puesto que el destino le tendría asegurado un lugar de privilegio en la institución sevillista.

Emery sacó lo mejor de él, la profundidad de su pase, su gran intervención y dinámica en tres cuartos de cancha. Cerca del arco rival, Banega se hizo fundamental para conducir los ataques, y además incrementó las cifras goleadores. A las inmejorables asistencias, añadía jugadas en las que rompía redes. Así, en el club de Nervión ganó, de manera consecutiva, dos veces la UEFA Europa League (Sevilla ya había sumado una y estableció un tricampeonato). El Dnipro Dnipropetrovsk ucraniano y el Liverpool inglés fueron las víctimas, y Banega estuvo entre las grandes figuras. Fue condecorado como el jugador MVP de la final de 2015, la del primer título que consiguió en el club, en el que jugó con compañeros como Adil Rami, José Perla Reyes o Carlos Bacca.

Después de un período de inestabilidad, jugó un tiempo en el Inter italiano, y Sevilla le abrió las puertas a un buscado regreso. Incluso, mostró su mejor versión volviendo a jugar como mediocentro clásico, posición desde la cual hizo gala de su pase y una capacidad más aceitada para recuperar pelotas en la mitad del campo. Con el paso de los años, dejó atrás los tiempos en que vivía desenfocado y enriqueció su juego. Una de las cuestiones que lo puso en el ojo de la tormenta fue la noticia de que la banda narco Los Monos había tenido una parte de su pase, mediante el representante Francisco Lapiana; la versión se acrecentó también cuando se lo vio a Éver jugar en una de las canchas que mandó a construir Ariel "Pájaro" Cantero. La investigación no pasó a mayores.

Puede que los inicios de Banega en el fútbol argentino hayan creado la ilusión de un futbolista al que le esperaba una carrera top, pero no es menos considerable la forma en que el jugador supo rehacerse de sus errores. Quizá, el salto a Europa le haya llegado en un momento inoportuno, cuando aún era necesario un tiempo más de vivencias en el ámbito local. Banega, ese hombre de barrio que no olvida sus raíces, encontró el lugar por el que tanto peleó en la selección, y su enorme talento en el pie derecho fue la gran base para pisar con fuerza en los mejores estadios.

EZEQUIEL GARAY

La sonrisa plena que enseña los dientes, una corrida desesperada hacia el costado y la celebración interminable con sus compañeros, que formaron una montaña sobre él. Ezequiel Garay había convertido el gol que, a la postre, certificaría el triunfo en el estadio Coloso ante Rosario Central. Con la espalda conectó el preciso envío de Ariel Ortega, que colocó la pelota en el centro del área. La acción es aún hoy recordada por la forma de la anotación, y la fuerza que tomó el "espaldazo" del defensor central. La gente vibró de emoción en un clásico muy disputado, en el que el local no podía imponerse más allá de que su rival tenía un hombre menos en el campo. Un penal del talentoso 10 había servido para igualar el juego.

Fue uno de los goles más importantes del zaguero en su extensa trayectoria. Jugaba su segundo torneo con Newell's desde el debut, en la etapa final del campeonato Apertura 2004, de la mano de Américo Gallego. Eran tiempos cercanos a la celebración leprosa, que volvió a obtener un título nacional tras 12 años. Frente a Gimnasia y Esgrima La Plata, Garay se presentó y vivió de cerca la coronación, más allá de que tuvo que aguardar hasta el siguiente semestre para tener un rol de mayor preponderancia. Justo Villar, Fernando Belluschi e Ignacio Scocco eran otras figuras del equipo rojinegro, cuya estrella número cinco se dio aun cuando perdió en condición de visitante frente a Independiente en la última jornada.

El chico que había debutado con solo 17 años pasó a ser titular en varios partidos del Clausura 2005. Nery Pumpido conducía el barco tras el desenlace del período del Tolo, y aquel gol de Garay en el gran clásico rosarino posibilitó el primer triunfo en el banco de suplentes del exarquero. La estadía en Parque Independencia sería corta para Ezequiel, dado que sus grandes prestaciones en el certamen y la selección sub 20 llamaron rápidamente la atención del Viejo Continente. Racing de Santander lo contrató cuando solo acumulaba 12 partidos en Primera División. Del otro lado del océano, llevó adelante un periplo casi siempre ascendente, sobre todo en España.

Miguel Ángel Fullana, lateral izquierdo del NOB campeón en los albores de la década del 90 con Marcelo Bielsa, fue quien lo situó donde mejor rindió, durante la época de inferiores. Garay había llegado al club siendo centrodelantero, tras pasos por instituciones de barrio como Club Social y Deportivo Cultural Sarmiento y Santa Teresita, además de

algunos partidos en la décima división de Central. Luego empezó a retrasarse en el campo, teniendo en consideración que fue mediocampista central hasta asentarse en la línea de fondo. Un joven que creció en un entorno peligroso, cuya casa quedaba a pocas cuadras de la villa en barrio Ludueña, y que ayudaba a su padre a repartir productos lácteos por la ciudad. Ni siquiera tuvo tiempo de agrandar su hito en el césped rosarino cuando le tocó hacer las valijas y partir.

En paralelo al lugar de privilegio que iba conquistando en Newell's, hasta el día de su presentación en sociedad, se hizo de la titularidad y la conservó en las selecciones menores. Campeón con el sub 17 en el Sudamericano, se consagró en el Mundial sub 20 de 2005, en Holanda. Tuvo como compañeros de aquella competición a Lionel Messi y Sergio Agüero. Pronto alcanzaría la selección mayor, donde jugó su primer partido en 2007, aunque debería esperar cierto tiempo para pisar con fuerza y adueñarse de un puesto en la defensa.

Con semejantes pergaminos en el período juvenil, y la rápida trascendencia de lo hecho en Argentina y los principios en Santander, Real Madrid lo buscó y se adelantó a varios otros clubes. Garay ya causaba sensación, los diarios deportivos de Catalunya lo nombraban como un refuerzo inminente del Barcelona, y los ojeadores de Lyon y Tottenham Hotspur seguían sus pasos con mucha atención. En el Santiago Bernabéu no dispuso de muchas oportunidades, aunque sí tuvo premio al lograr una Copa del Rey y marcar un gol, ante Valencia. Precisamente, el conjunto Che sería uno de sus próximos pasos. Tiempo más tarde de su salida de la Casa Blanca, el central aceptó que haberse ido fue la mejor decisión que pudo tomar, dado que no gozaba de los minutos que buscaba. Tenía que lidiar con figuras como Pepe o Ricardo Carvalho, y su participación no era continua.

Encontró en Portugal la válvula de escape, y grabó su nombre con letras grandes. Junto al brasileño Luisao, compuso una zaga de primer nivel en el Benfica, que conquistó el país luso con puño de hierro. Un triplete conformado por la obtención de liga y dos copas nacionales hizo que el argentino suba muchos escalones en la perspectiva de los hinchas, que lo idolatraron. Fue pieza clave para el entrenador Jorge Jesus, y el equipo llegó a dos finales continentales en la Europa League. Chelsea primero y Sevilla después ahogaron las chances de festejo, en un equipo que también disponía de otros jugadores de renombre como Jan Oblak, Enzo Pérez, Nicolás Gaitán y Oscar Tacuara Cardozo. Como si la increíble maldición de Béla Guttmann, entrenador del club en los 50 y 60, tuviera un suceso inacabable.

El Zenit ruso y sus grandes desembolsos de dinero fueron el siguiente destino del marcador central argentino, que luego regresó a España para liderar, hasta los días que corren, la defensa del Valencia. En Rusia fue un puntal de la entidad de San Petersburgo, logrando ganar una liga y ofreciendo al mundo su capacidad de pegada, tanto en tiros libres como en penales. Esa gran calidad de disparo ya se había visto, también, en los clubes anteriores por los que pasó. Mientras daba sus pasos europeos, fue parte indiscutida de la Selección Argentina que condujo Alejandro Sabella, jugando el Mundial 2014 desde el primer partido al último.

Garay estuvo entre los más destacados de la Copa y fue el mejor argentino de la final perdida ante Alemania en tiempo suplementario. Clave dentro de una gran generación de futbolistas, la gloria le fue esquiva en la chance del año sucesivo, al alcanzar el encuentro cumbre de la Copa América 2015, cerrada con caída ante el local Chile. El rosarino partió entre los 11 en casi todos los juegos del campeonato continental, pero una lesión lo dejó fuera de semifinales y final, y su lugar lo ocupó Martín Demichelis. Unos meses después, fue convocado para jugar por Eliminatorias rumbo al Mundial de Rusia 2018, aunque solo jugó el primer partido, ante Ecuador, y luego puso puntos suspensivos a su estancia en el combinado albiceleste. Priorizó acompañar a su mujer Tamara, en la lucha por formar una familia.

Tras varios intentos en la espera de un hijo, tuvieron a Shaila mediante una gestación subrogada. De hecho, las leyes de Estados Unidos, lugar donde nació la niña, dictaminan que el padre debe estar presente, y Ezequiel debió abandonar en su momento la concentración de la selección. Más acá en el tiempo, lograron quedar embarazados de forma natural, luego de una lucha conmovedora. Su esposa explicó todo lo sucedido en un blog llamado www.elgorrodetamara.com, poniendo de manifiesto una pelea incansable que llevó años.

Garay, ese zaguero suficiente, elegante y contundente. Tan acertado en la salida de balón como en el juego aéreo, en ambas áreas, que agregó la pelota parada a su repertorio. Un joven que luchó por su sueño de Primera, cuyo talento partió rápidamente a otras ligas de élite, y de una emocionante historia junto a su pareja. De aquel gol de espalda a los días en el estadio Mestalla.

EZEQUIEL LAVEZZI

A Ezequiel Lavezzi lo sorprendió la solicitud de su entrenador, Jorge Bernardo Griffa. "Corré, pibe, sacrificate", le dijo mientras el joven volaba por el extremo derecho y solo se preocupaba por atacar y desbordar. Le reclamaban mayor atención defensiva, algo que no estaba dispuesto a brindar. Díscolo en su pubertad, sus días en las inferiores de Boca no eran sinónimo de una ambición desmedida por llegar a Primera. Hizo caso omiso al técnico, uno de los formadores más sabios que se cono-

cen, y discutieron feo en medio del campo. Tras el cruce de palabras, no hubo más, el jugador tomó sus cosas y volvió a su casa, en Villa Gobernador Gálvez. Pensó en abandonar su sueño futbolístico y dedicarse a ayudar a su hermano en sus labores de electricista. Pero la vida le dio otra oportunidad.

Viajamos en el tiempo y nos situamos en el Mundial 2014. Argentina recorrió el camino de Eliminatorias con un poder ofensivo devastador. Sin embargo, ya en la gran competencia destaca por su compromiso defensivo. Sigue contando con las fieras que deciden partidos, pero el equipo va descubriéndose en el certamen y agrega mayor equilibrio entre sus líneas. Una de las explicaciones a ello, a la capacidad de compensar defensivamente la brillantez de la ofensiva, corresponde a Lavezzi, ese jugador que se volvió más dócil con la experiencia adquirida. Tras negarse a los pedidos de Griffa, más de una década atrás, esta vez sí se corresponde a las órdenes de Alejandro Sabella. El DT del seleccionado lo hace ingresar por Sergio Agüero, que se había lesionado en el último partido de fase de grupos, y desde octavos de final en adelante Pocho se vuelve una pieza importante. Es carrilero y ayuda en la marca por momentos, pero se suelta cuando el conjunto se hace del balón.

Cumplió sus funciones con determinación, atendió el pedido del cuerpo técnico y se sirvió al colectivo, trazando un surco por la banda derecha. Lavezzi resignó sus ideales en pos de una mejora grupal. Conservó su lugar en el equipo y fue uno de los mejores en la primera mitad de la final ante Alemania, por sacrificio defensivo y llegada a metros finales, pero extrañamente no salió a jugar el segundo tiempo. Agüero, ya recuperado, volvió a su lugar. Pese a que no pudo terminar la Copa del Mundo dentro de la cancha, sí supo responder a las expectativas y cumplir con la tarea que se le asignó. La personalidad de aquellos días en el predio de Boca, donde nunca llegó a jugar, fue modificándose, hasta convertirse en un jugador que ya no pensaba solamente en el bien personal.

Los entrenadores valoraron ese salto que supo dar, el crecimiento de su sentido táctico. Gerardo Martino lo consideró también para las citas americanas de 2015 y 2016, siendo que ya había disputado la de 2011 bajo la tutela de Sergio Batista. A su dinámica habitual, el oriundo de la localidad lindante a Rosario agregaba compromiso por el costado derecho. Las acciones se acumularon, pese a que ya no tuvo el lugar de un habitual titular. Por caso, en Chile brindó un pase exacto a Gonzalo Higuaín que bien pudo significar la ventaja en el último minuto de la final, ante los locales. Durante el torneo de Estados Unidos, seguramente quedan dos imágenes grabadas a fuego en su mente: la celebración a lo Diego Maradona, mirando a la cámara con la boca llena de gol, tras anotarle a Bolivia, y la fractura de codo tras una caída que provocó estupor en el estadio, durante las semifinales contra el dueño de casa.

El villagalvense había exhibido, de igual forma, que podía adaptarse a los requerimientos del conductor. Colaboraba por su sector, y a la vez se sumaba a los ataques con su electrizante gambeta. Mostró su valía al reemplazar a Lionel Messi durante un clásico de Eliminatorias ante Brasil, en el que convirtió un gol, y pasó a ser una carta de garantías. Porque respondía en momentos culmines, más allá de no ser un protagonista habitual entre los once elegidos. Los sucesivos cachetazos sufridos por la gran generación de futbolistas de la que fue parte en la selección, lo fueron alejando, al igual que otros tantos. También en este sentido jugó su papel una acusación de un periodista a su mal comportamiento dentro de la concentración, lo que motivó que el grupo de jugadores no hablara durante un largo tiempo con la prensa. Lavezzi, parte de un elenco que jugó durante mucho tiempo con la celeste y blanca, había dejado igualmente una muestra cabal de sus prestaciones en el campo.

Años antes, aquella posibilidad de dejar el fútbol antes de debutar fue desmenuzada y para nada remota, como le había sucedido en otra oportunidad. Pero un empresario llamó a su casa, tras verlo en los campos de Coronel Aguirre, el club de la ciudad, y le ofreció llevarlo a Buenos Aires. Ese sería su destino para triunfar y la firma en Estudiantes de Caseros, el histórico club del ascenso argentino, no podría haber traído mejores soluciones. Se convirtió en una de las figuras del torneo de la B Metropolitana, por su velocidad supersónica y los goles marcados. Atraía las miradas cada fin de semana, no solo de los seguidores del Pincha, por lo que en las categorías más altas ya lo empezaban a observar para contratarlo. De cualquier modo, el club que puso primera en esa idea fue el Genoa, de Italia, que lo cedió a San Lorenzo de Almagro para que se fogueara en la élite.

Dirigido por Ramón Díaz, en el Ciclón se mostró inspiradísimo y fue uno de las grandes figuras del título de 2007, formando una dupla extraordinaria con Gastón Fernández y teniendo por delante la referencia de Andrés Silvera. Pocho arrancaba por el costado derecho, pero aparecía por todo el frente de ataque y se hacía indescifrable, por el poder de la gambeta y el ataque a los espacios. Una vez que tiraba la pelota larga y corría a ella, nadie podía alcanzarlo. Durante aquella campaña, San Lorenzo cambió las críticas de poco tiempo antes, no perdió partido alguno como local y alcanzó la cima de la tabla en la quinta fecha, para no dejarla más. De hecho, ganó el Clausura una fecha antes del cierre, precisamente en la jornada 18ª del torneo corto, sumando a los atacantes otros apellidos reconocidos como Agustín Orión, Cristian Tula o Diego Rivero. Lavezzi, que ya había sido sondeado para partir a Europa, convirtió goles clave, como en la victoria en el Monumental ante River, o en la fecha de la consagración ante Arsenal.

Partícipe del equipo argentino que jugó el Sudamericano sub 20 de Colombia 2005, en el que finalizó en tercer lugar, el delantero puso

proa rumbo al Viejo Continente durante los mismos días en que alcanzó el único título con su selección. Junto a Juan Román Riquelme, Lionel Messi, Ángel Di María y Agüero, luego compañeros en el seleccionado mayor, ganó la medalla dorada de los Juegos Olímpicos de Pekín 2008. Convirtió un gol durante la travesía oriental, ante Serbia. Al mismo tiempo en que se colgaba la presea más añorada, pasaba a formar parte del Napoli, donde sería uno de los delanteros más queridos. Atrás quedaba la etapa argentina, donde pudo trasladar sus grandes virtudes de la Tercera a la Primera División, sin escalas, y salir campeón.

Cinco años jugó en San Paolo y cultivó la idolatría de los hinchas del sur de Italia. Los partenopeos lo adoraron por su entrega y los goles, que sirvieron para volver a anotar al equipo entre los mejores de Italia. Los celestes retornaron a Europa y a instancias definitorias del medio italiano. El Pocho hacía recordar los días más gloriosos del club, aquellos vividos con Maradona al mando, a fines de los 80 y principios de los 90. Todo se acentuó cuando Napoli conquistó la Copa Italia, algo que no lograba desde 1987, precisamente con la magia del 10 de Villa Fiorito. Lavezzi aportó su cuota decisiva en la final ante Juventus, y hasta le hicieron un penal que Edinson Cavani cambió por gol, abriendo el marcador. Junto al uruguayo y al eslovaco Marek Hamsik, el argentino alcanzó una simbiosis muy profunda que se tradujo en el mejor cierre de temporada. Desde los tres goles que convirtió en el debut ante Pisa, hasta su despedida, fue amado. En la carta de salida, expresó su agradecimiento por el "profundo cariño y la pasión incondicional".

Continuó agregando copas a su palmarés personal, ya con la camiseta del Paris Saint-Germain, un club que dominó sin equivalencias en Francia, alcanzando una gran cantidad de títulos sucesivos. Lavezzi fue un hombre clave, por asistencias, goles y entendimiento con otros futbolistas de notable calidad, como Zlatan Ibrahimovic. Pese a que siempre se quedó a mitad de camino en la gran ambición continental, la continuidad al mando de la competencia nacional le aseguró un buen contexto en el que desnivelar por velocidad y talento. En 2016, el fútbol chino y su incipiente renovación significaron un nuevo desafío, y mostró sus dotes al convertir en muchas fechas sucesivas. Pero, al mismo tiempo, se alejó de la selección, ya que el nivel de la liga detuvo su crecimiento.

Lavezzi retornó siempre que pudo a las calles de Villa Gobernador Gálvez, a los terrenos de Coronel Aguirre. Nunca se olvidó de sus orígenes, de esos lugares que pensaba transitar a diario cuando analizó abandonar su sueño de joven. Pero su talento incondicional, el que regó las canchas del profundo fútbol argentino hasta las más altas infraestructuras europeas, se impuso. Aquel joven que discutía los requerimientos de un entrenador, creció y se adaptó. Pocho, un jugador al que la experiencia lo fue haciendo cada vez más completo.

FRANCO ARMANI

El portón del garaje, en el fondo de la casa, oficiaba como el arco que defendía cada tarde en su pueblo, Casilda. Su hermano mayor, que también llegó al fútbol profesional, era quien pateaba, y Franco se estiraba una y otra vez simulando ser Germán Burgos. Volaba como el que más, y no solo atajaba pelotas, sino todo aquello que podía simular su obsesión de guardavallas. Medias enlazadas o un bollo de papel y cinta tenían la misma función y forma esférica que el balón, por lo que las atajadas de un lado a otro seguían. Fue el puntapié del hombre bajo los palos, de una carrera que lo subió dos veces a lo más alto de América, no sin antes ser protagonista de una verdadera historia de superación.

Más allá de que pudo escribir su nombre entre los arqueros más importantes del continente, debió atravesar y salir airoso de varias noches en las que no encontraba el rumbo. La carencia de continuidad, la imposibilidad de esquivar dudas, de ser reconocido en su propio país o por un equipo de Primera División. No tenía lugar para exhibir sus condiciones, pese a que confiaba en sus posibilidades, y las chances cada vez eran menores. Ni siquiera asomaba como arquero suplente, sino que era el tercero en discordia, o muchas veces partía incluso por detrás. Peleó varios años en su meta de cambiar la dinámica.

Realizó las inferiores en Central Córdoba, de Rosario, y Estudiantes de La Plata, pero eran épocas prósperas para el Pincha, en las que se coronó por torneo local y se acercaba el campeonato de Copa Libertadores, y casi no había cambios en el plantel. Tenía por delante, entre otros, a Mariano Andújar, toda una institución para el club platense, y optó por salir a préstamo a Ferro. La situación no cambió, solo jugó un partido en Caballito y no le pagaron en tiempo y forma. Regresó y escuchó algunas ofertas menores que no lo satisfacían, aunque recibió un llamado que comenzó a cambiar la ecuación. Felipe de la Riva, uruguayo entrenador de Deportivo Merlo, lo contactó. Armani manifestó que solo firmaría si le garantizaban la titularidad; el DT le aseguró que jugaría el primer partido desde el inicio, aunque luego dependería de él, y Franco aceptó.

Jugando para el Charro pudo disfrutar de la oportunidad que tanto estaba buscando. Conservó su valla invicta en gran parte de la temporada y alcanzó el ascenso a la B Nacional, un logro mayúsculo. Al año siguiente, fue una de las figuras para mantener al equipo, y su nombre se hizo más conocido para el mundillo futbolístico. La historia dio un nuevo giro cuando Atlético Nacional, de Colombia, visitó el país para realizar una pretemporada. Enfrentó a Merlo en un amistoso y vio las cualidades más que interesantes de su arquero, por lo que no dudó en ofrecerle viajar y comenzar un nuevo sueño. El casildense sintió que su labor en el

club del ascenso estaba consumada, y necesitaba otro reto. Era fuera del país, pero un nuevo desafío en un trayecto que iba en ascenso.

Al cabo de siete años de experiencia en Antioquia, la decisión tomada no podría haber sido mejor. Tras una serie increíble de títulos, que le dieron ese prestigio tan ambicionado, fue despedido por más de 30.000 personas en el estadio Atanasio Girardot, mientras lloraba al son de una ovación interminable. "Trajiste tus manos vacías para llenarlas de gloria", se leía en una bandera, toda una representación del camino construido y la manera en que se fue, tras llegar casi sin pergaminos. De igual manera, observando el trajinar de Armani con retrospectiva, las cosas tampoco fueron fáciles en tierras colombianas, y debió sobreponerse a la inseguridad de los hinchas y a una grave lesión, que lo hizo entrar en vacilaciones sobre su futuro.

Durante tres años vivió a las sombras de Gastón Pezzutti, el arquero titular, y le era imposible demostrar sus virtudes en las mínimas chances de las que disponía. Lejos de encontrar la titularidad, dedicaba sus horas a hacer turismo, y por la noche lloraba en la soledad de su hogar. Le planteó a Juan Carlos Osorio, el entrenador, su idea de volver a Merlo para relanzarse, pero la rotura de ligamentos de una rodilla frenó cualquier plan. Pensó una y otra vez qué hacer, si retornar a Casilda y trazar un nuevo guion, aunque nunca rondó por su cabeza la idea de abandonar la actividad. Sí analizaba si volvería bien, si podría volver a tirarse a un costado como lo hacía. Pero, a contramano de sus pensamientos inseguros, exhibió mejor nivel que nunca al momento de su regreso, y a partir de allí conquistó los corazones paisas.

A través de la familia de su esposa colombiana ingresó a una iglesia cristiana y la creencia en Dios significó un punto de partida para rehacerse. Se reencontró con su mejor versión y visitaba con regularidad a un pastor, que vaticinó que sus mejores momentos estaban al caer. Además, presenció una experiencia singular, cuando visitó a una canalizadora de ángeles que se puso en la piel de su abuela fallecida, y que le contó que llegarían pronto sus años de gloria. A partir de allí, titularidad, 11 títulos locales, la Copa Libertadores de 2016 -con la triple atajada fenomenal ante Rosario Central, en cuartos de final- y la Recopa del año siguiente. La ciudad cafetera aún lo ama e idolatra, luego de alcanzar ese estado de gracia que tanto buscó.

Ejemplo de sacrificio y profesionalismo, Armani dijo no a la primera posibilidad de firmar en River, pero dos años después no dudó y se mudó a Argentina. Aquella oportunidad que tanto se le había negado siendo más joven, era la que había que disfrutar por aquel entonces. Y fue vital para Marcelo Gallardo, el DT, con atajadas espectaculares que viajaron a la historia, ya sea por la calidad de las mismas o los registros alcanzados. Armani y su racha de imbatibilidad se depositaron en el segundo lugar histórico del fútbol argentino, solo por detrás de Carlos Barisio. Lo ponderable no solo está en los casi mil minutos sin que le convirtieran un gol, o en haber superado un récord de Amadeo Carrizo en el club, sino en que había estado cerca de lograrlo antes y pudo superarse.

Se transformó en una pieza inamovible de un año histórico para el Millonario, el 2018, con dos finales ganadas a Boca, y en una de ellas repitió el título de Libertadores que había conseguido dos años antes. Aún quedan en la retina de los hinchas las salvadas antológicas durante el transcurso de la Copa, y esa aura de invencible que supo ganarse a lo largo de los 12 meses. La deuda, como lo había sido antes con Atlético Nacional, fue el Mundial de Clubes, aunque los objetivos primordiales habían sido alcanzados.

Bajo los tres palos, Franco Armani se agiganta. Dueño de unos reflejos asombrosos, responde aun cuando parece vencido, y tiene una velocidad de piernas que impacta. "Entro al campo de juego con el pensamiento de que no me van a meter un gol. Siempre quiero salir con el arco invicto. Me molesta mucho, realmente, cuando me hacen un gol. No me voy contento", dijo una vez en nota con diario *La Nación*. Inquieto, siempre intenta mejorar y analiza sus acciones inmediatamente después de la finalización del juego: "Apenas termina el partido, reviso las jugadas y veo en qué me equivoqué y qué podría haber hecho mejor. Si estaba bien ubicado, si podía dar el rebote para otro lado, si podía sacar más rápido. Soy muy autoexigente", agregó.

Las exhibiciones brindadas casi todos los fines de semana hicieron que el clamor popular pidiera por él de cara al Mundial de Rusia. Pese a que muchas veces había trascendido la idea de la Federación colombiana de nacionalizarlo, al argentino nunca le interesó demasiado esa idea. Sabía que la chance de atajar por su país de origen llegaría, si bien debió retornar a Argentina para tener la convocatoria tan ansiada. Y, al igual que Ubaldo Fillol en el Mundial de 1974, tuvo su debut en una Copa del Mundo. Jugó en el triunfo ante Nigeria que le dio el pasaje a octavos de final, aunque ya no tuvo mucho por hacer ante Francia, a la postre campeón.

Desde Medellín al Monumental y de Núñez a Rusia, puede definirse el GPS futbolístico de Armani. Las dudas lo atormentaron cuando las oportunidades se demoraban y la lesión le impidió dar un salto en busca de continuidad, aunque de cualquier modo fue la razón por la que se quedó en el equipo verde. Hizo historia y renovó su desafío, en un hilo conductor marcado por la superación y el convencimiento.

ÁNGEL CORREA

La alegría por el juego, el objetivo de trascender y lograr diferentes metas en una cancha de fútbol ha sido siempre la vía de escape de Ángel Correa. Es el camino el motor que lo impulsa a continuar, el que le ha permitido levantarse y superarse más allá de los varapalos sucedidos. Pese a que más de una vez pensó en renunciar a esa meta por la que luchó desde muy joven, siempre primó la algarabía en el campo, el lugar donde se desata. El atacante rosarino es dueño de una gran historia de vida que contar, una travesía futbolística que le permitió poner de pie a su familia y poder recuperarse, incluso, de una afección cardíaca que pudo ponerle fin a su carrera. Mejor poner primera con ello.

Poco después de debutar en San Lorenzo, el entrenador Juan Antonio Pizzi le dio un lugar de mucha importancia en el equipo. Fue adentrándose en la dinámica luego de entrar en varios partidos desde el banco, pero no le pesó hacerse de la titularidad al poco tiempo. Demostraba su valía en cada ingreso, y en el segundo encuentro que jugó desde el inicio convirtió un golazo ante Boca con el que se quedó definitivamente con el puesto. Atacó el área llegando desde atrás y definió de primera, cerrando así un 3-0 frente al Xeneize. Lo que le esperaba al pibe, que por entonces tenía solo 18 años, era la gloria. Con el correr de la competencia, iba a transformarse en un factor muy diferencial del colectivo, un jugador de mucho desequilibrio.

Ya apuntaba sus maneras en las divisiones inferiores, con las que se había coronado en Séptima división. Pizzi, que había decidido que la Reserva se entrenase junto al primer equipo, lo había subido más temprano que tarde. Talento en envase chico, se escapaba de los rivales con facilidad, velocidad y una gambeta prodigiosa. Aquello que soñaba a los 15 años, mientras vivía en la pensión del Ciclón, bajo una de las tribunas del estadio, era realidad. Una vez que se asentó en la élite, solo convertía goles de gran calibre, como el que hizo frente a Independiente como visitante, sacando un derechazo al segundo palo. O el que anotó ante Argentinos Juniors en el Nuevo Gasómetro, conduciendo de derecha a izquierda sobre la línea del área grande y gambeteando a varios rivales, hasta soltar con sutileza el remate de zurda.

Ese gran equipo que supo formar el entrenador, nacido en la misma ciudad que Correa, logró consagrarse campeón del fútbol argentino con un estilo dinámico, agresivo, de presión asfixiante. Contaba con varios jugadores talentosos, como Ignacio Piatti o Leandro Romagnoli, aunque Angelito significaba una cuota de desnivel inigualable, necesaria para romper cualquier defensa. Los azulgranas no pudieron ganar en las últimas tres fechas y fueron uno de los campeones del profesionalismo con menor cantidad de puntos cosechados, pero nadie le quita lo bailado ni pone en duda lo alcanzado. En ese Inicial 2013, Correa jugó los 19 partidos y anotó cuatro goles. Aunque su injerencia estuvo dada más allá de lo estadístico.

Pese a la gran ilusión que generó en el Bajo Flores, y al gran respaldo que tuvo a partir del título, Pizzi abandonó el club y puso rumbo a Europa, más precisamente hacia Valencia. Pero Correa seguía haciendo de las suyas, y fue incluso más importante para Edgardo Bauza, otro nacido en la ciudad de Rosario que tomó el mando del vestuario. "Un gran jugador, muy rápido y desequilibrante. Está jugando ahora en Europa porque sus condiciones físicas y técnicas son extraordinarias", lo define hoy el Patón, que por aquel entonces cambió el estilo. Propuso un equipo que arriesgó menos en el juego y priorizó el orden defensivo, en detrimento de aquellas maneras ofensivas con las que venía jugando el conjunto desde hacía un tiempo. San Lorenzo cambió, aunque la gloria se hizo absoluta al conquistar el continente.

Por primera vez en su historia, el club logró la Copa Libertadores, con la magia de Correa, un nivel excelso de Piatti y la capacidad del doble pivote formado por Néstor Ortigoza y Juan Mercier, ejes del colectivo. A posteriori de una fase de grupos que pasaron con angustia, apareció la mejor forma, eliminando a Cruzeiro primero y Gremio después. Fue así que se anotó como gran candidato a alzarse con el trofeo. El rosarino, que actuaba como mediapunta pero podía iniciar desde cualquier banda para finalizar por adentro, anotó un gol fundamental en el partido de ida ante los de Porto Alegre; con la victoria como local, certificaron el pase a la siguiente instancia como visitantes. Sin embargo, allí acabó la participación de Correa en la Copa. Se consumó su transferencia al Atlético de Madrid, que lo compró por 10 millones de dólares, aunque una falla cardíaca detectada en la revisión médica puso en duda su futuro como futbolista.

Tenía intenciones de quedarse y, luego del Mundial 2014, jugar las semifinales y finales en que el conjunto venció a Bolívar (Bolivia) y Nacional (Paraguay). La detección de un tumor benigno en un ventrículo del corazón llevó a una lógica e impostergable operación. La casualidad hizo que, por esos días de exámenes en la capital española, tuviera lugar también un congreso de Medicina. Diferentes médicos expertos tomaron conocimiento del caso, y les aconsejaron a los dirigentes del Atleti realizar la cirugía en un hospital de Nueva York que se especializa en la materia. En entrevista con el diario *Página 12*, dice que caminaba en soledad por las calles de Manhattan sin saber una sola palabra de inglés, hasta que llegó el momento. Era algo presente en su cuerpo desde hacía un tiempo, algo que ni siquiera presentía, ya que nunca había sentido dolencias ni cansancio alguno.

Poco más de seis meses demoró su retorno a las canchas. También estuvo en *stand by* la transferencia a los colchoneros, más allá de que

se hicieron cargo de cada gasto. El Sudamericano sub 20 de Uruguay 2015, con la Selección Argentina, fue la mejor oportunidad para volver a ser. Y Ángel la aprovechó con creces, se insertó en el equipo como si nada hubiese ocurrido y con el rendimiento que había mostrado en su gran irrupción. Siendo capitán, se adueñó del equipo que conducía Humberto Grondona, y la Albiceleste se coronó en el torneo después de 12 años. Hizo un gol antológico ante Perú, con un tiro desde fuera del área, y cerró su gran campeonato con el gol decisivo, ante el dueño de casa en un Centenario colmado por hinchas locales. Entre medio, una gran asistencia para Maximiliano Rolón en el triunfo ante Brasil y otros tantos vitales. Augusto Batalla, Nicolás Tripichio, Sebastián Driussi y Giovanni Simeone fueron otros grandes puntales de ese título.

La cicatriz en el pecho es un recuerdo ineludible de lo que acaeció. Después de un año de idas y vueltas, el club madrileño lo presentó formalmente en conferencia de prensa. Recién comenzó a tener lugar con sus compañeros en la segunda mitad de 2015, después de varias jornadas de entrenarse sin compañía, buscando esa recuperación que lo acercara nuevamente a las canchas. Y su lugar en el seleccionado juvenil se mantenía, pese a que los jugadores no pudieron mantener esa gran química de equipo que habían construido. El Mundial de la categoría disputado en Nueva Zelanda los vio despedirse en primera ronda. Ese resultado, como otros sucesivos, fue más que nada la consecuencia de las malas administraciones en la Asociación del Fútbol Argentino, donde las decisiones del fútbol formativo parecen estar siempre aplazadas por cuestiones más urgentes.

Al año siguiente, Correa fue uno de los hombres de experiencia en los Juegos Olímpicos de Río de Janeiro. La competencia otra vez les dijo adiós de manera incipiente. El equipo llegó casi sin preparación y con un cuerpo técnico que asumió en apuros: Julio Olarticoechea había tomado la posta de Gerardo Martino, que renunció al ver cómo todos los dirigentes le daban la espalda. Ante la negativa de los clubes europeos y argentinos para formar el equipo, Tata pegó el portazo. Los desmanejos continuaron y los resultados fueron los lógicos. Frente a Honduras, en el partido que marcó la eliminación, Correa falló un penal con el que podría haber sido otro el destino. Aunque las líneas ya estaban escritas.

Ese niño que se había criado en las calles del barrio Las Flores, al sur de Rosario, estaba disfrutando el sueño, lo que quiso ser. Antes de partir a la pensión de San Lorenzo, a los 12 años, se curtió en los potreros, donde jugaba por plata. Además, jugó en Sagrado Corazón y en Alianza Sport, donde fue descubierto. Perdió a su padre y a uno de sus nueve hermanos (otro de ellos falleció cuando el pibe ya asombraba en Primera), previamente a partir hacia Buenos Aires, donde se juró que salvaría a su familia y la sacaría del barrio. Muchas veces pensó en volver y abandonar, tomar otro rumbo, pero la insistencia de su madre pudo más. De hecho, desde niño estaba acostumbrado a llevar la comida a su casa, puesto que su representante, Francisco Lapiana, le daba entre 1.000 y 1.200 pesos por mes. Con esa suma, abastecía a la familia, palabra que lleva tatuada con letra grande en su cuerpo.

De todas maneras, el nombre de su representante y diferentes escuchas telefónicas le produjeron diferentes problemas cuando daba sus primeros pasos en Primera División. Correa creció en el mismo barrio en que la banda narco de Los Monos emergió, para luego pisar con fuerza en toda la ciudad. En sus días pateando en las calles, no fueron pocas las veces en que Angelito debió sortear el clima de violencia. Vivía sobre una calle de barro cubierta de basura, a cinco cuadras de Ariel Pájaro Cantero, líder de la organización criminal. La justicia muchas veces sospechó de la relación del talentoso mediapunta con miembros del clan, y que su pase fuera propiedad de los narcos, algo finalmente desestimado. Por esto, fue citado a declarar en Tribunales en dos ocasiones. Siendo chico, apostó por trasladar a su familia una vez que pudiese. Sin embargo, siempre que tiene unos días libres retorna a su primer hogar, para recordar viejas anécdotas y visitar amigos.

El libro *Los Monos. Historia de la familia narco que transformó a Rosario en un infierno*, esquematiza la situación y abre el campo hacia el otro gran paso que dio el rosarino en su carrera. "Faltan 20 minutos para que todo termine en Belo Horizonte. Argentina no encuentra la pelota en un estadio que se retuerce con el ardor de un volcán. Brasil ya hizo tres goles y en ese partido eliminatorio palpita la idea de una goleada histórica. Un chico de 21 años de barrio Las Flores está parado en la raya del lateral, girando la cabeza a los costados y esperando entrar. Sus gestos, sin inquietud, lo distancian de las caras trémulas en el banco de suplentes, del deseo visitante de llegar cuanto antes al vestuario, de irse de allí. Nada de esa hostilidad parece rozarlo. Un mal resultado en un partido de fútbol es algo llevadero. Para él, la adversidad es otra cosa", ilustra la obra. El atacante ya formaba parte del combinado mayor, a través de la primera convocatoria de Martino, e incluso le había convertido en un amistoso a Bolivia en Estados Unidos. Ese país en el que tiempo antes le habían extraído un tumor era el lugar de su presentación para el seleccionado absoluto.

Bauza también lo tuvo en sus planes, mientras dirigió al elenco argentino. Incluso, Correa fue quien ingresó por Lionel Messi para jugar en la altura de Bolivia, cuando se conoció la sanción al 10 por insultar a la terna arbitral, en el juego ante Chile. Volvió a tener lugar con Lionel Scaloni, tras que Jorge Sampaoli le haya quitado protagonismo y no lo llevase al Mundial de Rusia. Mientras acumuló mayores matices tácticos a su juego con Diego Simeone en el Atlético. Las chances de que saliera cedido se fueron despojando y él logró insertarse definitivamente en el equipo por la banda derecha, agregando sacrificio colectivo y marca a

su conocida gambeta. Así, con goles y asistencias, logró consagrarse en la Europa League 2017, en tanto que Antoine Griezmann y Diego Costa lideraban la delantera.

Correa es un joven que, antes de cumplir los tres lustros de vida, ya cargaba con los destinos de su familia. No podía defraudar a su madre y hermanos, que tanto creían en él. Se erigió en un futbolista de clase alta, clave para que San Lorenzo alcance lo máximo del fútbol nacional y la cima de América, y a partir de su fuerza de voluntad superó con creces la operación cardíaca. La cancha fue el sitio de su salvación.

MAURO ICARDI

La crisis del 2001 eyectó a la familia Icardi del país. Juan Carlos, padre de familia, consiguió trabajo por medio de un contacto en las Islas Canarias, España, y viajó en soledad a explorar el nuevo territorio. Días más tarde, se llevó consigo a su esposa y los tres hijos, entre ellos Mauro, que ya mostraba sus dotes como goleador en el club de barrio y que se fue de Rosario a la edad de ocho años. Ya asentado en su nuevo hogar, el camino futbolístico continuó y el joven, el mayor de tres hermanos, comenzó a destaparse y atraer la atención de casi una decena de clubes europeos.

Antes de partir, se despachó con una increíble cantidad de goles en Sarratea, un club humilde y de barrio situado en La Cerámica, en el norte rosarino. La categoría 1993 era invencible, consiguieron un tricampeonato y Mauro era el gran goleador, marcando una cantidad impresionante de tantos por año. "SarraTeAmo" era la inscripción de una bandera que recibía al equipo en cada partido de local, donde se hacían inexpugnables. Mauro Icardi, que en un principio se mostraba reacio a tomar contacto con el balón, pronto asombró a los entrenadores por su velocidad y la facilidad para convertir. Era artillero con su categoría y arquero con la 1992, aunque dejó rápidamente los guantes. Por aquel entonces, su apodo era "Cañito", por sus piernas largas y flacas.

Vivía en la casa aledaña al club, solo debía saltar un muro para insertarse en la canchita. Las dificultades económicas golpearon a la familia a inicios del presente siglo y la familia debió abandonar la casa, aunque fue la propia institución la que los cobijó. Se instalaron en el buffet, aunque la situación no se alargó por un tiempo muy duradero. Los Icardi viajaron a las islas españolas y comenzaron una nueva vida, donde el camino de Mauro seguiría teniendo una pelota por delante.

Unión Deportiva Vecindario, uno de los clubes de la región, lo sumó a sus filas. Pasó por todas las categorías de juveniles, e incluso se convirtió en el máximo anotador de los "benjamines". Muchos equipos de la división de élite española comenzaron a tomar nota de sus recursos y contactaron al padre, con la idea de ofrecerle un contrato y asilo a la familia, pero aún no había caso. Icardi despuntó su brillo en un torneo realizado en Tenerife y fue distinguido como mejor jugador, lo que le valió ya no solo las miradas españolas, sino de las entidades más poderosas del continente. Real Madrid, Barcelona, Sevilla, Manchester City, Arsenal y Liverpool averiguaron condiciones para sumarlo, pero los culés consiguieron que comenzase a entrenarse en 2008 en La Masía, el lugar donde crecen los jóvenes talentos blaugranas.

La intención del joven pudo más al elegir su nuevo destino. Atrás quedaron más de 500 goles en seis años con la UD Vecindario. Barcelona lo convenció enviándole banderines firmados por Lionel Messi -dueño de una historia algo similar- y le realizó un contrato no laboral, puesto que Mauro todavía no era mayor de edad. De jugar en la punta del ataque de un 4-2-3-1 en su primer club tras la mudanza, pasó a formar parte de un modelo más integral, donde se respetaba el mismo estilo de juego desde la Primera División hasta los alevines. Su físico creció de manera pronunciada con el paso del tiempo y anotó muchos goles con las divisiones inferiores, aumentando su capacidad rematadora con ambos pies y un cabezazo letal.

Al igual que en Sarratea, tenía su habitación a tan solo una pared de distancia de la cancha. La inmensidad del Camp Nou estaba siempre a la vista, y él asistía a los partidos con sus demás compañeros de pensión. No obstante, en aquel magnánimo equipo que dirigió Josep Guardiola, nunca tuvo lugar. De arriba hacia abajo, el club dejó de utilizar a los centrodelanteros natos y se decantó por la figura del falso 9, capaz de escapar a la zona media del ataque para no brindar referencias de marcaje y asociarse con los centrocampistas. Icardi salió del club y dio un nuevo paso. Sampdoria lo esperaba. Era su ingreso al Calcio, el fútbol que lo depositó en la élite y en el que supo marcar diferencias.

Sus goles habían dicho presente nuevamente en un torneo de juveniles, denominado Alessandra Lenzi. El club genovés se lo llevó a préstamo por la módica suma de 400.000 euros, pese a que luego lo compró definitivamente. El gigante español, por si acaso, se guardó una opción de futura recompra que nunca usó. Por aquellos tiempos, Icardi mezclaba el catalán con el español en las entrevistas que le hacían. Consciente de que no tendría lugar en Catalunya, lugar donde conoció a Messi, con quien compartió varios almuerzos, no puso objeciones para volver a partir.

La dirigencia española lo había tentado tiempo atrás para que se nacionalizara. Aunque Mauro dejaba en claro, cuando podía, que su objetivo era ponerse la camiseta argentina. Con ese fin, la familia y su representante enviaron videos de sus goles a la Asociación del Fútbol

Argentino, cuya selección mayor era dirigida por Sergio Batista. José Luis Brown, campeón mundial en 1986 al igual que quien era el DT de la absoluta, lo citó para un amistoso con el sub 17. Era el 2008, durante sus comienzos con la casaca del Barcelona. Cuatro años luego, ya jugando para Sampdoria, lo citaron al sub 20 y se despachó siendo el goleador del torneo juvenil de L'Alcudia, pero no fue autorizado por su club para disputar el Sudamericano de Mendoza, en el que Argentina decepcionó y acabó eliminada en primera ronda. La posibilidad debía seguir aguardando.

Debutó con los "blucherchiatos" en la Serie B y marcó un gol clave, con el que el conjunto pudo jugar el playoff que lo depositó en la máxima divisional italiana. Sus goles también aparecieron en Serie A, como el que hizo para el triunfo en el "Derby della Lanterna", ante Genoa, o el póker convertido ante Pescara. Incluso, un doblete en Turín sirvió para ganarle como visitante a Juventus, un hecho histórico que se dio al mismo momento en el que a Mauro le negaron sumarse al Sudamericano sub 20. Parece que nada lo desenfocaba.

Italia también lo contactó para que jugase en la selección "azzurra", dado que la reglamentación permite cambiar al país que se quiere representar si aún no ha debutado en la mayor. Más allá de la promesa del director técnico Cesare Prandelli, que le aseguraba un lugar entre los convocados al Mundial 2014, volvió a negarse. Durante las Eliminatorias, Argentina decidió blindarlo y Alejandro Sabella le dio minutos en un partido frente a Uruguay, en el estadio Centenario. Volvieron a pasar años para que Icardi fuese convocado una vez más al combinado albiceleste, pero la primera intención estaba hecha.

Tras dos temporadas en la "Samp", fue vendido al Inter y comenzó su época de esplendor y jornadas históricas, como aquella en que marcó un *hat-trick* con que venció en el "Derby della Madonnina" al Milan por 3-2. Se transformó en factor diferencial por sus goles y añadió a su registro diferentes recursos, como la calidad de sus pivoteos o las asociaciones a un toque. En el área, siempre fue de temer. Aun así, las batallas dialécticas con los *tifosi* del Inter fueron una piedra en el zapato de su carrera. Una tarde le devolvieron la camiseta que le había regalado a la tribuna, y tiempo luego amenazó a los hinchas en su biografía, manifestando que llevaría sicarios argentinos a Milán para matar a los barrabravas. Sus goles siempre pudieron más y dejaron en el olvido aquellos episodios. Pese a su juventud, fue declarado capitán y es el líder colectivo. Además, a los 22 años se convirtió en el segundo jugador más joven (el primero sigue siendo Paolo Rossi) en ser goleador de la liga, cuando en la 2014/15 terminó igualado en 22 tantos con Luca Toni. Su condición de máximo anotador la repitió en el curso 2017/18, con 29.

Cuando Argentina parecía inmersa en un pantano sin salida y la clasificación a la Copa del Mundo de Rusia 2018 corría serio peligro, Jorge

Sampaoli confió en él y lo puso de titular ante Uruguay y Venezuela, aunque no pudo responder con su mejor actuación. Igualmente, tras el fracaso en el certamen, es pieza vital de la renovación que comanda interinamente Lionel Scaloni. Fue citado para amistosos y volverá a tener un lugar del que pocas veces dispuso.

Muchas veces, Mauro fue noticia por hechos extrafutbolísticos que parecieron limitar sus alcances. Gerardo Martino, incluso, expresó durante su tiempo en el seleccionado que no era de su agrado la exposición mediática del delantero. Sin embargo, tras una gran cantidad de goles, llegó su momento. Un hijo del "Corralito" que puede ser un hombre fundamental en los destinos de la selección.

GIOVANI LO CELSO

El cuerpo erguido y la cabeza levantada. Giovani Lo Celso atravesó la mitad de cancha y, con solo un vistazo, observó que el arquero rival estaba unos metros adelantado. Analizó la siguiente acción en milésimas de segundo y no lo dudó. Lanzó un zurdazo que viajaba al arco, mientras la estirada del guardameta parecía tener el mismo destino de aquellas voladas que solo decoran la foto. Pero, cuando la antológica decisión del joven mediapunta podía convertirse en un golazo, el "uno" llegó a manotear la pelota, que pegó en el travesaño. Marco Ruben miró a las tribunas, sonrió y alentó a aplaudir a rabiar al pibe. Hubiese sido una acción que viajaría directo a los libros, sin embargo, por sobre cualquier cosa, pudo transformarse en la coronación perfecta de un partido extraordinario para el jugador. Porque su nivel en aquel gran clásico rosarino fue extraordinario, erigiéndose en la gran figura del triunfo.

Titular indiscutido del conjunto de Eduardo Coudet, había ganado lugar en Primera por demostrar, en sus incipientes participaciones, una clase distintiva. A partir de su zurda, cautivó al fútbol argentino desde un primer instante como enganche, esa función de la que escasean intérpretes. El Chacho formuló un estilo voraz, dinámico, audaz y competitivo, su equipo se arrojaba como un lobo hambriento en busca de recuperar la pelota, pero también disponía de jugadores que se asociaban con fluidez, y que trataban el balón con mucha pulcritud. Lo Celso supo domar la presión del Gigante de Arroyito, amasarla y transformarla en un elemento positivo, en el que nunca dejó de arriesgar y de crear ventajas para sus compañeros.

La zurda de seda del juvenil, que ya apuntaba muy buenas maneras en divisiones formativas, hizo que el entrenador lo juntase con Franco Cervi, a pesar de que jugaban en una misma parcela del campo. Pudieron convivir y darle incluso un mejor vuelo futbolístico al equipo, pues el ro-

sarino era más posicional y cerebral, y el nacido en San Lorenzo transmitía mucho vértigo y desequilibrio. A ellos se sumaron otros baluartes, como Javier Pinola, Damián Musto, Marcelo Larrondo o Ruben, el gran capitán. Cerca estuvo Central, tanto en el torneo local como en la Copa Argentina, de que el gran juego demostrado, esa ambición ofensiva y de fútbol alegre, se tradujera en resultados. La gente del Canalla volvió a ilusionarse con lo que brindaron los jugadores en la cancha, y se ilusionó desde un primer instante con Giovani.

Capaz de brindar asistencias milimétricas, de una pegada exquisita y una lectura de juego diferencial, GLC fue desparramando su talento, su magia, en cada campo de juego. Una vez que el cuero pasaba por sus pies, el destino de la jugada cambiaba, se hacía mejor. La cabeza pensante e intuitiva ayudó a que Central incluso mejorase su ideal de juego, que de primeras mostró sostenerse en la presión y el fútbol directo, y luego adquirió un matiz de mayor pausa y juego entre líneas. El enlace podía recibir en distintas zonas del campo, pero dibujaba pases como ninguno. Y, más allá de no contar con una gran velocidad física, sí la tenía en el poder de decisión, tras girar con el balón en los pies, protegerlo y soltarlo a sus compañeros.

Por si esto fuera poco, también exhibía su voluntad para hacerse con el balón tras la pérdida. Presionaba con la misma voluntad que los volantes. Empero, esto lo llevó a cometer algunas faltas y a llevarse tarjetas de diferente color, como la expulsión que lo dejó fuera de la final de la Copa Argentina, o la que lo retiró de los cuartos de final de Copa Libertadores, ante Atlético Nacional en Medellín. Aunque las virtudes de su pie izquierdo siempre marcaban la diferencia, la sutileza de su juego superaba la coyuntura, y la única duda que se posaba sobre su figura era si lograría trasladar semejantes condiciones al rigor del fútbol europeo.

Maduro en sus declaraciones, profesional absoluto para que nada lo obnubilara durante sus primeros compases de futbolista, Lo Celso manifestó en más de una ocasión que su intención de mejorar lo lleva a ser autocrítico. Mira los partidos que juega, analiza qué pudo cambiar en determinada circunstancia del partido, o cómo podría haber modificado la ecuación. De hecho, en muchas notas que dio a diversos medios de comunicación, mostró su poder de análisis del juego, sin detenerse en factores banales ni exteriores. Esa misma lectura y la tarea de observar nuevamente los cotejos lo lleva a expandir su juego, a absorber conceptos de un modo más preciso y veloz. Lo hacía en Central, club al que llegó tras formar parte del Club Atlético Jorge Griffa, y lo hizo una vez asentado en Europa. Tras sumarse al auriazul en 2010 y ser campeón en Sexta, Novena y Reserva, llegó el momento de pasar por encima del océano Atlántico.

Se adaptó de forma natural a la constelación de estrellas que armaron los petrodólares del Paris Saint-Germain, que dominó con puño de

hierro la competencia francesa. El rosarino necesitó un período natural de adaptación, pero la agilidad del fútbol europeo no representó ningún tipo de adversidad para su estilo. Dentro del 4-3-3 que empleaba Unai Emery en el equipo capitalino, jugó como interior por ambos costados, y mediante su toque preciso y visión de juego tuvo cada día más minutos en el Parque de los Príncipes. Junto a Ángel Di María, su ídolo de joven, quien lo había llamado antes del debut en Primera para desearle suerte, y Javier Pastore, Lo Celso se hizo figura, y el técnico ya no tuvo más remedio que darle la titularidad. No obstante, su función alternó.

Emery lo situó en muchas ocasiones como interior, para que diera rienda suelta a su capacidad de armador en la mitad del campo adversaria, pero también lo ubicó como mediocampista central. En la liga francesa, donde la superioridad del PSG era absoluta, Gio no mostró debilidades. Debía iniciar el juego, ser el primer pase, y rara vez era el encargado de interceptar algún contraataque. La historia tuvo su punto negativo cuando los parisinos visitaron el Santiago Bernabéu, por la Champions League. Lo Celso jugó como mediocentro ante Real Madrid y se vio desbordado, dado que su entrenador le había ordenado un trabajo que no estaba acostumbrado a hacer; su injerencia siempre fue mayor en los metros finales.

Aun así, logró hacer pesar su valentía y la sensibilidad de la zurda en el fútbol francés, donde ganó varios títulos. Uno de ellos fue la Copa de Francia, anotando el primer gol de la final. Tanto destacó que Jorge Sampaoli, que viajaba a la ciudad del arte para encontrarse con Di María y Pastore, en su agenda como entrenador de la Selección Argentina, debió sumar al joven. Lo Celso se hizo lugar con la camiseta albiceleste como un centrocampista moderno, hábil, capaz de ser esa pieza que renovase la mitad del campo. Se trató de una aparición fulgurante, nueva, que se sumó rápido a esa gran generación que se quedó casi sin aire, en su meritorio andar que acabó sin títulos. Tras conseguir la clasificación a la Copa del Mundo, se transformó en convocado asiduo para los amistosos.

Durante las giras previas al Mundial de Rusia 2018, el Monito jugó al costado del mediocentro, como iniciador, y a la vez se adaptó a ser un nuevo socio de Lionel Messi. Su calidad esperanzó a muchos, sin embargo no tuvo correspondencia durante el Mundial. Extrañamente, el timonazo del cuerpo técnico lo mandó al banco de suplentes, cuando todo hacía presagiar que era número puesto dentro del equipo. Lo Celso no jugó un minuto en tierras soviéticas, siendo que en los cuatro partidos el equipo casi siempre reclamó por un jugador de su tipo. Solo Sampaoli tiene la respuesta de por qué el exCentral no disputó ni un minuto en la cita, a la que llegaba como un talento ilusionante.

Una vez transcurrido el pesar de lo que sucedió en la Copa del Mundo, Giovani se transformó en uno de los claros representantes de una nueva

era en el seleccionado. Por la categoría y la clase que lo caracterizan y describen su forma de juego, está llamado a ser una pieza que juegue varios años con la elástica celeste y blanca. Esa posibilidad que no pudo aprovechar en Rusia, es la que disfruta, la que mereció. Al unísono, llevó su juego desde la liga francesa a la española, y también se encargó de que su firma en el Betis sea notablemente un paso adelante en su carrera.

Aquel niño que pateaba con su hermano menor Francesco (también jugador profesional) en el garaje de la casa, que creció y supo ser objeto de deseo de clubes como el Everton inglés antes de debutar en primera, apareció y sobresalió al poco tiempo en el fútbol argentino. Europa supo de él, y sus fantásticas condiciones encontraron sustento también en el Viejo Continente. Lo Celso, un joven llamado a trascender, y también a mostrar su talento en el seleccionado. En la búsqueda de esa chance que se le negó, sorpresivamente.

IGNACIO SCOCCO

Lejos está de ser definido por los cánones normales que distinguen a un centrodelantero goleador. Ignacio Scocco se aparta de esa caracterización que apunta a los artilleros como atacantes referencias, faros de un equipo, mortíferos en el área. Sale de la zona, aparece entre líneas o por los costados, crea siempre una línea de pase y ayuda a trascender al equipo. Nunca se limita a ser solo quien define las acciones que edifica el equipo, sino que se interioriza en ellas y les da mayor calidad y fluidez. Es uno de esos futbolistas que acumulan goles por naturaleza y calidad de definición, pero no es un delantero de área convencional. Las razones están en su posición cuando llegó a Newell's, a los 14 años, adaptado a jugar como enganche. Y ha conservado muchos recursos diferenciales de un 10.

Así como prioriza no quedarse estático y alternar asiduamente posiciones con otro compañero de ataque, sus cifras goleadores son asombrosas. Inmerso entre los 10 máximos goleadores del equipo rosarino en su historia, convirtió allí donde fue y a ello le agregó el talento que parte de su pie derecho. A la infinita capacidad de definición, en la que se toma casi siempre un segundo más para pensar, elegir un palo u otro o el sector más lejano al arquero, suma elegancia con el cuero en su poder. Un futbolista capaz de sentenciar al arquero con una gran variedad de recursos, pero también de aparecer en la sintonía del equipo, sin que ello merme su calidad de cara al arco.

Campeón con Newell's en 2004 y 2013, es el único jugador que formó parte de ambos equipos. El título conseguido con Américo Gallego y

el logrado por Gerardo Martino están en los libros de historia leprosos. Antes, entre medio y luego, Nacho dio vida a una trayectoria por diferentes sitios del mundo, y se hizo presente nuevamente en Rosario tras diferentes lapsos de tiempo. Cuando el cuadro del Tolo se consagró, el santafesino había debutado hacía poco tiempo; no tenía la titularidad asegurada, pero sí se adentraba en el colectivo que disponía de figuras como Justo Villar, Fernando Belluschi o Ariel Ortega. Pronto sus apariciones en la cancha se harían más continuas, en sus primeros días dentro del estadio Coloso del Parque.

Tenía 19 años por entonces, y hacía cinco que había llegado a la mitad rojinegra de la ciudad. Nacido en Hughes, a poco más de 100 kilómetros de Rosario, jugó en el club de su pueblo y luego partió al lugar donde hizo historia. Ni más ni menos. Tras un tiempo en el que se asentó en el primer equipo de NOB, jugó dos años en México y dio el salto hacia el fútbol europeo. Pese a que tuvo ofertas de ligas de primer nivel, no las aceptó en su momento. Más de una vez dijo que, en ese período de su carrera, priorizó destinos que le ofrecieron contratos que le posibilitaron una diferencia económica. Grecia fue el primer paso, aunque luego desestimó chances de España y pasó a jugar en Emiratos Árabes Unidos, una liga novel que no tendría similar nivel que las otras ni acapararía el mismo grado de atención. Pero se guardó un as bajo la manga, la oportunidad de salir a préstamo y regresar a Argentina al año de rubricar el acuerdo.

Mr. Fantastic fue el sobrenombre con el que lo adoptaron en lares helénicos, por la magia y fantasía con que esparcía sus dotes en el campo. El AEK de Atenas lo tuvo en sus filas durante un tiempo prolongado y fue figura en la ciudad capital, acumulando goles y deleitando a los aficionados. Sin embargo, un episodio negativo marcó su estadía allí, en el momento en que atentaron contra su casa. Arrojaron una bomba que produjo daños en el hogar, aunque no a él ni a su familia. Pese a que nunca llegó a esclarecerse lo sucedido, todo derivó en un grupo de ultras radicales del AEK, que unos días atrás había perdido por goleada de 6-0 la final de la Copa de la Liga frente al gigante Olympiacos. Aún con esa derrota a cuestas, Scocco se marchó de Grecia habiendo conseguido un trofeo, cuando se coronó también en una copa nacional.

Del otro lado del mundo, la experiencia en el Al Ain de los Emiratos fue diferente y le sirvió para enriquecerse, pero junto a su familia sufrió el desgaste de otra cultura. “En lo futbolístico, cuando uno va a un lugar así, se prepara para encontrar cosas a las que no está acostumbrado: ligas no competitivas, canchas con poca gente, pero lo que nos terminó de desgastar fue el día a día, las costumbres, la cultura. Son demasiado diferentes. Y eso que teníamos a Dubái cerquita. Pero hacía muchísimo calor, la gente vive en los centros comerciales, y nosotros, con mi mujer y mi hijo, hacíamos siempre lo mismo. Por mi forma de ser, a mí me gusta

moverme y conocer lugares, y la verdad que allá me aburría, más de un año no iba a aguantar", dijo años atrás, en nota con *El Gráfico*. Tampoco pudo con el Ramadán, en el que los árabes ayunan desde la primera hora del día hasta que se pone el sol.

Pero Martino aceptó su retorno y, junto a Scocco, se dio la vuelta de varios hijos pródigos de la institución. Gabriel Heinze, Maximiliano Rodríguez y Lucas Bernardi fueron, junto al delantero que se había consagrado menos de una década antes, quienes lideraron un equipo que jugó un fútbol de alto vuelo. Pese a las dificultades del promedio, que lo ponían contra las cuerdas, Newell's primero fue subcampeón de Vélez, y al torneo siguiente desplegó un estilo que lo hizo superior a todos. De esa manera, agregó otra estrella a su palmarés, jugando con mucha fluidez un fútbol vistoso, de sociedades, laterales profundos, interiores de muy buen pie y control casi total de la pelota. Fue acaso uno de los mejores equipos de la liga argentina en el siglo XXI, y abandonó la lucha de abajo por los puestos de vanguardia. Scocco, en aquella campaña, fue un hombre vital que agregó goles por doquier. Gran parte del ideal del equipo se sostenía en él y la Fiera.

La chance europea llegó nuevamente, cuando el Sunderland inglés lo contrató tras que Newell's arribara hasta las semifinales de Copa Libertadores y un pequeño paso no muy bueno por Internacional de Porto Alegre. Boca, a través de Carlos Bianchi, buscó sumarlo, pero rápidamente desechó la posibilidad. También River hizo las tratativas, aunque con el Millonario escribiría su propia historia tiempo después. Luego de unos pocos partidos en la Premier League, se dio otro de sus regresos al club de sus amores, en el que siempre se desató. El lugar que vio sus mejores delicias. Y NOB, ya lejos de los días de Martino, se encomendó a él, que una vez más fue la gran figura contrastada del equipo. Durante sus gloriosas estadías con la casaca negra y roja, hizo goles de cualquier color y variedad, acumuló dobletes, *hat-tricks* y sometió a muchos arqueros rivales.

Una vez que firmó para River, que tantos intentos había hecho antes para llevárselo, Ignacio Scocco se despachó con su fútbol. Convirtió en sendos superclásicos, uno de ellos válido por la final de la Supercopa Argentina, y anotó goles exquisitos. Varios quedan en las retinas de los hinchas, como aquel en que se sacó de encima a muchos jugadores de Olimpo, incluido su arquero, y definió con el arco libre. Una obra de arte. También había inscripto su apellido en los marcadores de octavos de final, cuartos y semifinales de una Libertadores, en la que no pudo llegar a la serie más importante. Al año siguiente, se tomó revancha y alzó el gran cetro continental, ante el acérrimo rival, pese a que no pudo estar en las finales por lesión.

Su clase y categoría, el talento añadido a la sangre fría de goleador, lo llevó a la selección. Jugó media hora, dentro de un Superclásico de las

Américas, la serie amistosa que se disputaba ante Brasil. Pero incluso esos 30 minutos bastaron para que deje su sello. Convirtió por duplicado en la Bombonera y forzó los penales, y allí también anotó el suyo. Durante el juego, hizo el primero mediante la pena máxima, y en el otro definió al segundo palo, cerca del final del partido. Argentina no pudo ganar en la tanda decisiva.

Ese delantero no convencional es el que preside Hughes Football Club, la entidad de su pueblo, con la camiseta que supo defender desde pequeño. Formó una Comisión Directiva con amigos y conocidos, y hoy manejan los hilos. Él, desde su lugar, ayuda en cualquier tiempo libre y consigue contactos, mientras la gente de la localidad lleva el día a día. En diferentes ocasiones, se ha visto a Scocco pintar la pileta del club, o vender choripanes en jornada de partido. Allí vuelve a encontrarse con sí mismo, es el pueblo el lugar al que siempre quiere volver. Incluso, se ha puesto al frente de distintas campañas en la zona desde el anonimato, como cuando ayudó a damnificados por inundaciones. Scocco es una personalidad que trasciende al jugador de fútbol. Esa persona que conjuga a la perfección aquello que lo define con la forma en que define, de frente al arco.

LIONEL MESSI

Analizar la carrera de Lionel Messi con paradas técnicas recurrentes significa comprobar cómo el crack vive reinventándose. Es la más pura evidencia de la manera en que siempre innova y da rienda suelta a su talento imperecedero e infinito. Más de una década y media al más alto nivel lo muestra en curva ascendente, por su comprensión absoluta del juego y su transformación, siempre progresiva, en un futbolista total. De aquel que siempre fue capaz de decidir por voluntad individual, al dueño colectivo del Barcelona, el club en el que marcó una era extraordinaria, desde el que se subió al estrado de los mejores futbolistas de la historia. Porque su juego ha regalado exhibiciones desde la más temprana edad, pero también lo ha hecho cuando comprobó que el paso de los años le proponía el increíble desafío de mantenerse en la cumbre.

Un juego de estaciones podría comprobarlo. Desde la posición iniciática de extremo derecho a su reconversión para comenzar a jugar por dentro, se halla la extraordinaria demostración de talento. Partiendo desde la banda, Messi trazaba diagonales hacia el área, desequilibraba por velocidad y una gambeta incomparable, y rompía defensas con una facilidad pasmosa. La intención usualmente era enganchar hacia dentro, centrar su posición, y así se acercaba al sitio del campo que más tarde conquistaría. Con una capacidad asombrosa para hallar los espacios y

moverse entre las líneas rivales, abandonó aquella concepción de extremo que desnivelaba por desequilibrio individual. Más allá de que siempre estuvo inmerso en un equipo, que él mejoraba sobremanera, llegó el momento de hacerse dueño, de liderarlo.

Fue Josep Guardiola el entrenador que mejor posibilitó su evolución en el campo, el que vio en el rosarino su increíble comprensión del tiempo y el espacio. Intuyó que tenía un diamante en bruto que le permitiría dominar el fútbol de clubes y, una vez centró la posición del 10, encontró la versión del jugador más determinante del siglo XXI. El argentino dibujó sociedades e interacciones precisas con Andrés Iniesta y Xavi, juntos rompían cualquier atisbo de defensa rival, y de esa forma lideró a uno de los mejores equipos de la historia. El Barcelona de Guardiola inscribió su nombre entre los equipos más prolíficos por su fútbol de jerarquía. Elevó la bandera del fútbol de posición, el pase como unión, mediante jugadores a distintas líneas y conexiones con brillante fluidez. Aquel equipo culé fue un deleite para los ojos del mundo.

El entrenador le dio al crack de Rosario las llaves del equipo, y el genio respondió de maravillas, en base a su talento siempre nuevo, nunca deteriorado. Guardiola lo contactó para que fuera una noche primaveral de 2009 a la ciudad deportiva del club, que ya estaba cerrada. En su despacho, Pep analizó horas y horas a su adversario del siguiente día, el Real Madrid en el gran derbi. Por fin dio en la tecla y llamó para que llegase de buenas a primeras a la oficina. Desde allí le explicó que lo pondría de inicio como extremo, pero que debería intercambiar roles con Samuel Eto'o cuando le diera una simple indicación. Existía un vacío entre centrales y mediocampistas madridistas que Lionel podría explotar con creces. Al otro día, despedazó al acérrimo adversario por el medio, dado que tomaba la pelota por detrás de los volantes y los defensores nunca sabían si quedarse o salir a buscarlo y abandonar su posición. Esa tarde nació un nuevo Messi.

Tomó la posta de Ronaldinho e hizo suyo al Barcelona. Su genialidad se hizo frecuente, cosa de todos los días, pero existe un factor mayúsculo que lo eleva y le asegura un lugar en la mesa de los más grandes genios del deporte. Messi ha sido, a medida que avanzó su carrera, un jugador fundamental en la evolución del juego, no solo de su equipo. El Barca escribió un modelo que muchos otros equipos intentaron replicar a lo largo y ancho del mundo, con poca suerte, y Messi fue el as de espadas en esa revolución táctica. Aquello provocó, asimismo, las respuestas de los competidores del equipo culé. El juego de tenencia del balón, que dominó la escena por años, fue mutando en uno más directo con el paso de los años. Pero siempre, más allá de cambios y dinámicas, reinó Messi.

Por genialidad, imaginación e inspiración, su talento es casi inigualable. Pulverizó cada récord, erigiéndose en un goleador de otra época, de esos que solo se veían en blanco y negro, y obligó a bucear por marcas olvidadas que también rompió. Dibujó golazos que marcaron época, regaló exhibiciones inolvidables en grandes noches de Champions League, su juego emocionó a muchos y su gambeta se hizo incontrolable. El genio domina desde la más absoluta inteligencia y capacidad cognoscitiva, porque tiene el juego en la cabeza y una velocidad de reacción mucho más rápida que la de los mortales, pero también por sus impredecibles fintas. El balón pegado al pie, el slalom impecable en velocidad.

Pulió aspectos como el cabezazo o su pegada en los tiros libres. Incluso, no faltaron los analistas que expresaron que, en un futuro, deberíamos explicarles a las generaciones venideras quién era Messi mientras mostramos sus golazos con el pie derecho, y manifestamos: "Estas maravillas hacía con la pierna inhábil". Siempre al tope de la élite, agregó conceptos al tiempo que añadió distinciones personales y títulos a su palmarés, convirtió goles inverosímiles, se trepó hasta lo más alto de la tabla de goleadores históricos del Barcelona y la selección. Y cuando muchos aseguraban una disminución de su talento por el paso de los años, el argentino mostró que nada estaba más alejado de la realidad, y supo cómo seguir en la cumbre. Ningún otro jugador ha sabido mantenerse tanto tiempo en el primer lugar del podio durante tantos años.

Las expresiones artísticas de su zurda dicen presente en cada asistencia, pegada o recurso técnico utilizado, en su ilimitada caja de herramientas. Muchas de sus poses en goles que marcaron un hito pueden ser el molde para futuras estatuas. Aquel notable futbolista que decidía individualmente, que pasó a gestionar cada ataque con socios de primer nivel en el centro del campo del Barcelona, desde el rol del falso 9, se transformó luego en un jugador imparable a la carrera. Dentro de un Barcelona que abandonó el ideal de la posesión y se transformó en uno más contragolpeador, Leo fue exquisito al atacar con balón dominado, pero también al lanzar. Con el tiempo, merced a su comprensión absoluta del juego sin fecha de vencimiento, se erigió en un estratega. Y es tan decisivo cuando su equipo lo acompaña como cuando debe emerger en soledad.

El crack introspectivo, ese que muestra poco sus emociones y al que muchas veces se lo vio caminar en la cancha, no necesita de una actividad constante y eléctrica para desatar el vendaval de su magia. "¿Sabéis por qué Messi puede jugar 55 o 60 partidos por temporada? Porque juega como su cuerpo le invita a jugar, caminando. Porque caminando mira, se para y piensa: 'Ahora pasará tal cosa'. Y los demás aún no hemos visto eso que ocurrirá dentro de 30 segundos. Él sí lo ve", aseguró Lorenzo Buenaventura, preparador físico del cuerpo técnico de Guardiola, en un congreso mundial de entrenadores desarrollado en Sevilla.

Messi nos acostumbró a la rutina de lo extraordinario, a que debamos sumergirnos en los diccionarios de la RAE una y otra vez para describirlo con nuevos adjetivos. Sin embargo, a la vez que el rosarino terminó

con cualquiera de nuestras descripciones, también nos enseñó con sus fantasías en la cancha que las palabras solo trivializan su arte. O, como señaló Ezequiel Fernández Moores en un artículo en que llama a disfrutar de la contemporaneidad con el genio, lo banalizan. El 10 regala emociones cada fin de semana y, como si se tratase de un programa de "Pasapalabra", llama a buscar nuevos apelativos, que al fin y al cabo solo servirán para acompañar los videos. Porque el astro de estos tiempos es, quizás, el único de los más grandes futbolistas de la historia del que todo está documentado. En el futuro, toda su magia se podrá ver en video.

Objeto de estudio de científicos y psicólogos, su excelso talento parte de la intuición, de conocer con antelación qué ocurrirá en los siguientes instantes del juego. Dentro de un contexto de equipo, Messi siempre destacó por encontrar soluciones eficientes a cualquier dificultad que se le manifestase. La psicoanalista Rosa Coba escribió sobre el genio, en la revista digital española *The Tactical Room*: "Creo que una de las cualidades más excelentes de Messi reside en llegar antes que los demás a la realidad que propone el juego, y para ello pone al servicio del mismo, de un modo extraordinariamente eficaz, su 'libertad' como forma de interacción y aprendizaje, como forma de comunicación propuesta, de manera que da rienda suelta a su inteligencia interpersonal, elevando a categoría de arte la capacidad de interpretar sobre el rectángulo de juego".

El escritor español Martí Perarnau supo definirlo como "la fiera corrupia", en una nota periodística que data de 2015. "La fiera corrupia, decía Pío Baroja, tenía siete cabezas, diez cuernos, forma de dragón y apariencia de ser la Bestia del Apocalipsis. Messi es eso y más. Es un loco desatado (...) Su propio equipo se rinde como tal para pasar a ser una alfombra del propio Leo". Andrés Burgo, periodista argentino, fue muy ingenioso para contrarrestar a cualquier crítico que todavía exista sobre el futbolista, a pesar de que el 10 ha ido arrasando con ellos a medida que su avanzó su carrera. Lo hizo en la red social Twitter, aludiendo a que "los periodistas deportivos que critican a Messi en la selección o por dos partidos sin hacer goles, es como que los periodistas científicos critiquen a Einstein porque después de la teoría de la relatividad 'empezó a robar y no hizo nada más'".

Ambas aseveraciones sirven para enlazar al jugador, el mismo que dominó el planeta fútbol por mucho tiempo con mano de hierro, con su período en la Selección Argentina. Siendo uno de los rostros principales de las tres derrotas en fila en finales (sumada a aquella primera de Copa América 2007), cualquier análisis puede estar contaminado. No obstante, Lionel Messi lideró una generación fantástica que se construyó a sí misma, que se sobrepuso al descuido dirigencial, que supo llegar a tres definiciones aun cuando no existía más proyecto que la categoría y clase de los jugadores del plantel. En su condición del mejor, se le reclamó con lógica que su magia emergiera aún en contextos desfavorables, y las objeciones a sus actuaciones estuvieron a la luz del día, pero no menos cierto es que el rosarino nunca tuvo en el conjunto albiceleste esa alfombra de la que habló Perarnau.

Campeón del mundo con el sub 20 tras debutar en un amistoso armado de apuro, con el fin de que debutara en el combinado nacional y no lo robara España, probablemente Messi se vio superado por las presiones y esa fue la causa de sus dos renuncias al seleccionado. Pero siempre volvió, porque su energía y ambición por jugar y ganar es imposible de dimensionar. La trayectoria en el seleccionado tuvo imágenes muy recordadas, más allá de las sendas derrotas en finales. Una de ellas es la de un joven Lionel sentado en el piso, al lado del banco de suplentes, mascullando bronca por la eliminación y por no haber entrado ante Alemania, en el Mundial 2006. En otra, se lo ve celebrando los goles y su gran nivel en la primera fase de la Copa del Mundo 2014, cuando fue clave para acceder a octavos de final. El rendimiento desde esa instancia de cruces directos no fue el esperado. La última gran diapositiva lo ubica en Quito, en una noche apoteósica en la que dio la clasificación, con un *hat-trick*, al Mundial 2018.

Ese muchacho que se reinventó, cuyo talento es infinito, es el mismo que peleó por su sueño desde muy joven, cuando se inyectaba, con una convicción de acero y la meta de llegar a ser jugador profesional, las hormonas de crecimiento. Un joven que pasó más de la mitad de su vida fuera de Argentina, pero que no por eso perdió modismos y costumbres del país que lo vio nacer, y más que nada del lugar en que nació. Siempre vuelve al lugar al que pertenece, esa ciudad que le quitó el sueño en una publicidad, el sitio que siempre lo adoptó como propio. Progresivamente, la identificación del inmenso jugador con su país se fue dando de modo uniforme, pese a que había salido desde muy joven hacia tierras catalanas. La municipalidad de Rosario, de hecho, elaboró un recorrido que muchos turistas trazan, en búsqueda de conocer cada historia de su infancia.

Las Heras, barrio del sur rosarino, fue donde creció, en donde dio las primeras patadas a la pelota y se cansó de pedalear su bicicleta. Abanderado Grandoli, un club pequeño de la zona, resguardó sus primeras pinceladas. Acompañado por su abuela, con solo 4 años, se hacía incontenible para niños más grandes. En la ciudad ya se hablaba de un joven único, que todos debían ver para corroborar de lo que era capaz. Ernesto Vecchio fue su primer entrenador, en la llamada "Máquina del 87" de Newell's, un equipo que se cansó de apabullar rivales. De NOB pudo haber saltado a River, pero ninguno de los clubes argentinos tuvo cómo costear el tratamiento de crecimiento que Leo debía realizar. Barcelona lo protegió, Carles Rexach le hizo firmar un contrato simbólico

en una servilleta, y el argentino pronto causó un asombro gigantesco. Luego, con Gerard Piqué y Cesc Fábregas, dieron vida a un gran equipo juvenil. Hasta que llegó el momento de irrumpir en la élite.

Goleador por naturaleza y futbolista total, actualmente es imposible encasillarlo en una posición específica. Fue extremo, mediapunta, interior, centrodelantero y falso 9, pero por sobre todas las cosas, un futbolista que sabe mejor que ninguno qué espacios de la cancha ocupar. Su talento no tiene fecha de caducidad, y es por eso que la curva siempre va en línea ascendente, aun cuando va quitando hojas del calendario. Un fuera de serie, al que no le es necesario un Mundial para situarse en la mesa de los gigantes.

Capítulo 3.

LOS QUE NO LLEGARON

La horda de talento rosarino acarrea un sinfín de nombres, como si fuera un pañuelo de esos que un mago saca de la galera y que, incomprensiblemente, nunca se acaba. Muchos de aquellos que reescribieron la historia tienen su lugar, junto a su obra, en páginas posteriores o anteriores a la que usted está leyendo en este preciso instante, pero también están aquellos apellidos que ilusionaron por su esplendor en el comienzo y luego no llegaron a cumplir con las expectativas. Son los que causaron asombro y desnudaron las sensibilidades de los fanáticos, aunque se quedaron en una infinita promesa de explosión.

Qué es llegar y qué no es llegar puede ser una cuestión subjetiva, ya que parte del propio propósito del protagonista. Puede que la meta de un futbolista sea alcanzar el liso y veloz césped de los estadios europeos, firmar sus mejores partidos en la selección y llevar su nombre a lo más alto. Para otros, esa expresión que alude a alcanzar una aspiración máxima es llegar a jugar en Primera, o hacerlo en el club del cual uno es hincha. Uno de ellos fue Tomás Felipe Carlovich, un hombre cuyos dotes con el balón eran excelsos y podrían haber eclosionado en los más grandes equipos, pero decidió quedarse en Central Córdoba. Para él, jugar en el Gabino Sosa era haber llegado. Ni más ni menos.

Aquí acentuaremos la premisa en los jugadores que irrumpieron con esplendor y fueron elogiados sobremanera, más allá de que tanto la opinión pública como la publicada muchas veces eleve en demasía la perspectiva. Algunos nombres pueden inclinar la balanza, y hasta puede ser un juego que atrae a los futboleros, recordando viejas y fulgurantes apariciones con las que algún día soñaron. Asimismo, es bueno refrescar la memoria, porque nadie olvida a quien lo ilusiona, a pesar de lo que sucediese luego. Las causas y el porqué no se dio ese ascenso que mu chos esperaban de los nombres que trataremos a continuación, pueden estar asociados a factores internos y externos. Es decir, elementos que dependen pura y exclusivamente de uno, y otros no tanto.

Las presiones juegan su papel preponderante en muchas ocasiones, y eso hace que el clima que obliga a cumplir tal requisito dentro del campo cree condicionamientos intrínsecos. Esto se incrementa teniendo en cuenta la pasión con la que se vive el fútbol en la ciudad. En el punto contrario, las decisiones en determinados momentos determinan el rumbo y en el pulso acelerado de la Primera División el apuro prima. Las prisas no suelen ser buenas consejeras, y la mayoría de las veces no hay caminos alternativos. Como sea, la intención no es hurgar en las razones, sino profundizar en cuál fue el mejor momento deportivo de unos y otros. Hay varios nombres, algunos analizaremos puntualmente, y otros de manera más relativa y abreviada.

Uno de los casos testigos fue el de Federico Laurito, que salió de las inferiores de Newell's y, sin escalas, pasó al Udinese italiano. Sus muy buenas actuaciones vistiendo la camiseta de la Selección Argentina en las divisiones juveniles tuvieron preponderancia en la realización del pase. No llegó a jugar ni un minuto en Primera y era uno de los chicos con futuro más promisorio allá cuando promediaba la primera década del siglo XXI. Los primeros flashes lo abordaron cuando convirtió un golazo de taco en un cuadrangular amistoso sub 17 disputado en San Luis, ante Nueva Zelanda. Unos meses después, jugó el Sudamericano, aunque el sueño se acabó en plena competencia, cuando se rompió los ligamentos de la rodilla derecha. Las lesiones minaron su camino.

Coleccionaba goles en las inferiores leprosas, mientras con la casaca albiceleste jugaba con Gustavo Bou y Maximiliano Oliva en el equipo que dirigía Miguel Ángel Tojo. Centrodelantero potente y gran definidor, los primeros compases en el país de la bota no fueron auspiciosos y empezó a saltar de un equipo a otro, al punto de formar parte de cinco clubes italianos cuando solo tenía 21 años. La posibilidad de jugar en Rosario quedó atrás, de hecho solo volvió a Argentina para estar unos meses en Arsenal, institución en la que no encontró continuidad. Sí puede decirse que Ecuador fue el lugar donde mejor nivel mostró, habiendo actuado en seis equipos y alternando entre Primera y Segunda División. También jugó en la Segunda de Chile. Fue en la Universidad Católica de Quito donde más destacó, allá por el 2013, en una trayectoria marcada por los golpes en sus rodillas, esos que quizá fueron la verdadera dificultad para trascender.

Juan Pablo Raponi, por su lado, había destacado en un Superclásico jugado en Miami, mientras en la otra punta del mundo se jugaba el Mundial de Corea y Japón 2002. River le dio vuelta el partido a Boca en los minutos finales y uno de los goles, el que selló el triunfo, lo convirtió el nacido en la localidad de Álvarez, que desde aquel momento comenzó a reclamar mayor participación en el primer equipo. Pero por delante de él estaban Andrés D'Alessandro y Daniel "Hachita" Ludueña, por lo que hacerse con el lugar del enganche era poco menos que una quimera. Zurdo, habilidoso, gambeteador y de buena pegada, se fue diluyendo a medida que pasaron los años. Sin embargo, según explicó en palabras a *La Nueva*, un medio de la ciudad de Bahía Blanca (donde jugó para Olimpo), no fue sencillo adaptarse a River, adonde llegó desde Unión de su pueblo natal. "Muy difícil, hasta el día de hoy no sé cómo aguanté. Cuando tenés 15 años, nadie te da bola, vivís en una pensión y no hay un peso ni para hablar con tus familiares", aseveró.

De personalidad arisca, en la misma entrevista se confesó como "asqueroso", puesto que no le gusta brindar entrevistas ni mostrar un costado extrovertido. Más bien, siempre le gustó hacer la suya y establecerse como la antítesis del futbolista cuyos actos aparecen en cualquier plataforma digital. "No soy de esos que hablan todos los días. Tampoco me gusta opinar después de un partido. Si me dicen que Raponi es un asqueroso, me la banco. Soy cerrado, fastidioso, por eso no me gusta lo que rodea al fútbol". Lo cierto es que, sin lugar en el elenco millonario, pasó por Banfield, Instituto y el equipo aurinegro del sur de Buenos Aires, además de haber sido contratado por equipos menores de España e Inglaterra (llegó allí porque Ramón Díaz era mánager del Oxford United) y jugar en Chile, Ecuador y Paraguay. Los destellos de su zurda nunca resplandecieron y no pudo justificar los requerimientos de aquellos que lo pedían con inmediatez entre los titulares de la banda roja.

Hay dos casos similares en torno a Newell's y son los nombres propios de Damián Steinert y Lucio Cereseto, que debutaron con Américo "Tolo" Gallego en aquellos días que el equipo cerró con el título local de 2004. El primero de ellos fue un atacante hábil, vertiginoso, que llamaba continuamente la atención por su cambio de ritmo sobre las bandas. Se presentó en el torneo anterior al de la coronación, aunque nunca alcanzó el nivel de titular indiscutido. Tras haber formado parte de un sub 17 que dirigía Hugo Tocalli, sus esperanzadores desbordes se mezclaron con la ineficacia en las resoluciones, y su nivel fue mermando. Las lesiones lo golpearon, una tras otra, y tampoco alcanzó el rendimiento deseado en Racing, club al que arribó por pedido de Ricardo Caruso Lombardi.

"Cuando aparecí en Primera se habló muchísimo de mí. Y yo no estaba bien parado. No soportaba la situación, la presión. No era fácil. Yo recién maduré a los 21 años. Las lesiones fueron un factor que me complicó mucho cuando estaba en mi mejor momento. Llegué a pensar que nunca me iba a levantar", dijo alguna vez. Aun así, llegó a jugar Champions League, en el Bursaspor turco, y más tarde volvió a las tierras entrerrianas donde había dado sus primeros pasos en una cancha. Primero, Atlético Paraná le cerró la puerta tras unos días de pretempo-

rada, después de un largo tiempo de inactividad, y acabó firmado con Sportivo Urquiza, el club de sus raíces.

Cereseto, asimismo, tuvo su período en NOB y marcó un gol que les permitió a los rojinegros clasificarse a la Copa Sudamericana, mas nunca logró asentarse en el primer equipo y rara vez pudo ocupar el puesto que defendía Iván Borghello. Ariel Ortega, que por ese entonces fue pieza fundamental del campeón, aseguró que Lucio tenía un juego parecido al de Hernán Crespo. Lejos de encontrar regularidad, se desenvolvió en B Nacional, B Metropolitana y las profundidades del ascenso italiano. El delantero alcanzó sus mejores días en Coronel Bolognesi, de Perú. No pudo trasladar a la élite la fama de goleador fino que se había ganado en sus primeros compases con el balón.

Por último, Guido Di Vanni saltó desde ADIUR, el humilde club de la ciudad al que había llegado luego de no tener lugar en las juveniles de Rosario Central, a Banfield. Tenía 17 años y pensó que el tren para ser futbolista profesional había pasado, pero logró superar una prueba y comenzó a jugar en la Reserva del Taladro. Moldeó su pequeña figura física para ascender al primer equipo, e incluso formó parte desde las sombras del equipo que ganó el título local del 2009. Contrariamente a lo que sucedía antaño, ya no era tan menester pasar por uno de los dos gigantes rosarinos para trazar un camino profesional. Más tarde, tomó rumbo hacia otros clubes argentinos y se erigió como uno de los mejores delanteros de la liga paraguaya.

En el medio, actuó seis meses en Bulgaria, pero jugando en el fútbol guaraní la estima de los hinchas fue creciendo. Lo hizo bien en Sportivo Luqueño (primero se salvó del descenso y luego jugó en el ámbito internacional) y fue traspasado a Independiente Santa Fe de Colombia, tras anotarle un gol en semifinales de Copa Sudamericana. El joven criado en barrio Refinería se transformó en un jugador trotamundos, ya que amplió el catálogo de clubes en Paraguay mientras aumentó las cifras goleadoras, desde la demarcación de centrodelantero. “Estoy muy feliz con mi carrera. Tuve momentos lindos y otros no tanto, pero así es el fútbol. No todos podemos ser Messi “, aseguró en una entrevista con la web de la Asociación Rosarina de Fútbol, al mismo tiempo que no pierde la ilusión por tener revancha en Central.

Los nombres que siguen a continuación son más conocidos por el común de la gente, pero sus historias son muy particulares y merecen ser contadas. Desde el Trinche Carlovich a Juan Carlos Lescano, de Pablo Vitti a Cristian Colusso, de Gustavo Rodas a Diego Quintana. Cada caso tiene su particularidad y conviene ahondar en ello. Lógicamente, con el respeto que merece cada trayectoria y los extraordinarios esfuerzos familiares y de cada uno.

TOMÁS FELIPE CARLOVICH

La ciudad de Rosario conserva un aroma que parece hacerla eterna, producto de la intensidad y pasión con que se vive el deporte. Una suma de talentos reconocidos ha emergido desde allí, contando desde César Luis Menotti hasta llegar al súmmum con Lionel Messi. Sin embargo, uno de ellos acaparó todas las miradas en su época y fue una leyenda que pronto se convirtió en mito, habiendo jugado apenas dos partidos en Primera División.

Parado como centrocampista, Tomás Felipe Carlovich deslumbró a propios y extraños con la camiseta de Central Córdoba en las décadas del 70 y 80. Era un jugador de ritmo cansino, pero con una clase magistral. Capaz de proteger la pelota como nadie, hacía imposible el propósito de los rivales por querer arrebatarle el balón. Su capacidad con el esférico en los pies era infinita, tanto que existían adversarios que no salían a buscarlo por miedo a quedar ridiculizados.

Con el equipo Charrúa consiguió un ascenso de la C a la B, aquella que por entonces era la Segunda División. De todos modos, su llegada al club se dio posteriormente a jugar tan solo un encuentro con Rosario Central. Según cuenta Carlovich, el cuerpo técnico le había prometido la titularidad tras un juego con Los Andes y, al no cumplir con la palabra, decidió irse perdonando una deuda que el club poseía con él. Un futbolista que unos meses antes había tomado el mismo rumbo le aconsejó llegar a Central Córdoba y en el primer amistoso que disputó convirtió dos goles. Fue el puntapié de una carrera que lo convirtió en ídolo. “Para mí, el club es muy importante, y hablo de la camiseta, no de la dirigencia. Me dio la posibilidad de mostrarme, hacer lo que a uno le gustaba”, señala.

Dueño de una gran pegada y capaz de dar asistencias milimétricas, atraía masivas cantidades de público que buscaban ver sus condiciones. El estadio Gabino Sosa completaba sus lugares horas antes de comenzar el partido. “Hoy juega el Trinche”, se repetía en la ciudad. Es que Tomás Felipe es el Trinche, desde joven, y se lo conoce casi exclusivamente por ese sobrenombre. El apodo no tiene razón de ser, ha explicado Carlovich, pero le quedó después de que un amigo le dijera así por primera vez en su juventud.

Fue en los campos cercanos a su casa donde comenzó a despuntar una técnica inmejorablemente depurada. Creció en el barrio Belgrano, donde las calles eran de tierra, rodeadas de zanjas. En los potreros de la zona jugaba descalzo y transcurría horas con la pelota junto a sus amigos. Fue el menor de siete hermanos, hijos de un yugoslavo que inmigró en 1929 a la Argentina y que trabajó instalando tuberías y caños en Rosario. Pronto alcanzaría las divisiones formativas de Central

y acabaría en un equipo de Tercera. Nadie comprendía cómo se podía dejar en libertad de acción a semejante proyecto de futbolista. Hoy en día, el Trinche se define como "uno más del montón", con el objetivo de esquivar los halagos. "Tuve la suerte de estar rodeado de grandes jugadores", dice.

La humildad lo caracteriza. Cuando se le nombra alguna gran jugada que pudo haber hecho, opina que fue por casualidad. Y el pudo haber hecho es porque en la ciudad se ha agigantado el mito de su figura, pero no existe ni un registro fílmico de sus acciones -solo una acción mínima en una película nacional-. Sí hay recortes periodísticos y contadas fotos de su época en las canchas, pero no se han hallado vídeos que comprueben su forma de jugar. Aquellos que lo vieron dicen que fue el Maradona del Ascenso, pero él mismo prefiere dejar de lado la comparación: "Qué voy a ser como Maradona yo. Tal vez se dio por el estilo de uno, el zurdo siempre parece que fuera distinto a los demás". Diego Armando firmó con Newell's en 1993 y recibió el saludo de un periodista agradecido de que llegase a su tierra el mejor de todos los tiempos. El 10 contestó: "¿Qué me dice? Si el mejor jugador vive en Rosario y es un tal Carlovich".

Marcelo Bielsa llegaba al estadio de Central Córdoba para verlo jugar cada fin de semana que el equipo hacía de local. También José Pekerman se acercaba a observar su elegancia, y hasta ha dicho que fue el jugador más maravilloso que vio. Pero no fueron los únicos: por caso, Menotti apuntó que Carlovich tenía ese gen rosarino que hoy Messi exhibe al mundo y Jorge Valdano señaló que el volante central era el símbolo del fútbol romántico.

Pelo largo, barba, medias bajas y la ausencia de canilleras caracterizaban al Trinche, que tuvo cuatro períodos en la institución de sus amores y en el medio salió a diferentes regiones del país. Era querido incluso por su aspecto despreocupado, por su ambición de solo querer divertirse en un campo de juego. En Independiente Rivadavia, de Mendoza, fue apodado El Gitano, pero con el paso de los partidos se lo conoció como El Rey. Solo abrochaba el último botón de su camiseta y jugaba con el pecho al aire. Durante su estadía en aquella provincia jugó también en el equipo Andes Talleres de Godoy Cruz y venció al Milan de Franco Baresi y Gianni Rivera en un amistoso, disputado en el estadio Islas Malvinas.

No obstante, su corazón le obligaba a retornar a su lugar de origen. Por eso mismo, siempre que finalizaba un encuentro, tomaba el avión de regreso a Rosario. Existe la historia de que no llegaría al ómnibus de vuelta si jugaba un partido entero en Mendoza, por lo que se hizo expulsar con el fin de llegar con tranquilidad a la estación. Así, firmó contrato con Colón de Santa Fe, a tan solo un par de horas de su hogar, pero las lesiones solo le permitieron volver a jugar un cotejo en la máxima categoría. Desde el cuerpo técnico no creían que se había lastimado, lo consideraban una excusa para regresar a Rosario. De cualquier manera, en una junta médica, mostró su pierna negra y se enojó con la directiva. Sin más, decidió poner fin a su contrato y volver al Charrúa, donde pudo subir nuevamente a la Segunda División.

Era poco apegado a los entrenamientos y a la intensidad. No necesitaba ser rápido, puesto que la velocidad de su cabeza y su técnica eran dominantes. El escritor uruguayo Eduardo Galeano llegó a definirlo así: "Sometido a disciplina militar, sufre cada día el castigo de los entrenamientos feroces y se somete a los bombardeos de analgésicos y a las infiltraciones de cortisona, que olvidan el dolor y mienten la salud. En las vísperas de los partidos importantes, lo encierran en un campo de concentración, donde cumple trabajos forzados, come comidas bobas, se emborracha con agua y duerme solo". Hombre solitario, gustaba de cambiarse en la utilería y no en el vestuario, junto a sus compañeros.

"Antes, debíamos cuidar los botines como si fueran oro. Ahora, los jugadores salen a la cancha, miran para arriba y, si está nublado, van y le dicen al utilero 'dame estos botines que está nublado'; está lloviendo, 'dame para la lluvia'", expresa en la actualidad, conservando el aspecto que tenía 30 años atrás con el considerable paso de los años y una operación de cadera que acarrea.

Dos meses antes de la Copa del Mundo de 1974, el seleccionado argentino viajó a Rosario para disputar un amistoso de preparación contra un combinado de la ciudad. El estadio de Newell's, en el Parque Independencia, estuvo repleto de público y vio la manera en que el equipo rosarino venció 3-1 al nacional con una actuación colectiva descomunal. Fue un baile, se animan a asegurar aquellos que vieron los 90 minutos. Y en la cancha, Carlovich hizo de las suyas: cinco futbolistas de Central, cinco de Newell's y el jugador de Central Córdoba, desconocido para el ambiente nacional y de quien apenas aparecían artículos del periodismo de su zona.

Durante el primer tiempo, fue la máxima figura. Llegó a tirar un caño de ida y vuelta, jugada que patentó, en la que pasaba la pelota entre las piernas de su rival y, cuando este regresaba, volvía a hacerlo. Igualmente, desvía el foco para no ser el centro de los elogios. "Se comentan un montón de cosas, en la cancha había 30.000 personas y parece que hubiera habido dos millones. Son partidos que salen, distintos, rodeado de grandes jugadores tenés la obligación de jugar muy bien. Al lado de (Mario) Kempes, (Mario) Zanabria, (Alfredo) Obberti, (Mario) Killer, (José Luis) Pavoni, tenía que hacer las cosas bien".

El descanso del enfrentamiento aportó el primer mito. Se dice que Vladislao Cap, entrenador de Argentina, solicitó a Carlos Timoteo Griguol y Juan Carlos Montes, técnicos del combinado, que quitaran del campo a ese flaco que destacaba para poner fin a la contienda y que no acabara todo en un papelón. Tiempo luego, Menotti aseguró que pudo

haberlo llamado para el Mundial del 78, pero las lesiones de Carlovich en Colón le jugaron una mala pasada. César Luis, quien acabó obteniendo la Copa en ese año, tuvo su opinión sobre el 5: “Fue uno de esos pibes de barrio que desde que nacen tienen un solo juguete: la pelota. Su técnica lo convirtió en un jugador completamente diferente. Pero en su carrera no encontró reservas físicas que sostuvieran todas sus condiciones técnicas. Además, desafortunadamente, tampoco tuvo a nadie que lo acompañara y lo comprendiera”.

Llegaron ofertas para viajar al exterior. El New York Cosmos de Pelé pudo ser su destino, aunque finalmente no fue. También hubo ofrecimientos de equipos europeos, pero él mismo manifestó en una oportunidad que jugar para Central Córdoba era como hacerlo en el Real Madrid. “A lo mejor no se me dio”, dice intentando encontrar un por qué á la cuestión.

Puso fin a su carrera profesional a los 37 años, más allá de que continuó actuando para equipos de ligas locales. Trabajó como albañil junto a su hermano, buscando un nuevo sustento, puesto que el fútbol no le otorgó las ganancias para lograr vivir de ello.

A sus más de siete décadas de vida, pasea con su bicicleta por las calles de Rosario y no hay quien no lo conozca. Cada día que pasa, el mito se hace más grande. Empero, asegura con honestidad que se han inventado muchas historias acerca de él. Gusta de mirar fútbol y algunos fines de semana llega a los estadios para observar a Central, Newell's o al conjunto que lo vio crecer, un equipo que busca con tenacidad el ascenso a la Tercera División. Fue entrenador hace casi un lustro, pero la conclusión fue no volver a trabajar de ello. Prefiere disfrutar del fútbol desde otro lugar, rodeado del afecto de una sociedad que lo ama y lo respeta.

CRISTIAN COLUSSO

A Cristian Colusso se lo recuerda con la nostalgia de lo que pudo ser en las entrañas del Gigante de Arroyito. Su talento había emergido con fuerza a mediados de la década del 90, consiguiendo un lugar entre los titulares poco tiempo después de su debut. La calidad de su zurda encandilaba a propios y extraños, mientras los hinchas de Rosario Central se deleitaban cada fin de semana con el talento del delantero. Solo tenía 17 años cuando le llegó el momento de saltar al elenco principal, aunque pronto dio una respuesta positiva y se afirmó en el primer equipo.

Por aquel entonces, el entrenador era Pedro Marchetta y en el Canalla jugaban futbolistas de gran talla y que marcaron historia con la casaca auriazul, como Federico Lussenhoff, Omar Palma y Cristian "Kily" González. Colusso había disputado un solo partido en Reserva y pudo saltar directamente desde la Sexta división a la Primera. Ingresó en Caballito durante una visita a Ferro y tuvo su noche brillante ante San Lorenzo, también fuera de casa, cuando anotó un doblete. Ya comenzaba a generar ilusión en los hinchas.

Dueño de una gambeta envidiable, tenía una gran variedad de recursos técnicos. Era capaz de desairar a cuanto rival se le pusiese en el camino, y con su zurda creaba ventajas continuamente para que sus compañeros sacaran provecho. Aún queda en el recuerdo su gran actuación en la Bombonera, cuando le hizo un caño a Néstor Fabbri que provocó el asombro de los presentes. Atrevido y valiente, llevaba su talento hasta donde lo imaginase, sin temores, al punto de que cada día tenía mayor lugar dentro del conjunto centralista. Eran tiempos en los que el equipo rosarino crecía, preparado para ubicarse en los primeros planos.

El buen rendimiento que mostró fue motivo para su convocatoria al Sudamericano sub 20 de Bolivia. Llevó sus virtudes al estadio Hernando Siles, de La Paz. "Fue el primer campeonato de José Pekerman, que después sale campeón del mundo en Qatar en 1995. A mí no me dejaron ir Central y Marchetta a aquel Mundial, porque yo era titular en el equipo. También iba a ir Marcelo Gallardo y yo iba a ser su suplente. Central dijo 'si va a ser suplente, que se quede acá'. Luego, Gallardo no fue. Jugué la clasificación para ir a Qatar. Estuve en sub 17 y sub 20, no así en la sub 23", cuenta.

Llegó Ángel Tulio Zof a Central y la importancia de Chiri dentro del equipo fue aumentando. Bajo el paraguas protector de uno de los grandes docentes que tuvo los bancos de suplentes de la ciudad, siguió su período de evolución. El club alcanzó su etapa de esplendor cuando obtuvo la Copa Conmebol, su único título internacional, logrado tras una remontada épica como local. Posteriormente a caer 4-0 ante Atlético Mineiro en Brasil, ganó por la misma diferencia en el estadio ubicado sobre el boulevard Avellaneda. Colusso, que había ingresado en el segundo tiempo, falló su penal en la definición, puesto que el arquero Taffarel logró desviarlo. De todos modos, el temor pronto se disipó cuando la serie se resolvió a favor.

Cristian viaja al pasado, a aquella final histórica, y rememora. "Fue uno de los partidos más exigentes que tuvimos, sobre todo en lo mental y lo físico. Para remontar un resultado así, tenés que correr el doble que el rival. Había muchos jugadores que estaban cansados y no querían patear en la definición. Zof tenía un concepto muy bueno de mí y, cuando me ofrecí, me dijo que sí. Fui voluntario en un momento en el que nadie quería patear. La idea era asegurarlo, fuerte y al medio, aunque salió al revés, despacito y al costado". Nombres como los de Roberto Bonano, Horacio Carbonari, Eduardo Coudet, Ángel "Vitamina" Sánchez, Cristian

Daniele, Rubén Da Silva o Martín Cardetti también fueron parte de aquella consagración.

Tras dos años en Rosario, en los que cautivó a los fanáticos, llegó el momento del gran desafío y la transferencia a Europa. Las producciones fotográficas que lo tenían como protagonista en las calles rosarinas lo mostraban como el niño que se divertía jugando, por ejemplo, hay una en la que se lo ve bajando por un tobogán. Pero no todo iba a ser color de rosas y el camino que auguraba un futuro alentador en el Viejo Continente mutó en una realidad triste de la que le costó escapar. El trasfondo de su firma en el club andaluz estuvo teñido por problemas contractuales y de dinero, puesto que las cifras que trascendieron de un lado y otro fueron sumamente distintas.

"Ya llevaba dos años en Central, había salido campeón y jugado en juveniles y sub 20. Los pasos eran esos, ir a Europa era lo que todo jugador quería. Dos más dos, cuatro, siempre es así. Tenía muchas ganas de irme", afirma Colusso, que vio obstaculizado su sueño de triunfar en los grandes estadios. Salió de Central después de que un grupo empresario comprara su pase en 500.000 dólares, pero lo vendió unos días luego en 1,7 millones de la misma moneda. Sevilla intentó investigar qué sucedía con el dinero que exhibía la diferencia y lo alejó del equipo principal. Estuvo un año sin entrenarse, entre idas y vueltas, sin conocer qué sería de su porvenir como futbolista.

Así lo explica él mismo: "La gente de Sevilla se enojó mucho conmigo y yo no tuve nada que ver. Fueron mi representante de ese momento, dirigentes de acá y de allá. Hubo problemas políticos. Descartaron la posibilidad del Cristian Colusso jugador. Hubo un ensañamiento, no dejaron que me desarrollara". Alejado del plantel principal, se entrenó por su cuenta, mientras la prensa española lo castigaba. El medio de comunicación ABC publicó una nota que tituló "Colusso, la gran mentira". La capacidad excelsa de su zurda no se apagaba, aunque no encontraba sitio para poder desplegar el nivel que supo tener. De hecho, José Antonio Camacho, el entrenador, le había prometido cuando firmó que en dos años sería el mejor futbolista del continente. Cristian todavía no había cumplido dos décadas de vida.

Un préstamo al León mexicano emergió como una nueva posibilidad, aunque las lesiones lo fueron marginando. El año de inactividad tuvo sus consecuencias. Volvió a la institución española y se ofreció a jugar en el cuadro filial. "Quería demostrar que podía, y anduve muy bien. El técnico del equipo B estaba muy contento conmigo", dice. Realizó la pretemporada con compañeros de su misma edad, aunque tenía un contrato de mayor. "La situación se hizo desgastante, me pareció que todo lo fueron haciendo a propósito, hasta que terminé rescindiendo por consejo de mi nuevo representante", expresa.

Retornó a Central cuando se acababa la última década del pasado milenio. Edgardo Bauza conducía los destinos de un equipo ya armado, en el que Chiri no tuvo regularidad. Futbolistas como Iván Moreno y Fabianesi, Ezequiel González o Juan Antonio Pizzi alcanzaron el subcampeonato del torneo local que ganó River. Logró ponerse bien, acondicionar su forma física y convertir un gol, aunque de buenas a primeras comenzó un raid por diferentes clubes del mundo. Viajó a Ecuador, Venezuela, Inglaterra e incluso Argelia, entre otros destinos, como así también jugó en el Ascenso. Lo que en un principio parecía exhibir un futuro próspero en la élite deportiva, se modificó por el inconveniente suceso al que se vio sometido en España.

"Me empecé a bajonear con el tema del fútbol. Siempre que estás mal, tomás malas decisiones, y empecé a ir a lugares que no eran buenos. Fui a lugares muy bajos. Cada vez era peor, porque por mis formas no podía ir adonde no se jugaba muy bien al fútbol. Otros jugadores tienen características distintas y pueden, yo no", añade. Jugó en el Oldham inglés y fue idolatrado, pero la travesía duró poco y, cuando asumió el nuevo técnico, le dijo que no quería jugadores extranjeros.

No lograba asentarse dentro del campo de juego, aunque se defiende y expresa que lograba adaptarse allí adonde fuera. Sufrió una amenaza de los barrabravas de Almirante Brown y optó por mudar sus cualidades al fútbol africano. "Me había llamado un paracaidista para jugar en Argelia, uno que quería entrar en la comunidad europea, y me fui. Era muy buena plata en euros. Un fútbol que prácticamente desconocía, semiprofesional, entrenaba solo dos veces por semana y existía otra cultura. Incluso, me agarró el ramadán (el mes en que los musulmanes, por sus creencias, ayunan desde el amanecer hasta que se esconde el sol). Además, había que jugar en la selección mayor de tu país para firmar allá, porque tenían el objetivo de jerarquizar la liga, y a ellos les habían mostrado un video de mis partidos en las selecciones juveniles. Entonces te empezás a topar con gente que no sabés qué esperar. Hubo problemas de dinero nuevamente y un hombre me puso un arma arriba de la mesa. Pasé hambre, me acuerdo que comí pan de una bolsa en la que había cucarachas. Fueron dos meses y medio muy largos", explica de ese pasado al que no quiere retornar.

Vio que su deseo de alcanzar lo máximo del fútbol europeo había quedado trunco y se fue alejando de los flashes. Tanto que decidió terminar su carrera en el fútbol de pueblo, jugando para Pujato en la liga casildense, un torneo santafesino. La razón de no haber seguido con su progresión, asegura, tiene relación con que no es una persona muy ambiciosa. "Se debió a muchos problemas y a mi personalidad. A lo mejor, en ese momento tenía debilidades y no la fuerza necesaria para estar en la élite", responde. En 2008, tras 14 años, puso fin a su trayectoria futbolística.

Vivió varios años alejado del fútbol, abrió locales de ropa y dedicó tiempo a su familia. Además, quiso ser representante e insertarse en el mundo de la consultoría deportiva, bajo la meta de poder ayudar a otros jugadores para que no les suceda lo mismo que a él. Sin embargo, tampoco profundizó en ello. Su búsqueda, en ese momento, antes de retornar al deporte, fue alejarse y descansar la cabeza. Tuvo la intención de dejar, así sea por unos años, la actividad que realizaba desde los cuatro años.

El Grupo Ekipo (una escuela de capacitación futbolística y de entrenadores) y San Telmo, un club de Funes, le abrieron sus puertas para comenzar a trabajar como técnico. En la Academia dirige a la categoría 2007/08, mientras comanda a la 2002/03 en los blanquiverdes. Un nuevo desafío que, según expresa, lo apasiona. “Por lo que me dicen, tengo muy buen ojo, es algo que me pasaba cuando jugaba. Me doy cuenta, de una manera fluida, cómo está planteado el partido en tal momento. Creo que, si tengo un futuro como entrenador, voy a ser muy bueno para torcer la situación en algún momento que esté duro. Tal vez me falta en otras cosas, pero en esto que comento, por lo que estoy hablando con DTs amigos, analizo bien el juego en el momento real”, dice convencido. “Esto es tiempo, tiempo y más tiempo. Mucha gente dice ‘entrenan una hora y media por día’, y no es así. Tengo la computadora en el auto, los libros, voy planeando entrenamientos, consulto, me junto con otras personas “.

Sigue yendo a la cancha para ver a Central, con amigos e hijos. Y aduce, sin titubear, que está contento con lo hecho en su carrera. “No me reclamo nada. Al no tener tantas ambiciones, tampoco te frustras tanto. Hay personas que se frustran mucho por añorar algo muy alto. De chico quería jugar al fútbol, y vaya si lo hice. Jugué desde los cuatro años hasta los 32, y en el medio casi 15 en el profesionalismo. Estoy muy contento. Llegar a Central ya fue un logro, aparte salí campeón y, hasta el día de hoy, la gente me lo reconoce. Me recuerdan con mucho cariño, creo que por mi forma de jugar, que por ahí era atractiva. Tenía un juego vistoso, gambeteaba Aparte, cuando debuté, en el club era el más chico y me cuidaban. Siempre voy a estar muy agradecido, y me encantó”, espeta Colusso.

Cierra el propio protagonista. “Le pegamos un baile bárbaro a Boca en el 95, empatamos 2-2 pero fue memorable. Cuando me subí al colectivo para volver a Rosario, me dijeron ‘vení que te quiere saludar Diego Maradona’. Él había visto el partido desde su palco. Tuve que bajar porque él quería verme, y me felicitó por el partido que había jugado. Después, me enteré un montón de cosas, como que había intentado comprarme el pase. Hasta Carlos Menem me quiso comprar. Son todas cosas que supe ya retirado”.

Colusso había dado a conocer sus virtudes, la calidad de su zurda de seda, aunque los negocios ajenos le privaron de desandar un camino mejor. El año inactivo que pasó en Sevilla acarreó incidencias que lo alejaron de la estampa de crack, esa que en un principio había deslumbrado a Rosario y al ambiente futbolero por completo. Tras un tiempo alejado, retornó a las canchas, acaso en la búsqueda de sentir otra vez las mieles del inicio. De volver a ser.

GUSTAVO RODAS

Un torneo de fútbol juvenil unió a Gustavo Rodas con Lionel Messi, si bien el segundo es un año menor. Compartieron cancha en contadas ocasiones, aunque juntos eran dinamita, y ya se les auguraba un porvenir promisorio. El futuro les pertenecía, ambos daban que hablar en las inferiores de Newell's, además de provocar ilusión por su evolución progresiva. Pero los caminos pronto se separaron, el hilo conductor que los unía se disipó y la sociedad duró muy poco. Uno derecho, el otro zurdo, los caminos que recorrieron en la órbita futbolística fueron muy diferentes. De un extremo al otro, desde el ostracismo a la magia regada en el primer mundo de la pelota.

Sin desmentidas ni refutaciones, sin embargo carente incluso de validez, una versión apunta a que Eduardo López, quien fuera presidente del club, ni se inmutó ante la salida de la Pulga. “No hay problema, que se vaya. Queda el mejor, Gustavo Rodas”, habría apuntado el dirigente, cuyos desmanejos acarrearon un sinfín de dificultades económicas y sociales en las instalaciones del Parque Independencia. Lo cierto es que aquel joven de cabeza enrulada esperanzó a los hinchas y muchos vieron sus condiciones cuando debutó a los 16 años. Se convirtió en el jugador más joven en debutar con el primer equipo leproso, e incluso lo hizo convirtiendo un gol. Frente a Talleres decoró la goleada como local por 4-1, anotando en el último minuto de juego. Aprovechó el espacio tras recibir la descarga del delantero y definió de zurda al segundo palo.

Su gambeta ya dejaba boquiabiertos a los espectadores, más aún la velocidad con que conducía el balón, pegado a su pie derecho. Julio Zamora era el entrenador del equipo en esos tiempos, cuando Billy, el irreverente talentoso que desbordaba desequilibrio, se presentó en sociedad. Más tarde, mientras alternaba titularidades e ingresos en los complementos, le anotó un gol a River. Desnivelaba y aparecía por sorpresa, conseguía llegar al fondo y centraba, y también se sacaba hombres de encima con mucha naturalidad. Su juventud ilusionaba, puesto que todavía el margen de crecimiento era inagotable.

En una entrevista con el diario *La Capital*, igualmente, se encargó de disminuir el impacto de la comparación con Messi. "A los dos nos entrenó Ernesto Vecchio. Muchos dijeron que yo era bueno como él, pero no. Yo jugaba bien, pero Lio era un nenito muy tranquilo que cuando entraba a la cancha podía gambetear a todo el equipo rival", aseguró, y quizás allí se pueden encontrar algunos puntos que, de a poco, fueron haciendo desaparecer los factores que ponían a ambos jóvenes en un mismo escalón. Messi, que llegó a sentarse en la mesa de los grandes nombres de todos los tiempos, tenía muy en claro el camino a recorrer. Diferente fue el caso de Rodas, quien dijo que de repente se le vino el mundo encima.

De origen humilde, nació en Barrio Nuevo, cercano a Villa Banana, rápidamente ingresó a las divisiones formativas de Newell's, a posteriori de una etapa en un club de zona sur llamado Santa Isabel de Hungría. Acostumbraba a ir a ver al equipo de sus amores, ese que luego integraría, dado que su tío vendía helados en el estadio y lo llevaba casi siempre. Su tía fue la que lo llevó a Malvinas, el predio deportivo de la institución rojinegra, y allí comenzó su camino. Demostró sus dotes en cada categoría, pero su debut prematuro le trajo consecuencias. "Se me vino todo junto, todo lo que quería lo tenía. Era muy chico y, en un momento, me olvidé de jugar al fútbol. Recuerdo que el Tolo (Américo) Gallego me llevaba a comer con él y me hablaba. En Newell's me cuidaron mucho", aseveró en la misma nota al diario rosarino.

Las inconductas y algunos hábitos de indisciplina hicieron que su talento quedara inconcluso y su nivel fuera disminuyendo. La etiqueta de promesa quedó en ello, en una categoría de la que no pudo escapar ni superar para dar el siguiente paso. Billy no pudo rehacerse y quedó inconclusa aquella fallida frase premonitoria de López. Formó parte del equipo que salió campeón en 2004, con una participación moderada entre nombres como Justo Villar, Guillermo Marino, Fernando Belluschi o Ignacio Scocco, y pronto tomó otro rumbo. Si bien pasó también por Tiro Federal, los días en Rosario estaban acabados, y era hora de buscar en otro sitio ese ideal como jugador.

Durante aquellos días en Newell's, las selecciones juveniles reclamaban su presencia. Jugó para el sub 17 que dirigía Hugo Tocalli en el Sudamericano de Bolivia 2003, en el que Argentina se consagró campeona. Convirtió un gol y mostró sus virtudes, entre ellas, una gran pegada con el pie diestro. El tanto fue de pelota parada, la pelota ingresó al arco sin que nadie la tocara luego de un centro de Billy. Progresivamente, fue citado para los combinados sub 20 y sub 21, aunque se ausentó a varias convocatorias por motivos que no quedaron claros, y fue perdiendo lugar. Ya luego, sin esa calidad que había mostrado en sus inicios, teniendo solo 20 años y siendo ya padre de dos hijos, pasó a ser un trotamundos, un nómade futbolístico.

Al igual que tantos otros jugadores que no se encuentran en la ciudad en que se presentaron, diferentes ligas sudamericanas oficiaron como un escape. Fue en Perú donde mejor jugó más allá de no poder alcanzar el campeonato. Actuando para León de Huánuco, perdió la final ante Universidad San Martín de Porres. Distinguido como el mejor jugador del torneo, la Federación peruana le ofreció nacionalizarse y pasar a ser parte del seleccionado, pero la chance quedó inconclusa. Venezuela, Colombia y Ecuador vieron su talento en primera plana; sin presiones ni la obligación de responder a la etiqueta de que era mejor que Messi, pudo desatarse. Viajó a China e, incluso, jugó en la Sexta División de Japón. Un todoterreno.

El fútbol dejó de ser lo más importante para Gustavo Rodas a medida que su carrera transcurrió. Dejó entrever siempre que su gran objetivo es terminar la escolaridad, más allá de que recorrer el mundo fue su gran escuela. Su talento fue perdiendo fuerza y acabó en ligas de menor jerarquía, con un rendimiento muy alejado del que supo mostrar, por el que alguna vez se lo comparó con uno de los mejores de la historia.

PABLO VITTI

La carta de presentación de la nueva joya había sido inmejorable. Los movimientos de la joven figura alertaban a propios y extraños, solo un puñado de partidos alcanzó para que ojeadores europeos viajaran a tierras rosarinas, con el único propósito de verlo jugar y anticiparse a los demás clubes que buscaban contratarlo. Había irrumpido con fuerza, mucho talento en su pie derecho, alcanzando la titularidad al poco tiempo de saltar a Primera. Aunque también, parecía haber en él una fe desmedida, una expectativa demasiado alta. Era Pablo Vitti, el hombre que debutó a los 17 años, usaba la 10 en Rosario Central y sedujo a los hinchas con su calidad.

Un gol a Gimnasia y Esgrima La Plata en el Gigante de Arroyito había servido como debut goleador. Le siguieron ocho goles en condición de visitante, entre ellos uno en cancha de Racing, con un gran cabezazo a centro de Eduardo Coudet, y un triplete a Almagro como visitante. Aquella tarde en José Ingenieros, Vitti se despachó con dos goles de goleador, de esos que aprovechan y sacan ventaja de cualquier facilidad que otorgue la defensa rival, y uno definiendo por sobre el arquero en su desesperada salida. A ello, agregó un doblete antológico en cancha de San Lorenzo, con dos golazos: primero desarmó a Jonathan Bottinelli y se la picó a José Ramírez, que vio cómo la pelota viajaba lenta por encima de su cabeza, y luego sentenció al portero con un remate de tres dedos al segundo palo tras una asociación con Germán Alemanno.

Ariel Cuffaro Russo y Ángel Tulio Zof conformaban una dupla que lo veía crecer a pasos agigantados. Central atravesaba un gran momento colectivo y se anotaba entre las primeras posiciones. Emisarios del Atlético Madrid se hicieron presentes en la Bombonera, con el fin de llevárselo tan pronto como fuese posible. Pablo "Vitamina" Sánchez y Emanuel Villa eran laderos ideales para que Vitti desplegara su vistoso talento, para que anotara con una eficacia desmedida. Central era un equipo plagado de jóvenes, con algunos nombres de experiencia, que jugaba un fútbol dinámico y vertiginoso. El equipo no pudo aguantar la marcha y acabó ese torneo en quinto lugar.

Vitti también deslumbró al hacer un gol estupendo al campeonato siguiente en el antiguo estadio de Independiente, girando sobre su eje desde la línea del área grande y colocando la pelota al ángulo del segundo palo, por sobre el arquero. Como si fuera poco, ese tanto ante el Rojo fue con la zurda, su pierna inhábil. Su rostro de niño delataba su edad, pero a la vez hacía crecer la admiración por sus condiciones y lo que evidenciaba en el césped. Tiempo luego, modificó su pelo corto por la cabellera algo más larga y la colita, una caracterización que tuvo más lugar a lo largo de su carrera.

En entrevista con el diario deportivo *Olé*, el joven del que se esperaba que diera, tarde o temprano, el gran salto, aludía a las ligas que más le gustaban. Expresaba que prefería desembarcar en el fútbol español, dado que era más técnico, en comparación al italiano e inglés en los que, según aseguraba Pablo, predominaba la fuerza. Era mediado de 2005, el delantero sacaba a relucir la potencia de sus conducciones, su calidad al llevar la pelota y encarar hacia el arco contrario, la velocidad y una gambeta muy poderosa. Podía aparecer en cualquier sector desde tres cuartos en adelante, y no solo se limitaba a convertir o a hacer arte de la definición. Además, su mejor versión aparecía cuando se asociaba con los centrocampistas, ya sea apoyando la circulación en corto u ofreciendo continuamente desmarques a la espalda de los defensores contrarios. Incluso, agregaba un buen cabezazo a su repertorio.

Llevó su magia a las selecciones juveniles, cuando integró el equipo sub 20 que se consagró campeón mundial en Holanda 2005, bajo la conducción técnica de Francisco Ferraro. Comenzó siendo titular, compartiendo la delantera con Gustavo Oberman, y relegando al banco de suplentes ni más ni menos que a Lionel Messi y Sergio Agüero. La anécdota, muchas veces, sirve para retratar cómo fueron los inicios de la Pulga en esa competencia, que comenzó a liderar desde el segundo partido. Messi le quitó el puesto a Vitti y acabó guiando a Argentina al título, llevándose el Balón de Oro al mejor de la competencia. Igualmente, nada quita al rosarino auriazul la posibilidad de decir que relegó al astro de estos tiempos.

En tanto, Zof ejercía como el gran docente que fue en vistas del crecimiento de Vitti y los demás chicos emergentes que tenía el Canalla. Sin embargo, las declaraciones del viejo sabio parecieron condicionar en demasía a Vitti, cuya aparición fulgurante aún adornaba los estadios argentinos. Don Ángel lo comparó en un principio con el uruguayo Rubén Polillita Da Silva, campeón con Central de la Copa Conmebol en 1995, aunque después trasladó el juego de espejos y contrastes al gran crack del fútbol mundial. El entrenador no lo hizo de forma directa, aunque manifestó que la gente comenzaría a pagar la entrada para ver a Vitti como lo hacía con Maradona. Tamañas palabras parecieron congelar la evolución de Pablo, de quien también se dijo que su venta sanaría por completo la deuda económica que acarreaba Central. Pablo Scarabino, presidente del club por aquel entonces, aseguraba que no venderían a la nueva presea, por más contactos europeos que llegaran a Argentina para verla.

Más de una década después, ya transcurrida gran parte de su trayectoria en las canchas, Vitti dio su opinión en una entrevista al *Diario La Ventana*, un medio de la provincia de San Juan. "Puede ser que las palabras de Zof me hayan pesado. Él es alguien de lo más importante en la historia de Central, y muchos se hicieron eco de sus palabras y elogios hacia mí. Yo era bastante chico y, cuando uno no está bien maduro, piensa muchas cosas. En ese momento, disfruté que alguien tan reconocido y tan querido por la gente haya valorado mucho mi manera de jugar. Pero a su vez eso generó también mucha presión y se empezó a esperar demasiado de mí. Él lo dijo con la mejor intención, y era una manera de motivarme, aunque se me terminó creando demasiada responsabilidad siendo bastante chico. Si hacía un partido normal, se analizaba que no había sido tan bueno y se esperaba muchísimo", expresó el delantero.

Aunque las palabras del entrenador no fue el único motivo que le cargó la mochila de presión, sino también su llamativa autoexigencia, con la meta de cumplir cada fin de semana con lo que se esperaba de él. Su objetivo era destacar donde jugara e ingresó en un espiral negativo que, poco a poco, fue cortando su progresión. Ya no producía las mismas sensaciones que al inicio de su periplo, tan solo un año y medio atrás. Su producción goleadora no era la de antes, si bien conservaba su lugar en la oncena de arranque. No obstante, comenzó a ceder terreno y perdió su lugar de importancia en el plantel, el que se había ganado con todas las de la ley gracias a su calidad. Sin tanta continuidad, empezó a alternar entre clubes de Argentina, como Banfield e Independiente, en los que no tuvo mucha continuidad, y equipos americanos y europeos. Vitti pareció dejar su talento olvidado en el arcón de los recuerdos para pasar a deambular por otros destinos.

Su mejor versión durante esos años se observó en la primera estadía en Perú, jugando para Universidad San Martín de Porres. Era el líder fut-

bolístico del equipo, la gran figura, y logró coronarse campeón del torneo Descentralizado. De hecho, anotó un golazo de tiro libre en la final, jugando ante León de Huánuco, conjunto en el que sobresalía Gustavo Billy Rodas, otro crack incipiente de Rosario que quedó estancado en sus primeras demostraciones. Sergio Markarián, entrenador uruguayo que dirigía a la selección peruana, lo alentó a nacionalizarse para poder ser convocado. Sin embargo, las tratativas no fueron a mayores, y su segundo paso no tuvo los mismos resultados que el primero. Universitario de Lima, uno de los más poderosos del país, lo compró para que brindara la cuota de gol necesaria, pero el equipo tuvo una pobre campaña y se acercó a los puestos de descenso. El empresario que había facilitado el armado del equipo, con muchos refuerzos de jerarquía, terminó en prisión. Es decir, la aventura de Vitti por Perú supo de buenas y malas.

Ya no era ese futbolista que sacaba frutos de cualquier posibilidad concreta que existiese en el área. Jugaba más retrasado que los faros de ataque, como un mediapunta, siendo una especie de organizador que aprovechaba su pegada. Problemas extra futbolísticos hicieron que su rendimiento volviera a mermar, y salió nuevamente en busca de otros destinos. Mantuvo su rol en el campo, aunque no una estabilidad allí donde firmó. Volvió a Argentina, viajó a Grecia y puso un freno a esa bola que avanzaba sin tener en consideración lo que dejaba a su paso. Lejos del retiro, se lanzó a la búsqueda de mejores opciones para revalidar su carrera.

Pablo Vitti entra de lleno en esa categoría que protagonizan los rosarinos que tenían destino de crack y vieron, de un momento a otro, estacado su crecimiento. Pocas veces volvió a mostrar, luego, las virtudes con las que se insinuó en Primera División. Un fuera de serie al que las exigencias, propias y del mundo externo, le jugaron una mala pasada.

DIEGO QUINTANA

Causó sensación en el segundo lustro de la década del 90. Los pelos al viento, una velocidad fuera de lo común y su habilidad siempre dispuesta a sacar ventaja. Saltó a Primera cuando apenas pasaba el metro y sesenta, y durante su carrera solo creció unos pocos centímetros más. Se escabullía con facilidad, escapaba a los defensores contrarios y desaparecía en milésimas de segundos. Podía aparecer por cualquiera de los costados y causaba estragos, porque nadie sabía de qué manera tomarlo. Diego Quintana marcó aquellos tiempos del fútbol doméstico a partir de su debut a mediados de 1996. Tanto destacó que, cuando dio el salto a Europa, muchos imaginaron una gran carrera, aunque su rumbo fue por otros carriles.

Quintanita se ganó el mote de insustituible en el Coloso del Parque. Con aquella recordada camiseta cuadrillé que vistió Newell's, debutó de la mano de Mario Zanabria, un hombre al que se recuerda con honores. Fue en la penúltima fecha de un torneo Apertura que ganó Vélez, en un empate con Deportivo Español. Unos días después, la Asociación del Fútbol Argentino le dio por ganado el encuentro a los rosarinos, por la inclusión en el Gallego de un futbolista cuyos exámenes de doping dieron positivo. El delantero, que por entonces tenía 18 años, entró por Rodolfo Aquino.

Otros futbolistas hicieron su debut en el mismo certamen, que los leprosos cerraron en 16ª colocación. Walter Samuel, Aldo Duscher y Damián Manso se presentaron con anterioridad a DQ. El primero de ellos, además, aún era distinguido en las crónicas de la época con su anterior apellido, Luján (asimismo, Bruno Marioni, que también jugaba en el equipo, todavía era Giménez). Quintana, siempre pícaro, con mucha dinámica para desbordar y centrar, mostraba una velocidad supersónica. Ese era quizás su mejor argumento, la mejor virtud, aunada a que sabía cuándo realizar la pausa. Al siguiente torneo de su presentación, jugó con alternancia y se hizo con la titularidad definitiva a final de año, con dos partidos consecutivos en el equipo de arranque. En paralelo a erigirse como pieza segura de NOB, recibió el primer llamado a las selecciones juveniles.

A los pibes se los denominaba Los Atorrantes y era la generación siguiente al título de Qatar 1995. Al rosarino se sumaron Pablo Aimar, Bernardo Romeo, Juan Román Riquelme y Leonardo Franco, entre otros. Diego hizo un gol fundamental para un triunfo ante Venezuela, en el certamen que le dio la clasificación al Mundial de Malasia, y luego apareció como una de las piezas de mayor importancia en la conquista del bicampeonato global. Después de adueñarse de un puesto en la alineación titular, convirtió el tanto definitivo del triunfo ante Uruguay, en la gran final. Esteban Cambiasso había empatado el partido y luego Quintana fue más rápido que todos en el área para sacar provecho de un desborde de Lionel Scaloni. Parecía que sus primeras experiencias en la selección eran el primer paso de algo promisorio, aunque no se extendió mucho más allá de una convocatoria al sub 23.

Su juego disfrutaba de los espacios. Tenía la dosis necesaria de picardía para escaparse de rivales de mayor envergadura, evitando el roce y llevándose la pelota. No era un gran goleador, pero sí se destacaba por asistir, por acompañar a otro atacante. De todos modos, algunos goles retratan su habilidad para conducir cuando aprovechaba un vacío entre líneas, como la vez en que sentenció al colombiano Faryd Mondragón, en cancha de Independiente. Se desmarcaba muy bien y se movía de gran forma, mientras flotaba a la misma altura que la última línea rival. Fue por sus condiciones que generó grandes expectativas, aunque tam-

bién había períodos de tiempo en que le costaba mantener la regularidad, y el equipo extrañaba su colaboración.

Fue dirigido en Rosario por el croata Mirko Jozic, Jorge Castelli y Andrés Rebbotaro, entre otros, conjuntamente a compartir plantel con otros futbolistas de los que se recuerda su impronta: Gustavo Raggio, Julio Zamora, Iván Gabrich y Germán Real. A comienzos del presente milenio, fue transferido al Real Murcia de España, que apostó a que pudiese replicar, en su club, todo aquello que había mostrado para sacar la diferencia en Argentina. Jesús Samper, dirigente de los murcianos, aseguró que habían contratado a "un jugador importante y con una juventud pujante". Quintana mostraba su felicidad en la rueda de prensa de presentación y hablaba sobre su rol en el campo: "Es un orgullo. Espero demostrar que no se han equivocado al contratarme. Mi sueño siempre ha sido recalar en el fútbol europeo. Mi misión es asistir al delantero centro y me adapto a todo lo que pida el entrenador".

Tuvo un nivel más que correcto en su aventura de debut europeo, aunque matizada. Compartió filas con otros argentinos, Roberto Bonano, Gabriel Loeschbor y Leonel Gancedo, y se convirtió en el primer extranjero en marcar un gol durante la Liga 2004/05, pero también fue expulsado de un entrenamiento por una grave patada a un compañero, en el momento en que la sesión se terminaba. Dejó una buena imagen para los fanáticos, en un club que no está habituado a jugar en la élite española. Regresó a Argentina para jugar en Instituto, aunque los resultados no fueron los mejores. Incluso, perdió por 3-0 en una visita a Newell's, más allá de que mostró su usual predisposición a encarar y su amenazante velocidad.

La segunda etapa por Europa fue mejor aún, dado que en Grecia rememoró los días de juventud, esos que parecían olvidados. Jugando para el Skoda Xanthi FC, vivió a las sombras de los poderosos y disputó más de un centenar de partidos, acompañado de otros argentinos como Mauro Poy (hijo de Aldo Pedro) e Iván Moreno y Fabianesi. Aquella época del fútbol helénico tuvo jugadores argentinos en gran cantidad; por ejemplo, a su llegada a tierras griegas, había otros 33 compatriotas. En 2011, tras seis años allí y 15 de profesionalismo, decidió acabar la carrera.

Sus invaluables condiciones, exhibidas al momento de jugar sus primeros partidos en NOB, parecieron carecer de un sustento que las haga continuas. Acaso fue por eso que le faltó dar ese gran salto a un equipo de mayor renombre. Sin embargo, Quintana, ese chiquitín al que su madrina llevó a Newell's, que dudó entre el fútbol y el paddle, de rostro amplio y de gran melena que iba cayendo sobre sus hombros, pudo experimentar y cumplir su objetivo, el de jugar cruzando el charco. En la irregularidad también cumplió.

JUAN CARLOS LESCANO

Una semana transcurrió entre un partido y otro. River había conseguido el ascenso el 23 de junio, venciendo como local a Almirante Brown, con sendos goles de David Trezeguet. Al sábado siguiente, Central Córdoba regresó a la Primera B Metropolitana, al ganar como visitante ante Sportivo Italiano. El empate en la ida, disputada en Rosario, hacía que el único resultado servicial al conjunto de barrio Tablada sea la victoria, pues la ventaja deportiva favorecía al equipo que llegó a la promoción desde la categoría superior. Pero los dirigidos por Marcelo Vaquero pisaron fuerte y sentenciaron el encuentro con gol de Juan Carlos Lescano, el verdadero protagonista de esta historia.

Pocos días después de ser una figura destacada en el regreso del Charrúa a la Tercera División después de dos años, fue contratado por River. Contra cualquier pronóstico, un jugador de la C pasó a uno de los clubes más grandes del país, que retornaba a la élite tras un año de duras batallas en la B Nacional. Al juego definitorio con su equipo rosarino, distinguido por haber sido la única vez en que un conjunto de la C venció a uno de B Metropolitana, había ingresado desde el banco de suplentes. Ya ganaban por la mínima diferencia por la anotación de Marcos Figueroa, que por entonces estaba a préstamo de Rosario Central, club en el que había marcado más goles que cualquier otro en divisiones inferiores. Lescano capturó la pelota cerca de la línea meridional del campo, con todo el elenco local volcado a la desesperada por el empate, y allí se lanzó a la carrera en velocidad. Gambeteó al arquero y definió con el arco libre, levantando sutilmente la pelota para que el zaguero que llegaba por detrás no la tocase.

Al mismo tiempo que firmaban Marcelo Barovero y Gabriel Mercado en el Millonario, el rosarino hacía lo propio. Ese joven que recién cumplía los 21 años, que había quedado libre de Central y tenido muy buen suceso en el estadio Gabino Sosa, veía en primer plano una oportunidad imperdible. Tras reuniones con Daniel Passarella y Diego Turnes, River compró la mitad de su pase, intentando que diera un gran salto de calidad y apostando por él a futuro. No se avizoraba una intención de respuesta inmediata por parte del jugador, que definía sus cualidades. "Soy un delantero con mucha velocidad, juego pegado a la raya. Se puede decir que tengo las características del Burrito (Juan Manuel) Martínez o Mauro Zárate. No es que juego como ellos, sino que tengo esa característica", se presentaba en sociedad. Sin embargo, el periplo por Núñez no sería el deseado a fin de cuentas.

Matías Almeyda, el entrenador que devolvió a River a su sitio, lo llevó a la pretemporada tras su arribo. Posteriormente a las caóticas salidas de Fernando Cavenaghi y Alejandro Domínguez del club de la banda

roja, Juan Carlos se ilusionaba con llevar la casaca 10, que quedaba vacante. "Sería un sueño poder jugar con ese número. No me asusta. Yo cuando entro a la cancha me olvido de todo, no me fijo en la gente que hay, no tengo dimensión. Me divierto", aseguraba, en paralelo a la increíble sensación que le causaba compartir vestuario con David Trezeguet. Se veía como una carta importante, tras la pesadilla que había superado el club, y de ninguna manera el desafío lo atemorizaba.

Empero, las cosas no salieron tal lo planeado. Desde el cuerpo técnico no le dieron lugar en Primera y debió bajar a Reserva, categoría en la que se entrenó con mayor asiduidad y jugó algunos partidos. La ilusión se derrumbó rápido para este extremo siempre dinámico, veloz, gambeteador, indescifrable en los espacios. Tan solo siete meses duró su estadía en el estadio Monumental, sin haber jugado minuto alguno en Primera. La situación lo enriqueció de cara a su porvenir, aunque la meta trazada a su llegada no había sido alcanzada. En busca de continuidad, primero analizó la posibilidad de pasar a Platense, con el objetivo de salir a préstamo y volver, aunque fue Central Córdoba el que nuevamente le abrió las puertas. Rescindió el contrato y partió.

"¿Cómo me voy a arrepentir de haber ido a River? Si a cualquier empleado le ofrecen trabajo en la mejor empresa, no dudaría en ir. A mí me perjudicó en lo anímico el hecho de no jugar, porque si no jugás te bajoneás. Pero quizá el hincha no entiende que un jugador de la C también puede llegar a River ", dio su veredicto en entrevista con el diario *Olé*. La chispa desapareció de repente, esa ambición de aprovechar el momento y ser una revelación del nuevo equipo del gigante que despertaba, se esfumó más temprano que tarde. Lescano fue uno de esos talentos que no llegaron a ser. Y ya luego no podría dar un paso en su carrera del mismo tono y crecimiento que el que había dado al firmar en el club blanquirrojo.

Central Córdoba, club por el que tuvo otros dos pasos y en el que completó más de 100 partidos, volvió a protegerlo. Aunque el descenso de categoría, la vuelta a la C, lo golpeó otra vez. También alternó momentos en Chile, donde jugó para Everton de Viña del Mar -convirtió un gol clave, en el triunfo ante Colo Colo-, y Perú, actuando en León de Huánuco y Deportivo Municipal. Entre tanto, otros clubes del ascenso argentino lo tuvieron en sus filas, como Deportivo Merlo o Sportivo Belgrano de San Francisco. No pudo asentarse en los seis años que siguieron a su lapso no muy prolongado en River, hasta que firmó en Arsenal de Sarandí, con el objetivo de relanzarse en la B Nacional. Lo que se dice, un luchador que busca su verdadero sitio, que vive obsesionado por lo que soñó de chico.

En entrevista con el diario *La Nación*, Lescano afirmó que su paso a River "era muy tentador". "No digo que pensaba que iba a llegar y triunfaría, pero me quería probar y enseñar que no me había equivocado con esa decisión. Pero después te encontrás con algunas cuestiones que no te ayudan. Se dijeron cosas muy feas, como que no tenía nivel para ser parte de ese plantel, y eso te duele. El mundo del fútbol a veces es muy cruel, te hace mucho daño, te tritura, y tenés que estar bien de la cabeza, porque el hecho de no jugar te hace sentir que ya no tenés más lugar en el ambiente", amplió. Los primeros pasos del Millonario en su retorno no fueron del todo cómodos, y eso le quitó mucho lugar al rosarino. Jugadores como Carlos Chino Luna, Manuel Lanzini, Trezeguet, Rodrigo Mora o Rogelio Funes Mori imposibilitaron que tome lugar entre alguna nómina de concentrados.

La historia de un joven que quiso sacar el máximo jugo en un momento propicio, pero que no pudo insertarse de lleno en el andar complejo del coloso. Poco más de un semestre luego de su firma, emprendió el regreso a los condominios de Tomás "Trinche" Carlovich, donde sus goles ya eran hazaña pura. Sus siguientes años fueron un intentar volver a ser continuo. Una búsqueda para disfrutar del fútbol y de dar de nuevo un paso tan especial como aquel de mediados de 2012.

KURT LUTMAN

Estaba extenuado, harto por realizar una misma actividad durante más de dos décadas de su vida. Buscaba un ambiente nuevo, un lugar que lo despejara y le hiciera explorar nuevos horizontes. Así fue que Kurt Lutman abandonó el fútbol, habiendo jugado unos pocos años en la élite, cansado del ambiente que lo rodeaba. Por voluntad propia, decidió poner a fin a su carrera de forma temprana, más allá de que, en cierta forma, había dado qué hablar en sus días dentro de la cancha. Y lo había hecho tanto por sus dotes con la pelota como por el mensaje que intentaba transmitir. Un hombre que mezcló el deporte con la lucha social.

Cinco años duró la trayectoria en Primera del rosarino, que había ganado varios títulos de inferiores en Newell's y debutó en Primera División en 1995. Con breves pasos por Huracán de Corrientes y Godoy Cruz entre medio, siempre se mostró solidario frente a sus compañeros. Muchas veces, optó por no cobrar su sueldo si existían compañeros que no gozaban del mismo derecho, a modo de compartir la protesta y enarbolar la misma bandera. De hecho, estuvo entre quienes batallaron de forma dialéctica con Eduardo López, el exmandamás de NOB. Era un centrocampista hábil, pero pronto observó que dedicarse al fútbol por completo no era su verdadera ambición, sino que lo primordial era girar hacia otro lado, buscar otro rumbo.

Convirtió un solo gol en Primera División, aunque generó atención en su festejo y logró su cometido. Se quitó la camiseta y exhibió una

remera con la leyenda "Cárcel a Videla y a todos los milicos asesinos". Con el tiempo, arrancó a militar, después de participar de una marcha de Madres de Plaza de Mayo en Mendoza, cuando jugaba en aquella provincia. Se afilió a la organización H.I.J.O.S (Hijos e Hijas por la Identidad y la Justicia contra el Olvido y el Silencio) y acompañó muchos espacios de lucha, además de agarrarse a golpes de puño con un exrepresor en Rosario. Además, siempre se mostró activo en el deseo de seguir recuperando identidades perdidas en la última dictadura.

La vuelta de tuerca que dio a sus días con el balón lo encontró dedicándose al arte, posteriormente a diferentes trabajos como albañil o kioskero. De ninguna manera buscaba un nuevo sustento, sino algo que lo ilusionara nuevamente, que le haga descubrir nuevas perspectivas. "Entendí que estaba harto del fútbol, necesitaba cambiar. No tenía que ver con una cuestión moral, sino con volver a encontrar algo que me entusiasme realmente. No abandoné el fútbol porque era mejor persona que los que se quedaron, sentí que hacía 25 años que me dedicaba a lo mismo. Mi primer laburo tras esto fue de albañil, estaba feliz y mis amigos me querían matar. Me miraban como queriendo tirarme un ladrillo por la cabeza", dice Lutman, sobre aquellos primeros días fuera del ambiente redondo.

Su camino se encontró con la escritura y el circo, que ahondó en cómo contar una historia. Después de colgar los botines, en los albores del nuevo milenio, conoció a los jóvenes que producían una revista nueva llamada *El Eslabón*. La distribuía por diferentes puntos de la ciudad, aunque recibió la invitación de empezar a escribir una nota de fútbol para la publicación. "Tenía 28 años. Al principio me pareció una locura, dado que por jugar al fútbol no sabía si podía escribir sobre el tema. Después, fue sentido común y hoy creo mucho en eso: cualquiera puede escribir, cantar y hacer lo que se le cante con el arte. El circo fue la plataforma, me ayudaron a pulir la manera en que quería comunicar. Me pareció alucinante y muy rico. Había un aporte muy vasto de la manera de plantear una mirada artística", asegura el rosarino.

Así se adentró en el mundo de las letras y ya lleva editados dos libros. Al primero le dio forma al ver que los artículos escritos podían ser recopilados en una sola obra. El segundo, años más tarde, está formulado por cuentos y diferentes historias, moldeadas por su pluma literaria y un estilo que ha perfeccionado con los años. Cada tanto, sale en bicicleta a recorrer Rosario, y hasta llega a ciudades y pueblos cercanos, para dar a conocer su obra y leer diversos escritos, ya sean propios o ajenos. Lo hace en un ambiente muy informal, mientras amplía la búsqueda e intenta concentrarse en buscar nuevos ejes que sigan abriendo su mente.

El mundo de la militancia social pudo haber hecho que se lo mire como un bicho raro, dado que no se da con mucha asiduidad que jugadores de fútbol se inmiscuyan en otros ambientes. Sin embargo, nada de eso pasó. Él mismo lo ratifica: "Jugué en Primera hasta el 2000 y en esa época no era fácil ver a alguien militar orgánicamente en una organización de derechos humanos. Tampoco siento que fui maltratado. Creo que debe haber sido similar a todos aquellos que se alejaron del fútbol y comenzaron a hacer otra cosa... Fueron muy pocos los que siguieron una carrera universitaria, por aquel tiempo se dimensionaba al fútbol como algo mucho más importante que otra cosa. Hoy eso está en discusión, hay jugadores que escriben, tienen otras disciplinas incluso vinculadas al arte para relajar. Luego, lógicamente te encontrás con Nacional B, B Metropolitana o torneos Federales y el futbolista, además de jugar, tiene que tener otro laburo. Es una mirada que se empieza a romper, cada vez más gente hace más cosas. Ya la pregunta no es '¿qué vas a hacer en un futuro?', sino poder elegir y ser cuantas cosas uno quiera".

Kurt, que también participó en el proyecto *Pelota de papel*, el libro compuesto de cuentos redactados por personalidades del fútbol, volvió a jugar. Lejos de los flashes y las escenas que más impactan, se volcó al fútbol de pueblo y jugó en el interior santafesino. Allí, redescubrió aquello que lo había maravillado cuando jugaba en inferiores y buscaba dar el salto hacia la Primera División. Sin dejar de lado la obsesión por ganar, encontró un nuevo sector en el que disfrutar con la pelota en los pies.

El hombre, asimismo, tiene una mirada crítica sobre lo que está aconteciendo en Rosario. "La oferta de droga y armas es mucho más accesible que un libro o una pelota. Se está yendo a contracorriente. Los clubes de barrio están haciendo un laburo hermoso y profundo de inclusión. Lo tendría que hacer el Estado y, sin embargo, no lo hace. Ni el gobierno municipal, ni el provincial, ni el nacional. Entonces los vecinos, *ad honorem*, llevan adelante todo, tratando de insertar en cada equipo a la mayor cantidad de pibes para que no estén en la esquina. Al mismo tiempo, hay una contradicción para que los chicos lleguen a Primera, entonces estamos en ese lío. Hay espacios de resistencia, clubes que tienen muy en claro su función, y eso ya es un campeonato", afirma, entre el pesar y la ilusión.

Profundiza en ello, con la mirada en los jóvenes que no llegan a Primera en el fútbol grande. "Los clubes no forman chicos que se sepan defender por fuera del fútbol. Los traen de sus pueblos o ciudades y los alojan en la pensión, aunque no les dan el servicio de formación para que el día de mañana puedan elegir una carrera. La institución sabe que, de 100 jóvenes, van a llegar tres, y todo el resto va a pasar tiempo mirando un futuro que luego le quitarán. Tiene que haber otras cosas, a los chicos hay que darles una caja de herramientas. Lleguen a la élite o no, tienen que tener muchos más recursos de los que disponían cuando llegaron", asegura.

Kurt Lutman fue un jugador deteriorado por el ambiente que lo rodeó, un futbolista que abandonó las canchas cuando comprendió que ya no

podía absorber más que lo que había visto. Por eso salió hacia otro lado, dedicó su vida a otros placeres y a brindarse por los demás. Un hombre que puede decirse que no llegó a las grandes ligas, aunque fue por su propio propósito.

Capítulo 4.

MAESTROS, DOCENTES, REVOLUCIONARIOS, FORMADORES

Con observar los nombres de los 14 entrenadores que la Selección Argentina tuvo a posteriori del Mundial de 1974, una conclusión salta a la vista. La mayoría de ellos han sido rosarinos, o nacidos en la zona. Y todas las aventuras consiguieron no dejar indiferente a nadie. César Luis Menotti inició el periplo, Marcelo Bielsa lo continuó y en el último tiempo se sucedieron los apellidos que salieron de la misma zona: Gerardo Martino, Edgardo Bauza, Jorge Sampaoli y el incipiente andar de Lionel Scaloni. Más allá de diferencias de estilos y resultados, los experimentados lograron arribar a ese puesto soñado en la albiceleste por jerarquía. Desde aquel Mundial de Alemania hacia los días que corren, con el plan refundador de Menotti, 19 de 45 años tuvieron a técnicos salidos de esta latitud del país.

A continuación, descubrimos cómo fue el recorrido de cada uno, desde el plan y la visión de futuro del primero hasta la admiración cosechada en muchos rincones del globo terráqueo por el Loco. Asimismo, buceamos por la carrera de otros nombres ilustres que, dentro del campo de juego y fuera de él, sembraron respeto por su visión sobre el juego y la capacidad docente. Estrategas, maestros, líderes, de compromiso igualitario por el juego y la formación. De la simpleza de Ángel Zof a las infinitas lecciones de Jorge Solari. De Juan Carlos Montes, que conquistó el primer título de Newell's, a Eduardo Berizzo, un hombre que ya ha mostrado su fuerza de voluntad y su filosofía balompédica.

Son 12 los entrenadores "rosarinos" que aparecen a continuación, todos ellos reconocidos, y con lógicas diferencias en torno a los planes y fundamentos futbolísticos. Están los que colaboraron al desarrollo uni-

versal del fútbol, aquellos que son una base que muchos otros intentan copiar, los que seducen a través del conocimiento y el mensaje, aquellos que apuestan por un fútbol de vocación ofensiva y otros que pregonan el equilibrio. Los técnicos originarios de estos lares conquistaron Sudamérica y Europa. Además, según las opiniones de especialistas y jugadores que han tenido a su cargo, muchos de ellos han sido innovadores. Ya en la década del '70, los trabajos de Renato Cesarini y las inferiores de NOB estaban adelantados a su época.

Los cambios que impulsó Mauricio Pochettino y su influencia en el fútbol inglés, y los grandes logros de José Yudica en el país, al ser uno de los dos entrenadores que lograron ser campeones locales con tres equipos distintos, se hallan en las siguientes páginas. El espectro es inmensamente variado, aunque sirve para tomar control y notar la relevancia de los diferentes ámbitos que supieron conquistar los entrenadores nombrados. Apellido por apellido, para entender el porqué de sus logros, sus intensos recorridos, y lo que supieron proyectar en pocos años de carrera.

CÉSAR LUIS MENOTTI

César Luis Menotti tuvo poderes plenipotenciarios en la Selección Argentina. Fue el encargado de moldear un plan innovador, un nuevo esquema en el que se buscó profesionalizar las áreas, volver a las fuentes originarias del fútbol argentino. Lo hizo con el sentido de hacer renacer las estructuras, de rever aspectos anquilosados y modificarlos por el modernismo, bajo el objetivo de que el fútbol nacional, que ya había quedado infinitamente alejado de las modalidades europeas, se *aggiornara* a los vientos que corrían. A partir de su cargo de entrenador del equipo mayor, lideró la iniciativa y bajó línea, no solo de juego, sino en la realización de un proyecto a largo plazo. Eran los comienzos de 1974, por lo que disponía de cuatro años de trabajo ante la realización del Mundial, en el que hizo de local.

Fue un adelantado a su época, además de un referente exponencial de una forma de sentir y entrenar el juego. Su gran intención estuvo íntimamente relacionada con absorber nuevamente de las fuentes, el estilo de toques y juego fluido que presentaba Argentina a inicios del siglo XX, La Nuestra. A sabiendas de las diferencias existentes entre la nulidad de un proceso en sus tierras y lo avanzado de los trayectos encabezados por otras selecciones, fue a fondo. Incorporó elementos nuevos para la época, e incluso apostó por un mejoramiento notorio de la cuestión física, un apartado que marcaba las disimilitudes con los países que se ubicaban en la proa del barco. Trabajó bajo la mirada de muchos escépticos, pero logró convencer a las fuerzas interiores del plan aun cuando se acercaban los grandes desafíos.

La tradición argentina se mezcló sin dificultades con las evoluciones más recientes del fútbol global. Argentina había sufrido los resabios del desastre de 1958, cuando quedó fuera del Mundial jugado en Suecia tras la impactante derrota de 6-1 ante Checoslovaquia. Durante largo rato, no logró ponerse de pie, mientras acumulaba malas actuaciones y no definía una identidad. Existían partidos en que elegía replegarse y apostar por algún contraataque, y otros en los que tomaba la iniciativa e iba en búsqueda del partido. Es decir, no había una línea continuista. El entrenador principal era colocado en funciones solamente gracias a una sucesión de buenos resultados, y el estilo de unos y otros variaba con asiduidad. Menotti llegó para cambiarlo todo y trazar un nuevo camino, adecuado y adaptado a los tiempos que se vivían. Modificó las bases y dio sustento a una nueva vida.

El entrenador puso al seleccionado como prioridad, los clubes ya no podrían negarse a ceder a los jugadores (un punto del programa que costó imponer) y la dirigencia debía dedicarse a formular nuevos calendarios de partidos. El gran objetivo era la refundación de la Asociación del Fútbol Argentino, que navegaba sin rumbo, pero también competir contra los mejores y adoptar nuevos registros dentro del estilo que pregonaba Menotti. Por eso, los jugadores que fue citando experimentaron, progresivamente, el aprendizaje de nuevos conceptos técnicos e individuales. Su cuerpo técnico proyectó concentraciones largas y esquemas de partidos en continuado, tratando de que su equipo incorporase las ideas con rapidez. Incluso, debió formular casi un equipo nuevo, ya que muchos jugadores de la Copa del Mundo de 1974 se alejaron del seleccionado.

El Flaco atraía por su personalidad fuerte, por su obsesión con el trabajo y la inflexibilidad de sus ideas. En la misma línea, su vocablo elaborado y conceptual adoctrinaba a jugadores, directivos e hinchas. Aunque también mostraba simpleza en los entrenamientos, con ejemplos y ejercicios alejados de la complejidad. Solo tenía 35 años cuando asumió la conducción técnica y entregó la carpeta con el modelo a seguir, pero en él existía una confianza que, de primeras, pareció no ser tal. Pese a sus noveles tres décadas y media de vida, sus conocimientos pertenecían a la nueva era, sabía de qué forma se trabajaba en los mejores lugares, e intentaba que la albiceleste se nutriera de los equipos más importantes de la época. Por ejemplo, la escuela holandesa.

David Bracuto era el presidente de la AFA en tiempos donde aún reinaba la democracia. El mandamás lo conocía de Huracán, donde el rosarino había hecho su primer trabajo como técnico. Con el golpe de estado de marzo del 76, Menotti pensó que sus ideas quedarían inconclusas y formarían parte del pasado. Se vio lejos del fútbol argentino, si bien poco

tiempo antes su filosofía se había impuesto a la de otros como Alfredo Di Stéfano o Carlos Timoteo Griguol, cuando la selección buscaba técnico. Sin embargo, el proyecto tuvo continuidad, dado que Alfredo Cantilo, quien pasó a liderar la AFA en los comienzos de la dictadura, le dio su total apoyo. De hecho, Cantilo fue más allá y le dijo que el plan establecido se respetaría a rajatabla.

Durante los dos años de trabajo que llevaba al frente del equipo, Menotti ya había dado indicios de los lineamientos que contemplaba su idea renovadora. Formuló cuatro equipos distintos y apostó por observar jugadores del interior. Eran otros tiempos, no existían los mecanismos ni los alcances que existieron luego para seguir futbolistas a lo largo y ancho del país, por lo que Menotti intentó ver aquello que estaba escondido. Al principio, moldeó una mixtura de futbolistas que jugaban en los principales equipos de Santa Fe, para afrontar la Copa América de 1975. También, compuso el conjunto que jugó y ganó el torneo Esperanzas de Toulon, e ideó uno que se formó con jugadores que actuaban en Capital y Gran Buenos Aires. Allí también debió lidiar con clubes que no cedían a los convocados. Finalmente, elaboró la selección del interior, de equipos indirectamente afiliados a la AFA que jugaban los torneos nacionales. Durante aquel año, entrenó con muchos de los futbolistas que serían campeones tres años después.

Las voces críticas abundaban, como así también la desconfianza de aquellos que no veían que lo hecho se tradujera en resultados. No se conocían los pormenores y las acciones hechas en las sombras, pero por sobre todo el pesimismo general partía de que nunca se había desarrollado un plan de tales dimensiones. En cierta medida, había miedo por lo desconocido, aunque eso no generó ni un ápice de duda en César Luis, que siempre prefirió ir a fondo por lo que había pensado. Además, debió permanecer y aferrarse a su cargo cuando muchos reclamaban a Juan Carlos Lorenzo como su sucesor. Toto había dirigido al equipo argentino en los mundiales de 1962 y 1966, y estaba teniendo una década del 70 muy exitosa. Pero Menotti resistió. Las ideas futbolísticas de Lorenzo estaban en las antípodas de las del Flaco, en lo que fue un capítulo que anticipó las diferencias que luego hubo con Carlos Bilardo.

Aldo Pedro Poy, quien fue parte de la selección que viajó al Mundial de 1974, habla sobre aquel tiempo: “Menotti organizó la AFA, que estaba muy desordenada. Con Mario Kempes, arreglábamos los partidos nosotros, comíamos mal, terminaba cocinando el utilero. Igualmente, más allá de eso, con la selección fantasma -se la conoció así porque los jugadores de un combinado alternativo difundieron una foto simulando ser fantasmas, para desnudar la ausencia de conducción de los dirigentes- fuimos a Bolivia y ganamos 1-0, después de más de 20 años en que Argentina no ganaba en la altura”.

El proyecto trastocó y reformuló cada factor organizacional, y fue llevado al campo con un estilo moderno, nuevo. El entrenador del equipo nacional pregonaba la filosofía del pase, el avanzar mediante el toque, la tenencia productiva del balón. Defendía la estética del juego, la belleza del buen despliegue. Obsesionado como cada uno por ganar, colocaba al qué y el cómo a la misma altura en una imaginaria escala de valores. La ambición ofensiva se notó en los primeros partidos, aunque Argentina solo pudo desarrollar el mejor nivel del fútbol que proponía su técnico en contadas oportunidades. Hubo amistosos en los que el elenco enamoró a la gente y atrajo a los descreídos, pero luego ganaría el Mundial con un estilo más vertiginoso. Los futbolistas habían dado ese salto de calidad en los pormenores físicos, que de ninguna manera significaban un elemento determinante del juego en sí, pero aquello decantó en un equipo más directo, de resoluciones veloces.

Al tiempo que el país sufría por la dictadura, la selección se consagró en casa en el Mundial 1978. El pueblo se lanzó a la calle, durante sus horas más felices, para olvidar por momentos la persecución y los tormentos. Daniel Passarella lideró la defensa, Américo Gallego comandó el mediocampo y la magia de Mario Alberto Kempes y la potencia de Daniel Bertoni decidieron el desafío a favor, con el rimbombante triunfo ante Holanda en la final. El proceso iniciado hacía cuatro años había dado sus frutos, Menotti pasó a ser una figura pública muy reconocida, idolatrada, que casi no podía salir a la calle. Incluso, en intenciones de voto hipotéticas, su nombre ocupaba el segundo lugar detrás de Rafael Videla. La prensa, que originariamente había sido crítica, esta vez se recostaba en sus logros y los halagos no cesaban.

"Menotti reinventó la Selección Argentina, hay un antes y un después de él. ¿Por qué? Montó una organización fuera del campo de juego. No hay que olvidarse de que en el 70 no fuimos al Mundial, el desorden se trasladó a la cancha. Los técnicos iban por 15 días al seleccionado, ganaba uno e iba, después ganaba otro a los tres meses y era contratado. Menotti dio un calendario internacional de cuatro años, buscó gente de experiencia. Rodolfo Kralj, el secretario deportivo que manejaba cinco idiomas, con el Telex se comunicaba con las diferentes asociaciones para armar un calendario. La inglesa, portuguesa, española, holandesa. No vi hasta ahora una persona más organizada que Menotti en el fútbol argentino, poseía mucha visión de futuro. Eso de la lírica es una mentira, planificaba y bajaba línea a nosotros", define Roberto Saporiti, hoy DT y por entonces uno de sus ayudantes directos, junto a Rogelio Poncini y Ricardo Pizzarotti. Ninguno de ellos pasaba las cuatro décadas.

Argentina conoció, en un par de años sucesivos, las dulces mieles de ser campeón mundial de mayores y en juveniles. El Flaco condujo al título al sub 20 que se consagró por primera vez en la historia, de la mano del talento inigualable de Diego Maradona, la solidez de Juan Simón y

los goles de Ramón Díaz. El 10 y el 9 formaron una dupla extraordinaria que se retroalimentó. Habiendo convertido 20 goles, y con solo dos tantos en contra en seis partidos, fue un justo campeón, recibido con honores una vez que volvió a su tierra desde Japón. "Para juveniles llamamos a Ernesto Duchini, de 70 años, pero una experiencia extraordinaria. Éramos jóvenes aunque nos rodeábamos de hombres con pergaminos. Más allá de que luego nos tocó ser campeones del mundo en la mayor y menores, lo que César dejó fue una organización montada", añade Saporiti. El programa diseñado tuvo las ayudas sustanciales de dos formadores de mucho renombre: el mencionado Duchini y Jorge Griffa.

Huracán y la consecución del campeonato de 1973 habían sido la piedra filosofal del gran proyecto que el rosarino llevó a las huestes del fútbol celeste y blanco. El Globo emocionó a los hinchas propios, que asistieron ilusionados a una campaña inolvidable, y sedujo a seguidores ajenos. Tras 45 años de espera, el club se coronó campeón, por vez primera en el profesionalismo. Carlos Babington, René Houseman, Miguel Brindisi, Alfio Basile, Roque Avallay y Jorge Carrascosa eran algunos de los nombres propios de un equipazo, que brindó varias exhibiciones de fútbol y superó a muchos de sus rivales a lo ancho del campo. Los de Parque Patricios representaron con fidelidad las maneras que proclamaba Menotti, en su primera experiencia en las grandes ligas. Un fútbol elegante, fino, que logró ganar el torneo dos fechas antes de su finalización.

Antes de dirigir a Huracán, había comenzado en un cuerpo técnico en Newell's, pese a estar íntimamente relacionado con Rosario Central, institución en la que debutó en Primera División como jugador. Fue segundo de Miguel Antonio Juárez, y juntos formaron el cuadro que poco tiempo luego ganaría un trofeo. Al club, llevaron futbolistas como Alfredo Obberti y Mario Zanabria. El Gitano había sido un gran compinche dentro de las canchas, uno de los compañeros que más lo ayudó a crecer como jugador, más allá de la gran diferencia de edad. Desde allí, íntimamente quedó la gran relación entre ambos, prolongada cuando Menotti colaboró con él previamente a dedicarse de lleno y en soledad a ser DT.

Los títulos de CLM se dieron en los albores de su carrera como entrenador, pese a que su período como conductor se alargó por casi 30 años. Jamás se alejó del fútbol, y hasta llegó a ser manager de Independiente. Se hizo cargo de River y tuvo dos pasos por Boca, aunque siempre defendió que lo ideal de su estilo era realizar ciclos largos. Era allí donde mejor panorama tenía y encontraba el contexto en el que desarrollar su idea. No pudo llevarla a cada lugar donde trabajó, pero sus equipos se transformaron en una fuente de consulta. Menotti contribuyó con amplitud a la evolución del juego. Hoy nuevamente tiene un cargo en la AFA: es el director de selecciones nacionales.

Además de sus trabajos en el país y fuera, fue uno de los eslabones más representativos en la cadena de juego del Barcelona, a posteriori de Rinus Michels y junto a lo que hizo Johan Cruyff. Pese a que en el conjunto culé solo ganó un título y debió pelear con el Athletic Bilbao de Javier Clemente, quedó en el recuerdo por engrosar una maquinaria que fue explotando con el tiempo, además de promocionar la excelsa dupla de Maradona (a quien ya ubicaba de falso 9) y Bernd Schuster.

Sus planeamientos de selección encontraron asidero tras los grandes resultados obtenidos, pese a que luego las ideas de juego se fueron desdibujando. El equipo nunca volvió a jugar como en el 78 y poco pudo hacer en el Mundial del 82. Igualmente, el provecho de la tarea elaborada por Menotti iba más allá de cuántos goles podían marcarse o cuántas copas se alzarían. La fuerza del proyecto trascendía, era una plataforma que había logrado traspasar fronteras. “En junio de 1979, organizó un partido en cancha de River y, con la recaudación, USD 1.350.000, se compraron las tierras de lo que es hoy el centro ubicado en Ezeiza -comenta Saporiti-. Nosotros teníamos la idea de que la AFA debía tener un predio a semejanza de lo que veíamos en Europa. Solo teníamos una camioneta que llevaba la utilería, y los jugadores se traían los zapatos”.

El período de jugador le había servido al Flaco para absorber ideas y formular qué era lo deseaba en un futuro dentro del deporte. Iniciado en Central, donde compartió terreno con Juárez, luego jugó en Boca y hasta compartió cancha con Pelé en el mítico Santos de Brasil. Su llegada a Central había sido un sueño hecho realidad, pues era hincha y seguía al equipo en el estadio. Aunque, por sobre cualquier cosa, fue la posibilidad de mantener su hogar y a su madre. Tras el fallecimiento del padre, cuando César tenía 15 años, el fútbol de campo fue una salida. El joven cobraba muy buen dinero y dudaba si sumarse o no al Canalla, por cuestiones económicas. Federico Flynn, antiguo presidente de la entidad, le ofreció comprarle el pase en cifras rutilantes para aquel tiempo, y ese fue el comienzo de todo.

Unos pocos partidos en Reserva bastaron para que llegase a Primera, donde se presentó con un gol ante Boca. Las pruebas en Vélez y Huracán quedaban en el olvido, y en Rosario veía desarrollada su gran ambición. Era un futbolista elegante, de gran pegada y andar cansino, aunque desapegado por completo a cuestiones defensivas. Una tarde, jugando para Boca, se animó a contestarle a Antonio Rattín, que le pidió mayor compromiso en la recuperación de la pelota. Perfeccionista y detallista, vivía obnubilado por mejorar su rendimiento como jugador. El fútbol significó, también, una escapatoria tras la muerte de su progenitor.

A Central llegó a dirigirlo en el 2002. “El clásico rosarino es el más caliente del mundo. Cuando era entrenador de Central, fuimos a jugar a la cancha de Newell’s. Hacía como 23 años que Central no ganaba ahí y, cuando salimos, vi gente arrodillarse delante del micro, llorando, una

cosa de locos. Es único", señaló en una entrevista concedida a *El Gráfico*. Profundizó su perspectiva al hablar con el periódico *Tiempo Argentino*: "El fútbol en Rosario es un hecho cultural inimaginable. Hay una pasión de la que es muy difícil retirarse, un desarrollo de pasión que se da en pocos lugares. En Buenos Aires, el fútbol no es tan cerrado y cercano como en Rosario, y eso hace que te exija una comunicación diferente. Es muy formativo, hace que sea un debate diario y vivís agonizando todo el día". Y aseguró que el fútbol rosarino debe su formación a que a la ciudad llegaron escoceses, que defendían el fútbol elaborado, en detrimento del juego en largo y directo de los ingleses.

Siendo joven, su casa fue baleada dos veces, por la identificación de su padre con el peronismo. Afiliado al partido comunista, la posición política de César Menotti era conocida durante los años de dictadura, pero no sufrió dentro de un ambiente convulsionado para realizar lo estipulado. Mucha gente le criticó no haber elevado la voz, desde su figura, contra los militares, pero las solicitadas por desaparecidos llevaban también su firma. Más acá en el tiempo, dijo haber sido usado, y apuntó a que nadie podía imaginarse que, por entonces, se arrojaban cadáveres al océano. "Si se hubiera sabido, trabajadores, campesinos, intelectuales y futbolistas habríamos salido a la calle a pedir que terminase", aseguró.

Menotti basaba sus conceptos del juego en la técnica, mejorar individualmente al jugador para luego hacer evolucionar al colectivo. Sin jugadores con una técnica depurada, la estrategia sería inocua. Apuntaba también al orden-aventura, según palabras que extraía del escritor Jorge Luis Borges. "Uno busca el orden, hay que tener orden, pero también tiene que tener aventura. En la vida hay que tener aventura para crear. El fútbol es un equipo, pero hay que ayudar a algunos a volar, porque si no, les estás cortando las alas. Con el orden solo no se hace nada", sentenciaba.

El joven César, que comenzó a fumar de joven para espantar el dolor de la muerte prematura de su padre, el que se vestía de sobretodo negro para parecer mayor y entrar a lugares de adultos, aquel que viajaba en tren hacia el Luna Park para ver noches de boxeo, se transformó con el tiempo en una de las personalidades más fuertes del fútbol mundial. Intérprete reconocido de una forma de entender el juego, protagonizó una pelea dialéctica con Bilardo, en antinomias que fueron llevadas, de cierto modo, a un sector ajeno al juego propiamente dicho.

Menotti, desaprovechado durante largas décadas por las conducciones del fútbol argentino, retornó para realizar algo similar a lo establecido más de 40 años atrás. Cualquier parecido de desmanejo y desorganización, es semejante. Adelantado a su época como lo fue, escribió un plan, contagió a los descreídos, enarboló la bandera de su estilo y se colgó la medalla del primer campeón mundial del país. Un técnico que se ganó su ascendencia interminable sobre el mundo de la redonda.

ÁNGEL TULIO ZOF

Don Ángel Tulio Zof seducía desde el conocimiento, desde la simpleza. A partir de una personalidad nunca impostada, siempre auténtica, con un lenguaje certero que calaba hondo en sus futbolistas. Sin palabras altisonantes ni una verborragia que pretenda construir un caparazón protector, lo que mejor hablaba de él era el juego de sus equipos. A cada uno de los que dirigió en su increíble carrera en los bancos de suplentes de casi cuatro décadas, supo darle el mismo estilo, el de arriesgar e ir en busca del resultado. Respetado a ambos lados de los clubes gigantes de la ciudad, su carácter bondadoso y la prudencia exhibida en cada declaración, lo definieron. Un hombre que trascendió por su capacidad docente, por transformarse en un maestro de la vida.

Su vida, de principio a fin, estuvo dedicada al fútbol. Primero como futbolista y luego, cuando la posibilidad de ser entrenador aparecía en ideales remotos, como un DT que sembró admiración y concordia en la rivalidad. También, como formador en inferiores, acompañando en un corto tiempo a Jorge Griffa. Nunca se escucharon palabras de Ángel que acarrearan polémicas, que tuvieran como fin la idea de desestabilizar y sacar una ventaja previa al partido. Apostaba al fútbol, a la picardía de sus jugadores, a darles herramientas para que se desenvolvieran lo mejor posible. Su labor estuvo en el trabajo de campo, donde el valor de sus experiencias era el mejor consejo. Porque su obstinación era futbolística, perseguía el éxito desde la humildad, con honores y los valores del juego bien desplegado. Tenía una idea, la respetaba, y hacía lo mismo con las de los demás.

Hombre de bien, también lo distinguía la buena fe y su carácter educado y altruista, la posibilidad de ayudar a quien pudiese si estaba dentro de sus posibilidades. A Zof le fue bien allí donde trabajó, los futbolistas que dirigió siempre hablaron maravillas de él, pero el rosarino nunca se situó un peldaño por encima del resto por aquellos halagos. Por el contrario, miraba a todos frente a frente, aún si eran equipos superiores en la cancha. Con sus armas, intentaría imponer las formas y equiparar fuerzas. Simple hablaba y convencía desde un primer momento, y nunca precisaba de palabras complejas para hacerse entender. Su sabiduría se elevaba desde otro lado, a través de que, aquello que proponía, luego sucediese en la cancha. Optaba por disponer de jugadores con experiencia, pero a ellos siempre les agregaba nuevos valores de las divisiones inferiores. Por caso, hizo debutar a grandes exponentes, como Juan Antonio Pizzi o Ángel Di María.

Nunca se cansó de aprender ni de renovarse como director técnico, y siempre se mostró predispuesto a colaborar con Rosario Central, su segunda casa. Lo dirigió por más de 600 partidos y trabajó hasta los 78

años, edad que tenía cuando se despidió para siempre del deporte. Con los canallas supo sembrar las bases del equipo que luego se consagró con Ángel Labruna, realizó luego grandes campañas y, cuando parecía que las chances de campeonato se acotaban, conquistó el torneo Nacional de 1980. Fueron en total nueve los pasos de Zof por el cuadro auriazul, y hasta supo realzar al club en épocas donde la posibilidad del descenso era una amenaza. Sin embargo, la paradoja está en que el hombre marcó una época en Central, pero comenzó su carrera del otro lado de la línea de cal en Newell's.

El acontecimiento que significó su llegada al club leproso posee una historia muy singular detrás. Don Ángel no imaginó que su porvenir, una vez que abandonó la carrera de futbolista, estaría ligado a la conducción técnica. Compró un taxi y pensó su vida en él, supuso que ese sería su nuevo trabajo. De un momento a otro, comenzó a llevar en el auto a jóvenes que jugaban en Independiente de Bigand, una localidad cercana a Rosario. Gastaba tiempo y, de paso, veía fútbol, su gran atracción. Una tarde, la dirigencia le preguntó, teniendo en cuenta su pasado dentro de las canchas y sus buenos dotes como centrocampista, si le apetecería tomar el cargo del equipo. A muchos de los chicos los conocía, pero puso como condición *sine qua non* que se respeten los horarios de estudio y trabajo de aquellos que tenían otros quehaceres aparte de la pelota. Y su estadía allí no pudo haber sido mejor, ya que fue campeón y, con ese título, se clasificó a la Copa de Oro de Santa Fe, la competencia que reunía a todos los campeones de la provincia. Llegó a la final y venció a Unión, que jugaba el torneo con la base del conjunto que militaba en Primera B. El técnico hizo historia.

Newell's tomó en consideración al hombre que ya daba qué hablar en las cercanías a Rosario. En tiempos donde la rivalidad entre clubes no entraba en los parámetros actuales, Zof aceptó la propuesta. De hecho, ganó el primer clásico que dirigió ante Central, la institución que lo había visto nacer y en la que luego sería prócer. Se fue de la entidad leprosa por diferencias con la dirigencia y luego volvió, alternando su trabajo con la estadía en Los Andes, el club al que mantuvo en Primera División y en el que también realizó una gran cosecha de puntos. Era su costumbre, siempre imponía su sello, y el trabajo daba resultados. De esa manera, transcurrieron los inicios de una trayectoria que casi no tuvo freno, ligada al césped y el balón.

Tuvo total injerencia en el desarrollo futbolístico de Atlético Ledesma de Jujuy y, en dos pasos por allí, se clasificó a cuatro ediciones del torneo Nacional a partir de ganar los regionales. Mientras, su cargo también se relacionaba con las divisiones inferiores, por lo que se debía dedicar a tiempo completo. También tuvo pasos por Atlanta, Platense y San Martín de Tucumán, clubes en los que, más allá de no alcanzar grandes gestas, sí llevó adelante una tarea fructífera, con algunas victorias más

que resonantes. Después volvió al lugar donde más lo quisieron hasta convertirse en el entrenador más grande de la historia. Coronaciones escritas con fibrones indelebles.

El Viejo, apodo con el que se lo conocía en el ambiente rosarino, apostaba por un fútbol propositivo. Con un lógico equilibrio para no quedar expuesto, su intención era disponer de la pelota y atacar el mayor tiempo necesario. Sus futbolistas lo captaban al instante, él no necesitaba de mucho tiempo para hacerse comprender y bajar un mensaje. Potenciaba a sus futbolistas y no los abrumaba, sino que buscaba darles el mejor contexto para que presenten sus aptitudes. Daba libertad a los jugadores, aunque no por ello los eximía de labores en fase defensiva. Sobresalía por docencia, por sus enseñanzas en cada entrenamiento, jornadas que siempre dejaban algo al jugador como aprendizaje.

Edgardo Bauza lo califica como su mentor. "Don Ángel era una persona muy simple. Veía el fútbol de muy buena manera, y tenía la gran virtud de elegir los mejores jugadores para su equipo. Todos rendían. Fue uno de mis grandes maestros", señala Patón. Aldo Poy, a quien Zof intentó llevar a Los Andes tras disfrutar de su talento en Central, manifiesta que Tulio fue uno de los grandes puntales en la mutación del club, una plataforma que lo llevó al éxito. "Zof tenía una visión extraordinaria para elegir y ubicar a los jugadores. Era una persona buenísima. Con nosotros, tenía una relación de amigos. A pesar de que era muy joven cuando vino a dirigirnos, le decíamos El Viejo", apunta. Zof dio vida a las primeras armas del equipo que vencería a Newell's con aquella palomita mítica, pero luego fue el máximo encargado de encumbrar la camiseta azul y amarilla. Tres títulos, espaciados en 15 años, con diversos tintes de épica y buen fútbol. Cada trofeo incrementó la idolatría del pueblo canalla.

Su cuarto regreso fue sinónimo de inicio de la gloria, en 1980. Sucedió a Marcos Saporiti y alcanzó el primer campeonato, segundo en la historia centralista. Le ganó a Racing de Córdoba, que por entonces era dirigido por Alfio Basile, en la gran final. Años luego, en el 86, tomó la conducción del club que había caído a Segunda División, pero logró volver a Primera bajo la tutela de Pedro Marchetta. Ángel Tulio lo hizo resurgir como el ave Fénix, y Central se constituyó como el primer y único cuadro del fútbol argentino que logró ganar un torneo de Primera en el certamen inmediatamente posterior al ascenso. Los efectivos de mayor valor para el entrenador eran Adelqui Cornaglia, Bauza, Ariel Cuffaro Russo y Omar Palma. La excelsa victoria tuvo un matiz que la engrandeció, ya que el segundo en la tabla de posiciones fue Newell's, que acabó a solo un punto.

Ya en 1995, Central fue el primer campeón internacional del interior argentino. Disputó la extinta Copa Conmebol y arribó hasta la final, habiendo vencido en todos los partidos de las fases anteriores. La hoja

de ruta era inmejorable en el camino hacia los partidos definitivos, pero una goleada del Atlético Mineiro en el partido de ida hizo que la ilusión tambaleara. Los hinchas coparon el estadio Gigante de Arroyito para el partido de vuelta y confiaron a ciegas en la resurrección, que finalmente acabó dándose como una gesta magnánima. Central ganó 4-0, igualó las acciones y luego se impuso en la tanda de penales, para delirio infinito de cada seguidor. No obstante, cerca estuvo de quedarse a la orilla, ya que el cuarto gol llegó recién en los minutos finales. El equipo campeón estuvo liderado por nombres de gran recorrido: Roberto Bonano, Eduardo Coudet, Pablo Vitamina Sánchez, Martín Cardetti, Rubén Da Silva y, nuevamente, Palma.

Cristian Colusso, que por entonces era un joven que prometía y había llegado al primer equipo desde las divisiones inferiores, integró también aquel equipo ganador. Y así define al entrenador: "Aprendí a valorarlo. Lograba crear muy buenas sociedades, que es lo más difícil como entrenador. Y cuando creás dos o tres tándems en un grupo de once jugadores, tenés seis que se entienden a la perfección, que juegan muy bien. Ese Central lograba complementarse, era un muy buen equipo. Allí se veía la mano de Don Ángel". Y alienta a que la perspectiva que hay sobre el entrenador trascienda los resultados, al decir "no lo miremos por el lado de la estadística, el señor sabía juntar a los jugadores".

Así es que escribió una era inigualable en Central, donde había sido futbolista. Llegó tras crecer en un club de barrio, y pateando la pelota en la calle. Mamó durante sus primeros años las enseñanzas de Adolfo Pedernera, uno de los formadores más prolíficos del suelo argentino. Se definía como un jugador regular, en un ejercicio de modestia. Tras el puntapié en Arroyito, jugó en Huracán y Quilmes, cuando analizó la idea de abandonar el fútbol. Es que no se cobraban valores de dinero siderales, y la diferencia la hacía con otras labores paralelas. De hecho, trabajó desde chico ayudando a su padre, que era peón de albañil, y en una fábrica metalúrgica. Incluso, ingresó a los ferrocarriles porque Federico Flynn, presidente de Central al momento de fichar como jugador, le consiguió un puesto. Ángel realizaba su turno de 6 a 12 y, al mediodía, tomaba su bicicleta para ir a entrenarse.

Tras desechar esa idea de dejar el deporte que rondó por su cabeza, jugó en México, Estados Unidos (trabajó para la General Motors) y Canadá, donde comenzó de cierta manera su período como DT. Un húngaro que conducía los destinos colectivos se fue, y el rosarino fue jugador y técnico a la vez. Tuvo dificultades para hacerse entender por el idioma, pero allí acuñó una de las frases que lo describen. "El fútbol es un idioma universal", subrayó quien daba la charla técnica sobre una mesa de billar, con papelitos y algodones. Tenía intérpretes y traductores, pero muchas veces no eran necesarios, porque sus jugadores lo comprendían en el lenguaje de señas.

Ya llegaría el tiempo de hacer historia a partir de aquel Independiente de Bigand. Llegaba a altas horas de la noche a su hogar, y al día siguiente debía levantarse a primera hora del amanecer para ingresar a los ferrocarriles. Fue haciéndose camino al andar este hombre que derrochó sapiencia y sensatez, que fue declarado primero como Mayor notable, por el Congreso nacional, y luego como Maestro de la Vida, por el ministerio. Más que un entrenador, una personalidad siempre reconocida, ávida por incorporar elementos nuevos que profundicen su trabajo, dedicado por vocación y siempre abierto al diálogo. La última condecoración llegó cuando lo declararon Ciudadano Ilustre de la ciudad de Rosario; se quebró varias veces en su discurso, mientras veía al recinto repleto de hinchas de Central y otros tantos de Newell's.

Pasó sus últimos días mendigando por una buena gambeta, y el destino quiso que su corazón se apagara el mismo día en que los canallas disputaron una final de Copa Argentina. Además, esa fecha, Roberto Fontanarrosa hubiese cumplido 70 años, dentro de un cúmulo de situaciones emocionales. La dirigencia de Central bautizó con su nombre al hotel del predio de Granadero Baigorria. Y como si esto no alcanzara para entender la dimensión de Zof en la ciudad, el parque del acuario del Río Paraná lleva su nombre, y en él descansa una estatua que saluda al estadio de Arroyito. Toda una leyenda.

A todos trató de usted Don Ángel, el distinguido caballero que hizo que sus valores e hidalguía hablaran más por él que los campeonatos. La hinchada canalla lo recuerda y lo tendrá en un altar por siempre, como ese entrenador que protagonizó las mejores gestas y que siempre volvió para dar una mano. "Usted lo vio, usted lo vio, es el equipo de Don Ángel Tulio Zof", rezaba la canción más popular, dedicada a ese hombre paciente, siempre direccionado a la docencia y la sapiencia. Por su profesionalidad y compromiso con el fútbol, se llevó el respeto de propios y extraños.

JORGE SOLARI

La respuesta sale de manera contundente, cualquiera sea el interlocutor, el destinatario de la pregunta. Jorge Solari es un maestro, aseguran todos aquellos consultados por su figura. Aluden a su docencia, profesionalismo, su conducta en el deporte y a su calidad de entrenador. El reconocimiento se sujeta a su modo de vida y las enseñanzas que repartió en su carrera como técnico, aunque también tienen sustento en cómo dio lugar a un funcionamiento de equipo. Un hombre que dirigió aquí y allá, en los confines más alejados del mundo, pero siempre volvió a su tierra. Lo quiso así, retornar a Renato Cesarini y al barrio, para cumplir

con la rutina de cada lunes de juntarse a tomar un café y hablar de fútbol con amigos de la vida.

El club situado entre Rosario y Alvear, cuya metodología y carácter de histórico trampolín de grandes futbolistas está expuesta en el primer capítulo de la presente obra, tuvo lugar gracias a la intervención de Solari. Es el padre de la criatura, una criatura que mutó su rol y se transformó en uno de los clubes amateurs más importantes del mundo. Por la calidad de sus instalaciones, por sus modos de entrenamiento. La institución modernizó el fútbol en la década del 80, y lo hizo a partir de fusionar los trabajos físicos con el balón. Así, se ahorraba tiempo, y ambas cuestiones se iban perfeccionando conforme a trabajos en paralelo.

"Proteger el futuro", el lema que persigue desde su fundación, en 1978, es ni más ni menos que continuar con el legado. El objetivo siempre fue formar jugadores, que en cualquier momento deben estar preparados para dar un salto mayor. Ejemplos abundan, y hoy en día el rumbo es inmodificable, ya con el hijo del Indio tomando las riendas. Pese a que jugaron dos torneos nacionales consecutivos en 1982 y 1983, rápidamente entendieron que lo mejor era dedicarse en conjunto a enseñar valores y conductas del juego a los jóvenes. Bajo un modelo de captación singular y muy abarcativo, al club llegaron, y siguen llegando, jóvenes del país y otros que traspasan la frontera. Y hasta se les enseñan recursos que van más allá de llegar a ser profesional. La meta es que, en el futuro, cualquier chico busque superarse continuamente, sea en el campo de juego o en el trabajo que toque.

Solari había sido dirigido por Renato Cesarini durante su época como jugador de River, en la misma etapa en la que coincidió con Amadeo Carrizo, Ermindo Onega, Daniel Onega y Luis Artime, entre otros. Junto a estos últimos tres y a su hermano Eduardo, y mediante la ayuda de muchos nombres que colaboraron desde las sombras, patentaron la entidad e inmortalizaron la figura del maestro italiano. Jorge abocó mucho tiempo de su vida al grandísimo predio, situado en las cercanías de la autopista que conduce a Buenos Aires, y trasladó a sus canchas la inacabable sabiduría que le había transmitido RC. Fue entrenador durante las temporadas en la élite, un continuo formador y alguien que siempre abogó por mejorar las condiciones de vida del lugar.

Renato marcó el nacimiento de su carrera como entrenador, a posteriori de ser ayudante de Carlos Timoteo Griguol en las inferiores de Rosario Central, meses después de abandonar el fútbol. Aún hoy, con 77 años, continúa llegando al club para formular ejercicios y conducir pequeñas partes de los entrenamientos. Pero antes de ello, en medio y sobre todo luego, Jorge Raúl Solari edificó una carrera en el fútbol que ya lleva más de cinco décadas, plagada de acontecimientos destacables. Desde los campeonatos obtenidos hasta haber dirigido un Mundial, pasando por las tratativas con las que consiguió que Diego Armando Maradona jugara para Newell's.

"Yo fui de casualidad a Newell's, me llevó Lito Isabella. Si no me llevaban, me quedaba acá, no hubiese jugado al fútbol profesional", asume el Indio desde la comodidad de la zona que lo vio crecer. Le tocó el descenso de categoría, pero fue una de las figuras durante la temporada en que acabaron en lo más alto de la tabla. La Asociación del Fútbol Argentino le quitó la posibilidad de ascenso por una presunta incentivación a otro equipo, aunque Solari salió del club con rumbo a Vélez Sarsfield. NOB le había dado un sentido de juego colectivo a sus grandes cualidades con la pelota, le había brindado un mayor conocimiento que la individualidad que poseía desde el fútbol de potrero. También le posibilitó alcanzar el deporte profesional, luego de haber abandonado los estudios de Medicina.

Se calzó la camiseta de Vélez y luego la de River, club con el que perdió la final de la Copa Libertadores de 1966 ante Peñarol. Igualmente, si existía algo por lo que destacase el rosarino, era por convertir en cada debut. Lo había hecho en el Parque Independencia y en Liniers, y también lo hacía en Núñez. Era un mediocampista por la banda derecha que podía aparecer en ambas áreas, dedicado a tareas de contención y a su calidad como llegador para definir. Convirtió goles por la lectura para atacar los espacios, aunque también sabía ocuparlos en fases defensivas. Estudiantes de La Plata fue el siguiente paso, el último dado en Argentina como jugador, previamente a retirarse en México.

Durante su estadía en la capital de la provincia de Buenos Aires, compartió mediocampo con Carlos Bilardo y Carlos Pachamé, siendo dirigido por Osvaldo Zubeldía. En total, Solari fue dirigido por entrenadores que quedaron en los registros grandes del fútbol nacional, porque a Cesarini y Zubeldía podemos añadir a Ángel Labruna. Jugando para Estudiantes, perdió la final de la Copa Intercontinental ante el Feyenoord holandés. No obstante, todas estas experiencias lo transformaron en un hombre de selección, con la que jugó el Mundial de 1966 en Inglaterra. De hecho, tuvo mucha participación activa en aquella competición.

Fue pionero, junto a Salvador Capitano y demás entrenadores de Renato, en realizar clínicas. No solo se trataba de exposiciones nacionales, sino también en otros territorios globales. La escuela de vida que significó la institución que crearon no solo fue formadora de jugadores, sino también de entrenadores y preparadores físicos. Teniendo en cuenta la calidad de directores técnicos de los que disfrutó Jorge, está claro desde dónde mamó semejante pasión por el juego. Aunque una vez que vio asentada a su criatura, escogió volver a Newell's, esta vez como gran conductor.

Capitano controlaba la Reserva y él se encargaba del primer equipo. Pero las tareas se alternaban, eran un elenco en el que dependía uno del otro. Lograron coronarse tres veces consecutivas en la categoría que antecede a la élite, y construyeron una escuadra histórica en Primera, íntegramente compuesta por jugadores salidos de inferiores. Sí que había nombres contrastados, como Norberto Scoponi, Juan Manuel Llop o Gerardo Martino, pero a ellos se sumaban las jóvenes figuras que continuaban emergiendo. No pudieron alcanzar la cima, pese a las buenas campañas establecidas, y dejaron un equipo muy bien armado para su sucesor. Al año siguiente, José "Piojo" Yudica dio su toque y estilo a los mismos futbolistas, que esta vez sí pudieron escalar a la cumbre. Ocurrió en 1987, y se trató del segundo campeonato profesional de NOB.

Sí lograría Solari un gran título en su etapa de 1989 en Independiente, con jugadores como Pedro Monzón, Rubén Darío Insúa y el legendario Ricardo Bochini. Incluso la Reserva llegó al final de temporada en el primer sitio de la tabla, la primera vez que logró campeonar. El paso por el Rojo se extendió el mismo tiempo de prolongación que existió en Rosario, tres años. Y entre los continuos retornos a Renato y los trabajos de los que disfrutó, en Argentina y otros lugares, fue el momento de retomar el camino que había dejado inconcluso en el estadio Coloso.

Durante ese período, Solari convenció a Maradona de ponerse la camiseta del equipo rojinegro, en función del objetivo de Diego de comenzar a jugar nuevamente y prepararse para jugar el Mundial de USA 1994. Él mismo lo explica: "Dijimos 'vamos a entrenar a las 6 de la mañana'. A las 8.30 terminaba, agarraba el auto y me iba a Buenos Aires para hablar con Diego, sus padres y la mujer. Pero los jugadores dijeron que no podían entrenar a esa hora, se les armaba lío. Algunos tenían que levantarse a las 4 para llegar a horario. Hice una reunión con Martino, Scoponi y Jorge Theiler y les aseguré que me iba del club si se enteraba alguien de la movida. A partir de ahí, todo perfecto, ningún problema con el horario".

El astro estuvo menos de seis meses en Rosario, pero el tiempo fue suficiente para revolucionar la ciudad. El entrenamiento desarrollado para su presentación, tras la conferencia en el estadio cubierto, desbordó el estadio y colmó cualquier expectativa. Algo similar ocurrió días después, cuando un amistoso ofició de debut formal. El rival fue Emelec, que era dirigido por Capitano, y el triunfo se lo quedó el dueño de casa gracias a un gol de Maradona, con el pie derecho. Había gente en las torres de iluminación, el recinto estaba abarrotado como pocas veces se vio. El 10 recibió la capitanía de manos de Martino y jugó cinco partidos, entre ellos, sendas visitas a Independiente y Boca que se saldaron con derrotas. Se alejó Solari del club y los días de Diego Armando en la urbe ya no fueron los mismos, y todo acabó en pesadilla durante el Mundial estadounidense.

Precisamente, a ese Mundial viajó Solari, ya como entrenador de Arabia Saudita, y alcanzó la increíble gesta de depositar al seleccionado verde en octavos de final. "Una experiencia muy linda. Es un país totalmente distinto, donde las costumbres, la alimentación y la religión son diferentes. Llegamos a la Copa del Mundo e hicimos un buen papel, con aquel golazo de Saeed Al-Owairan. También tuvimos contratiempos que hubo que arreglar sobre la marcha. Nos la arreglamos muy bien, fue por eso que conseguimos una clasificación que el país tardó en volver a conseguir". El golazo que comenta sigue siendo recordado actualmente como uno de los mejores de la historia de las copas del mundo, aquella jugada individual que construyó el mediapunta para derrotar a Bélgica.

Sus días como entrenador estuvieron mezclados entre Ecuador, Colombia (fue campeón en Junior), Argentina, México, España y hasta Japón. En Europa se hizo cargo del Tenerife, previamente a una gran etapa que vivió el conjunto español. Llevó allí a Fernando Redondo (hoy es su suegro) y pidió por la contratación de Juan Antonio Pizzi. Con varios argentinos más, aunque ya sin él en el banco, los tinerfeños alcanzaron los puestos de vanguardia y clasificaciones internacionales. En Asia, asimismo, dirigió al Yokohama Marinos, que por aquel tiempo contaba en su plantel con Ramón Díaz.

Roberto Ramírez, ayudante de campo del Indio en varios clubes, como Almagro, Tiro Federal o Atlético Tucumán, explica el suceso del trabajo llevado a cabo en este último. "Nosotros decíamos que era un gigante medio dormido, porque tenía buenas instalaciones, buena cancha, nuevo campo de entrenamiento y mucha hinchada. Tucumán es una ciudad muy futbolera. Pudimos hacer todo el trabajo físico-técnico y de funcionamiento, para dejarlo luego mejor de cómo estaba cuando llegamos. Obviamente, lo conseguimos, salimos campeones en 2006 y ascendimos. Era un equipo extraordinario: Ischuk; Bressán, Luna, Martos; Montiglio, Erroz, Granero, Longo; Pablo Hernández; Sarría y Yaya Álvarez. En ese club hicimos lo que en ningún otro, dado que nos permitieron ayudar, nos dieron una mano y les dimos toda nuestra experiencia", apunta.

Bajo la tutela se Solari, los tucumanos ascendieron desde el torneo Argentino B y se quedaron a las puertas de subir a Primera, algo que lograría muy poco después el equipo con Jorge Rivoira como entrenador. Una vez más, la historia se repetía y el Indio había dejado el equipo armado, para que el funcionamiento no se resintiera con su salida. Pero su máxima volvía a cumplirse. "Siempre hay que dejar un club mejor de cómo lo encontramos cuando llegamos", manifestó más de una vez. Y el legado que dejó en la provincia del norte argentino fue espectacular. "El Indio le dio todo a Atlético Tucumán. Hasta hacíamos socios en un predio de La Rural que alquilamos. Obviamente, el equipo andaba muy

bien y el resultado iba de la mano", añade Ramírez, que dice también que el Indio es como un libro abierto.

Además, realizaban pruebas allí, con las que alimentaban la ilusión de Renato Cesarini. Joaquín Correa, quien es hoy considerado un futbolista de calidad europea, fue descubierto en pruebas tucumanas hechas por Solari y Ramírez. Lo mismo sucedió con Luis Rodríguez, aunque el Pulga terminó siendo con el tiempo el máximo ídolo de Atlético. "Tucumán tiene muy buenos jugadores. Deseaban tener un gran club, y con pocos socios lo manejaban", expresa el protagonista de este texto, acaso una de las personalidades más importantes para transformar la realidad de un equipo que nunca se cansó de crecer.

Jorge Solari dejó un gran legado a partir de su concepción del fútbol, y las enseñanzas compartidas y repartidas en Renato Cesarini. Importante tanto para Newell's como para Independiente, sus tratativas resultaron elementales para que el mejor jugador de la historia hiciera pie en Rosario. No fue menor su intervención árabe, y allí donde dirigió dejó una huella clara.

Tres jugadores que tuvo a su cargo lo describen. Dice Ricardo Giusti: "Fue un adelantado. Lo que se hace hoy, de tenencia de la pelota, lo hacía él en Renato Cesarini, 40 años atrás. Hace unos años estuve con el Tata Martino y nos referíamos al Indio, que todo lo que hacen hoy los equipos, él lo hacía antes. Posesión, pases entre líneas, desbordes El Indio fue fantástico. Mirá, antes los entrenadores le dejaban todo al preparador físico, lunes y martes era pique y velocidad, pero él siempre realizaba trabajos con pelota. En Independiente, el PF le tenía que decir basta. Él tenía una imaginación impresionante. Con Salvador Capitano preparaban trabajos divertidos, con la pelota como aspecto central. Impresionante". Edgardo Bauza asegura que "es un gran técnico, muy vivo. Siempre trataba de sacar lo mejor de cada jugador, y de dar al equipo un salto de calidad". Juan Manuel Llop expresa que fue muy importante para NOB, "un adelantado en cuanto a metodología de trabajo".

En su persona y su sabiduría pueden hallarse muchas respuestas al porqué de los grandes cracks que salieron de Rosario. Desde su docencia y capacidad formativa, emergieron notables proyectos. Un hombre de familia con amplia vocación futbolera, nacido por y para el fútbol.

MARCELO BIELSA

Alguna vez, Marcelo Bielsa señaló que su apodo, Loco, es una acepción que recibe porque sus respuestas no son comunes al resto de los entrenadores. Emplea argumentaciones fuera de cassette, y su ambición por acercarse siempre al sentido más primitivo del juego, el lúdico, lo hace ir a contracorriente. Despojado de intereses, persigue con frecuencia una perfección que reconoce inalcanzable, pero su meticulosidad y obsesión no conoce de imposibles. Mucho menos, de zonas de confort, por eso siempre llama a que su equipo sea mejor, a que descubra más posibilidades de reinventarse. A fin de cuentas, el sobrenombre no hace más que exponer al sistema, ese ámbito que el hombre en cuestión busca poner en evidencia con insistencia.

Pese a no ganar con asiduidad, su trabajo ha sido reconocido por muchas voces trascendentes a lo largo del tiempo. No ha necesitado del triunfo para sacar a relucir su sensibilidad en torno al fútbol, más allá de que también allí se encuentre uno de los impulsos para sus detractores. Bielsa se aleja de la complacencia, logra construir equipos que llevan la firma de autor allí donde va, y genera grandes revoluciones. Nadie queda inmune tras el paso del técnico, que deja un legado del que se habla incluso mucho tiempo después de su salida. Produce ambición, el deseo máximo de ganar, y usualmente se autoflagela con mucha dureza en las derrotas, aunque reconoce que construyen el camino de futuras victorias. Por eso aquella frase que pronunció en una ocasión a sus dirigidos: "Traguen veneno, que todo se equilibra al final".

Utiliza recursos genuinos, intenta que casi nada dependa del azar, pero admite que contra ello no puede pelear. Se basa en la honestidad, el respeto por el reglamento, la nobleza de los recursos utilizados para ganar y siempre aboga que el cómo es más importante que el qué. Es necesario disfrutar del camino para saborear con otro gusto la victoria. Alejado del exitismo, sabe que el éxtasis que causa lograr un cometido dura solo unos minutos, y que luego uno sabe que ganó, pero la primera sensación ya no retorna. Allí es que plantea observar las formas, que son su argumento más irrefutable en la línea de trabajo. Trabajo, el concepto que más respeta mientras se obsesiona al detalle.

Produce una revolución en el club que lo contrata, porque a nadie deja indiferente. Su metodología muchas veces está alejada de lo que realizaba su antecesor, y llama a despertar la competitividad intrínseca de cada futbolista. No escatima en esfuerzos, y es menester que sus dirigidos se encolumnen tras él. Llama a modernizar centros de entrenamiento, a cambiar infraestructura inadecuada, conoce al dedillo al plantel que dirigirá, y trae consigo un vasto conocimiento de haber observado la última temporada completa del equipo del que se hará cargo. Es así que genera la ambición de los jugadores por ser mejores, por querer dar instintivamente un poco más. Bielsa los potencia, y casi todos aquellos que pasaron por su mano reconocieron que sus carreras se vieron estimuladas bajo su liderazgo (un artículo con voces de protagonistas, publicado en diario *La Nación* y titulado "¿Por qué el ambiente del fútbol admira a Marcelo Bielsa?", lo corrobora).

A la vez que cambia las formas de un club, exprime a los futbolistas, intenta sacar lo mejor que tienen dentro y espera que los mejores hagan valer sus condiciones. Lo mismo sucede dentro de los límites de la institución, si un empleado cobra al día le exigirá en consecuencia. Porque su trabajo no solo se limita a los deberes de campo, de ningún modo. El Loco, que en paralelo parece ser el más cuerdo de todos, persuade a través del convencimiento, pero también porque nunca duda de sus certezas, de sus propias convicciones. Desde su espíritu inquebrantable, nunca deja que se lo lleven puesto ni que el fin tenga prioridad ante los medios. Con ese punto de inflexión como *modus vivendi* intenta que su equipo plante cara ante cualquier rival, más allá de que los recursos y el presupuesto de este pueden llegar a ser mayores.

Frontal, incapaz de traicionarse a sí mismo y a sus ideas, llama a quienes dirige a preguntarse el porqué de las cosas, a cuestionarse el fin de tal trabajo, a abrir su mente en torno al juego. Lo hace también ante los periodistas, porque siempre prioriza el debate del fútbol y lo que sucede dentro de la cancha, por sobre cualquier elemento aislado. Sentado en una heladerita, en cuclillas o caminando frenéticamente de un lado a otro a un costado del verde césped, o mirando hacia abajo en las conferencias de prensa, el entrenador expone sus ideas, y su tono monocorde al hablar genera siempre una atención especial en sus interlocutores. El rosarino intenta reducir todo lo que puede el margen de error, agota todas las instancias que dependen de sí mismo y les entrega las herramientas de las que dispone a sus dirigidos, aunque sabe que la dinámica de lo impensado tiene lugar en el fútbol como en casi ningún otro deporte.

Su ambición ofensiva y el estilo que impregna a sus equipos nunca están en jaque. El conjunto que dirige siempre intentará llevar adelante el partido, con defensas aptos para la salida desde atrás -ya sea identificando pases entre líneas o en conducción-, mediocampistas que se sitúan a las espaldas de los volantes rivales para crear apoyos en la fluidez de la posesión, laterales y extremos que hacen ancho todo el campo, y un centrodelantero que toca y descarga o se desmarca a espaldas de los marcadores. Los equipos de Bielsa utilizan todo el campo en horizontal y vertical, con movilidad constante para crear espacios interiores, tener efectivos para desbordar y que muchos de sus hombres lleguen a zona de remate. Es de esa manera que, con los jugadores arriba, realiza una intensísima presión tras pérdida de la pelota, en terreno adversario. Busca un fútbol directo, de acumular cuantos ataques pueda, estar cerca de posición de gol, y no deja que su filosofía se vea contaminada.

Así como fue capaz de dirigir un equipo de fútbol universitario con el rigor de uno profesional, deja atónita a la prensa británica muchos años después cuando, en un salón de luz tenue y una pantalla gigante, da una clase abierta de la minuciosidad con la que estudia a los rivales. Lo hizo porque sintió que atacaron su formalidad, su ética de trabajo, con la crítica despiadada después de que un asesor suyo fuera identificado como un espía en el entrenamiento del rival del siguiente fin de semana. Acabó brindando una charla antológica, en la que aseguró que enviar a un ayudante a observar al contrario no le asegura el triunfo, pero que lo hace para agotar instancias. Esa obsesión recuerda, cómo no, cuando entrenó al equipo de la UBA con una seriedad inusual para esa calidad de torneos, en los que acabó causando una mejora de todos aquellos que buscaron emularlo.

El sueño de ser futbolista quedó trunco de muy joven, cuando comprobó que sus condiciones no eran para la élite. Sin embargo, en esa época ya analizaba cada detalle al mínimo, y lo apasionaba el deporte. Llegó a debutar en Newell's, representó a la Selección Argentina en un Preolímpico disputado en Brasil (una de las divisiones menores del equipo de Rosario jugó el torneo con la camiseta albiceleste) y disputó unos pocos partidos en Instituto de Córdoba. Ricardo Giusti, que compartió las inferiores en el Parque Independencia con Marcelo, lo describe: "El Loco era loco desde chico. Tenía cosas de transgresor. Le encantaba entrenarse, la táctica. Hacía todos los movimientos que quería el técnico, y luego no trascendió como jugador, lamentablemente. Como siempre hablamos, llegan muy pocos, y a él prácticamente no se lo conoce de futbolista. Tengo el mejor de los recuerdos".

El viaje iniciático para descubrir talentos, que luego pulió en las divisiones menores de Newell's, lo hizo de la mano de Jorge Griffa, que le expresó en una primera instancia que aún no estaba preparado para asumir la conducción del primer equipo. La historia, que el propio formador cuenta en las páginas de esta obra, dice que ambos idearon una red de captación de jugadores por todo el país. Bielsa tomaba un mapa, trazaba puntos a escala, llamaba a las comunas de diversos pueblos del interior, solicitaba hablar con una persona que entendiese de fútbol, y le expresaba que pronto llegaría a ver chicos de esa localidad. Viajó casi diez horas parado en colectivo, manejó su auto por las rutas más recónditas y fue explorando la valía de los jóvenes que conocía. Así se sumaron, por ejemplo, Fernando Gamboa, Eduardo Berizzo, Gabriel Batistuta y Mauricio Pochettino, entre varios nombres que luego serían clave en Primera División.

Bajo una de las tribunas del estadio que hoy lleva su nombre, el Coloso, utilizó una pequeña oficina como secretaría técnica. Allí almacenaba, en cajas prolijamente ordenadas, revistas y diarios de fútbol internacional, filmaciones de partidos de cualquier latitud, y videos de partidos propios. Fue pionero en registrar los entrenamientos y partidos de su equipo, una labor que luego otros cuadros argentinos copiaron. La habitación se completaba con una computadora y un pequeño televisor. También allí estaban los recortes que guardaba de la época en la que había tenido un puesto de diarios. Y en sus inicios como DT, obligaba a

que los jugadores leyeran las crónicas de sus rivales más próximos, con la finalidad de idear la estrategia en conjunto.

Griffa manifestó a los dirigentes que Marcelo estaba preparado para hacerse cargo del equipo y a Bielsa le tocó la dura empresa de suceder a José Yudica, que había conseguido el título del 88. Pero lo que vendría sería aún mejor, dado que el Loco tuvo la dirección de los jóvenes que él mismo había pulido en inferiores, y logró una gran simbiosis con nombres como Gerardo Martino o Juan Manuel Llop. A propósito del Chocho, él mismo rememora aquellos días. “Fue algo muy diferente a lo que veníamos realizando -señala-. Tras un proceso de varios años, llegó una reconstrucción en torno a la metodología de trabajo, con una gran cantidad de jóvenes que llegaban proyectados desde inferiores y entrenados por Marcelo. Se comenzó con otro proceso que, al igual que el anterior, fue muy exitoso. En ese momento, era revolucionario”.

Un título de torneo local y la superfinal ganada a Boca, en la embarrada Bombonera, acaso la gesta más trascendental, fueron los logros más rotundos. Patentó su histórica frase de “Newell’s carajo”, unas palabras que los hinchas hicieron propias en los años subsiguientes. Aquel NOB era muy agresivo en su búsqueda ofensiva, respetaba su ideología futbolística en cualquier cancha, y se transformaba en un equipo inaguantable para los adversarios. Se paraba muy arriba, presionaba hasta el hartazgo, y jugaba con mucha precisión en velocidad. Estuvo a poco tiempo de aumentar la gloria y ponerle la guinda al pastel, pero uno de las mejores escuadras de la historia del San Pablo le igualó la final de Copa Libertadores, cuando solo faltaban 20 minutos para el cierre. En los penales, la historia se definió a favor de los brasileños. Tras aquellos días en los que Ñuls causaba el asombro de quienes lo veían jugar, Bielsa solo retornó esporádicamente al estadio, y los hinchas añoran su regreso como la primera vez.

En Atlas de México realizó una tarea de captación de jugadores similar a la desarrollada desde Rosario, pero también se dedicó a formar a los entrenadores. Lo hizo previamente a dirigir en la Primera División, y de su mano saltaron desde inferiores jugadores como Pavel Pardo, Jared Borgetti o Rafael Márquez. Tal suceso generó el trabajo, algo casi desconocido para la época en aquellas tierras, que sembró las semillas que luego otros formadores cosecharon. Tiempo después, en Vélez, les costó convencer a jugadores que habían conquistado cada logro y venían de ser campeones del mundo. Bajo el liderazgo de José Luis Chilavert, los hombres pertenecientes al club de Liniers no veían qué de nuevo podía aportar el DT al equipo, con su división de las canchas con cintas y conos. Pese a que llevó su período de adaptación, la temporada acabó con el título doméstico.

Con etapas de introspección, Bielsa dedica largos períodos a la recarga de energía para su trabajo. Su perfil bajo sale también a superficie cuando no está dentro del ambiente futbolístico, y solo acepta las ofertas de trabajo, de las innumerables que llega a contar, si la dirigencia le promete que realizará los esfuerzos para poner en práctica el proyecto que tiene en mente. Esas etapas de descanso son inalterables, como aquella en que decidió recluirse por un tiempo determinado en un campo, aislado de todo y rodeado de árboles y libros, cuando con un amigo tenía un viaje a Europa planeado con mucha minuciosidad. Irían a ver el desenlace de los certámenes del Viejo Continente, pero de un momento a otro MB cambió sus planes.

La catástrofe del Mundial 2002 tocó a su puerta en el momento más inesperado, cuando Argentina llegaba como candidata al torneo. Había desplegado un fútbol de gran volumen en las Eliminatorias, y consiguió el pasaje a lares asiáticos con mucha anticipación, por lo que el mote de favorito no era para nada descabellado. Sin embargo, la selección se volvió en primera ronda, contra cualquier pronóstico, y allí dejó ver su costado más humano, el que cae abatido en la derrota. Pese a que se alejó de lo que no pudo ser, mientras pensaba que el periplo por el combinado nacional había tenido su colofón, recibió la llamada de Julio Grondona para continuar en el cargo. Y aceptó, cómo no, si era su gran sueño desde tiempos remotos, por el que había dejado atrás su incipiente primera etapa en el Espanyol de Barcelona.

El gol de Adriano sobre el final y la caída por penales significaron un nuevo cachetazo, en la definición de la Copa América 2004, pero Bielsa tuvo revancha y el meritorio reconocimiento, cuando alcanzó la primera medalla de oro en fútbol para el país, en los Juegos Olímpicos de Atenas 2004. En aquella competencia, volvió a encontrarse con lo que hace al juego, con los sueños más profundos de los deportistas, con esa ilusión inmensa de cada jugador. Argentina ganó la presea de punta a punta, sin siquiera recibir un gol. Tras ello, cuando parecía que el proyecto volvía a estar en su auge, optó por pegar el portazo. Seis años condujo a la selección.

Tras un período de descanso, su revolución alcanzó Chile, donde es idolatrado. "Don Marcelo Bielsa, Chile le agradece", se lee aún hoy en las calles de Santiago, porque el trabajo del rosarino excedió al fútbol. Promovió reformas en el complejo Pinto Durán y vivió en él, alejado de excentricidades y del centro de la ciudad. Despertaba cada mañana mirando la montaña y salía en bicicleta por la zona, realizaba las compras en una verdulería cercana e invitaba a los vecinos a recorrer el predio de entrenamiento de la selección chilena. Apostaba por una vida simple, solicitaba a sus ayudantes que lo llevasen a recorrer los barrios más pobres del país, y dejó ver su presencia en los días más duros para la nación trasandina: en los desastres causados por un terremoto y el rescate de los mineros que pasaron más de dos meses en las profundidades de la tierra.

A ello, se añaden los resultados conseguidos, ya que La Roja le ganó por primera vez en mucho tiempo a Argentina, por Eliminatorias, y el equipo volvió a un Mundial tras 12 años de ausencia. Bielsa cambió la cabeza del pueblo, lo invitó a soñar en grande, y sacó máximo provecho de una gran generación de futbolistas. Dio el puntapié en un país que, años más tarde, alcanzó dos títulos históricos de Copa América, pero en aquella Copa del Mundo de Sudáfrica 2010 avanzó a octavos de final y no pudo ante Brasil, la bestia negra de Chile en competiciones de este calibre. A partir de la simpleza y el estilo ofensivo, de ambición desmedida que inculcó en el colectivo, despertó ilusiones que estaban ancladas en años muy lejanos.

Bielsa siempre despierta admiración de propios y extraños, genera asombro por no corromperse jamás, por apostar con puño de hierro por sus ideales. Las expectativas están a la orden del día cada vez que asume la conducción de un equipo, y el ambiente mundial del fútbol reconoce su trayectoria aún sin tratarse de un ganador empedernido. Acaso allí está uno de los puntos centrales del legado que deja.

El fútbol argentino aguarda por su retorno, la vuelta de un loco que se rebela contra el sistema, el dueño de un apodo que expresa su infinita voluntad de preguntarse una y otra vez cada cuestión, de ser cada día un poco mejor, de entregarles a su equipo las mejores herramientas. Un hombre que avanza a fondo con sus ideas, que nunca se traicionará, y que con su filosofía llegará a la línea de meta.

Semblanza, de Damián Giovino, autor del libro *El legado de Bielsa* (Hojas del Sur, 2018)

Ni la persona más cercana a Marcelo podría realmente describirlo. Biológicamente, el humano tiene un límite de vitalidad. ¿Cien años siendo optimistas? Pues ese tiempo no alcanza para terminar de descubrir y conocer en profundidad a Bielsa. Por eso, creo que es una osadía absoluta, como un simple periodista, tomarme el atrevimiento de definirlo a Marcelo. No puedo hablar de su persona, pero sí de su obra. Lo que Marcelo ha hecho en el fútbol fue una revolución, un antes y un después. Instauró una nueva corriente, métodos totalmente novedosos, entrenamientos nunca antes vistos, sistemas no usados por nadie antes, por lo menos en Argentina. El Loco es una referencia mundial. Hubo, hay y habrá grandes entrenadores. Pero entrenadores que hayan creado, que hayan impuesto cosas que antes de ellos no se habían experimentado, son muy pocos. Bielsa está en esa selecta lista. La de Arrigo, Johan, Pep.

Su legado es inmenso. Jugadores que pasaron por sus manos y que hoy son entrenadores y han tomado mucho de él. Desde lo futbolístico y lo humano. Porque Bielsa te marca a fuego. Porque no es mejor ni peor que otro, es un ser único, peculiarmente extraordinario. Lo que sí, casi ningún entrenador actual que se formó con su figura, tomó el dogmatismo de él. Porque Marcelo es ortodoxo absoluto en su forma de jugar, muy rígido. No cambia nunca, por ninguna circunstancia. Ni el rival, ni el contexto, nada. Si lo hace, él siente que traiciona sus principios. Pero el fútbol no es tan profundo, es un juego, es dinamismo. Considero que se puede ser pragmático, aunque siempre con una filosofía de juego: la del Loco.

Bielsa es honesto en demasía. Un tipo de una moral y ética pocas veces vista en un personaje dentro del complicado ambiente del fútbol. Bielsa inspira. Te hace mejor persona, te alecciona. Él quiere ganar, quiere jugar bien, pero, por sobre todo, quiere educar. Es un maestro de maestros. Paradójicamente, siendo de los personajes más influyentes de la historia del fútbol, ganó poco. ¿Por qué? Porque este deporte no siempre es justo, pero también por ese "no traicionarse" que siempre pregona. Su dogmatismo le ha hecho ganar menos de lo que hubiese podido. Pero su grandeza va más allá de un resultado numérico. Bielsa deja en evidencia a los mediocres, a los que debaten sin argumentos. Por eso para muchos, es una amenaza. Chile, Bilbao, Marsella; por citar algunos lugares. Allí Marcelo generó una revolución social, mucho más allá de lo futbolístico. Eso no se logra solo sabiendo de fútbol. Su manera de expresarse es sublime, poesía. En un ambiente pervertido y enviciado por el negocio como el fútbol, fue siempre imperturbable, inquebrantable en sus valores. Nunca negoció. Nunca se dejó tentar por un atajo. Siempre priorizó el camino largo, el que deja huellas.

JUAN CARLOS MONTES

Observó aquel partido desde el túnel que conecta vestuarios con el campo de juego, más allá del impedimento de estar allí en ese preciso instante. La prohibición se ajustaba, directamente, a la imposibilidad de que esté en el banco de suplentes. No podía conducir a su equipo del lado externo de la línea de cal, por la sencilla razón de que aún no gozaba del título que lo acreditara como entrenador. Era el año 1974, Juan Carlos Montes ni siquiera había cumplido un año de experiencia en su primer período como entrenador. La "final" frente a Rosario Central, en condición de visitante, la vio escabullido entre varias personas, intentando que nadie notara su presencia.

La euforia hizo que, una vez desatado el festejo, el técnico celebrara con todo el equipo. Newell's era campeón de Primera División por primera vez en su historia, con un entrenador novato que, pocos meses atrás, era jugador del primer equipo. Con solo 31 de años de vida, Montes guió al club al título del Metropolitano, un hito que no sería el

único de su carrera, sino que luego también daría inicio al curso futbolístico del gran astro argentino. Mientras tanto, la coronación se daba en la cancha del eterno rival, más allá de que el partido se había jugado en el estadio de Central por sorteo, como si se tratase de un recinto neutral. Así se había dado en el cuadrangular final, en el que se alternaban las canchas donde se producían los choques definitorios.

Además de los grandes equipos rosarinos, que finalizaron en la primera colocación de cada zona en la que se dividió el campeonato, el mini torneo que determinaría el nuevo monarca estaba compuesto también por Boca y Huracán. Los equipos de Buenos Aires habían finalizado como escoltas de leprosos y canallas. Newell's venció a ambos y se preparó para un clásico que podía otorgarle la gloria. Frente al Xeneize, el triunfo se había dado con merecimiento, aunque no sin sufrimiento. El gol tempranero debió ser defendido con uñas y dientes, hasta que el árbitro dio por finalizado el juego. Algo similar había ocurrido durante la primera etapa del certamen, cuando San Lorenzo estuvo cerca de llevarse una victoria en un duelo que terminó en empate. Una derrota podría haber condicionado el pase rojinegro a la etapa final.

Montes estaba acostumbrado a ver los partidos desde las plateas. Se acercaba a su cuerpo técnico, alambrado mediante, para debatir sobre qué cambios realizar. Llegó el partido que oficiaba como una final, dado que cualquier resultado que no fuera derrota consagraría a los rojinegros. Fue empate 2-2 y una explosión de júbilo y violencia en paralelo. El partido se suspendió faltando dos minutos, en una mixtura entre hinchas enajenados que saltaron al campo de juego para sacar de encima su bronca, y la gente que desplegaba toda su algarabía. Dos días después, la Asociación del Fútbol Argentino dio por terminado el encuentro y sentenció un título que ya se había celebrado con creces, instantes después de la parda.

El partido del 2 de junio de 1974 fue antológico y es recordado cada año por los aficionados de Ñuls. Por aquella época, se otorgaban dos puntos por victoria, y una caída ante los comandados por Carlos Timoteo Griguol llevaría a un desempate. El objetivo de Montes era consagrarse, pero también ponerle fin a una concentración que se hacía interminable y llevaba ya dos meses y medio. Central se puso en ventaja durante el primer tiempo, a través de Gabriel Arias, y en el complemento aumentó la diferencia con gol de Carlos Aimar. Tan solo 120 segundos después del segundo tanto, Armando Capurro descontó y puso de pie a su equipo, que atacó con la fuerza de la que había carecido en lo que se llevaba del encuentro. Cuando faltaban 10 minutos para el cierre, sucedió lo épico: Mario Zanabria se instaló para siempre en el corazón de los hinchas.

El talentoso jugador era el líder futbolístico del equipo, y nada mejor que rubricarlo con un golazo que sirviera el título. Controló y sacó un remate que viajó directo al ángulo. Igualdad con claro sabor a victoria, incluso con un mejor gusto que el triunfo 4-2 que habían conseguido ante el rival de toda la vida en la primera parte del campeonato. Aunque el primer clásico había sido como local, condición en la que Newell's no perdió partido alguno durante la campaña que cerró como campeón. De esa manera, el equipo se sacaba el estigma de 1971, cuando la palomita de Aldo Pedro Poy los eliminó en semifinales del torneo nacional. Eran tiempos donde a la Lepra le costaba imponerse en los clásicos, por lo que la conquista se celebró por partida doble. O triple.

Zanabria sacaba a relucir su calidad, el talento infinito que partía de sus pies, y era la gran carta diferencial de la que disponía Montes en aquel equipo. Pero, claramente, no era la única. Entre Marito, Alfredo Obberti y Santiago Santamaría, convirtieron el 72% de los goles que el equipo hizo durante todo el torneo. El Mono y Cucurucho están, hoy en día, en segunda y tercera colocación entre los máximos goleadores históricos del club. Los tres se sitúan en un pedestal para los hinchas, acompañados por otros que formaban parte como Arsenio Ribeca, Carlos Picerni, Ricardo Giusti y Jorge Valdano -los dos últimos habían debutado poco tiempo atrás de la mano de Montes-. El estilo de juego respetaba la esencia de la institución de tal manera que profundizó en ella, fue un equipo que sentó bases para el futuro. Newell's cuidaba el balón y trascendía como equipo con él. Era un todo muy bien ensamblado.

Nunca significó un impedimento para Montes el hecho de liderar un grupo con jugadores que, pocos meses antes, habían sido sus compañeros. Se había cansado de pelear con las lesiones y abandonó el fútbol. A Rosario había retornado en 1969, proveniente de Chacarita, habiendo pasado antes por Atlanta y San Telmo, y tenido un paso por las inferiores de Boca. A Casa Amarilla viajaba casi todas las semanas cuando tenía 12 años, junto a su padre, porque le habían conseguido una prueba que logró superar. Pero, harto de los viajes, decidió poner punto final a la travesía. Posteriormente a esos años, Newell's se interpuso en su vida. Don Ángel Zof entrenaba al equipo rojinegro y lo convenció de sumarse. Poco tiempo luego, otro nombre conectado con Rosario Central estaría en otro cuerpo técnico de su equipo: nada menos que César Luis Menotti, que oficiaba como ayudante de campo. En épocas pasadas, los apellidos se conectaban entre los dos gigantes de la ciudad de una forma que actualmente sería inimaginable.

Juan Carlos era un volante que daba dinamismo al juego, que distribuía siempre de forma correcta el balón. Dueño de un muy buen prospecto físico, comenzó jugando como enlace (también fue wing/extremo), portando la camiseta número 10, aunque su lugar en la cancha se fue retrasando. Con el fin de darle salida limpia al conjunto, pasó a jugar de mediocampista central. Desde esa posición, integró un buen equipo de NOB, con laderos como Roque Avallay o el uruguayo Abayubá Ibáñez. Pero los golpes lo llevaron a cambiar los cortos por el silbato de entre-

namiento. Apenas dejó la práctica activa, le ofrecieron dirigir la Tercera División, con la que llegó a una final que perdió con Independiente. Y, cuando tenía todo arreglado a fines del 73 para viajar a Colombia y comenzar a trabajar allí, llegó la oferta de la dirigencia para escalar posiciones y hacerse cargo de la Primera. Allí comenzó el periplo inolvidable, su primera etapa como entrenador de Newell's.

Dos meses antes de gritar campeón y ser llevado en andas por sus futbolistas en el estadio de Central, Montes había dirigido junto a Griguol a un combinado rosarino que enfrentó a la Selección Argentina, en su preparación para el Mundial de Alemania. Ambos entrenadores formularon el equipo inicial con cinco futbolistas de Central, cinco de Newell's y uno de Central Córdoba, ni más ni menos que el legendario Tomás Felipe Carlovich. El Trinche hizo de las suyas durante el primer tiempo, y el conjunto rosarino bailó al nacional, derrotándolo por 3-1. Según Montes, Vladislao Cap, técnico de la Albiceleste, solicitó en el entretiempo que bajaran el pie del acelerador para evitar un caos, en la cercanía de la cita máxima. El estadio de Newell's estuvo repleto para aquel amistoso, en el que también fueron de inicio para los "locales" Mario Kempes, Zanabria y José Luis Pavoni, entre otros.

Recién disfrutaba de los primeros compases en su carrera como director técnico, pero JCM ya acumulaba experiencias muy singulares. Siendo campeón, se alejó de Rosario y asumió en Argentinos Juniors, donde otro suceso lo marcaría por mucho tiempo. Fue el hombre que hizo debutar en Primera a Diego Armando Maradona, quien solo tenía 15 años cuando entró para jugar el segundo tiempo del partido que su equipo perdió ante Talleres de Córdoba, en barrio La Paternal. Fue el 20 de octubre de 1976. La historia diría que ese lugar donde se presentó llevaría su nombre más de dos décadas después.

Llevaba tiempo Montes escuchando, de parte del preparador físico y también de Tino, un delegado, que en divisiones inferiores había un chico que la rompía. En el ambiente se hablaba de que un joven irrumpía con fuerza y debutaría tarde o temprano. El técnico dejó pasar la etapa del campeonato en que peleaban por el descenso y, una vez salvados, posibilitó que el mundo observase por primera vez a Diego. Incluso, pensó en hacerlo antes, pero a la joya le habían dado cinco partidos de suspensión tras una expulsión en Séptima división, y ya no podía cumplirlas inmediatamente porque hasta el año siguiente no habría inferiores. El gran día, al estadio asistieron poco más de 7.000 personas, aunque, a juzgar por la cantidad de fábulas que se comentan sobre el mejor jugador de todos los tiempos, pareciese que ese día en las tribunas hubo millones. Sí estuvo César Luis Menotti, invitado por Montes. Maradona ingresó con la camiseta 16, aunque pronto la cambiaría por la 10.

El propio Juan Carlos explica cómo sucedieron los acontecimientos en el libro *Esto (también) es fútbol* (Planeta, 2012). "Antes de una práctica,

le digo a Tino, 'tráigame al pibe que vamos a hacer fútbol y ahí lo voy a poder ver'. Al rato, veo que viene caminando un chico bajito y vestido con la camiseta de Newell's, cosa que me llamó la atención. Le comenté: '¿Me estás cargando que te pusiste la camiseta del club donde jugué?'. A lo que tímidamente me contestó 'no, señor, es la única camiseta de fútbol que tengo, me la regaló Mario Zanabria'. Comenzamos la práctica y fue una cosa maravillosa. La habilidad, desfachatez y calidad con que jugaba eran de otro planeta. A partir de ahí, le dije que viniera todos los días a entrenarse con la Primera. (...) Así llegamos al 20/10/1976. Cuando terminó el primer tiempo, en el vestuario me acerqué a Maradona y le dije '¿te animás? Lo único que quiero es que, cuando agarres la pelota, le tires un caño al que te salga'. Y lo hizo".

Abarcando la totalidad de su período como entrenador, dirigió a 15 equipos. Con Sarmiento de Junín, por caso, consiguió dos ascensos, uno de ellos a Primera División, en 1980. Tuvo su segundo paso por Newell's e hizo debutar a Marcelo Bielsa. En tanto, colaboró con Américo Gallego durante el torneo que los rojinegros ganaron en 2004. El club le restituyó semejantes obras bautizando con su nombre la pensión del club. Canción, sobrenombre con el que comenzaron a llamarlo después de que él mismo se refiriera a todas las personas que veía con ese apodo, dejó un legado enorme.

El primer campeón de Newell's, el entrenador que hizo debutar a Valdano, Giusti, Bielsa, Juan Manuel Llop y, por sobre todas las cosas, a un tal Diego Armando Maradona. Alguien a quien llaman desde cualquier rincón del globo terráqueo los 20 de octubre para que explique una y otra vez cómo fue hacer debutar al gran crack. Montes, un personaje que sin lugar a dudas es pieza fundamental de la identidad de NOB.

GERARDO MARTINO

Levantó la mirada y observó que Newell's, su Newell's, lo necesitaba. Optó por salir del bronce, bajar de la estatua, y se puso al servicio del club en el que fue reconocido como ídolo máximo, allá por 2003. Las recientes campañas habían sido un derrotero de malos resultados que acorralaban al equipo, lo posicionaban cerca de los puestos de descenso. La agonía no cesaba, por eso Gerardo Martino volvió para poner la cara y rescatar esos colores en los que, siendo jugador, supo vivir los días más felices. Pese a que los contextos para su vuelta no eran propicios en anteriores episodios, esta vez sí, y debía lidiar con un gran desafío, el de plantar bandera y volver a ser. Mediante un estilo reconocible, situó al equipo en la cumbre del fútbol argentino, y puso de pie a la institución con aires renovadores.

De primeras, transfiguró el caos en orden. Su presencia fue un talismán. Al momento de realizar el primer entrenamiento en el predio de Bella Vista (hoy Jorge Griffa), reunió a jugadores, dirigentes, utileros y empleados. Los invitó a perseguir un objetivo, a conformar un grupo sin fisuras, encolumnarse para dar el volantazo adecuado. Tomó a uno de los trabajadores del centro y le dijo que de ninguna manera su status era menor al de Lucas Bernardi, sino que todos eran importantes por igual. Pronto, Newell's fue olvidando los angustiantes y tensos momentos de no saber qué le depararía el porvenir, y así fue haciéndose hasta los puestos más altos del campeonato. El DT revalorizó las divisiones inferiores cuando el dinero escaseaba, y su cuadro peleó de tú a tú el campeonato frente a Vélez. Fue el síntoma de que habían tomado el camino correcto.

Al siguiente torneo, los rojinegros alcanzaron su sexta estrella a nivel nacional sin discusión alguna, por un equipo que se impuso a todos y emergió como uno de los grandes campeones del siglo XXI. Arriesgaba a través del balón, la posesión siempre fluida, la precisión en velocidad, centrales que defendían alto y laterales que aportaban mucha profundidad. El equipo tenía sus señas particulares, pero todo fue posible por el aporte de viejos conocidos que regresaron por la gloria, y también para acompañar a Martino en ese ideal de soñar despiertos. Gabriel Heinze, Maximiliano Rodríguez e Ignacio Scocco dieron un salto de calidad enorme, y todo se fue dando por un sentido natural del juego. Los componentes se entendían a la perfección.

El entrenador llegó con el objetivo primario de poner de pie a la entidad, pero junto con ello existía la réplica de las divisiones inferiores al estilo con que se jugaba en Primera. Por la influencia de su entrenador, el equipo olvidó los tristes pensamientos que lo abrumaban y se convirtió en uno nuevo, donde las formas eran lo más importante. La consagración a nivel nacional lo llevó hasta los más altos estratos continentales, si bien se quedó a las puertas de una definición que hubiese sido histórica. Pero lo primordial estaba hecho: el sustento del trabajo y su legado fueron la cosecha fundamental. NOB se levantó nuevamente, por un hombre que persiguió un estilo desde lo más bajo a lo más alto.

La historia escrita como futbolista permanecía inalterable, como si hubiese sido escrita en pluma indeleble. Más allá del paso de los años, Tata, que había logrado dejar atrás unas incipientes críticas por la gloria absoluta, mantenía su figura como una de las personalidades más relevantes. El jugador más trascendente. De hecho, se sitúa en el primer escalón entre los que más partidos disputaron con la camiseta leprosa. Fue haciéndose como un líder nato, pieza irreemplazable de un equipo que creció a pasos agigantados y que fue renovando desafíos. Las tres vueltas olímpicas que dio en el estadio Coloso atestiguan y dan fe de su

impronta, de su calidad dentro del campo y lo importante que fue para el club, que tuvo su período de grandeza.

Rebelde y calentón, algunas respuestas fuera de lugar se mezclaban con su talento en los años iniciáticos como jugador. Acumuló expulsiones, al punto de ser también quien más tarjetas rojas recibió en la historia del club. Aunque su liderazgo pesaba más, y aprendió a depositar todas su energías para hacer evolucionar al conjunto. Tenía una técnica muy depurada, su visión del juego era diferencial y mostraba su calidad en cada toque, pero le faltaba algo más, ese elemento que llegó en el segundo lustro de la década del 80. Lideró al plantel y fue esencial en las consecuciones. De esa manera, eyectó las críticas que había recibido por caer en una liguilla de 1986 ante Boca, donde fue acusado junto a otros compañeros de recibir beneficios a cambio de no oponer resistencia. Por eso echó a llorar en la soledad del vestuario cuando Newell's se coronó en el torneo de 1988, bajo la batuta de José Yudica. Había logrado torcer la historia. Y para siempre.

Autodefinido como un vago dentro del campo, la llegada de Marcelo Bielsa lo hizo un futbolista más completo, que sabía cómo correr la cancha y presionar. Empezó jugando como volante central, fue enganche y se erigió en uno de los grandes mediocampistas por derecha que tuvo el fútbol argentino. Ganaron el torneo local y la gran final ante Boca, eliminatoria que no pudo terminar dentro del campo por una patada que lo sacó de juego. Dentro del vestuario de la Bombonera, con la compañía del utilero y de Bielsa, que caminaba de acá para allá tras ser expulsado, vivió los penales y la alegría de una gesta que toma cada año mayor valor. Aquel que llegaba de punto le había ganado al poderoso.

Su lugar en el mundo fue el club de Parque Independencia, donde debutó a los 17 años y en el que tuvo tres períodos durante su carrera en las canchas. Uno de ellos estuvo interrumpido por un pequeño paso por Tenerife, donde no logró asentarse, pero siempre decidió volver y no se dejó tentar por ofertas de clubes de renombre. NOB era su sitio, y anteponía eso a cualquier otra decisión sobre su futuro. No pudo imponerse en las dos finales de Copa Libertadores alcanzadas, pero sí en el ámbito nacional. Fue abandonando el fútbol progresivamente, y se retiró tras etapas cortas en O'Higgins de Chile y Barcelona de Ecuador. En el medio de aquel periplo, su participación en la selección lo acercó a jugar el Mundial del 86, pero fue descartado, y sus experiencias con el combinado albiceleste se acotan a los equipos juveniles.

"¿Qué pretendo? La posesión, atacar, poner mucha gente en campo rival, tomar riesgos, que los defensores miren para atrás y haya cuarenta metros entre ellos y el arquero, que no renuncien a jugar, que cuando tienen que profundizar, profundicen, y que cuando tienen que lateralizar, lateralicen, que la pelota no vuele si no tiene algún sentido", señalaba en una entrevista con el diario *Perfil*, cuando el Newell's que

entrenaba ya ganaba adeptos y se enseñaba como una amenaza para cualquier rival. Respetó su esencia, la que había heredado como alumno ejemplar de Bielsa, si bien no es tan dogmático como el Loco. Apuesta todo a su filosofía, pero cambia en el momento requerido, se adapta al contexto. Aún de este modo, las maneras colectivas que pregona, los valores y la ética que defiende en el deporte, lo acercan a la nobleza del DT que motivó en él su fuerza interior por ser entrenador.

Metódico, obsesivo, el gran fundamento de Martino desde que es entrenador es enseñar los valores básicos de la identidad que brinda a sus equipos. Analiza los pormenores de cada lugar en el que le toca trabajar, y por eso elimina luego su derecho a la queja, ya que desde temprano conoce las condiciones y las ha aceptado. Apasionado por el fútbol, no modifica la honestidad y el estilo que protege por resultados negativos, pero defiende aquello con el reclamo siempre presente de disciplina a sus jugadores. Incluso, es muy analítico de otros deportes, y tiene la finalidad de agregar conceptos de ellos al fútbol. Respetuoso del derecho a opinar, no respeta cualquier opinión, y siempre ha defendido que, en cualquier ámbito, primero deben hablar los especialistas. Y si uno no sabe, callar antes que impostar un mensaje. Sin ser rebuscado, Tata Martino atrae desde el conocimiento.

El comienzo fue revolucionario desde el lado exterior de la línea de cal. Supo que era menester alejarse de aquella especie de pasantía que hizo como ayudante de Carlos Picerni, en su ambición de ser técnico. Formó su grupo de trabajo y fue contratado por Almirante Brown de Arrecifes, donde hizo que los seguidores del automovilismo siguieran con fidelidad los destinos del equipo de la ciudad. Pese a que los resultados no fueron espectaculares, sí logró que todavía hoy se lo recuerde, porque no habían vivido algo igual, como así tampoco observaron algo que lo replicase luego. Escaló con pulcritud, aunque sin pausa, por otros clubes como Platense, Instituto y Chacarita. *La Voz del Interior*, el diario más representativo de Córdoba, lo llamó "el nuevo Bielsa".

Cruzar la frontera y empezar a trabajar en Paraguay fue la mejor decisión, lo que hizo relanzar su trayectoria como entrenador, el puntapié hacia la élite. Podría decirse que, junto a Horacio Cartes, fueron creciendo a la par. Martino no había dirigido en la Primera División de su país, pero la liga guaraní fue la plataforma. Cartes era un empresario que tomó las riendas de Libertad y siguió el consejo de ir a buscar a Martino. Posteriormente se consagraron a nivel nacional y, mientras el argentino era cada vez más ponderado en Asunción, él se hacía lugar en las más altas esferas políticas: fue presidente de la Federación paraguaya y luego del país. En su función de mandamás del balompié albirrojo, puso sus cartas sobre la mesa y propició la llegada del rosarino a la selección. Tata se había hecho un nombre mediante buen juego y títulos, tres de ellos en

Libertad (en 2006 llegó a semifinales de la Copa Libertadores) y otro en Cerro Porteño. La primera década del 2000 fue sin duda la piedra basal.

Hizo historia con el trabajo de campo, ese que más lo apasiona, y llevó a Paraguay a una instancia mundialista nunca alcanzada antes: los cuartos de final. Allí cayó ante la España campeona días después, pero estuvo cerca de vencerla. Supo adaptarse a futbolistas más combativos que creativos, de mayor rigor físico que inventiva, pero no por ello dejó de lado sus ideales. Construyó un equipo sólido de atrás hacia adelante, rocoso, al que costaba en demasía quebrarlo, y que presionaba muy bien en campo rival. De hecho, Vicente del Bosque, por entonces entrenador de La Roja, dijo que la forma de asfixiar en el marcaje de los paraguayos fue muy similar a la que había empleado Bielsa en Chile. Un año luego, alcanzó la final de la Copa América igualando todos los partidos, imponiéndose por penales, aunque fue abatido por goleada en la definición ante Uruguay.

El trabajo de recolocar al fútbol paraguayo en el mapa estaba hecho. Aceptó en diversas entrevistas que nunca encontró un clima de trabajo tan bueno como el que disfrutó en la tierra del tereré. Una vez acabado ese período, sí llegó el momento de salvar a Newell's. Fue allí que emprendió un cambio en las formas, se acercó a los pilares más relacionados a su forma de entender el fútbol. Culto por la tenencia del esférico, salida desde el fondo, progreso a través del pase, juego entre líneas, recuperaciones altas... Rosario asistió a un juego de alto vuelto y Barcelona lo contrató en medio de un tiempo de transición por lo hecho en el club leproso. Aunque los días en Catalunya no se correspondieron con su historial.

Martino asumió en un momento convulsionado del gigante europeo, que por entonces estaba atravesado por la enfermedad que sufría Tito Vilanova, dolencia que lo obligó a dejar el cargo de entrenador. Tata debió lidiar con una prensa escéptica y algunos otros desconfiados que no observaban qué podía dar al equipo. Estuvo en el Camp Nou durante una temporada, perdió la liga pero ganó la Supercopa, y se despidió con un diagnóstico muy severo del trabajo realizado. En entrevista con la revista española *Panenka*, aseguró que había sido un fracaso, y no solo en materia de resultados.

Caracterizado por el perfil bajo y la humildad, Gerardo Martino muchas veces empleó la autoculpa. Lo hizo al hablar de sus virtudes como futbolista, y al referirse a por qué no triunfó en la institución culé. Casi no tuvo períodos de vacaciones entre su alejamiento de Newell's y la firma en Barcelona, y señaló que empezar el camino por otro club europeo hubiese sido una mejor elección. Sin embargo, supo hacerse a sí mismo como un entrenador de renombre, de jerarquía.

Las sendas derrotas en las finales de Copa América le impidieron grabar su apellido a fuego como conductor de la selección nacional. Pero en el sinuoso trayecto hasta las finales, debió lidiar con una Asociación del Fútbol Argentino que nunca se alineó detrás de su figura y sus requerimientos. No le permitieron coordinar un proceso de revalorización de los seleccionados menores. Vivía en el predio de Ezeiza y mandó a edificar una pequeña oficina, en la que recibía a entrenadores de otros deportes. Solo perdió tres partidos y se encontraba dando su toque y filosofía al equipo cuando se vio obligado a decir adiós. Su dignidad estaba primero, era innegociable ante malos tratos y dirigentes que postergaban el sentido común por el bien del seleccionado. En vistas de los Juegos Olímpicos de Río de Janeiro 2016, decidió finalizar la travesía al observar que todos los clubes ponían reparos y no les permitían a sus futbolistas viajar con el elenco nacional.

Impulsado por relanzarse, aceptó hacerse cargo del proyecto de Atlanta United, un club joven de la MLS, la liga estadounidense de fútbol. Viajó con la idea de alejarse del ruido, pero terminó invitando a todos los seguidores a asistir a la magnitud del logro. Fue el primer entrenador sudamericano campeón en esos lares, adonde había viajado para renovar expectativas, retomar energías, volver a creer en sus aptitudes. Tan importante fue el logro, que los hinchas, previamente a la final, lo reconocieron colocando en la tribuna una silueta gigante de su figura. El torneo conseguido bajo el oneroso proceso del club del estado de Georgia estimuló su siguiente desafío, la selección de México. La ilusión de salir del primer plano para volver con enjundia había dado sus frutos.

Martino es ese hombre que se avergonzaba cuando llegaba al banco de suplentes del estadio Bielsa y veía, de cerca, la tribuna que lleva su nombre en letras grandes. El que pudo ser odontólogo y hasta comentó partidos de Central Córdoba por radio. Siempre volvió a Rosario, donde respeta los desayunos en un bar céntrico y los asados con amigos. Aquel jugador que lideraba por técnica, voz de mando y experiencia, y que a su vez hizo sus primeras armas como director técnico en Renato Cesarini. Un tipo común al que no lo asustan las finales perdidas, que llegó a los más altos niveles del fútbol mundial. Tata, ese personaje humilde que nunca se mareó.

EDGARDO BAUZA

Solo seis cuadras separaban el hogar de los Bauza, casi seis décadas atrás, del centro de entrenamiento de Rosario Central. Criado en Granadero Baigorria, Edgardo jugaba tarde y noche en los potreros cercanos, y los fines de semana llegaba con su padre al predio. Veían los partidos de las divisiones menores y se pasaban toda la tarde allí, mientras cultivaba el sueño de algún día ser protagonista dentro de esos campos de juego. Los planes de su madre eran infranqueables, de ninguna manera su hijo debía abandonar los estudios, por lo que su deseo de presentarse a una prueba podía haberse visto postergado. Pero el joven, hincha del club, se escapó de la escuela y se presentó. Convenció a los entrenadores y puso primera en una historia que lo uniría para siempre con Central.

Como jugador y como entrenador, conquistó un lugar importante y se ganó que los hinchas lo identifiquen como uno de los ídolos más grandes de la institución. Dentro del campo de juego, fue parte clave en dos de los cuatro títulos locales que tiene el club, y en condición de DT cortó una racha que llevaba más de dos décadas sin lauros. Al equipo lo iba a ver desde su primera juventud, y luego se unió a un grupo cercano a la barrabrava, que por aquel tiempo no alcanzaba los peligros de hoy en día. "Central es todo. Con mi viejo, que jugó hasta Reserva, empezamos a ir a la cancha cuando yo tenía 4 o 5 años. Y fui siempre. El club formó parte de mi vida, y seguirá siendo así. Soy hincha y, más allá de si lo dirija o no, estaré pendiente de ver cómo le va", asegura en primera persona, en el hotel del predio canalla en Arroyo Seco.

"Vivía en Granadero Baigorria, con mis padres. Jugaba en la Sexta división de Sparta. Fui a entrenar en una práctica que siempre hacía Central. Estaba Pancho Erausquin, que me preguntó si podía conseguir el pase. Le respondí que sí, y me dijo que volviera una vez que lo tuviese. Fui con mi viejo, empecé en la Quinta e hice toda la carrera de inferiores en el club", cuenta hoy. Años luego, llegó a la Primera División en la Asociación Rosarina de Fútbol, tras integrar una Cuarta Especial, y enfrentó al par de Newell's en el que jugaba Marcelo Bielsa y a Renato Cesarini. Fue en aquellos días, mientras era titular seguro en el equipo local, que Carlos Timoteo Griguol lo subió al equipo canalla. Llegó su hora de debut, el inicio de un camino con muchas más alegrías que tristezas. "Griguol fue un técnico de gran sapiencia, un maestro. Enseñaba permanentemente. A mí me ayudó mucho en mi crecimiento como jugador. Siempre me hablaba y ordenaba, intentaba corregirme cualquier tipo de error. Esa fue su gran virtud", rememora.

Obtuvo dos títulos con la camiseta auriazul, en 1980 y 1987, aunque lógicamente se dieron en etapas diferentes de su carrera como jugador. El primero lo logró cuando llevaba tres temporadas en la élite, bajo la conducción técnica de Ángel Tulio Zof y con compañeros como Oscar Craiyacich y Omar Palma. Derrotaron en la final al Racing de Córdoba que dirigía Alfio Basile, y que en sus filas contaba con Luis Amuchástegui. De hecho, previamente a la definición, Bauza y el Araña compartieron una tapa de *El Gráfico*, una portada a la que llegaban solo los deportistas más reconocidos. El Patón ya se había hecho un hueco

en el fútbol argentino, se lo distinguía por su solvencia defensiva y su liderazgo, aunque también por su capacidad goleadora. Posa la mirada en aquella primera consecución y analiza: "Teníamos un gran conjunto. Don Ángel elegía muy bien a los jugadores. Tanto de local como de visitante, el equipo era muy contundente. Cuando atacaba, era difícil de sostenerlo".

Al segundo, seis años después, lo logró tras adquirir mayor experiencia. Había sido campeón en Junior de Colombia, cuando fue dirigido por Jorge Indio Solari, y tuvo su paso breve por Independiente. El del 87 fue un título histórico para los canallas, ya que se convirtieron en el único equipo que ganó un campeonato de Primera División en el año posterior a subir desde Segunda. "Después del ascenso, Zof armó el equipo con jugadores que vinimos de otros clubes. Se terminó formando un gran conjunto, que se coronó por la calidad de futbolistas de los que disponía. Las veces en que Central gritó campeón, lo hizo por tener gente que marcaba la diferencia. Por ejemplo, Roberto Gasparini o Palma en aquella época", asegura. Había regresado entre reconocimientos y algunas críticas, pero pronto se transformó en símbolo y emblema.

Su carrera terminó en Central, tras jugar un tiempo en los Tiburones Rojos de Veracruz, en México. Defensor goleador, es el máximo artillero centralista de los clásicos frente a Ñuls. Pero lo que mejor habla del baigorriense es que se ubica cuarto entre los zagueros más goleadores de la historia global. Llegó a estar tercero, pero el español Fernando Hierro lo superó. Bauza posa su perspectiva en aquellos días y se analiza a sí mismo. ¿Cómo se describe? "Era un buen jugador. Una de mis características era el cabezazo, por mi altura. Iba mucho a cabecear y el equipo estaba preparado para que yo pudiera hacer lo mío. Hice muchos goles, más de 100. La pegada fue un elemento clave, anoté muchos de tiro libre o penal, pero lo más importante fue el golpeo de cabeza", responde.

Formó parte del seleccionado que realizó la gira previa al Mundial de 1982, pero su nombre no quedó incluido en la lista final. Hizo su última práctica y solicitó permiso para regresar, porque el fin de semana se jugaba el gran derbi rosarino. Volvió y Central se impuso por 2-0 con un doblete suyo. Ocho años más tarde, tuvo su revancha, ya que viajó a la Copa del Mundo de 1990, pese a no disputar un solo minuto en Italia. Dirigido por César Luis Menotti y Carlos Bilardo, brinda su mirada: "Los dos son grandes técnicos, cada uno a su manera. Primero estuve con Menotti, en juveniles y la selección mayor; él tiene una forma de explicar las cosas y al jugador le llega muy fácil. Bilardo es de otro tipo, trabaja mucho en campo. Los dos me han dejado cosas importantes, realmente".

Una vez concluido su periplo dentro de las canchas, siguió ligado al fútbol, aunque el inicio de su carrera como entrenador debió esperar varios años. Lideró un proceso de categorías menores, coordinó las divisiones inferiores y propició la llegada de muchos futbolistas al primer equipo. “Trabajé cuatro años en inferiores. Se trató de algo muy arduo, salimos por todo el país a buscar jugadores. Conseguimos y trajimos chicos de todos lados, y eso ayudó para que Central se nutriera”, dice. Entre los nombres más destacados que surgieron de ese proyecto, pueden destacarse los de Daniel Cata Díaz, Luciano Figueroa, César Delgado, Ezequiel González y Germán Rivarola.

En el epílogo del siglo XX, comenzó la etapa en los bancos de suplentes, un trabajo que lo marcó a fuego y con el que escribió su nombre en varios clubes, no solo argentinos. Central le dio la bienvenida, no pudo consagrarse en una polémica final de Copa Conmebol ante el Santos brasileño, se quedó a las puertas de ganar el título local en 1999 -River llegó a 44 unidades, tan solo una más que los de Arroyito-, y llegó en 2001 a semifinales de la Copa Libertadores, un torneo que pronto lo enamoraría y del que diría que es su novia. Los mexicanos de Cruz Azul fueron un duro obstáculo en el camino de un equipo que, previamente, había pasado con mucha enjundia y una gran remontada al América de Cali. Juan Antonio Pizzi, Equi González y Rafael Maceratesi eran las figuras del Canalla. Bauza señala, actualmente, que diversos contratiempos físicos hicieron que el equipo no llegase en sus mejores condiciones a enfrentar a la Máquina Cementera.

Con el gran torneo continental, Bauza tuvo una simbiosis particular. Lo ganó dos veces, con Liga de Quito y San Lorenzo, en conquistas históricas, y llegó otra vez a semifinales con el San Pablo, en el escalón previo a desembarcar en el seleccionado. Conduciendo los hilos de Liga, logró el primer trofeo de Libertadores de un equipo ecuatoriano, único hasta la fecha. Con jugadores como José Cevallos, Paul Ambrosi, Patricio Urrutia, Damián Manso y Claudio Bieler, vencieron por penales en la final a Fluminense. Había sacado una muy buena diferencia de local, pero en el Maracaná debió sufrir la levantada rival. Luego, los tiros desde los doce pasos le sonrieron, como tantas otras veces en su carrera. En la capital de Ecuador es adorado, porque allí también ganó dos certámenes locales y una Recopa Sudamericana.

La gloria alcanzada con el Ciclón tuvo su tinte de inolvidable al ser la primera y única del club. Pese a que se les fueron Ángel Correa e Ignacio Piatti, dos grandes figuras, durante el parate del Mundial 2014, supo cómo reemplazarlos. Sostenido en el doble 5 integrado por Juan Mercier y Néstor Ortigoza, edificó una notable campaña. No sufrió goles como local de octavos de final en adelante, y venció en el gran partido cumbre al Nacional paraguayo. Así como lo había hecho con Liga, llegó con el equipo del Bajo Flores al Mundial de Clubes. En ambas oportunidades, ganó las semifinales y cayó en la final, frente a Manchester United y Real Madrid. Una rareza de las definiciones es que en ambas jugó Cristiano Ronaldo en los respectivos adversarios.

Entre medio, guió los destinos de Vélez, donde no tuvo la banca suficiente cuando apostó por los juveniles del club, y Colón. Además, dirigió en otros países como Perú, donde fue campeón con Sporting Cristal. Sin embargo, el gran salto lo dio cuando llegó al seleccionado argentino, en medio de los desajustes que sufría la AFA y un marco de desorganización. No era la primera apuesta para el Comité de Regularización que gobernaba la Federación, pero afrontó el convite como el desafío más grande de su carrera. Los resultados no fueron del todo buenos y, cuando cambió la dirigencia, lo obligaron a dejar el cargo. El equipo no desplegó un fútbol de alto vuelo y la clasificación al Mundial comenzaba a verse cada día más borrosa, pero el DT tuvo el enorme mérito de propiciar el retorno de Lionel Messi, tras su renuncia.

"Perdimos un partido y me tocó salir, son etapas. Como entrenador, siempre pasa eso. Hay momentos buenos, algunos que no lo son tanto, y otros en que uno se tiene que ir por la situación que sea. Eso es lo que me pasó en la selección, con los jugadores tenía una muy buena relación, pero los resultados derivaron en que los dirigentes decidieran que me fuera", acepta, mientras asegura que una chance de revancha no es algo que lo desvele. "Ya estuve, fue un momento extraordinario. Dirigí jugadores extraordinarios", expresa.

Consultado por sus repetitivas frases de que la Selección Argentina ganaría el campeonato del mundo, al momento en que ni siquiera había alcanzado los puntos suficientes para asegurar su plaza, reflexiona: "Siempre traté de inculcarle al jugador la idea de que hay que salir campeón, para que la vaya haciendo propia. Después, lógicamente, vienen los partidos, salir campeón mundial no es fácil porque jugás antes los mejores. Lo fundamental es que el futbolista se vaya sintiendo importante. Para ser campeón del mundo, hay que tener un muy buen equipo. Argentina tiene la gran historia de haber sido campeón, y es eso lo que los jugadores van adquiriendo. Es importante que lo hagan, porque se van contagiando, y se forma un equipo que luego tiene sus posibilidades de ganar. Aunque todo esto tiene que ver con una mística".

Viajó a destinos exóticos, se presentó del otro lado del mundo y entrenó a las selecciones de Arabia Saudita, a la que clasificó al Mundial como no pudo con su país de origen, y Emiratos Árabes Unidos. "No logré adaptarme a sus culturas, tuve que hacerlo a la fuerza. No es lo mismo Arabia que Dubái, son totalmente diferentes. Dirigí a las dos selecciones. Son otras costumbres, sus futbolistas tienen una formación muy distinta. Y no es fácil, porque como siempre los resultados te condicionan, y en cualquier lugar del mundo carecés de tiempo para trabajar y que el jugador se adapte a lo que uno quiere", espeta. Pero tras esas travesías y una vez transcurrido el gran torneo global de Rusia que finalmente no presenció, se dio su retorno a Central. Más de 15 años había esperado la segunda oportunidad.

Los canallas volvieron a saborear el gusto de la gloria tras 25 temporadas de pelear por volver a ser. Con las atajadas de Jeremías Ledesma, los goles de Fernando Zampedri y el liderazgo de Marco Ruben y Matías Caruzzo, se consagró en la Copa Argentina, torneo en el que eliminó a Newell's para avanzar a semifinales, y en el que venció a Gimnasia y Esgrima La Plata para obtener el cetro. "El título no fue una reivindicación, sí un orgullo. Salí campeón con el club del cual soy hincha. La ciudad y la gente de Central lo pudieron disfrutar y eso fue muy bueno. Un logro muy importante", testimonia, referenciando el gran objetivo alcanzado, que causó un inmenso revuelo en la ciudad. Meses más tarde, la ausencia de buenos resultados en la liga doméstica hizo que debiera abandonar la gestión del equipo, pero eso no contaminó su figura de ídolo incomparable, protagonista principal de la mitad de los títulos que alcanzó el club en su historia.

Fanático del triunfo, siempre ha defendido la importancia que tiene que el mensaje llegue con rotundidad a un plantel. Señala con asiduidad que la victoria es un argumento clave para convencer, pero siempre está el valor de la palabra. Durante la larga trayectoria que lleva como entrenador, siempre medió por tener un equilibrio. Su estilo se basa en atacar y defender a partes iguales, en profundizar por las bandas, y nunca se ha ruborizado si tuvo que plantar el bloque cerca de su arco. No se inmola, y piensa en desarrollar lo que sienta justo para sus voluntades y las del equipo, más allá de habladurías. Es por eso que las etiquetas ni lo inmutan.

"No me caracterizo como defensivo ni ofensivo, trato de que mis equipos sean equilibrados. Que sepan atacar y defender. Hoy los equipos que no saben defender no pueden ganar nada. Y el que no sabe atacar, tampoco. Entonces, me preocupo en que mis equipos puedan hacer las dos cosas. Lógicamente, esto depende de los jugadores: si uno no tiene buenos futbolistas, es difícil lograr lo que desea", expone su idea. Y va más allá: "Es difícil quitar etiquetas acá, porque el periodismo siempre las pone. Pero, más allá de eso, trabajo tranquilo, no me interesa. Sé perfectamente lo que hago, lo que tengo que hacer con mis jugadores".

La influencia de los entrenadores que tuvo en sus días como futbolista fue clave al momento de comenzar el trayecto de DT. El Patón, como si fuera poco, fue dirigido por Griguol, Zof, Indio Solari, Menotti, José Pastoriza y Bilardo. "El salto a la profesión de entrenador tiene que ver con experiencias que uno ha tenido como jugador, todo lo que te fueron dejando los técnicos que tuviste, y el deseo propio. No es fácil serlo, más que nada por la obligación que tiene uno. Es muy importante todo lo que se vivió previamente, en la carrera de jugador, y lo que uno mamó de sus conductores. Yo, por suerte, tuve muy buenos técnicos, que me ayudaron en mi formación posterior", esquematiza.

Por medio de la tanda de penales, logró su primera Libertadores y accedió de ronda en cuatro de las seis instancias del torneo que ganó con Rosario Central, y por un tiro desde el punto fatídico se llevó la segunda Copa en San Lorenzo. Pero aquello no fue casualidad, de ninguna manera. "Los penales no son azar, se entrenan. Aunque tiene mucho que ver la personalidad del jugador cuando se para delante de la pelota", puntualiza.

La ciudad de Quito lo adoptó como propio, le han ofrecido incluso la chance de dirigir al seleccionado de Ecuador, pero su lugar en el mundo siempre fue Rosario. Sobre el balompié de acá, opina el Patón. "El fútbol forma parte de la pasión de Rosario. Todo está dividido entre dos equipos, la gente vive pendiente de lo que sucede cada fin de semana con ambos. La pasión data de mucha historia, luego es elevada por diarios y medios. El clásico es una fiesta. La gente lo vive diferente a otros partidos por la rivalidad que hay. Más allá de cómo estén los dos equipos, siempre es importante que se juegue, por todo lo que significa para la ciudad y el fútbol argentino. Me pone contento siempre que se pueda dar", manifiesta.

Al ser preguntado por los talentos que surgieron de Rosario y la zona, no duda y explica su punto de vista. "Toda esta zona tiene una gran formación de jugadores. No nos olvidemos de que en Rosario está el baby fútbol, que es una formación extraordinaria. Todos los clubes de acá van a ver el baby para que los mejores chicos, cuando cumplan 10 u 11 años, puedan dar el salto. Esto tiene que ver con el gran campeonato de baby que se organiza en la ciudad, que ha ayudado a que salgan grandes jugadores". Subraya, además, la importancia del factor alimenticio: "Por lo general, el niño que viene de una familia bien, se alimenta y se nutre correctamente. Llega fuerte, y eso ayuda a que aprenda muy rápido, se adapte mucho mejor. Tiene que ver con la zona en la que vivimos. Luego, el talento siempre se perfecciona, en todo el mundo. Acá, con los clubes y formadores que hay, se potencia".

Bauza siente que los mejores años de su vida como entrenador han pasado, pero aún siente ganas y se ve trabajando un lustro más. De cualquier manera, hoy se toma las cosas con un tono más distendido, y no tiene reparos en responder a sus detractores. Igualmente, el paso de los años le otorgó la sapiencia de no preocuparse por el qué dirán. Una parte del Gigante de Arroyito es suya para siempre. El hombre le devolvió la vida a muchos hinchas y es el referente máximo de una generación.

JOSÉ YUDICA

Había retornado a su primera casa, el lugar en el que se había presentado como futbolista, el mismo sitio donde debutó como entrenador. Era su tercera estadía en Newell's, y solo un año le alcanzó para brindarle al club la segunda estrella de su historia. José Yudica dio vida a un equipo que entró en los anales del fútbol argentino, por consagrarse con jugadores criados desde la primera hora en las divisiones juveniles de la institución. La totalidad del plantel provenía de las divisiones inferiores, en una mezcla de experiencia y juventud que dio enormes dividendos para la conquista. Los rojinegros coronaban, en aquella campaña, varios años de perseguir un mismo objetivo, el del éxito y el prestigio.

Solo cuatro derrotas afrontó el equipo durante el torneo, y solo una de ellas se dio en el marco de la segunda rueda. Venció en la Bombonera, con goleada de 5-1, y también en el Monumental. Logró imponerse a Racing y San Lorenzo, y sacó provecho de las malas campañas de otros conjuntos que son asiduos candidatos. 38 partidos de superioridad ornamentaron un año igualable, más allá de que la entidad leprosa siempre se ha distinguido por intentar que los jugadores de la casa cimenten las ilusiones de la Primera. "Newell's es imparable", "Newell's es un canto al fútbol", titularon los diario *Popular* y *La Capital* en el transcurso del campeonato, mientras los de Yudica avanzaban hacia la conquista con un estilo de fútbol atildado y ofensivo, de pelota por el piso y extraordinarias conexiones en la mitad del campo rival.

"Estos muchachos juegan casi de memoria y nadie se agranda. Son humildes, disciplinados. Es una escuela de fútbol que viene de abajo. Lo mío es muy simple, solo se trata de ordenarlos, a veces, y marcarles algunas cositas. El resto es todo de ellos", manifestaba el entrenador. Hacía un culto de la modestia y de ninguna manera se cargaba la celebración sobre sus hombros. Prefería trabajar desde la intimidad y que la gloria se la llevasen sus jugadores. Había logrado llevarse el certamen nacional en el primer intento tras la vuelta al club, habiendo heredado lo realizado por Jorge Indio Solari, que un año antes se había quedado a las puertas de la celebración. Por entonces, el campeón fue el Rosario Central de Ángel Zof. El Piojo le había dado su impronta, pero aceptaba que había tomado un elemento ya formulado, al que le faltaban detalles decisivos. Detalles de convencimiento en el objetivo estipulado.

Los nombres que compusieron el equipo campeón pasaron, tras finiquitarse la conquista, a ocupar un lugar de privilegio en la historia. Muchos de ellos, incluso, saludan en el ingreso al predio Jorge Griffa, donde se entrena el plantel profesional, a través de imágenes gigantes. Norberto Scoponi, Juan Manuel Llop, Gerardo Martino, Jorge Theiler y Gustavo Dezzoti, entre otros apellidos ilustres, tradujeron el gran fút-

bol colectivo en la coronación. A ellos se sumaban los jóvenes Roberto Sensini y Abel Balbo, que recién aparecían en las marquesinas del fútbol profesional. Tres nombres, incluso, habían apuntalado al conjunto con respecto al que conducía Solari: Víctor Ramos, Sergio Almirón y Roque Alfaro. Así, en la mixtura de jugadores salidos una década atrás y los de ese momento, se originó un grupo eterno. "Yudica coronó, con su impronta, todo el trabajo que se venía haciendo. Formamos uno de los mejores equipos de la historia del club. José fue clave por cómo amalgamó lo que veníamos haciendo", aporta Llop.

Cerca estuvo de obtener más gloria en la Copa Libertadores, que jugó por haber dominado la tabla de posiciones argentina. Alcanzó la final y cayó derrotado por Nacional de Montevideo, que se tomó revancha con un 3-0 de la caída por 1-0 en Rosario. Hubo tiempo extra, pero al no modificarse el resultado, los uruguayos se llevaron el gran anhelo. Era la segunda final americana del DT, pues tiempo antes la había disputado, y ya conocía de qué se trataba lograrla.

Fueron cuatro los pasos de Yudica por Newell's como DT, aunque nunca se quedó demasiado tiempo allí donde dirigió. Una temporada o dos eran suficiente, y partía hacia un nuevo desafío. Trabajó en varios equipos argentinos, también viajó a Colombia y México. Y logró un hito de gran relevancia, al ser campeón del fútbol argentino con tres equipos distintos, ya que NOB se agregó a Argentinos Juniors y Quilmes, entidades con las que reescribió la historia de forma definitiva. Tanto en el Bicho como en los cerveceros, su apellido es de culto. Recién en 2004, otro entrenador rosarino pudo igualar tamaña gesta: Américo Gallego se consagró dirigiendo a River, Independiente y Newell's. De todos modos, teniendo en consideración la calidad de los equipos y sus logros en años anteriores, lo hecho por el primero adquirió un tinte de mayor magnitud.

Dirigiendo a Argentinos, mejoró lo hecho tiempo antes por Ángel Labruna y Roberto Marcos Saporiti, que con el título local lo había clasificado a la Copa Libertadores. Fue la primera vez del club de La Paternal en el torneo continental, aunque la gesta heroica que buscaba se consumó cuando derrotó a América de Cali en la gran final de 1985. Ya en semifinales, haber vencido a Independiente, último campeón y dueño de siete coronas, significaba un hecho excepcional, aunque todo incluso se agrandó cuando, sobre el final, el equipo aguantó los embates del Rojo, que iba con obstinación por el empate. Aunque todavía quedaba lugar para más. El Bicho jugó la ida en el estadio Monumental y venció por la mínima, aunque cayó por el mismo resultado en la vuelta, por lo que debió jugarse un partido desempate en Colombia, en el que ganó por penales.

Sergio Batista y Claudio Borghi le daban mucho juego al equipo, pero los verdaderos líderes eran el arquero Enrique Vidallé, Adrián Domenech y Jorge Olguín, que ya se había consagrado campeón del mundo con la selección en 1978. Vidallé fue el gran héroe, al detener un penal decisivo, justo el remate que desató una confusión por la errática cuenta del árbitro. El juez terminó la tanda y dio por campeón al equipo argentino antes de tiempo, cuando aún faltaba un penal por patearse, el que finalmente ejecutó Mario "Panza" Videla, tras que se reestableciera el orden. Se trató de un logro supremo en la modesta entidad rojiblanca, una consecución máxima e insuperable. A fin del mismo año, Argentinos, que también había logrado refrendar el título local, no pudo vencer a la Juventus de Michel Platini, por la Copa Intercontinental.

En otro orden, en Quilmes es casi una deidad a día hoy. Conquistó el Metropolitano 1978, único título del club en Primera División. Peleando y haciéndose lugar desde atrás, futbolistas como Hugo Tocalli, Horacio Andreuchi, Alberto Fanesi y Luis Antonio, que finalizó en lo más alto de la tabla de goleadores con Diego Maradona, trazaron un guion de superación. Si bien pronto comenzó el dominio de Ferro, y más tarde se dio el de los conjuntos rosarinos, el logro del cuadro quilmeño fue excelso, contra cualquier tipo de expectativa. Logró devorarse al Boca de Juan Carlos Lorenzo, campeón continental y del mundo, y en la última jornada alzó el trofeo en el estadio Gigante de Arroyito. Acompañado por miles de fieles que viajaron en condición de visitante, el equipo superó la desventaja y remontó el partido, para celebrar por todo lo alto.

De perfil bajo, el modelo de conducción de Yudica apuntaba a convencer mediante el mensaje a sus jugadores. Pragmático, daba libertad a los futbolistas y apostaba por un fútbol de toque y pausa, aunque era directo cuando la situación lo reclamaba. Siempre fue la cabeza del grupo, establecía desde un primer momento el orden de jerarquías, y no le temblaba el pulso ante quien quisiera pasar sobre él. Generaba el respeto del equipo y los dirigentes, pero también destacaba por formar buenos grupos en pos del gran objetivo, superando adversidades y sin dejar que una mala relación personal perjudicase el rendimiento del conjunto que dirigía. Así se convirtió en uno de los entrenadores más reconocidos del fútbol argentino, por sus ideales y su convicción, aunque también por otros logros admirables. Supo devolver a San Lorenzo a Primera División, y también ascendió con Quilmes, que había caído en desgracia solo un año después de los días más felices.

Alejado de declaraciones altisonantes, atraía polémicas por diversas discusiones o diferencias con algunos hombres que formaban parte del plantel, aunque no salía a responder en la prensa. De manera extraña, ese entrenador que vivió casi cinco décadas de su vida junto al fútbol, no trabajó más en lo que tanto lo apasionaba. Corrían los años finales de los 90, y ya ningún otro club lo llamó, hasta ser convertido en un exiliado del fútbol. "Siempre me cuidé para poder jugar y dirigir hasta que me agarrase la muerte. Y no fue así. Siento que me jubilaron antes de tiempo", expresó en una oportunidad. Tal vez, en la labor de ese hombre tan

exitoso pudo haber jugado su papel aquella ocasión en que, conduciendo a Argentinos Juniors en 1992, disipó a la barrabrava y sus reclamos disparando tiros al aire. Los violentos buscaban desquitarse con el hijo del DT, preparador físico, y allí fue cuando el Piojo sacó el arma de su bolso. Pasó, rápida y extrañamente, al olvido.

Puntero por izquierda, en la década del 50 había sido una gran figura de Newell's, con jugadores de gran talla a su lado como Jorge Griffa, Roberto Puppo o René Pontoni. Desde la posición del extremo, desequilibraba por pura gambeta, era dinámico y también convertía. A Newell's había arribado desde Morning Star, el pequeño club rosarino con el que había destacado en los Evita. Tanto, que en 1952 el equipo acompañó a la delegación olímpica que viajó a los Juegos de Helsinki (Finlandia). Sus actuaciones eran puro deleite para los espectadores y, tras cuatro años en Rosario, fue transferido a Boca. "Hubiese sido mejor llegar a River. No por gustos personales, sino por el estilo de cada uno. En realidad, yo era un jugador para Independiente o Racing. Boca era el único que no me tendría que haber comprado. Y me compró", aseguró. Su carrera se dividió entre otros equipos argentinos, y una más que prospera estadía en el Deportivo Cali colombiano.

El Piojo Yudica dibujó las sonrisas más amplias de quienes estaban acostumbrados a ver la gloria pasar, a que el tren hiciera paradas muy cortas por sus estaciones. Y en Newell's estableció un equipo de ensueño, respetando lo hecho por su antecesor y logrando un título excelso, incomparable, dirigiendo hombres que hablaban el mismo idioma desde purretes. Increíblemente, Yudica fue un exiliado, no por su voluntad, sino porque las gestas que guió parecieron quedar para siempre en el sabor de la nostalgia.

JORGE SAMPAOLI

El hombre no podía con su genio. Cada minuto libre era aprovechado para dibujar esquemas tácticos, flechas o círculos en los dorsos de los cheques. Finiquitaba su labor lo más rápido posible y escapaba hacia el bar de la esquina, para charlar y debatir sobre fútbol en la mesa de cada día. Desde joven, la pasión atrapó a Jorge Sampaoli, cuya vida fue dando giros intensos en torno a aquello que soñó. Del fútbol de pueblo, al sudamericano, de allí al europeo y más tarde la Selección Argentina. Peldaño a peldaño, *piano piano*, con mojones en medio de la ruta trazada que marcaron de forma indeleble su porvenir. Desde el Banco Santa Fe al Mundial de Rusia 2018, en forma ascendente.

Revolucionó la liga casildense. Atrajo y sedujo a cada uno de sus dirigidos para ser mejores, con el objetivo de dedicarse por completo, en busca de la zanahoria. Sus dirigidos no cobraban, pero se brindaban como los que más. Si en un principio entrenaban dos días a la semana y no tomaban el fútbol como prioridad, entre medio de estudios y otros quehaceres, pronto comenzaron a trabajar cuatro días de corrido, con el partido de cada fin de semana. El entrenador parecía ser contracultural en la liga, un antisistema que muchas veces fue criticado en el seno organizacional. Nunca escatimaba esfuerzos y por ello mismo los resultados se dejaron ver a finales de las temporadas que dirigió.

Como cajero trabajó casi dos décadas. En Casilda, se lo conocía por el sobrenombre de Maradona, aunque no aludiendo a sus condiciones futbolísticas, sino porque casi nunca estaba en el banco. De hecho, su sueño de ser futbolista tuvo un cierre temprano, cuando una fractura de tibia y peroné a los 17 años le privó de seguir escalando posiciones en Newell's. Retornó a su hogar y, sin el propósito de estudiar o seguir una carrera, halló su primer trabajo. Mientras tanto, ya recuperado de la lesión, fue el líder de diferentes equipos de la zona, un entrenador dentro de la cancha. Mediocampista aguerrido, agresivo en la marca, capaz de recorrer todo el flanco izquierdo, muchas veces mostró su irrefrenable carácter y se llevó muchas tarjetas y suspensiones. Pero era una de las figuras contrastadas y se consagró campeón jugando en Alumni, el club de su pueblo.

De un momento a otro, los bosquejos y dibujos que realizaba en mínimos resquicios de tiempo se fundieron con el trabajo de campo. Después de sacarse la espina que le privó de ser jugador profesional, dirigió durante mucho tiempo en la liga que lo había tenido como futbolista. Perdió dos finales con Alumni, pero se coronó en igual cantidad de oportunidades dirigiendo a Aprendices Casildenses. Ya se dejaban ver por esos días las cualidades que más tarde llevaría a otros estratos, su línea metódica y estructurada, las formas innegociables. Más allá de que el fútbol no era el sustento de su vida y que de ninguna manera se podía permitir abandonar su gran medio de vida en el banco comercial, entrar a dirigir era su gran válvula de escape. Un anhelo por el que luchó, en el que esperó el tren de su vida.

Su trabajo mutó y ahora debía viajar, para ser ayudante de un juez de Paz en la localidad aledaña de Los Molinos. Por los días de licencia que se tomaba su jefe, no era raro verlo a Jorge Sampaoli firmar actas de matrimonio o certificados de defunción. Aún los días actuales, en que es uno de los entrenadores más reconocidos del planeta, estaban lejos. Sin embargo, una foto cambió el panorama para siempre, y se dio mientras dirigía con energía y pasión a Alumni. En una de las finales que no pudo conquistar, fue expulsado antes de que se disputaran los primeros 15 minutos de juego, por reiteradas protestas al árbitro. No podía quedarse de brazos cruzados, por lo que se trepó a un árbol de la parte exterior del estadio que le brindaba una vista similar a la de un palco de primer nivel.

Desde allí, dio las indicaciones que quiso y fue capturado por la cámara de un fotógrafo del diario *La Capital* que se encontraba en el lugar.

La imagen salió en el suplemento *Ovación* del otro día, allá por el año 1996. Eduardo López, por entonces presidente de Newell's y gerenciador de Argentino de Rosario, no lo dudó un segundo. Lo contactó y le ofreció trabajar en el Salaito, por lo que el Martín Olaeta pasaba a ser su casa. Un nuevo paso, salía de su lugar natal para pasar a la gran metrópoli. Fue acaso el primer escalón dentro de una carrera que tendría más ascensos. Durante su estadía en Rosario, llegó a dirigir a los blanquiazules en la B Metropolitana, y ya dejaba entrever lo que buscaba para su futuro como entrenador. El estilo ofensivo, asfixiante y agresivo de sus equipos casildenses, encontraba correlación en su siguiente paso. Además, la escuela de Renato Cesarini le permitió seguir creciendo, en trabajo con juveniles.

Aun así, el hombre que salía a correr y escuchaba en su *walkman* las conferencias de Marcelo Bielsa, tuvo que salir del país para empezar a ser reconocido. Aguardó la gran oportunidad de pegar otro estirón en su carrera como director técnico en la zona, y no llegó. Perú se transformó en el nuevo foco que conquistar y llegaron los primeros reconocimientos ajenos a su lugar de nacimiento. Por las dudas, pidió días de licencia en el juzgado al momento de viajar al Altiplano, tomando precauciones por si su nuevo trabajo no adquiría carácter de seguro. No obstante, a Los Molinos ya no volvió, y arrancó un período de casi dos décadas *in crescendo*. Fue profeta en otra tierra y casi no cosechó elogios en su patria, pero se hizo un nombre. Y a partir de allí, estaba todo por hacer.

Pese a dirigir poco en Juan Aurich, en Sport Boys todavía es un ídolo. Realizó una de las mejores campañas históricas del club, acabando en la segunda posición de la tabla y clasificándose a certámenes internacionales. Tiempo luego, el Hombrecito, como lo conocieron en la Provincia del Callao, regresó para celebrar los 90 años de la institución, y lo recibieron con grandes honores en el aeropuerto y el estadio. El camino por tierras incas se prolongó y llegó a uno de los grandes, Sporting Cristal, aunque no tuvo los resultados deseados. Muy lejos estuvo de estancarse la carrera en ese momento, sino que salió hacia Chile, donde marcaría un hito gigante tras un pequeño paso por Emelec, de Ecuador.

Lideró uno de los mejores equipos que tuvo la Universidad de Chile en toda su historia, ganando la primera estrella internacional del club en 2011. La conquista de la Copa Sudamericana, añadida a tres títulos nacionales, tomó mucha relevancia porque se trató de la segunda consecución chilena fuera de los límites de su país, tras la Copa Libertadores ganada por Colo Colo en 1991. Sampaoli construyó un equipo casi perfecto, con una dinámica muy positiva y un juego demoledor. En la competencia continental que ganó, venció en 10 partidos e igualó dos, y solo recibió un par de goles en contra. En la final, destrozó a la Liga Deportiva

Universitaria de Quito. Con futbolistas como Johnny Herrera, Charles Aránguiz o Eduardo Vargas, se hizo de la competencia de principio a fin. A la temporada siguiente, llegó a semifinales de la Libertadores, pero no pudo eliminar a Boca.

Su labor en uno de los gigantes fue la rúbrica para seguir con el legado de Bielsa en la selección de Chile, que disfrutó de una generación de jugadores única. Si el Loco había transformado la mentalidad futbolística y de la sociedad trasandina, apostando por un estilo con el que siempre intentaba ser mejor y plantar cara ante los grandes, Sampaoli fue la continuidad lógica. La Roja jugó un fútbol de alto vuelo y alcanzó el súmmum con su primera coronación de la historia, la Copa América 2015 ganada en condición de local, ante la algarabía total del público en el estadio Nacional. Jugadores como Arturo Vidal, Alexis Sánchez y Marcelo Díaz se entregaron en cuerpo y alma al entrenador argentino, que edificó un equipo que se hacía insoportable para el rival. Presionaba con muchos efectivos en campo rival, recuperaba la pelota casi por inercia y se lanzaba con ataques feroces y verticales. Los futbolistas rotaban su posición en todo el frente de ataque, los interiores llegaban al unísono al área rival y hasta el líbero, Gary Medel, podía escalar para definir una acción de gol.

Chile había vuelto a causar sensación en el planeta, como lo hizo un año antes, cuando tuvo su propio "maracanazo" ante España, la campeona del mundo por entonces. En el segundo partido del Mundial de 2014, derrotó a los dirigidos por Vicente del Bosque con claridad, por 2-0, y los apartó de la competencia. Sampaoli logró que su equipo clasificase a octavos de final, pero allí su selección se encontró con Brasil, el gran verdugo de los chilenos. Tal vez, la historia pudo haber sido diferente, con aquel remate al palo de Mauricio Pinilla cuando finalizaba el tiempo suplementario

Envuelta la Federación y su presidente en casos de corrupción, cuando la investigación salpicó a los máximos dirigentes de FIFA, el casildense hizo lo propio para apartarse y abandonar el barco chileno. Lo hizo tras meses de tratativas y dejó su imagen algo deteriorada, pero lo conseguido no se borrará tan fácil. Tras un tiempo de descanso, llegó la primera posibilidad europea, otro casillero tildado con bolígrafo en la hoja de sus aspiraciones. Con el objetivo de agregar algo de pausa y dominio a su ideal futbolístico, atravesado por el fútbol directo y las transiciones veloces, sumó a su cuerpo técnico al español Juanma Lillo, uno de los mentores de Josep Guardiola. El estilo de Sampaoli no abandonó esa receta de ir como una jauría de perros en busca de robar el balón, pero se hizo más atildado con él.

Sevilla lo amó de buenas a primeras. Tomó un club que había ganado las tres últimas ediciones de la UEFA Europa League, pero necesitaba un cambio de timón. En vistas de eso, Ramón Rodríguez Verdejo,

Monchi, director deportivo de los andaluces, le ofreció hacerse de una nueva etapa. Era tiempo de renovación en la entidad española, de buscar otro juego al desplegado por Unai Emery. Si bien las maneras del anterior entrenador habían dado sus grandes dividendos, ahora buscaban un entrenador que privilegie la búsqueda ofensiva por sobre el cuidado del arco propio. A pesar de que su equipo perdió las supercopas de España y de Europa ante los colosos Real Madrid y Barcelona, Sampaoli asombró a los hinchas desde el primer momento. Al principio, su juego seguía siendo alocado, ligero y desbocado, pero pronto agregó algo de pausa que hizo sufrir menos a los aficionados. La primera parte del campeonato tuvo récord de puntos y finalizó la temporada con más de 70 unidades. Histórico, más allá de caer en octavos de final de Champions League ante Leicester City. Aunque el argentino no pudo abstraerse de su gran sueño, de su ilusión desmedida, y acabó temprano sus días europeos para hacerse cargo de la Selección Argentina.

Asumió acorralado por las emergencias, siendo la cara visible en la ausencia de un proyecto, el fusible para cualquier crítica. Consiguió clasificar al Mundial de Rusia *in extremis*, en la noche de locos de Quito, con la gran actuación de Lionel Messi. Su equipo ya mostraba algunas señas visibles, factores distintivos de su forma de entender el juego, como las sociedades en tres cuartos de campo y la dinámica en velocidad. Bajo el paraguas protector de la meta alcanzada, se pensó que el equipo profundizaría en su estilo, pero nada de eso ocurrió. Sampaoli pareció traicionarse en el seleccionado y, aquello que primero escribió con la mano, luego lo borró con el codo. Se entregó en demasía a Messi y nunca logró un equipo de autor.

Contrariamente a lo que había anticipado en amistosos previos, jugó el certamen en tierras soviéticas con un juego muy previsible, devorado por el estilo moderno que lideraron Francia, Croacia y Bélgica. Sampaoli se durmió en los laureles y desaprovechó una oportunidad histórica, por la que tantos méritos había acumulado. Se había metido, a sabiendas, en la boca del lobo, pero no supo escapar de ella y su autoridad terminó resquebrajada. La travesía por Rusia se cerró muy temprano para una de las generaciones argentinas más prolíficas de todos los años, la que no pudo obtener un título.

Sampaoli es ese hombre apasionado que pasó de la parte trasera de los cheques a las libretas. Un personaje controvertido que, en su libro *Mis latidos, ideas sobre la cultura del juego* (Planeta, 2018), señaló que no planifica nada, que el fútbol es instinto y no que lee más de dos páginas de un libro antes de aburrirse. El que, en la búsqueda de cómo convencer a un grupo humano, utilizó tanto un partido de fútbol como películas o un discurso de Juan Domingo Perón. Escaló y se fue haciendo desde muy abajo, pero algunos hechos le fueron quitando aura, como la vez que denigró a un policía tras un control de alcoholemia. No obstante, el entrenador es un fiel reflejo de su esfuerzo, un DT que lucha por volver a la vanguardia de la pelota tras la desilusión con Argentina.

MAURICIO POCHETTINO

Obsesivo, inconformista, meticuloso, detallista. Todas esas acepciones caracterizan a Mauricio Pochettino, un entrenador que ha sabido hacerse un nombre importante del otro lado del océano Atlántico. A tal punto llegó su relevancia, que más de una vez estuvo ternado para competir, a fin de año, por el premio a mejor director técnico del año por la FIFA. Vive en tierra europea desde 1994, cuando dio el salto siendo un gran jugador del glorioso Newell's que construyó Marcelo Bielsa, y a partir de aquel entonces configuró una carrera siempre prolija. Admirado por españoles e ingleses, el oriundo de la localidad de Murphy es un ciudadano de mundo, como él mismo dice ser.

Pochettino exige y se muestra dispuesto, usualmente, a continuar agregando elementos a su forma de entender el fútbol. Considera, y se denota mediante diferentes entrevistas que brindó desde que comenzó su etapa como DT, que es un aprendiz continuo. Es alguien cuyo instinto superador no tiene freno, y allí acaso se centraliza la causa principal del suceso que ha causado en los clubes que dirigió. Incluso, allí debe estar la respuesta a cómo logró adaptarse al fútbol inglés sin haber tenido siquiera un mínimo paso previo. Sobre todo, a cómo ha modificado las formas británicas en torno al deporte rey, y su influencia en el seleccionado. Un entrenador al que no le interesa la popularidad, sino el reconocimiento de sus pares. Por eso su bajo perfil.

Su Tottenham Hotspur se ha destacado en el último lustro por ser híper competitivo en la Premier League. A cada temporada, dio un gran paso más. Incluso, cuando la coyuntura y las enormes diferencias de presupuesto con los gigantes no le permiten pararse de igual a igual en el mercado. Fue escalando posiciones y estuvo cerca del gran título nacional, algo que muchos ingleses aprecian más que alcanzar la cima continental. Solo la épica del Leicester City, en 2016, no les permitió acceder a la primera colocación. Sin embargo, lo estadístico no refleja los haceres del argentino en Inglaterra, sino que su legado se profundiza en cómo cambió el estilo, de qué manera hizo crecer el rendimiento de varios futbolistas.

Se ganó pronto el respeto del ambiente inglés, que lo miró de reojo primero por su nula experiencia en el país. También, las sospechas partían de que solo un entrenador argentino había dirigido allí a lo largo de la historia: Osvaldo Ardiles, precisamente en el Tottenham. Hoy, Ossie es fuente de consulta permanente para Poche, que ingresa a la ciudad

deportiva que tienen los Spurs en Londres a primera hora de la mañana y se retira casi al anochecer. Brinda sus conocimientos, se inmiscuye e incorpora cada día más conceptos que lo enriquecen, en el primer equipo y con los chicos de divisiones juveniles. Apasionado, transmite ese fuerte sentir por el juego a los dirigidos.

Llegó a una Inglaterra en evolución, que progresivamente ha dejado atrás ese juego de envíos largos y un segundo punta que centra al delantero referencia. Pero ha influido sobremanera en ello, en el cambio de ideología, profesando un estilo más colectivo, que prioriza las asociaciones y el crecimiento de atrás hacia adelante. Su equipo trasciende a partir de la posesión del balón y, una vez que lo pierde, intenta recuperarlo con una presión asfixiante. También destaca por la profundidad de los laterales y su juego interior, siempre combinativo y con continuas rotaciones de posición. Los jugadores entran y salen para sorprender.

José Mourinho y Josep Guardiola lo elogiaron en más de una oportunidad, sobre todo luego de que Tottenham los venciera, con una superioridad notoria. Mou, además, fue quien lo aconsejó de mudarse a la Premier, cuando el argentino aún trabajaba en España. Desde su asunción, los londinenses han dado qué hablar en varios sitios, y su juego fue objeto de análisis infinito. También, muchas rachas de partidos invictos se agolparon en esa carrera a la que supo dar lugar en el viejo estadio White Hart Lane, con el objetivo de replicarlo y superarse en el modernizado nuevo recinto.

No obstante, su legado va todavía más allá. Contribuyó a un crecimiento notorio de muchos futbolistas que llevaron a Inglaterra a semifinales del Mundial de Rusia 2018. Los nombres se agolpan, como Dele Alli, Kyle Walker (actualmente en Manchester City), Kieran Trippier, Danny Rose o el mismísimo Harry Kane, un delantero top, de élite en el último tiempo. El atacante logró asentarse y mostrar su mejor versión desde que es dirigido por Pochettino, y su prospecto físico se vio muy mejorado para sus ágiles y veloces movimientos. “No quiere ser el centro de atención. Lo único que busca es mejorarte, sin importarle si eres el mejor del plantel o un juvenil. Si le brindas respeto y trabajas duro para él, te dará todo el tiempo del mundo”, dijo Kane en el medio *The Players Tribune*. Esta evolución que observaron en sus maneras varios jugadores, había comenzado tiempo antes, durante el período del entrenador en Southampton. Allí, jugadores como Luke Shaw, Adam Lallana o Jay Rodríguez llegaron al representativo inglés.

Y la riqueza de sus conceptos no solo se encuentra en cómo los futbolistas progresaron, sino en el ideal inglés. Gareth Southgate, entrenador de la selección que jugó la Copa del Mundo en lares soviéticos, destacó su labor. “Pochettino es el arma secreta de la selección de Inglaterra”, expresó el conductor nacional. Es que la escuadra de los Three Lions sigue dando especial importancia a las jugadas preparadas y al balón parado, pero se ha hecho un colectivo más asociativo, más dinámico, que se junta con mayor energía. Allí también está la mano del argentino en el esquema inglés, un factor sobresaliente en sí mismo dado el contexto histórico entre una nación y otra.

Él es contracultural. En una Premier League globalizada, que apuesta por entrenadores extranjeros que modernicen su vieja escuela, como así también lo hace con millones por grandes jugadores de otros países, el santafesino se guía por lo autóctono. Así, posibilitó el crecimiento desde las bases de muchos ingleses, al igual que hace en estos días, con resultados que se verán probablemente más adelante. Cerrado, sin importarle demasiado el qué dirán de su trabajo, solo se adentra en cómo seguir creciendo. Y ello lo traslada a los jóvenes que conduce.

"No estoy de acuerdo con eso de que ganar es sinónimo de ser buen entrenador. Es exitismo. Para mí, serlo tiene que ver con lo que queda con el paso de los años, el legado que dejás, lo que ayudás a los jugadores a ser mejores futbolistas. Pero para eso hace falta tiempo y recorrido. Todos debemos tener esa capacidad de análisis y mirar lo que hay detrás de un entrenador", manifestó en una entrevista con la revista española Panenka. Acepta que Bielsa moldeó su forma de entender el fútbol, aunque no se considera bielsista, más allá de que muchos sí lo encasillen con solo verlo mirar un partido agachado desde la línea de cal. También su mirada de DT tiene raíces en las infinitas conversaciones de gimnasio, una vez retirado del fútbol, con el vasco Xabier Azkargorta, que supo llevar a Bolivia al Mundial 1994.

En Southampton, donde asumió para liberarlo de las últimas posiciones, dejó una gran imagen. Más aún cuando acabó la liga en la octava posición. Alejó al equipo de un posible retorno a la Segunda División, tras el ascenso de la anterior campaña, y lo situó cerca de clasificarse a competiciones europeas. Todo lo hizo apostando a los jóvenes y con la experiencia de Rickie Lambert, un 9 de olfato y gol. Muchos de aquellos jugadores que dirigió en Los Santos, hoy son piezas clave de clubes de mayor renombre.

Sus días como entrenador habían comenzado en el Espanyol, donde ya había dejado una huella imborrable en sus días como futbolista. Dentro del césped, fue uno de los jugadores principales en la consecución de dos éxitos en la Copa del Rey, ganadas ante Atlético de Madrid y Real Zaragoza. Fuera de él, con tres años intermedios entre su despedida con honores del club y su asunción como técnico, lo despojó de la lucha por el descenso y lo hizo crecer. De hecho, los Periquitos vencieron en el Camp Nou tras 27 años y así maquillaron de alguna forma la desigual pelea de poderes con Barcelona, el gigante de Catalunya. De los cortos, condición en la que fue el extranjero que más partidos jugó para la institución, al saco y los zapatos, siendo el entrenador que más partidos dirigió al Espanyol en Primera División.

Ese joven al que Bielsa y Jorge Griffa observaron mientras dormía, al tiempo que intentaban disuadir a sus padres de que Mauricio no firmase en Rosario Central, es en estos días uno de los directores técnicos más destacados del planeta. Aquel jugador que creció de la mano de Bielsa, que se consagró en la mítica final de 1991 disputada en el barro de la Bombonera, que pasó al fútbol español y tuvo su etapa futbolística en Francia, es muy valorado en Inglaterra. Intenta siempre salir del confort, busca soluciones continuamente y ha desechado una y otra oferta. También aseguró que no dirigiría a otro equipo argentino que no fuera NOB y que su sueño es entrenar a la Selección Argentina. Todo a su debido tiempo.

El mismo protagonista amplía su perspectiva futbolera en la charla con *Panenka*: "Soy una persona insatisfecha por naturaleza. Nada me puede satisfacer. Soy inquieto, curioso. Estoy tratando de encontrar, de descubrir". Quizá, el mejor legado de un técnico, y por lo que muy bien se lo puede reconocer, es por hacer mejor a sus futbolistas. Es algo que cumple Pochettino, un hombre que siempre ambiciona perfeccionarse.

EDUARDO BERIZZO

"Creo que una persona encuentra y descubre, en su experiencia personal, que la vida es volver a levantarse con ganas. Disfrutar el día a día. Mi mayor éxito es trabajar a mi manera y ser optimista es casi inherente". Eduardo Berizzo dio una lección de vida en una rueda de prensa, cuando trabajaba en el Athletic Bilbao español. Meses antes, en Sevilla, había superado con un espíritu de lucha envidiable un cáncer de próstata, que le prohibió continuar con su trabajo durante un mes. Retornó con el coraje de antes, la obsesión por siempre ser mejor, por profundizar en la calidad de juego de sus equipos. Discípulo de Marcelo Bielsa, su ideal encuentra muchas similitudes en el estilo del Loco, si bien ha encontrado la ruta para escribir su propio guion.

Al igual que muchos otros jugadores que pasaron por la mano del entrenador rosarino, Berizzo heredó de él la pasión por el oficio. Los nombres se repiten y los ejemplos no escasean, como Mauricio Pochettino, Fernando Gamboa o Ricardo Lunari. Pero, sin dudas, el Toto fue quien más se acercó a los conceptos del hombre que lo había dirigido en Newell's, porque lo acompañó y mamó sus máximas desde una edad muy temprana, y luego hasta fue parte de su cuerpo técnico. En aquel equipo histórico del Parque Independencia, Toto ejercía como un entrenador dentro del campo, por su solidez, voz de mando y ascendencia sobre los compañeros. Por aquellos días, se le adivinaba un futuro como conductor de grupos.

Bielsa lo había captado en 1983, en Casilda, ciudad a la que viajó para jugar un torneo juvenil con la categoría sub 14 de Newell's. Berizzo jugaba para Newerton de Cruz Alta, localidad cordobesa de la que es oriundo (a poco más de 100 kilómetros de distancia de Rosario), y sedujo los ojos del DT rival, que esperó al final del partido para hablar con él. También sumó a uno de sus compañeros, Darío Franco, y luego dialogó con los padres de cada uno. Una semana después, ambos jóvenes estaban en el estadio, a las órdenes del hombre que los había impulsado a cambiar de rumbo y Jorge Bernardo Griffa. Allí comenzó el camino. Toto jugaba como extremo por izquierda aunque, a posteriori de jugar unos meses en el club Juan XXIII, retornó y MAB lo cambió de posición. Comenzó a jugar de volante central y luego llegaría a la demarcación de zaguero.

"Para jugar de puntero izquierdo era muy lento. Él lo detectó y me ubicó de 5. Para mí fue una cantidad tremenda de información. Venía de un equipo de pueblo en el que se entrenaba bien, pero sin acceso a todo lo que ahora disfrutaba. Incluso, me modificó el horario y tuve que cambiarme de colegio, para poder entrenarme de mañana y estudiar de noche. Esto era el primer mundo, ahí me hice jugador de verdad y decidí que me iba a dedicar al fútbol. Cuando estábamos en la Tercera, comíamos con la Primera, y en el micro de regreso ya veíamos el video del partido que habíamos jugado un rato antes", apuntó en el libro *La vida por el fútbol, Marcelo Bielsa, el último romántico* (2010, Sudamericana). Integró la categoría Cuarta Especial que consiguió grandes resultados.

Al momento de llegar a dirigir el primer equipo, el entrenador supo que les daría lugar a esos jóvenes que había reclutado por la zona y el país. Dueño de una gran comprensión del juego, Eduardo leía las acciones antes de que sucedieran y lograba anticiparse, por su sentido táctico. Con ello, escondía movimientos lentos y unas condiciones técnicas que, de cualquier manera, no eran nada despreciables. Llevó sus condiciones a Primera, jugó en la defensa y el mediocampo y alzó dos copas trascendentales en la vida del club, con compañeros que incluso dejaron un legado: Norberto Scoponi, Gerardo Martino, Juan Manuel Llop y Julio Zamora. Incluso, convirtió de cabeza el gol en la final de ida de la temporada 1990/91, ante Boca, y luego en la Bombonera el equipo alcanzó la victoria por penales. En la tanda definitiva, el defensor anotó el suyo, obteniendo un triunfo maquillado por la lluvia y el barro, aunque recordado aún hoy casi con efectos de inmediatez.

Años después de aquella revolución, fue uno de los pedidos por el director técnico al momento que se mudó a México. Atlas pasó a ser su nueva casa, y a su lado tenía otros jugadores de peso como Pavel Pardo o Rafael Márquez. Un período allí, en el que se asentó tras una lesión, fue el paso previo a recalar en River. Protagonista del equipo tricampeón del fútbol local, logró la Supercopa Sudamericana de 1997, con Germán

Burgos, Leonardo Astrada, Marcelo Gallardo o Enzo Francescoli. Por su férreo marcaje, personalidad y carácter, se mantuvo allí durante cuatro años, siendo una pieza de jerarquía en un plantel atiborrado de figuras.

Si bien la competencia era feroz en el puesto, consiguió hacerse un hueco en el seleccionado nacional: disputó dos veces la Copa América (1997 y 1999), además de disputar varios partidos de Eliminatorias. Daniel Passarella y Bielsa, una vez más, fueron los entrenadores que lo citaron, aunque no pudo arrebatarles el puesto a jugadores como Roberto Ayala o Walter Samuel. Comenzado el nuevo milenio, volvió a salir de las fronteras argentinas y exhibió sus virtudes en el fútbol europeo, donde actuó para Olympique Marsella, Celta de Vigo y Cádiz. Actuando para los vigueses, dejó huella y atravesó muchas etapas significativas del club, como la clasificación para la Champions League, el descenso y el posterior retorno a la máxima división. El retiro fue algo más amargo, puesto que no pudo evitar la caída hacia Segunda del Cádiz, que ya no volvió a actuar en Primera.

Aún no tenía claro si su camino seguiría ligado al fútbol, pero de ninguna manera podía negarse a la posibilidad que le brindó Bielsa, desde el cargo de entrenador del seleccionado chileno que recién había asumido. Berizzo es una esponja que absorbe conceptos con rapidez, y era el momento para agrandar el idioma bielsista. Tuvo mucha injerencia en actividades y ejercicios colectivos, pero también se adentró en cuestiones individuales de los futbolistas, como la técnica de recepción y pase. Además, fue el encargado de reclutar jugadores que luego compusieron el equipo de *sparrings* de la mayor, aquellos chicos que ejemplificaban lo que luego los mayores debían replicar. Así, el de Cruz Alta fue un ayudante muy receptivo, con amplio margen para actuar, y su opinión siempre fue respetada por el Loco. En paralelo con su labor en el combinado trasandino, empezó a tener mucha relación con los entrenadores de la liga, un fútbol donde luego dejó estela.

“Fue una gran oportunidad para mí poder trabajar a la par de un entrenador como Bielsa. Significó un gran aprendizaje. Lo conocía por haber sido futbolista a sus órdenes, pero no conocía sus ideas por dentro. El laboratorio de sus ideas. Después de tres años, puedo decir que fui un afortunado de haber vivido ese período de tiempo. Conmigo ha sido una especie de guía, educándome sobre cómo empezar a dirigir. Me ha enseñado un montón. La enseñanza de que nada está aprendido y que todo está por descubrirse”, manifestó en su momento, una vez se acabó la estadía en el complejo denominado Pinto Durán y la ilusión del Mundial 2010. Tras 12 años, habían devuelto a los trasandinos a la máxima cita global.

Tras un pobre primer paso por Estudiantes de La Plata, O’Higgins, modesto club chileno que siguió una hoja de ruta con otros entrenadores argentinos (Facundo Sava, Pablo Vitamina Sánchez), le dio carta blanca para que pudiera hacer y deshacer a su antojo. Berizzo formuló una secretaría técnica sin igual dentro del territorio chileno y con ello lograron competir frente a las desigualdades económicas con los clubes gigantes. Asimismo, como DT se adentró en el desarrollo del centro de entrenamiento y el club comenzó a crecer a partir de una muy buena administración. Fue subcampeón, perdió una final ante la Universidad de Chile conducida por Jorge Sampaoli, y luego recibió las reverencias de todos los fanáticos al lograr dos títulos. Ganó el torneo al vencer a Universidad Católica en 2013 y meses después obtuvo la Supercopa. Historia pura para una institución pequeña que enmudeció a los grandes. El cordobés se retiró de allí con un reconocimiento del gobierno y la llave de ciudadano ilustre que le dio la municipalidad de Rancagua.

Pese a ser un legítimo heredero del bielsismo, tampoco su trabajo se trata de una copia de su filosofía. Sí busca el control total de la pelota, apuesta por la presión asfixiante y busca dominar el juego desde su estilo ofensivo, pero se ha mostrado más flexible y pragmático que su mentor. De acuerdo a los contextos y al rival de turno, Berizzo no ha tenido problemas para cambiar, sin modificar así su pensamiento inicial. Por caso, en O'Higgins, su estadía comenzó con ataques directos y el golpe por golpe, pero luego añadió solidez a la estructura defensiva y algo de pausa a las transiciones, y se coronó campeón. Incluso, por esos días decidió salir jugando con envíos largos al centrodelantero, al ver que no contaba con defensores aptos para la salida por bajo. Es un entrenador con capacidad de adaptación, sin que ello signifique abandonar su librito.

Celta, donde había dejado una buena imagen en su paso como jugador, observó los lineamientos del equipo que había dirigido y lo contrató. Berizzo edificó un equipo alegre y muy vistoso en Vigo, que fue capaz de plantar cara ante los poderosos. Valiente, atrevido, ofensivo y agresivo, le ganó dos veces a Barcelona, y en cada partido le convirtió cuatro goles. Se hizo respetado en Europa y a punto estuvo de llegar a tres finales, pero las semifinales fueron un obstáculo que no pudo superar. Dos veces se quedó a las puertas de definir la Copa del Rey, y en el ámbito internacional el Manchester United lo eliminó de la UEFA Europa League. Paciente, capaz de ajustar cuando es necesario y de probar una gran variedad de recursos, comenzó a ganar adeptos en el Viejo Continente.

Las cosas en Sevilla, el siguiente club que dirigió, no iban mal a fines del 2017, cuando el club decidió despedirlo. Recién había superado la enfermedad que lo había aquejado y la dirigencia de Nervión rompió el contrato aduciendo que el equipo no estaba en una línea ascendente. Contrariamente a lo que se podría imaginar, los resultados no eran malos y la escuadra estaba en la parte alta de la tabla, además de conseguir el pasaje a los duelos de eliminación directa en Copa de Europa. Al

tiempo, pese a no replicar los buenos resultados de otra época, generó ilusión cuando tomó el cargo de entrenador en Athletic Bilbao. Los hinchas del particular club vasco esperaban que replicase los días de Bielsa.

Apasionado, responsable, Berizzo, que llegó a la selección de Paraguay, es un entrenador que no desespera si no ve resultados inmediatos. Prueba, analiza, opta por el ensayo y error, sabe que los espacios temporales no deben condicionar sus intenciones y lo que intenta plasmar en los equipos que dirige. No se vuelve loco porque las pruebas no dan frutos en un principio. En plena curva de crecimiento, los días de Berizzo como entrenador no han hecho más que arrancar. "Un entrenador deprimido no existe. Un líder deprimido no existe. Un líder temeroso no existe", decía también en aquella conferencia ante los medios.

LIONEL SCALONI

La voz de Lionel Scaloni se escucha nítida desde cualquier parlante. Los micrófonos de ambiente, situados a la par que el banco de suplentes, atestiguan las directrices que ordena a sus dirigidos. "Quedate, tapá la línea de pase, salí ahora, presiona", le dice a Paulo Dybala, que se encuentra a escasos metros de su posición. Son las palabras de un incipiente director técnico, un hombre que, al mismo tiempo que hace sus primeras armas, fue ratificado como entrenador de la Selección Argentina. Contrariamente a esos formularios que requieren que uno vaya tildando ciertos casilleros, como los de experiencia y méritos, el nacido en Pujato (a escasos minutos de Rosario) hizo un buen trabajo durante su interinato y tomó el cargo de entrenador general. Su elección tuvo ribetes increíbles, porque al seleccionado no llega un hombre sin pergaminos, pero va de la mano con la rutina de la AFA.

Seis partidos amistosos le bastaron para conformar a una dirigencia que muchas veces aplaza lo realmente importante, que es el destino de una selección, por cuestiones de emergencia que aparecen continuamente en su cotidianeidad. Pero esos juegos de preparación, posteriores al fracaso del Mundial de Rusia 2018, sirvieron para una renovación menester en los tiempos que corren. Scaloni formuló un equipo nuevo, al que le dio continuidad, y al unísono construyó un relato de que no hay nada más importante que el combinado nacional. Argentina debe ser el punto máximo, el fin, no un medio para aspirar a dar otros pasos. Como para que los nuevos futbolistas, que parecen tomar la posta de una generación histórica, empiecen a ganarse las convocatorias con sentido de pertenencia. Probablemente, allí esté una de las cuestiones capitales de un equipo al que las decisiones de su Federación muchas veces le han hecho perder prestigio.

Hombre del riñón de José Pekerman, que lideró la última gran refundación en las juveniles de Argentina, su cuerpo técnico está conformado por otros apellidos que formaron parte de aquellas juveniles. Pablo Aimar primero y Walter Samuel después, se sumaron al grupo de trabajo, incorporándose o bien saltando escalones desde los combinados menores. Aimar, por caso, dirigió por un tiempo la sub 17, y dedicó mucho de su tiempo a visitar clubes para observar entrenamientos a lo largo del país, junto a Diego Placente. Unido al exlateral izquierdo, Scaloni había comandado un sub 15 que se coronó en un Sudamericano desarrollado en San Juan, remontando a Brasil en un encuentro increíble y venciendo 3-2.

Luego de ser ayudante y analista de rivales de Jorge Sampaoli, tanto en Sevilla como en la selección mayor, tenía todo preparado para hacerse cargo de la sub 20. Pero apareció como manotazo de ahogado para la asociación, a la que conformó con su trabajo tras ganar el tradicional certamen de L'Alcudia con los juveniles, a mediados de 2018. Fue condecorado como el mejor en su rubro durante ese torneo español que disputan clubes y selecciones, al que la albiceleste cerca estuvo de ni siquiera concurrir dado que no contaba con un cuerpo técnico a falta de una semana para el inicio. Además, los clubes también se mostraron reacios en un principio a ceder a los futbolistas. El elenco nacional venció a Rusia en la gran final y obtuvo por segunda vez la medalla de campeón.

Un breve paso por las juveniles de Mallorca, donde había jugado por un pequeño lapso de tiempo, había significado su comienzo como entrenador, para luego virar a la condición de ayudante. Apasionado por el juego y todas sus facetas, Scaloni fue uno de los integrantes del cuerpo técnico de Sampaoli que continuó, una vez se concretó la eliminación en octavos de final ante Francia, en la ciudad rusa de Kazán. Moldeó al equipo a su antojo, apostó por nuevos jugadores y no se escondió bajo la comodidad de alguien que apuesta solo al resultado y al paso del tiempo. Así, se configuró en el cuarto entrenador de la Selección Argentina consecutivo que sale de la misma zona geográfica, el gran Rosario. Gerardo Martino, Edgardo Bauza y Sampaoli son del mismo radio, al igual que César Luis Menotti o Marcelo Bielsa.

Impulsado por la idea de un fútbol vertical, Scaloni formó un equipo de ataques directos y combinaciones en velocidad, al que no le interesa ganar porcentajes de posesión de pelota. Ensancha el juego con dos carrileros bien abiertos y mezcla con mediocampistas muy técnicos que intercalan posiciones entre líneas, mientras los defensores suben metros para hacer corto el equipo. La intención es robar a los pocos segundos de cada pérdida, para encontrar abierto al adversario, e insistir una y otra vez. Así jugó Argentina durante el segundo semestre en el año de su asunción, modificando con creces ese juego pesado y atildado que

puso en evidencia a la Argentina en la Copa del Mundo. Ahora, el estilo es más dinámico, agresivo, si bien luego hubo partidos en que la idea se diluyó temprano y le costó hacer pie. Y un factor que sin duda se destaca tiene que ver con la renovación del mediocampo, a través de las nuevas caras que Scaloni citó. De hecho, los propios futbolistas que aparecieron como un aire nuevo en el equipo, pidieron públicamente por la continuidad del director técnico.

Con la camiseta de la selección no estuvo identificado plenamente durante la etapa como jugador, trayectoria que duró dos décadas y se dividió tres años en el fútbol argentino y 17 en el europeo. Bajo el ala protectora de Pekerman, jugó los siete partidos con el que el sub 20 se consagró campeón mundial en Malasia 1997, con compañeros como Esteban Cambiasso, Juan Román Riquelme, y sus laderos incondicionales, Aimar, Placente y Samuel. El pujatense anotó en el partido inaugural, ante Hungría, y en cuartos de final, frente a Brasil. El partido final se saldó con victoria ante Uruguay, y significó el segundo título global seguido para ese proceso.

Años más tarde, debutó con el seleccionado mayor, en un amistoso frente a Libia, cuando el entrenador era Bielsa. Aunque fue Pekerman, nuevamente, quien le dio mayor lugar. Fue uno de los convocados al Mundial de Alemania 2006, en el que jugó un partido, enfrentando a México por los octavos de final. Jugó como lateral derecho ese día, que terminó con la gran celebración de Maximiliano Rodríguez y su volea de zurda al ángulo. En total, jugó siete partidos Lionel, "el otro Lionel", para su país, siendo titular en solo cuatro de ellos. Mientras configuraba sus muy buenos pergaminos en España e Italia, había tenido importancia en la banda derecha nacional, aunque por poco tiempo.

Mediocampista por naturaleza, también supo jugar de lateral por el mismo flanco en muchas oportunidades. Scaloni no era dueño de una gran técnica en sus pies, pero sí muy disciplinado tácticamente y realizaba lo que sus entrenadores pedían de él. Recorría el costado de punta a punta y siempre se sacrificaba en pos del equipo, tan importante para llegar y desbordar como para contribuir a la recuperación del balón. Fue construyéndose a sí mismo como un jugador servicial a fines colectivos, que identificaba de manera correcta los momentos para conservar su sitio o sorprender en ataque.

Se presentó en Newell's, que lo adentró en sus filas de divisiones inferiores tras verlo jugar en el club Matienzo, de su Pujato natal. De Sexta división pasó a Primera e hizo su debut en una visita a San Lorenzo tras un par de partidos en los que fue al banco. El cambio de entrenador, de Jorge Castelli a Raúl Donsanti, permitió que tomara lugar entre los 11. No obstante, aquel día no fue como lo imaginaba, y fue reemplazado en el entretiempo. El Ciclón terminó goleando 3-0. Fueron 12 los partidos que disputó para el club rojinegro, en donde jugó durante 1995 con

Sebastián Cejas, Iván Gabrich y el boliviano Julio Baldivieso. Lo transfirieron a Estudiantes de La Plata, que conducía Daniel Profe Córdoba. Tras la presea mundial lograda en Malasia, Deportivo La Coruña lo contrató rápidamente (también a su hermano, que fue al equipo B).

Allí se vio su mejor versión, en el Depor que conducía el vasco Javier Irureta. Contra cualquier expectativa, ganaron la liga española 1999/2000, con figuras como los brasileños Mauro Silva y Djalminha, el holandés Roy Makaay o el portugués Pauleta. Tan relevante fue ese título que desde aquellos días a la actualidad solo Valencia - en dos oportunidades- y el Atlético de Madrid de Diego Simeone pudieron frenar la gran hegemonía de Real Madrid y Barcelona. Scaloni jugó 14 partidos en aquella campaña histórica, aunque su ascendencia en el equipo fue de menor a mayor, hasta llevar la cinta de capitán. También lograron ganar una Copa del Rey, en el año del centenario del club, ante el Merengue en el estadio Santiago Bernabéu. Frente a las cámaras, el santafesino gritó: “Les cagamos la fiesta, les cagamos la fiesta”. El palmarés sumó luego dos supercopas españolas, conjuntamente a arribar hasta las semifinales de la Champions League en 2004. La hinchada gallega lo despidió, después de ocho años en el estadio Riazor, con una camiseta gigante que colgaba de la tribuna, decorada con el número 12 y su nombre.

Breves pasos por el West Ham inglés y Racing de Santander, en su regreso a España, fueron las estadías previas a desembarcar en el fútbol italiano. En Lazio jugó durante más de un lustro, mezclando en el medio una temporada en Mallorca, y Atalanta marcó el cierre de sus 20 años como futbolista. Años en los que, pese a no ser un gran dotado con la bola en los pies, sí se hizo un ferviente seguidor de la táctica y la estrategia. Admiró desde dentro el Calcio, un fútbol que, según dijo, hizo progresar su sueño de convertirse en entrenador. Ya fuera de la cancha, su periplo como DT se da casi a los saltos, no en una marcha cansina. Acepta los desafíos.

Puede que el modo de asumir en la selección vaya a contramarcha, pero apareció como un oasis, mientras se plantea la idea de un proyecto que modernizará y renovará la infraestructura celeste y blanca. Scaloni es un hombre que no escapa al reto, que no se sienta a mirar para atrás, ese técnico que no se resguardó en el pragmatismo y dio vida a una necesaria reformulación colectiva.

Capítulo 5.

MODELOS DE FORMACIÓN

¿Qué significó el trabajo realizado por Jorge Griffa, desde principios de la década del 70? ¿Cómo es el plan de Newell's para crear patrimonio con jugadores de divisiones inferiores en medio de dificultades económicas? ¿Qué etapa atraviesa el plan a largo plazo de Rosario Central? ¿Cuánto ha crecido ADIUR, uno de los clubes menores de la ciudad, en el último tiempo? Las presentes preguntas moldean el capítulo que comienza, con voces de protagonistas en cada uno de los casos. Los dos gigantes de la ciudad supieron ser pioneros en cuanto a formación y buscan volver a aquellos días. Buceamos por cada plan, en épocas de urgencias y competencia feroz.

El ambiente rosarino reconoce a Griffa como quien plantó la primera semilla, el hombre que trazó un rumbo, cuando dejó de jugar y optó por no dedicarse de lleno a la dirección técnica. Su modelo inició casi cinco décadas atrás, algunos años después de la llegada de Miguel Ignomiriello a Central y antes de que los hermanos Solari y compañía cortaran la cinta de bienvenida en Renato Cesarini. Se trató de una época en que Rosario ahondó en la progresión y evolución de futbolistas como nunca antes. Newell's comenzó a ver los resultados casi inmediatamente, y sobre todo en los 80, mientras se creó una red de captación por todo el interior. Así, el equipo rojinegro logró equiparar fuerzas con los clubes grandes.

Gran mentor por aquel tiempo, quien fuera director general, regresó en estos días a la institución, ya en otro rol y en la búsqueda de formar a los que enseñan, no solo a los que aprenden. Newell's ha encarado un proceso de renovación en su fútbol infanto-juvenil con el arribo a la coordinación de Enrique Borrelli. Además, se da el retorno de exfutbolistas, que pasarán a conducir las divisiones menores. Los resultados aún

están por verse, pero es una decisión favorable dentro de una etapa en que la situación económica no es la deseada. Después de malas administraciones, el objetivo es comenzar a crear capital propio con futbolistas surgidos de abajo.

Del otro lado, Central ideó un proyecto a largo plazo en 2014, cuando cambió la Comisión Directiva del club. El proceso tuvo sus cambios en el camino, pero sustentó una metodología de entrenamiento y la respetó durante la primera etapa. Lucas Maggiolo, actual director deportivo, dice que es necesario comenzar con el segundo paso, el de acentuar y solidificar las bases. Así como hay un rumbo determinado en el crecimiento de los chicos, existe una profunda labor de captación que Hugo Hernández, director de esa área, describe.

Por último, nos proponemos descubrir cómo hizo ADIUR, una modesta institución de la ciudad, para crecer como lo hizo en la última década. El convenio hecho con Villarreal de España profundizó una forma de entrenar y el club ha sabido ubicarse por detrás de NOB y Central en torno a formación.

GRIFFA, UN MAESTRO QUE TRASCENDIÓ GENERACIONES

Jorge Bernardo Griffa no se apropia de las ideas, dice que no le pertenecen. Según explica, todo está inmerso en el fútbol, y él no ha hecho más que descubrir cada día algo nuevo en el deporte, durante más de cinco décadas de trabajo con juveniles. Prueba y error, experiencias de grandes resultados y otras fallidas, aunque con la intuición de un hombre sapiente y docente, a la altura de las personalidades más influyentes en la historia del deporte argentino. Esquematizó el trabajo de divisiones menores de Newell's, fue innovador, pionero en un sinfín de recursos que no se utilizaban hasta el momento en que él los acercó, y descubrió una cantidad ingente de talentosos jugadores. Un formador reconocido y admirado.

En los albores de la década del 70, promovió ir en búsqueda de los jugadores, en detrimento de aguardar por ellos. La idea principal tenía sustento en disputarse a los mejores con los clubes de mayor renombre, y así transformó al club rosarino, que posteriormente al inicio de su trabajo fue encontrándose con los mejores años de su historia. Se originó una red de captación de jóvenes jugadores sin igual en otros puntos cardinales del país, algo a lo que le dio continuidad con el tiempo. Sobre todas las cosas, aplicó sus conocimientos en el crecimiento de varias generaciones. Sin apuntar a la táctica, preparó a los chicos para que mejorasen al máximo sus aptitudes individuales, y con ellas la capacidad de inmiscuirse en un colectivo.

Llamó a la autocrítica sin vergüenza, al perfeccionamiento continuo, a la práctica, la corrección y repetición cuantas veces sean necesarias. Lejos del fútbol de Primera División, al que dejó más temprano que tarde, abocó su vida a profundizar la calidad de los chicos. Su trabajo en el club rojinegro tuvo una duración mayor a las dos décadas, y lo hizo aun cuando los recursos no abundaban. Muchas veces debió poner dinero de sus propios bolsillos, aunque asegura que eso es lo de menos. Dio vida al predio de Bella Vista, donde hoy se entrenan -ya con el nombre de su mentor en el arco de bienvenida- todas las divisiones juveniles y la Primera, y fue quien fomentó la identidad de NOB. Llegaba al predio a las 7 de la mañana, no paraba para almorzar, y recién se iba a casa entrada la noche. Reconoce que el trabajo le demandó mucho, aunque sigue con su pasión.

A un costado de Adolfo Pedernera o Ernesto Duchini, Griffa es la prolongación de ellos. Tres formadores sin igual en suelo argentino, por vocación, dedicación, trabajo sin freno y conocimiento. Siempre ahondó en los fundamentos básicos del deporte para que los chicos crecieran a partir de ellos, tiempo al tiempo, y fueran incorporando conceptos sin saltarse etapas. Con el paso de los años, conoció cada área de Newell's, ayudó a profesionalizarlas y realizó labores que muchas veces no le correspondían. Dentro de un contexto con ocasiones en el que no dispuso de ayudas ni un proyecto superador que él mismo fue formando con el paso de los años, se abocó a diferentes actividades. Aunque nunca dejó de aprender mientras enseñaba, como hoy mismo asegura.

Debió salir a buscar jóvenes por el país, manejó la pensión del club, ideó un programa para que los chicos continuaran estudiando, habló con los padres de cada uno y formuló convenios con los distintos clubes de procedencia. El objetivo era ser justos con las instituciones a las que les quitaban ese proyecto de jugador con el que ahora contaban. Al unísono, planeaba los lineamientos semanales, mensuales y anuales de cada categoría, y tenía un contacto asiduo con la dirigencia. Nada escapaba a su inmensa sabiduría, a su virtud de multiplicarse aquí y allá, a responder cada interrogante que se abría. En tiempos donde era difícil equiparar presupuestos, el hombre nacido en Casilda acercó al club a los estratos que solo manejaban los grandes.

Mientras fue colocando gente idónea y capaz en los distintos sectores y categorías, cosechó una experiencia extraordinaria y posibilitó que los demás entrenadores y dirigentes persiguieran su filosofía. Griffa preparaba a los clubes para el fútbol grande, el de élite, y se desesperaba porque no le faltara una posibilidad de rehacer su futuro a aquel chico que no podía llegar a Primera División. Más que por futbolistas, siempre intentó formar hombres de bien, que puedan insertarse sin dificultades en la vida en sociedad. Cualquier relación con la planta de naranjas, en el patio de la pensión de Renato Cesarini, no es pura coincidencia.

En su libro 39 *años en divisiones inferiores* (Ediciones Continente, 2011), explica: la intención es ofrecerle al jugador el mayor bagaje de conocimiento, para que su crecimiento sea efectivo y lo desarrolle en toda su dimensión. Se deberán manejar determinadas pautas, como saber elegir un director general con capacidad, que sepa llevar a cabo un proyecto realizable y elegir la gente que lo rodea. La formación de base empieza a dar sus frutos a los cuatro o cinco años de iniciada, y no se deberá interrumpir nunca, pues su continuidad solidificará el proyecto, y siempre surgirán cosas para mejorar (...) Este trabajo no se termina nunca. La continuidad es la base de sustentación de la eficacia de lo proyectado". Prioriza el largo plazo, pese a que sabe que las urgencias cotidianas de la actualidad pesan más en la balanza del fútbol moderno, y señala que el tiempo y el dinero destinado a estos fines no deben verse como un gasto, sino como una gran inversión.

A lo largo de sus años como formador, cultivó la humildad de los jóvenes, el respeto por el otro. "Uno existe a partir de reconocer en el otro a un semejante que, en el caso del juego, tratará de vencer, pero no de destruir. Quienes buscan la destrucción del otro no triunfan sobre él, solamente lo destruyen, y al hacerlo conspiran contra el juego, que necesita de dos bandos", profundiza en su manual. Entiende al fútbol como un deporte complejo en el que uno siempre se está descubriendo a sí mismo, en el que no se termina de aprender ni de conocer en totalidad todas las variantes. Es por eso que, desde antaño y a partir de sus primeros días como director general de divisiones inferiores, puntualiza en que es muy necesario formar a los que enseñan. No solo se debe ahondar en los jóvenes, sino también, y no en menor medida, apuntar hacia los que generan su crecimiento.

El camino de Jorge Griffa, que nunca ha abandonado, comenzó cuando reconoció que no estaba preparado para dirigir en la élite profesional. Una vez que retornó de Europa, donde hizo la mayor parte de su carrera como futbolista, aceptó hacerse cargo del plantel de Primera de Newell's. Pensaba que con la experiencia adquirida tras cruzar el océano, y con la calidad intrínseca de cada futbolista argentino, le alcanzaría para realizar una buena labor. Pronto, tomó en consideración que no estaba preparado, que aquello no era para él, y por eso mismo abandonó la dirección técnica. Para siempre. Fue cuando inició el período de juveniles, cuyo puntapié inicial en el Parque de la Independencia fue dado en 1973. Mediante el día a día con los jóvenes, se redescubrió, encontró una faceta que lo apasionó. Y ya no la abandonaría.

Newell's había sido su primer hogar. Jugaba y trabajaba, sus días se dividían entre el entrenamiento y los momentos en que se subía a un camión para vender vino y repartir a los almacenes de diferentes localidades de la zona, como Pujato y Zavalla. Años atrás, había comenzado a moldear su gran forma física en una carrera contra sí mismo, cuando era cadete y tomaba los tiempos de cuánto tardaba con cada encomienda en viajes de bicicleta. También fue aprendiz de telegrafista, hasta que llegaron los días de profesional como jugador. Se erigió en un férreo marcador central, temperamental y de carácter, que nunca se dejaba llevar por delante. A mediados del siglo XX, las transferencias al Viejo Continente eran unas pocas, y se hacía difícil el salto para un defensor, pero Griffa fue uno de los primeros en hacer pie en España.

Grabó su nombre para siempre en la historia del Atlético Madrid, donde jugó diez años, con una leyenda a su lado como Luis Aragonés. Tal reconocimiento sembró, que los dirigentes adelantaron un reconocimiento que se les hacía a los jugadores cuando cumplían una década en un equipo. A los ocho años de estadía, el estadio se llenó para ovacionarlo y le regalaron la recaudación total de las entradas. Allí, profundizó en su temperamento, era un zaguero que jugaba al límite, con presencia intimidante. Recio, áspero, pero leal. Muchas veces, tomaba la lanza y salía hacia campo contrario con pelota dominada, y se imponía con el juego aéreo en las dos áreas. Así como ya había enfrentado a jugadores como Ángel Labruna o Pelé, en Madrid jugó ante otros excelsos futbolistas de la época, como Alfredo Di Stéfano, Johan Cruyff, Paco Gento, Ferenc Puskas, Bobby Charlton, entre otros.

Los colchoneros fueron haciéndose como el tercero en discordia, por detrás de Barcelona y Real Madrid, un lugar que perdieron y fueron recuperando en los años más recientes. Dos títulos de aquella etapa atestiguan el crecimiento del equipo, y la importancia de Griffa. El Atlético le ganó dos veces La Copa del Rey a su acérrimo adversario de la capital española, un equipo que había ganado cinco veces al hilo La Copa de Europa, y ambas finales se dieron en el Santiago Bernabéu. Se clasificó a torneos internacionales y agregó otro trofeo a la vitrina, el de la Recopa europea, final en la que vencieron a Fiorentina. El rosarino poseía una mentalidad ganadora a prueba de balas y su poder de convencimiento había llegado a sus compañeros blanquirrojos. Era un líder, referente, su voz pesaba como pocas otras dentro del vestuario.

Esa convicción por ser mejor y no aceptar las derrotas lo hizo mejor desde joven. Ya en los torneos Evita, antes de llegar a Newell's, mostraba una profunda molestia por perder con su equipo del colegio. Esa concepción no la abandonó nunca, incluso cuando debutó como lateral izquierdo y no pudo frenar a la delantera de San Lorenzo; sabía que el puesto en que se había presentado no era el suyo, aguardó un año sin jugar y nunca se amedrentó, sino que trabajó para volver y ser mejor. Cuando retornó, jugó como marcador central y se adueñó para siempre del puesto. Precisamente, es en este aspecto que se centra una contradicción singular en él: obsesivo por ganar, fomenta cuanto más puede la paciencia en la formación de futbolistas. Meticuloso, detallista y perfeccionista, pero conocedor de los tiempos.

Además de fútbol, había practicado boxeo y básquet, pero el juego con los pies se le dio mejor. Entró a Ñuls cuando tenía 17 años y solo 12 meses después se presentó en la Primera. Pudo jugar el Mundial de 1958, aunque finalmente no fue citado, algo similar a lo que sucedió en 1966, cuando España no pudo nacionalizarlo y no viajó a la Copa del Mundo con una camiseta ni con la otra. En el medio, tuvo su período de gloria con la Selección Argentina, durante el Sudamericano de 1959, antes de partir con rumbo a tierras ibéricas. Fue en aquel campeonato cuando le tocó marcar a Pelé. La albiceleste lideró la tabla de posiciones, en una modalidad de todos contra todos, y se consagró tras un empate frente a Brasil.

Espanyol de Barcelona fue el último mojón de su carrera, a fines de los 60, pero el cierre se dio tras sufrir un abrupto incidente. "Bajé en la ruta, cerca de Pujato, porque había habido un accidente, y creí que necesitaban ayuda. Fue a los pocos meses de volver de España. Me apoyé en la puerta del coche, vino un camión y de golpe me encuentro con que estoy dando vueltas por el aire, y caí como en un colchón de pasto", contó en una entrevista con *El Gráfico*. Luego de aquel día, optó por no volver a Catalunya y dedicarse de lleno al club que lo había visto nacer, tras aceptar la oferta del presidente de conducir a la Primera División. Poco tardaría en mudar sus conocimientos a los jóvenes y erigirse en un docente incomparable.

Los servicios brindados en Rosario fueron absolutos, muy amplios y de gran recorrido. Luego trabajó en Boca, de la mano de Mauricio Macri; tuvo su tiempo en las divisiones formativas de la Federación Mexicana de Fútbol; en el Necaxa del país norteamericano; Independiente Rivadavia de Mendoza e Independiente de Avellaneda. Últimamente, decidió regresar a Newell's, posteriormente a brindar charlas por el país y el exterior, y colaborar con una tarea que considera tan fundamental como formar a los chicos, enseñar a los que enseñan. Un club de Rosario, que juega en Primera y en las diferentes divisiones menores de las ligas locales, lleva su nombre.

La foja de servicios es inmensa. De su mano han salido una gran cantidad de futbolistas, como Ricardo Giusti, Gabriel Batistuta, Abel Balbo, Roberto Sensini, Gerardo Martino, Américo Gallego, Gabriel Heinze, Maximiliano Rodríguez, Sebastián Battaglia, Nicolás Burdisso, Carlos Tevez, Fernando Gago, Éver Banega, Ezequiel Barco, Christian Giménez, Mauricio Pochettino, Fernando Gamboa, Darío Franco o Julio Zamora, por solo nombrar algunos. Los nombres pueden ser distinguidos por épocas, pero evidencian la cantidad de años en los que Griffa trabajó como formador. A muchos de ellos, incluso, los descubrió junto a Marcelo Bielsa, en un viaje ideado entre ambos, con el que recorrieron el país.

Existen referencias puntuales sobre él, y dos jugadores que tuvo a su cargo destacan su inmensa dedicación. "Para mí, el estadio de Newell's merece ser llamado Griffa. Fue lo más grande que pude tener, no solo como formador futbolístico sino como persona. En ese tiempo, año 1973, él ya trabajaba con psicólogos grupales, te dabas cuenta lo adelantado que estaba. Un fenómeno total, no es casualidad que del club hayan salido tantos jugadores bajo su conducción cuando estaba de coordinador. Muy merecido tiene el homenaje de que el predio de Bella Vista y el hotel, que donó el Loco Bielsa, lleven su nombre. Tengo el mejor de los recuerdos y los conceptos", apunta Giusti. "Griffa era la cabeza. Hubo muchos nombres que tuvieron importancia en el crecimiento de la institución y los logros deportivos. Estaba Roberto Jesús Puppo, Mastroantonio, Lutman, Daniel Musanti, el actual presidente Jorge Bermúdez, el profesor Massa. Mucha gente que tenía un sentimiento de pertenencia hacia el club", expresa Juan Manuel Llop.

Las ganancias de los clubes en los que trabajó son infinitamente mayores a las cifras invertidas en la progresión de juveniles. Todo tiene un inicio, un nudo y un desenlace, según apunta el maestro en su libro: "Hay instituciones que han descuidado en grado sumo el trabajo en divisiones inferiores, y la consecuencia que sufren no puede ser otra: el debilitamiento futbolístico general del club".

GRIFFA: "HAY QUE PREPARARSE PARA EL ÉXITO Y ENSEÑAR A LOS QUE ENSEÑAN"

-¿Cómo fue el inicio de su proceso en juveniles de Newell's?

-Cuando llegué de Europa, en Newell's me preguntaron si quería dirigir la Primera División. Como cuando dejamos de jugar al fútbol, pensamos que sabemos un montón y en realidad sabemos muy poco, estuve tres o cuatro meses y dije "esto no es para mí". Entonces, prácticamente me retiré del fútbol mayor y me empecé a dedicar a los juveniles, no a los infantiles. Con eso, estuve durante mucho tiempo, creo que 22 o 23 años. Luego, vi algunas cosas que no me gustaron y me fui. Al poquito tiempo, me vinieron a buscar (César Luis) Menotti y Mauricio Macri para que dirija a las divisiones menores de Boca. En ese momento, estuve indeciso, pero el presidente del club insistió y opté por venir a Buenos Aires, y estuve 10 años. Tras ello, me vino a buscar el presidente de la Federación de México y viajé para allá, después de haber hablado con Macri y transmitirle que tenía esa proposición. Él me dijo que no la perdiera, que fuera. Allá estuve un par de años, pegué la vuelta a Boca por unos meses y decidí retirarme. Desde ahí, no dirijo más divisiones inferiores ni grandes. Pero, automáticamente, me vino a buscar

Independiente, y trabajé otros dos años. Hoy en día estoy dando cursos referidos a desarrollar a los que enseñan y a los que aprenden. A entrenadores, que son los educadores y docentes, y jugadores juveniles. Gracias a Dios, seguimos andando.

-¿Por qué cree que el periplo en Newell's alcanzó gran suceso? ¿En qué se diferenció?

-Abrimos la posibilidad y, en vez de esperar a que los chicos del interior lleguen al club, provocamos esta situación yendo a buscarlos a su lugar de origen. Si los esperábamos, no podíamos competir con River, Boca, Independiente, incluso Huracán, en ese tiempo. Entonces, ofrecimos los cursos al interior del país, a cada provincia, y de esa manera empezamos a tomar un empuje muy grande en divisiones menores. Tal es así que, en un momento, estaban todos los jugadores de inferiores en Primera División. Todo esto se dio con el tiempo, aunque uno no calculó que se iba a olvidar de vivir; fueron unos años realmente importantes, concretamente para Newell's, y obtuvimos grandes logros. El contexto se vio favorecido porque la situación del club no era la ideal en categorías formativas y yo me decidía a empezar a las 7 de la mañana y terminar a las 8 de la noche. Trabajaba siempre, sin parar al mediodía.

-¿Cómo fue el proceso de armado del predio Bella Vista?

-Era un basurón donde se tiraba toda la basura de la ciudad. Yo le dije a García Eyrea: "Mario, así no puedo seguir. Si lo tapamos con tierra, podemos hacer algo importante" Los dueños estaban dispuestos a vender el lugar a cualquier postor, porque la basura ya no cabía más. Hablé con una empresa de construcciones, de esas que tenían máquinas que sacaban tierras para hacer cocheras, y con eso fuimos tapando todo. Lo transformamos en un sitio clave en el desarrollo de los chicos. Naturalmente, todo lo logramos a través de un gran esfuerzo, con la gente que estaba conmigo y que me rodeaba.

-Por aquel tiempo se dio el primer título en la historia, con Montes, y los equipos plagados de juveniles de Solari y Yudica. ¿Cómo fue aquello?

-Todo eso se daba por el desarrollo de los juveniles, en base a lo que yo creía que necesitaban para dar luego el salto a Primera División. Fueron una cantidad de años y de respuestas de los chicos muy importante. Se consiguieron varios títulos. Había una especie de selección de jugadores altamente competitivos, y los chicos dieron la respuesta que buscábamos.

-En ese viaje por el país para reclutar talentos del que hablaba, ¿fue cuando salió con Bielsa?

-Exacto. Tuvimos un gran trabajo de captación. Si no existía eso, no podía haber un gran desarrollo. Empezamos cuando Marcelo me dijo que quería ser técnico de la Primera División. Le dije "no hagas lo que hice yo, arrancar sin conocimiento, va a llegar un momento en que tomás la palabra fracaso como camino". Entonces, también le expresé "vas a empezar a trabajar conmigo, y veremos desde allí cómo estás para llegar a Primera". Mientras tanto, salimos por los espacios de muchos clubes del interior, de cada provincia, y trajimos chicos de la capacidad que pretendíamos para que tuvieran un buen desarrollo, y que consiguieran lo que de alguna manera el club le podía dar. Esto nos llevó dos o tres años de trabajo. Fue en ese tiempo que hablé con García Eyrea y le dije que de ese modo no podíamos seguir, estábamos entrenando entre los árboles y debíamos dar una respuesta distinta. Decidimos que, con el dinero del siguiente jugador que se vendiera, se comprara ese predio que quedaba al costado de Rosario. De allí en más, le expresé al presidente: "este chico que está conmigo, Marcelo Bielsa, está en condiciones de tomar la Primera División". Él agarró el equipo y continuó el crecimiento, en medio de los éxitos y la gran cantidad de chicos que iban surgiendo. Se trató del esfuerzo que hicimos nosotros y los juveniles que íbamos captando.

-¿Cómo logró agudizar la detección de talentos? ¿De qué manera se forma a un futbolista para la élite?

-Tenés que tomar los contactos con distintos lugares del país, como teníamos nosotros en aquel tiempo. Actualmente, no sé cómo estará eso, algo que yo seguí en Boca e Independiente. El primer ejecutor, el que dio los primeros pasos, fue Newell's Old Boys. La situación se fue dando muy favorable, apuntando a la técnica, velocidad y carácter que tuviera el chico. Esos eran los tres argumentos que mirábamos para ver si podía llegar a Primera División. Son cosas que uno fue tomando, primero como jugador, luego como técnico, y observando lo que se necesitaba para tener éxito. Después, se apuntaba al jugador ideal, técnica y temperamento, fuerte y coordinado, velocidad física y mental, inteligente y psicológicamente equilibrado. Todas esas situaciones se tenían que dar para el futbolista ideal, aunque naturalmente no era tan fácil conseguir ese objetivo. Igualmente, apuntando a todos esos requisitos que debía tener un jugador para tener éxito, el que más se acercara era el que estaba en mejores condiciones. De ahí en más, prosiguió el trabajo y una serie de cosas que llevaron a las respuestas que fueron dando los chicos, ya como profesionales.

-¿Qué diferencias cree que existen entre la formación de jugadores que había en aquel tiempo y la que existe hoy?

-Las cosas han cambiado. Antes, la ilusión del chico era jugar al fútbol. Ahora, hay una serie de factores que influyen en la vida en sociedad, por ejemplo, los aparatos celulares que los chicos siempre tienen cerca. Provocan una situación de contacto que no está mal, pero quita importancia al crecimiento a la vida en sociedad, a que su vida sea sana y se entrenen de la mejor manera. A que lo que uno dice lo puedan capitali-

zar, sin algo que los lleve a pensar en otras cosas. Todo cambió, pero lo básico tiene que existir, y ese es el camino correcto que los chicos deben recorrer para llegar a Primera División.

-¿Cree que actualmente hay muchas más prisas que antaño?

-Sí. En mi etapa como jugador, teníamos ese deseo ferviente de jugar, de ser exitoso cuando El Alemán (Adolfo) Celli me trajo a Newell's. Era el mayor anhelo que teníamos dentro de esa etapa dura, como lo fue en todos los tiempos. Ahora, ha cambiado un poco esa historia. Está también el deseo de los padres de que el chico sea exitoso, algo que no me parece mal de ninguna manera, pero tiempo atrás la familia estaba lejos de pensar que uno iba a llegar a Primera División. Se trata naturalmente de tiempos pasados, y hay que adaptarse a lo que exige el modernismo en el fútbol. Los jugadores de hoy están ligados al fútbol, pero también a lo que puedan llegar a conseguir en el aspecto económico, algo que no existía. Recuerdo que, cuando era pibe, terminaba el entrenamiento y me estaba esperando el camión de la bodega Furlotti, para ir a vender vino en el camino a Casilda y en la propia ciudad. Fueron etapas duras, difíciles, que uno intentó desarrollar de la mejor manera que pudo.

-¿Cree que un entrenador debe pasar por inferiores antes de saltar a Primera?

-Sí, creo que es el camino correcto, que lo va a llevar a una situación no tan dura y difícil como es dirigir inmediatamente en Primera División en este momento. Un técnico pierde tres o cuatro partidos y ya están pensando en echarlo para que venga otro. Estoy seguro de que no es ese el camino, sino que es mejor para un técnico prepararse en divisiones menores y que los aciertos y errores los pueda tener entre manos, y pueda llegar al objetivo que se busca, ser un entrenador exitoso en la élite. Y eso no es nada fácil, es muy difícil. Es clave que los posibles técnicos, educadores y docentes, si quieren un contexto favorable en la enseñanza y perfeccionamiento, tienen que venir de abajo.

-¿Ve fútbol hoy? ¿Qué momento cree que atraviesa el fútbol argentino?

-De Argentina no quiero ni opinar. Hay situaciones que no se pueden entender. Quiero ser muy cauteloso, porque no sé si están en el camino correcto o no, pero la realidad hay que mejorarla.

-¿Por qué nunca llegó a trabajar en las inferiores de AFA? ¿Tuvo esa posibilidad?

-No la tuve antes, ni la tengo ahora. El único que habló conmigo fue (Julio) Grondona, que me quiso llevar cuando inicié un trabajo con Bielsa para impulsar a todos los chicos que íbamos a buscar al interior del país. No era cuestión de abandonar el camino que habíamos tomado, y le tuve que decir que no. Tenía que seguir en Newell's, porque habíamos empezado un proceso que luego dio muy buenos resultados. No podía

dejarlo por la mitad, sobre todo cuando Bielsa estaba apuntando como un posible técnico de Primera División con jerarquía. Dije decididamente que no. Aunque lo más raro es que nunca me han preguntado nada, y uno se pregunta por qué. Es extraño todo eso.

-Su opinión podría ser muy valedera, así sea como un consejero.

-Por eso quiero decirles a los distintos clubes, pero sobre todo a la gente que se tiene que preparar para poder dirigir, abajo, en el medio y arriba, en todos los niveles, que se deben preparar para tener la posibilidad del éxito. Así, la victoria siempre estará más cerca, a diferencia de aquel que pretende alcanzarla sin haber aprendido. Hay que desarrollar a los que enseñan, y lo subrayo, es importantísimo, para que tengan argumentos mucho más profundos y no tener que vivir tiempos tirados a la basura. Uno la ha vivido, y hay que mostrar lo que se debe hacer y lo que no, con el fin de tener una continuidad.

-Hay nombres propios que usted ha dirigido y propiciado su crecimiento, como Batistuta, Pochettino, Giusti, Valdano. ¿Qué podría decir de ellos?

-Son todos unos muchachos bárbaros, magnífica gente. De alguna manera, nosotros teníamos la obligación de decirles "el fútbol exige cosas, pero la vida en sociedad también". Y si chicos de Sexta división quieren llegar a Primera, sin ninguna duda les va a llevar determinado tiempo. En caso de poder ayudarlos a que estén en las mejores condiciones, tenemos que hacerlo. Esa situación hay que provocarla, porque lo que pasa en la sociedad va unido a lo que pasa en el fútbol. El que tiene éxito en el deporte, tiene que tenerlo al desenvolverse en el otro contexto. Por eso se da que muchos de estos muchachos, que hoy ya son grandes, están dirigiendo, y me alegro porque siempre muestran una gran satisfacción cada vez que me encuentro con uno de ellos. Tenemos un sentimiento recíproco. En síntesis, hay que prepararse no solo para el fútbol, sino también para la vida en sociedad.

-¿Qué es la Asociación Atlética Jorge Griffa? ¿Cómo describiría al club que lleva su nombre en Rosario?

-Estuve un poco separado del club, más allá de que siguió llevando mi nombre y que estuve ahí dando un curso, para que trabajen con argumentos sólidos, firmes y concretos, sabiendo que en el fútbol hay un montón de cosas que se saben y otras que aprender. Hay veces que uno acierta y otras que no. He tratado de ayudar en la medida que pude. Ahora estoy viviendo en Buenos Aires, estuve en Independiente, y no he tenido opción de ir para allá.

-¿Qué significó para usted que el predio y el hotel de Bella Vista lleven su nombre?

-Es una gran satisfacción. Todo esto me ha llevado a lugares impensados, nunca lo imaginé.

- ¿Por qué cree que de Rosario y la zona han salido tantos talentos? ¿Cuál es la diferencia con respecto a otros sitios del país?

- Hay situaciones del país que nos marcan el camino en determinadas zonas de la Argentina. En tiempos de Newell's, nosotros aprovechamos de una forma formidable esa zona. El sur de Santa Fe, el este de Córdoba, el norte de la provincia de Buenos Aires. Pero para eso también hay que darles situaciones favorables a los clubes, hay chicos desarrollándose que tienen que poseer una ilusión dentro del fútbol. En este caso, NOB se lo fue dando como el primer club que fue al interior a buscarlos. Esas cosas se deben ir repitiendo, para que los chicos no pierdan de ninguna manera la ilusión de llegar, acompañados por el estudio y con la forma de vida que necesita la sociedad para mejorar en todo el sentido de la palabra. La sociedad argentina tiene que mejorar y estar en mejores condiciones.

-Martino, Giusti, Capitano, Bauza, entre otros, señalaron que en esta parte del país, en la pampa gringa, salen chicos bien comidos y formados físicamente. Y que el talento luego se perfecciona. ¿Coincide?

-Sí, seguro. Yo insistía en que se debían transformar en hombres, como personas de bien. No debían ser algo como lo que puede pasar en esta situación comprometida que está pasando Argentina. Por suerte, la respuesta que recibimos los argentinos de parte del presidente Macri ha hecho una marca muy importante, diferente de la anterior gestión, que fue una desidia. Lo que pasó en el River VS Boca (final de Copa Libertadores 2018) fue algo desastroso, pero luego apareció la idea de Mauricio Macri trayendo a todos los presidentes al país (por la cumbre del G20) y el mundo se dio cuenta de que nuestro territorio no es lo que marcó un partido de fútbol, sino lo que hizo la alta sociedad. Y digo alta sociedad porque es la realidad, no es cuestión de dinero.

NEWELL'S Y SU INTENCIÓN DE CREAR PATRIMONIO

El fútbol argentino es, eminentemente, vendedor, una condición que se ha acentuado en el último tiempo. Es improbable que un joven cuyo talento emerja con fuerza en Primera División, se mantenga mucho tiempo en su club de origen. Las urgencias económicas juegan su rol determinante, como así también se da que el salto a las grandes ligas no requiere de tantos pasos previos como antaño. Contrariamente a lo que sucedía hace años, y en una circunstancia que está establecida en el mercado argentino desde un período prolongado, no es necesario hacer carrera en este medio para viajar a un destino tal vez más competitivo, u otro en el que hacer la diferencia económica. En detrimento de Europa, además, han surgido mercados emergentes como los de México, Estados Unidos o Rusia.

Bajo este modelo, el plan de Newell's es crear patrimonio y comenzar a sostenerse en los grandes capitales que puedan otorgar los futbolistas que salen de divisiones inferiores. Es un recurso que históricamente el club ha sabido aprovechar, aunque el área hace años que no brinda los resultados esperados. Existen futbolistas que llegaron a la élite, pero no han representado algo distinto dentro de la cancha. En medio de las dificultades económicas que atravesó el club recientemente, optó por volver a las fuentes. Los directivos y los formadores abocados a captación y crecimiento de los jóvenes saben que los chicos quizás no duren mucho en el club tras su debut, pero es el modo de crecer en el aspecto económico a futuro. Además, basta con recordar el título del 88 para analizar qué y cuánto ha sabido aprovechar el club a los jugadores de abajo.

Entre fines del año 2018 e inicios de 2019, comenzó un nuevo plan de progreso en las divisiones menores, con cambios en el área de fútbol. Sebastián Peratta, exarquero del club, de paso destacado entre 2008 y 2013, es el actual director deportivo. Peratta fue la primera voz cantante de la institución en expresarse sobre el nuevo plan, el objetivo de colocar en el campo de juego una gran mayoría de futbolistas salidos de abajo. Ante la escasez de recursos económicos, se dio que muchos futbolistas llegaron a NOB a préstamo y se fueron más temprano que tarde, por lo que le fue imposible a la dirigencia crear un plantel que se sostenga en el tiempo y sea propio. Hubo jóvenes que no dieron los resultados esperados, si bien saltaron al primer equipo en un contexto de urgencias. La ausencia de buenos resultados hace que todo sea urgente y no haya paciencia para aguardar al chico que se presenta.

Asimismo, Enrique Borrelli asumió como coordinador de todas las categorías de divisiones inferiores. De anteriores pasos por las fuerzas básicas de Chacarita y Argentinos Juniors, entre otros equipos, y ayudante de campo de Américo Gallego en el campeonato que ganó el equipo rojinegro en 2004, su vida en torno al fútbol siempre ha estado relacionada con el crecimiento de los chicos. No puede decirse que estuvo lejos de los flashes, pero rara vez optó por trabajar con equipos de Primera. En la charla que sigue a continuación, quien toma las directrices tras la salida del anterior orientador, Martín Mackey, señala también que el gran objetivo es volver a apostar por los jóvenes. Aunque apunta a la profundización y a respetar una identidad de juego, dice que su trabajo es de corto plazo. Incluso, llamó a que Diego Mateo, Aldo Duscher y Facundo Quiroga, exjugadores, asumieran en inferiores.

Realizar una labor de evolución de inferiores no da resultados porque sí, tampoco es cuestión de aguardar que, por arte de magia, surjan nuevos chicos. Ya decía Griffa que un proceso de estas características debe durar, como mínimo, cuatro o cinco años, con todas las de la ley. Aunque

el contexto muchas veces apremia y es menester que los chicos realicen cursos acelerados de adaptación a Primera. Muchas veces se da que, en la confusión que aparece con la presión del entorno, un jugador se equivoca en la toma de decisiones, y comienza a entrar en un círculo vicioso. Está allí el gran desafío de la directiva y la nueva coordinación formativa, poder insertar a los jugadores en un contexto que no es el más propicio y crear un escenario que facilite su crecimiento. La realidad no escapa, de todas formas, a la actualidad de otras entidades argentinas.

La era de Héctor Bidoglio como entrenador principal del club, tras la negativa de otros técnicos después de la salida de Omar de Felippe, colaboró para la presentación de los pibes que salen de abajo. Quien condujo la primera escuadra supo tener diferentes funciones anteriormente, y su trabajo en Newell's estuvo siempre íntimamente ligado a la formación. Fue entrenador de Séptima y Novena división, además de ocupar el puesto que hoy es de Borrelli. Más allá de que no acumula una gran experiencia y de que los resultados deportivos no fueron del todo buenos, Bidoglio, que asiduamente estuvo al pie del cañón cada vez que el club necesitó un DT interino, apuesta por los chicos que buscan su sitio desde atrás. Bajo su tutela, han encontrado continuidad jugadores nuevos y otros que ya se habían presentado, pero no tenían lugar asegurado: Facundo Nadalín, Stefano Callegari, Brian Rivero, Jerónimo Cacciabue, Aníbal Moreno, Alexis Rodríguez, entre otros. Apuntalados, eso sí, por dos nombres de experiencia que salieron del mismo sitio: Mauro Formica y Maximiliano Rodríguez.

Peratta apuntó más de una vez que la gran ambición es blindar a los chicos que realizan entrenamientos en Primera División o que están prestos a incorporarse a la plantilla estelar. Por eso, se da la renovación temprana de contratos y la prolongación de estos. Hay futbolistas que aún no debutaron, pero ya estamparon la primera firma, dado que el club intenta evitar la fuga del talento de forma temprana. Allí se centra el principal argumento de la nueva idea, una ambición que, como todas, necesita tiempo y calidad de trabajo: originar patrimonio, bienes gananciales que sean propiedad de la institución. Es la mejor salida para un club en el que la situación financiera no es la adecuada, por desmanejos dirigenciales y otras variantes. Y es allí donde entra la jerarquía y la posibilidad de hacer una labor que respete tiempos lógicos.

El retorno de Jorge Griffa es la mejor noticia para la nueva metodología que encara Borrelli, dado que vuelve el hombre que trazó el camino primario y fue uno de los formadores más importantes del fútbol argentino. En su nuevo rol de director de captación, vuelve a una de las tareas clave de la inmensa cantidad que realizó durante las más de dos décadas en que trabajó para el club, entre las décadas del 70 y el 90, al idear una red de búsqueda de jugadores que no tenía parangón con otra del medio, ya sea en el interior como en la capital. “La Comisión Directiva me apuntó para que vuelva, y es un detalle significativo de afecto. Tengo que dar la respuesta adecuada, es necesario tener una planificación. Debo ayudarlos a pensar, a capitalizar conceptos del fútbol moderno", dice Griffa. Borrelli sostiene en estas páginas que la captación del club se divide entre el fútbol infantil y el juvenil, es decir, entre aquellos que llegarán al predio de Malvinas Argentinas o al Griffa (anteriormente denominado Bella Vista), pero hay un camino en común.

Ariel Michaloutsos, que ocupa un rol cercano al del maestro, decía a fines de 2017, en entrevista con diario *La Capital*, que se habían alejado del método tradicional. Las complicaciones que acarrea consigo la mala situación económica hacen que sea imposible salir por el país mientras se gasta nafta. En ese momento, la búsqueda se hacía a través de pruebas a jugadores de clubes y selecciones de pueblos y torneos aledaños, o de ligas grandes del interior, que llegaban a Rosario para enfrentar a las categorías menores de Newell's. Si bien los recursos en torno a dinero no son los mejores y existe de cierta manera un estancamiento, la sabiduría de Griffa servirá para ahondar en ello y crear nuevas formas.

Debe existir un contexto que se oponga a las prisas, que sea respetado más allá de que no brinde los resultados esperados desde un primer momento. Se trata de una cuestión paralela y que iguala a la mayoría de los clubes del mismo suelo. Borrelli apunta a un plan en el que no haya deserción escolar de los pibes de inferiores (con sanción de la imposibilidad de jugar si abandonan el colegio) y dice que su objetivo es tener al reemplazo siempre preparado para cuando se dé una venta, menester en la vida y el ciclo que recorre el club, pero lo primordial es no saltear etapas. La intención de arranque está dada, con el retorno de un hombre que marcó la identidad y ya era un innovador hace décadas. Está todo por hacer.

ENRIQUE BORRELLI: "DEBEMOS FORMAR JUGADORES INTELIGENTES"

-¿Cómo se origina el proceso? ¿Tienen la idea de llevarlo al largo plazo?

-Es un gran honor, tanto para el profesor Juan Cruz Anselmi como para mí, comenzar con un trabajo de coordinación general del fútbol juvenil de Newell's, y dirigir esta institución. El club es una escuela de formadores de futbolistas y entrenadores. Vamos a abarcar desde la Reserva hasta la categoría 12°, todas van a entrenarse con nosotros en Bella Vista, y tendrán una metodología adecuada de acuerdo a la edad. De todas maneras, mi labor fundamentalmente es de corto plazo, nunca

trabajo con vistas a un proceso largo. Tenemos que mostrar nuestro trabajo en el primer semestre, con tres o cuatro futbolistas que vayan a la pretemporada del plantel profesional, con posibilidades de quedarse ciertamente en el equipo. Y el objetivo para cuando se cumpla el año de trabajo, es ya tener consolidados en Primera A, por lo menos, dos o tres futbolistas. Lógicamente, por detrás existe todo un proceso de avanzada, donde cada categoría debe crecer en el día a día. A partir de ese crecimiento, nosotros nos vamos a encontrar con que la meta va a ser mucho más fácil. Ahora estamos en una etapa de diagnóstico, observando jugadores y entrenadores, de los cuales hay muchos que no conocíamos, estamos muy contentos con lo que hemos elegido. Estamos en pleno plan de armado y crecimiento de esta institución.

-¿Con qué tipo de infraestructura cuenta Newell's?

-La infraestructura en el predio de Bella Vista es muy buena. Contamos con una gran cantidad de canchas de césped natural, una impecable de césped sintético, con medidas importantes. Disponemos también de la posibilidad de utilizar otro sintético en determinado momento, que es la cancha de hockey. Tenemos un gimnasio muy amplio. Al principio nos hacían falta algunos materiales, pero fueron repuestos de forma rápida. También hay una gran infraestructura de personal y mano de obra, muy capaz y en buena cantidad. Cuerpos técnicos, nutricionistas, video analistas, todas herramientas de las que nos agarramos para hacer crecer al futbolista.

- ¿Qué considerás que has heredado de lo hecho por Martín Mackey, el anterior coordinador, que era más del palo del rugby?

- Como en todo proceso, hay cosas que están muy bien y otras que, después de observarlas, debemos mejorarlas. La verdad es que he visto muy buenos futbolistas, una buena organización y una gran plataforma de observación. En realidad, siempre digo que lo que se hizo en el club desde el 31/12/18 para atrás siempre ha sido bueno. Nosotros no nos metemos con eso, no criticamos ningún paso que se ha dado. Al contrario, todo lo que nos han dejado, lo vamos a aprovechar para hacer mejor nuestro trabajo. Por lo tanto, estoy muy conforme con lo heredado. Y a partir de ahora es mi responsabilidad mejorarlo.

-¿Cómo se forma a un futbolista para la élite? ¿Qué pasos debe atravesar desde que ingresa al club?

-El primer paso es la captación, la selección del futbolista. En ese aspecto, observamos cuatro tips que son muy importantes. El biotipo, es decir, la estructura física que tiene para determinado puesto; la técnica, que es ni más ni menos que la relación que tiene el futbolista con el balón, si es buena, regular o mala, y por último dos cuestiones que son mentales, se hace difícil observarlas en una prueba corta y se ven en la cotidianeidad de los entrenamientos: el carácter competitivo que debe tener y la inteligencia. Con esos cuatro elementos, si los posee de forma natural, estamos en presencia de, probablemente, un gran jugador profesional. Aunque esto no quiere decir que todos deban tener los cuatro factores para llegar y ser buenos futbolistas. De lo que hoy nadie puede prescindir es la inteligencia y el carácter, elementos fundamentales para que un joven se desarrolle y llegue a los lugares que nosotros buscamos. La técnica, obviamente, también, y el biotipo es relativo. A veces aparecen marcadores centrales que no son muy altos, algo que no es el ideal, pero igualmente juegan muy bien, con gran juego aéreo y saltabilidad. Ejemplos de esto último pueden ser Roberto Ayala o Daniel Passarella, que no tenía una gran altura pero fue uno de los mejores zagueros del mundo en la historia. Por lo tanto, hay excepciones, aunque el biotipo también hay que elegirlo muy bien. A partir de la selección del futbolista, nace una metodología, un camino que debe recorrer. Y si lo cumple, tendrá grandes posibilidades de éxito.

-¿Han armado una nueva área de captación en este proceso? ¿Cómo se organiza eso?

-Sí. Nuestro director de captación es Micha (Ariel Michaloutsos). Hemos dividido el trabajo en dos, separamos el fútbol juvenil del infantil. En este último hemos puesto otro entrenador nuestro para que se dedique exclusivamente a la selección, en el Gran Rosario y los pueblos aledaños. Micha se encargará de la búsqueda más compleja, porque se trata de jugadores más grandes, y los buenos casi todos ya tienen club. Entonces, es muy difícil encontrar un jugador de gran categoría que hoy no esté fichado.

-Hoy en día, ¿se captan chicos cada vez más jóvenes? Por la competencia que existe con otros clubes.

-Claro. Por eso hemos dividido entre fútbol infantil y juvenil, con un nuevo hombre a la cabeza de este último, para que se dedique a las categorías menores, empiece a formar grandes equipos con buenos futbolistas desde categorías chiquitas.

-En Argentinos Juniors insertaste el campo de la neurociencia. ¿Tenés pensado incorporarlo aquí? ¿Se utiliza para aumentar la comprensión del juego?

-Totalmente. Soy un convencido de que debemos formar jugadores inteligentes. Tenemos que hacerlos pensar en cada movimiento, entrenamiento, ejercicio, acción. No tengo dudas de que si los formamos de esa manera, se produce un crecimiento increíble en el futbolista. Las neurociencias aplicadas al conocimiento del fútbol son herramientas hermosas para utilizarlas, y seguramente luego de la pretemporada empezaremos con trabajos específicos en algunos jugadores que yo seleccionaré.

-¿A qué se refiere? ¿A la velocidad de reacción? ¿A interpretar situaciones de juego en milésimas de segundos?

-Fundamentalmente se trabaja en la toma de decisiones, en las distintas visiones, central, periférica, sacádica o de barrido, en todos sus ámbitos. Se trabaja mucho en mentalizar al futbolista en cuanto a tratar de jugar bien y estar muy concentrado y atento el día de competencia. La atención es básica en cada trabajo, se busca la atención del chico, es decir, que tenga los cinco sentidos en una acción determinada, en un período corto de tiempo. ¿Para qué? Para lograr concentración, que es la atención en un período largo de tiempo. El futbolista necesita eso, y nosotros creemos mucho en este tipo de trabajos.

-¿Creés que con un fútbol más ágil en el futuro, se necesitan jugadores que interpreten el juego en una velocidad alta más que futbolistas de una determinada posición?

-Sin ninguna duda. Cuando vemos a un futbolista que hace todo de manera simple y veloz, estamos en presencia de alguien híper técnico. Tanta técnica y velocidad, con un poco de carácter e inteligencia, es un jugador casi seguro de élite. Las velocidades están cambiando, por eso es que hay que entrenarse y prepararse tanto. Los partidos son muy intensos, la competencia en AFA es feroz, y tenemos que estar preparados para eso. Lo que he visto de trabajos anteriores es que han dejado lo principal, buenos futbolistas, y con eso basta. Es, sin ninguna duda, el principal material para empezar a trabajar.

-¿Cómo se convive con las urgencias del fútbol argentino? Más teniendo en cuenta la realidad económica de Newell's. Hay futbolistas como Unsain o Lisandro Martínez que el club no pudo disfrutar.

-Debemos formar jugadores rápidamente y vender. Lamentablemente, a veces la gente no los puede disfrutar. Pero cuando Newell's esté sólido y fuerte desde los aspectos económicos y financieros, el club va a poder sostener a los futbolistas y los hinchas los verán por varios años. Sucedió en su momento con Maxi Rodríguez, Scocco y otros apellidos. No es que jugaron un año y se fueron. El objetivo de esta Comisión Directiva es que la gente pueda disfrutar de los futbolistas surgidos en la cantera por varios años, y eso también colaboraría para lograr un mejor valor de los pases. Independientemente, ¿cuál es mi trabajo? Si venden a uno, tener formado a otro. Tener materia prima que suceda. Así, sucesivamente. Nosotros no tenemos miedo a la venta rápida de los jugadores, los dirigentes lo hacen porque necesitan ese dinero para hacer crecer al club. Mi deber es tener preparado el plan B, para que el técnico de Primera eche mano ahí, y no tengamos que salir a buscar un reemplazante afuera. Generalmente, en el mercado salen caros, no los podemos comprar y vienen a préstamo, y eso no es crear patrimonio. La idea nuestra es crearlo con futbolistas del club.

-¿Cuál es la metodología del club? ¿Cómo la describirías?

-El ADN técnico de Newell's es, como siempre lo ha sido, pase y control, pase y recepción, y el gesto técnico del juego aéreo es muy importante. El golpe de cabeza es clave, lo vamos a incentivar y trabajar. Desde cuestiones tácticas vamos a crecer en la diversidad, no va a haber un esquema táctico rígido. Jugaremos de acuerdo a las características de los jugadores que tenemos en cada categoría. Igualmente, va a existir una idea base que la respetarán todas las divisiones, nace de nosotros mismos, de la dirigencia y del hincha o simpatizante del equipo: la pelota contra el piso, bien jugada, bien tratada y manejada, pensando siempre en el arco de enfrente y no en el propio. Eso se va a respetar a ultranza mientras yo sea el coordinador general del club.

-Últimamente se dio el retorno de caras conocidas, como Mateo o Duscher. ¿Buscás que personas del riñón del club tengan su cargo?

-Es una decisión que he tomado con Sebastián Peratta. Le hace muy bien al club y al fútbol. Se trata de gente con mucha experiencia en el juego, y ahora están haciendo sus primeras armas en inferiores, como debe ser. Son personas muy identificadas con la institución, conocidas, de mucha trayectoria, que jugaron muchos años aquí y también en Europa. Entonces, tenemos entrenadores jóvenes y modernos, que nos van a dar un salto de calidad.

- ¿Creés que es necesario que un entrenador dirija en juveniles antes de Primera División?

-A veces es necesario y a veces no. Depende de la cabeza y el gusto de cada entrenador, o el futbolista que deje de jugar. Muchos se han dedicado a entrenar directamente en Primera, y les ha ido bien. En el caso de (Diego) Mateo, Aldo (Duscher) o Facundo Quiroga, me parece muy bien que arranquen un año entrenando y observándose ellos mismos, dirigiendo a sus planteles. Ellos van a ver su propia capacidad y el crecimiento de los chicos que tienen a cargo, en cuanto a la faceta individual o colectiva. Eso les puede servir como trampolín para algún día animarse a dar el salto.

-Hablando con Griffa, él decía que hoy en día es necesario también enseñar a los que enseñan. He visto que te has dedicado a eso. ¿Cómo es?

-Hace 23 años que soy profesor de la Asociación de Técnicos del Fútbol Argentino, de la que también soy director académico. Soy director de la escuela central que se dicta en River. Y muchísimos años atrás, fui el creador y desarrollador de campus virtual, el curso de internet que se da a distancia y ha tenido un éxito muy bueno. Estamos muy felices con ese curso. Además de esto, he escrito con el profesor Juan Cruz Anselmi, que trabaja hoy en el departamento físico de Newell's, dos libros que tuvieron mucha resonancia en el ambiente. Hace dos años, tanto Juan como yo tuvimos el honor de ser nombrados como Instructores

Conmebol, y vamos por toda Sudamérica entrenando y brindando opiniones a los técnicos. Mi carrera estuvo y está dedicada al alto rendimiento, a la formación y, fundamentalmente, a la docencia.

-¿Tenés pensado volver a dirigir en Primera o ser ayudante de campo como lo fuiste con Gallego?

- No. Volví decididamente a lo mío cuando me contrató Argentinos Juniors, y es muy difícil que vuelva a dirigir en Primera División.

-Dijiste alguna vez que tu mentor fue Griffa. ¿Qué relación has tenido con él?

-Griffa fue uno de mis grandes maestros, no el único. En Chacarita tuve otros, como Ernesto Duchini, Eduardo Perel, Eduardo Grecco, un montón de entrenadores que me dieron un perfil importante. De Jorge, lo que siempre admiré es que él fue el descubridor de la captación en todo el país, el desarrollador de esa idea. Tenía una mentalidad ganadora implacable, y fue un sacador de futbolistas único. Siempre le digo a la gente de aquí que, si llego a ser un 20 por ciento de lo que fue él, me va a ir muy bien.

-Newell's supo salir campeón con un equipo formado íntegramente por juveniles. ¿El objetivo es tener un conjunto formado por mayoría de chicos de abajo?

-Ese es el objetivo de la Comisión Directiva. No es fácil lograrlo, pero lo vamos a intentar. Tampoco es fácil salir campeón, pero tenemos que ir paso por paso y formar. Debemos ser activos, tomar decisiones, arriesgar. Soy un coordinador general que arriesga todo el tiempo. Si veo un futbolista joven que es bueno, hablo con el entrenador de Primera y se lo paso para que lo entrene, lo vea y decida después si lo pone o no. Yo tomo esos riesgos, no espero tanto.

EL PROCESO A LARGO PLAZO DE ROSARIO CENTRAL

Desde 2014, luego de las elecciones institucionales, Rosario Central dio vida a un proyecto a largo plazo de evolución en sus divisiones inferiores. La idea establecida fue desarrollarlo con vistas a 2022, es decir, ocho años de trabajo, con la perspectiva finalmente concretada de que el oficialismo venciera en los sufragios intermedios. Si bien algunos directivos cambiaron en el recorrido, como así también se dieron modificaciones entre los que toman las decisiones en el proceso de categorías menores, primó la continuidad. Se cumplió la mitad de lo pautado y, tras plantar los cimientos y dar rienda suelta a una metodología de trabajo, llegó la hora de la segunda etapa, de acentuar lo ya realizado.

La intención primaria no fue iniciar de cero, sino que se ocuparon de mantener algunos aspectos y de desechar lo que consideraron innecesario. Sí se trató de un plan moderno. Con la ambición de que Central crezca en el rubro, la gente del equipo de trabajo actual estudió con qué se iban a encontrar cuando comenzase su período de labor. Además, en la etapa de estudio, unificaron ideas y tomaron un plan en común, para que el día 1 los encontrara con la capacidad de arrancar lo ideado. Priorizaron la formación desde la más temprana edad, más allá de resultados, se rodearon de personas idóneas y llevaron a las infantiles a competir en AFA, bajo la meta de proteger los activos del club y de comenzar a captar desde edades muy tempranas.

El punto de partida tiene relación con lo hecho por Miguel Ignomiriello, en un tiempo que ya es lejano. Aldo Poy, gloria de Central, se encarga de rememorar aquellos días de las décadas de 60 y 70. "Central avanzó mucho y se profesionalizó en el fútbol cuando vino a trabajar Ignomiriello en divisiones inferiores. Llegaba desde Estudiantes de La Plata. Empezó a ordenar el club. Al año y medio, don Adolfo Boerio le dijo que tenía que agarrar la Primera, a lo que primeramente se opuso. El presidente lo presionó mucho, entonces agarró. Todo se mejoró mucho, los vestuarios, la atención médica, los lugares de concentración. Se empezó a trabajar en pretemporadas que jamás habíamos hecho. Empezamos a trabajar todos los días, mañana y tarde. Antes, si tenías un inconveniente médico, tenías que ir a tu consultorio particular, y desde allí se incorporaron médicos y masajistas a los entrenamientos de cada día. Se hizo un baño sauna, comenzamos a ingerir algunos suplementos vitamínicos. Generalmente, se transformó en un club profesional, algo que no era hasta ese momento", cuenta. Actualmente, en la agilidad y mutación del modernismo, la meta es alcanzar un suceso similar, con la planificación medida.

Gustavo Grossi, quien hoy en día trabaja en River, fue el primer director, cuando se sentaron las bases en la reconstrucción. Mejoró las condiciones del Centro de Alto Rendimiento, pero salió más temprano que tarde del club. El lema, desde el primer día, fue "Profesionalizar la pasión". Tras la salida de Grossi, Lucas Maggiolo tomó su cargo, el de director deportivo, por decisión de la dirigencia. Él era la cabeza del proyecto, hasta incorporarse al cuerpo técnico de Diego Cocca en el primer equipo, con el cargo de analista de videos. Maggiolo, hombre reconocido en el ambiente argentino, trabajó como preparador físico en las fuerzas básicas del Pachuca mexicano y una vez retornado a Argentina pasó por Sarmiento de Junín y Racing. Fue precisamente en este último club donde pulió su interés y sabiduría por las metodologías de entrenamiento.

Existe un aspecto que es el de mayor crecimiento en este tiempo, el de la captación de jugadores. La red de reclutamiento de talentos comprende el Gran Rosario, las ligas aledañas y, por sobre todo, el país.

Hugo Hernández ha recorrido las 23 provincias argentinas, viaja de aquí para allá y vive para conocer jóvenes prospectos de jugadores. Con la ilusión de ir pueblo por pueblo como un sueño a realizar, ya recorrió desde Misiones a Ushuaia y casi nunca tiene un punto fijo. Nómade por naturaleza, lo apasiona su trabajo, en el que ya lleva varios años tras crecer de la mano de Jorge Indio Solari, en Renato Cesarini. Anteriormente, el ingreso de chicos a la plataforma de crecimiento del club no tenía el sustento de la actualidad, y tomaban fuerzas agentes externos a la entidad. Hoy, el círculo es cerrado, con un grupo alejado de personalismos.

Desde el primer día a la fecha, se mantuvo la intención de juego colectivo, que explica Maggiolo en las páginas siguientes. El diseño trazado comprende todo el fútbol infantil y juvenil, y lo que mayormente ponderan quienes están dentro es que se ha respetado la metodología que idearon en la más incipiente instancia. Más allá de resultados, o de mayor o menor flujo entre los chicos que llegan a Primera, se mantuvo la orientación de cómo formar a los jóvenes. Otro de los aspectos clave fue el reacondicionamiento de canchas, ya sea de entrenamiento como de competición, de gimnasios y de la Casa Club, como llaman al hotel en el que viven más de 50 chicos. Incluso, se profesionalizaron áreas médicas y físicas, y se incorporaron psicólogos, nutricionistas y *coachings* para aumentar las herramientas.

El club dispone de una amplia infraestructura con la que poder sostener sus planes. En Rosario y alrededores hay tres predios, sin contar el de Arroyo Seco, utilizado por la Primera División. Uno está ubicado en Granadero Baigorria (a 33 kilómetros del centro de la gran ciudad), otro se ubica en la zona sur, y un último se halla en barrio Cristalería, conocido como “Cosecha”. Se realiza la captación y, una vez que los chicos ingresan al club, disfrutan de todos los recursos que el proyecto les brinda. Y si alguno de ellos no convence en una primera prueba, o tampoco logra quedar dentro de la semana en la que es invitado a practicar con el club, igualmente queda registrado en la base de datos. La planilla de jóvenes con la que cuentan los formadores en muy amplia.

Uno de los máximos logros del programa que lleva adelante Central es que las divisiones infantiles pudieron comenzar a competir en AFA. Con ello, evitan la competencia de clubes grandes de Capital Federal, que llegan al interior para llevarse a las figuras que emergen. En un tiempo donde se inscriben a los chicos a cada vez más temprana edad, los auriazules aseguran sus equipos. A la vez, pelean en su zona por seducir a los padres de familia, cuyos hijos ya estuvieron en contacto con clubes de Buenos Aires, más allá de seguir jugando en conjuntos menores de Rosario. Por otro lado, si bien el objetivo central no está determinado por los resultados, el gran logro visto en números es la obtención en 2016 de la Copa Challenger, que es ni más ni menos que la suma de los puntos ganados por todas las categorías de fútbol juvenil nacional. El logro se dio con José Chamot, exdefensor del seleccionado argentino, como coordinador.

Con vistas a formar futbolistas que lleguen a ser profesionales, hay una organización homogénea. "Participan dirigentes, coordinadores, entrenadores, preparadores físicos, profesionales de la salud y demás personal que realizan varias tareas. Todos ellos piensan los 365 días del año en los chicos, y no los toman como simples números, sino que se interiorizan en sus estados anímicos, su alimentación, la situación socio-económica, los estudios y, obviamente, en enseñarles nuevos conceptos en cuanto a técnica, táctica y condiciones físicas", se lee en el libro *Captación Canaya* (HatTrick, 2018).

El ideal de edificar el futuro a partir de los juveniles no se ha correspondido, sin embargo, con el rumbo, mayormente incierto, que tomó el primer equipo y las decisiones desacertadas de la dirigencia (una de ellas, la prematura venta del joven Gastón Ávila, a Boca), que no sacó provecho alguno de haber conquistado la Copa Argentina. Sin respaldo para Edgardo Bauza, ni el mínimo apoyo para Paulo Ferrari en su corta e improvisada estadía en la conducción, el equipo careció del contexto propicio para que los chicos se presenten. Al unísono, la política de refuerzos no fue la mejor tras cobrar el dinero de grandes ventas, como lo fueron las de Walter Montoya, Giovani Lo Celso y Franco Cervi. Lógicamente, es extremadamente dificultoso que pueda llegar a existir un joven salvador. Asimismo, en sintonía con lo que cuenta Maggiolo, hay una gran variedad de matices en las elecciones de técnicos en Primera División, y no se privilegia la elección de un estilo por sobre la de un entrenador. Ello también conspira contra la formación.

La palabra de Maggiolo y Hernández, sobre qué etapa del proyecto atraviesa el club y cómo se formula la captación de jugadores, es lo que sigue. Dos hombres con visión de futuro que explican qué tipo de futbolistas buscan sacar a la luz, qué herramientas brindan a los jóvenes, cómo es el proceso de crecimiento y de qué manera luchan con las urgencias del fútbol argentino en general. Un proyecto transformador, contado por sus protagonistas.

LUCAS MAGGIOLO: "LA METODOLOGÍA ESTÁ BASADA EN JUGADORES QUE SEPAN INTERPRETAR LA MAYOR CANTIDAD DE SITUACIONES DEL JUEGO"

-El nuevo proceso de divisiones inferiores comenzó en 2014. ¿Cómo se está dando, habiendo cumplido ya cuatro años?

-Iniciamos este proceso infanto juvenil en 2014, cuando se realizaron las elecciones. Tuvimos tres meses de auditoría. El proyecto estaba a cargo de Gustavo Grossi, como director deportivo. Luego, en marzo de 2016, Grossi decidió irse del proyecto y quedé a cargo yo, por pedido de los directivos. Han pasado los primeros cuatro años, de los ocho que se habían planteado, divididos en dos etapas. En 2019 empezamos con la segunda, que tiene que ver con la consolidación de esta idea.

-¿Cómo se convive con las urgencias del fútbol argentino? ¿Se puede realizar el proceso tal como estaba planeado?

-El fútbol argentino, con este tipo de urgencias, siempre demanda que se aceleren los procesos. Pero nosotros tratamos de no hacerlo, creemos que no es oportuno, que todo debe estar planificado, como los ascensos de los jugadores. Debemos dedicarle el tiempo prudencial a cada chico de manera individual. Las urgencias pueden hacer que muchos jugadores suban a Reserva o al primer equipo, y eso genera que el jugador no está preparado, no solo futbolísticamente, sino en el aspecto emocional, que en ocasiones no se tiene en cuenta y se cree que un jugador de 16, 17 o 18 años puede rendir igual que uno que tiene 30 y muchos partidos en Primera. Sobre todo en Rosario Central, con una estructura y pasión muy grandes, lo que causa una demanda emocional al jugador, de las que muchas veces no están preparados.

-¿Cuáles son los pilares sobre los que se sostiene la idea de crecimiento?

-Existen cuatro pilares. El primero es gestión y organización, tiene que ver con todo un ordenamiento del proyecto que nosotros consideramos oportuno. El proceso está ordenado, hemos tratado de hacerlo porque es una estructura muy grande, con cuatro predios de fútbol, una gran cantidad de recursos humanos trabajando en este momento y un dispositivo de baby fútbol muy amplio. El segundo es orden e infraestructura, creemos importante hacer un replanteamiento en lo que tiene que ver con las condiciones adecuadas de campos de juego, vestuarios, sala audiovisual, oficinas técnicas. Los ladrillos son importantes y hay que darles comodidad a los jugadores y a los trabajadores. El tercer pilar se relaciona con la metodología de entrenamiento, que para nosotros es clave, basado en jugadores que resuelvan la mayor cantidad de situaciones de juego. Y el último es la captación, porque lógicamente sin el jugador distinto no hay metodología ni se pueden sostener otros pilares.

-Por la velocidad del juego, ¿lo principal es que sepan resolver situaciones de juego, ya no tener una posición definida en el campo?

-Las nuevas tendencias metodológicas están cambiando. Los jugadores que aprenden a resolver la mayor cantidad de situaciones posible, se pueden adaptar a distintos modelos de juego. Es lo que pasa también en el fútbol argentino: a nivel institucional no hay lineamientos a nivel de estilos de juego y se ve en la Primera División con la contratación de directores técnicos, con candidatos de ideas muy variables. Generalmente, el entrenador llega a suplir una urgencia que tiene la Comisión Directiva. Entonces, lo que genera es que el proceso formativo deba tener estos factores, con jugadores que resuelvan diferentes situaciones y se adapten a diversos modelos. La incertidumbre de continuar en un club u otro va a generar que los futbolistas se tengan que adaptar a distintas circunstancias. Por eso, un futbolista inteligente, que sabe resolver muchas cuestiones, se puede adaptar y aplicar a cualquier idea.

-Respecto a la captación, ¿salen a buscar a los jugadores? La idea no es esperarlos.

-Tenemos un proceso de captación muy amplio, que se basa en distintas estrategias. Disponemos del centro de captación más importante de todo Rosario, creemos que los mejores están acá y por eso tenemos un baby muy fuerte, con un trabajo de infantiles también muy importante. Recorremos predios y distintas competencias. Después, vamos regionalizando, tenemos algunos captadores que trabajan por aquí, otros lo hacen a nivel nacional. Es seguir buscando y potenciando a los jugadores que ya tenemos.

-Hablando con Solari y Griffa, ellos decían que ya en su época salían a buscar jugadores, porque perdían con los clubes grandes si los esperaban. ¿Eso también buscan ahora, observar de primera mano para evitar la competencia?

-Sí, el fútbol argentino en este momento es una selva, en lo que refiere a captación. Se está buscando a edades cada vez más chicas y se compite a nivel económico en un montón de situaciones. Los equipos más grandes invierten mucho en captación y dan plata a los jugadores o diferentes clubes para llevarse lo que buscan. Esto implica crear una estrategia distinta, salir a buscarlos cada vez más chicos, ficharlos y estar protegidos de los gigantes de Buenos Aires, que históricamente han llegado al interior para robar jugadores en edades infantiles. Nosotros, como buena competencia, estamos participando en infantiles AFA, en una forma de bloquear este robo.

-Desde que un chico es fichado, ¿cómo va ascendiendo en las diferentes etapas?

-Depende de la edad en que ingrese. Si vamos al proceso lógico, de que un chico entra al club en infantiles, tenemos las cuatro categorías con un proceso formativo guiado a los palotes básicos: técnica, táctica, comprensión del juego. A medida que van pasando las escalas y va subiendo las divisiones juveniles de AFA, Cuarta a Novena, el jugador incorpora cuestiones mucho más específicas en su posicionamiento, los momentos de juego, los distintos modelos y sistemas que se puede ir desarrollando.

-¿Es así que se forma un jugador para la élite? Primero la técnica, luego la incorporación a lo colectivo...

- Sí, aunque se forma a nivel interdisciplinario por sobre todas las cosas. Hoy, en el fútbol argentino, debemos tener una mirada interdisciplinaria. Un jugador que resuelva bien situaciones de juego en una división inferior, no implica que lo vas a trasladar a Primera y va a rendir. Hay un factor emocional que es muy grande, y debemos empezar a trabajar con esas cuestiones de los jugadores, que deben estar preparados para el contexto y el ambiente que toca. Sobre todo, en lugares como Central, donde hay mucha pasión y a la vez presión. Ya no basta con un técnico y un preparador físico, sino que ahora debemos agregar un psicólogo, un *coaching*, médicos, kinesiólogos, nutricionistas. Todos tenemos que trabajar en función de formar al jugador y que pueda llegar de la mejor manera.

-¿También se trabaja allí con brindarle otras herramientas al joven que no llega a ser profesional?

-Eso va mucho de la mano con nuestra propuesta educativa. Estamos exigiendo que todos los jugadores estén 100 por ciento escolarizados, y brindarles las posibilidades de que, si no llega a ser futbolista, tenga una educación y un título. Y, si no llega a quedar en Central y tiene que ir a buscar futuro a otro lugar, también tenga otras herramientas. Así, también se hace un abordaje interdisciplinario de esa manera. Muchas veces hay jugadores que no van a llegar, Central es un club grande y muy competitivo, y existen casos de chicos que no van a vestir esta camiseta, pero el fútbol no termina ahí y ellos van a tener otras posibilidades. Tenemos que preparar a los chicos para eso también.

-¿Cuál es el gran objetivo del proyecto, a partir de los cuatro años que quedan y la superación que se busca?

-Siempre planteamos de una categoría que hemos tomado cuando estábamos en Novena. Luego, el proceso lo que tuvo es que heredamos categorías formadas por otras estructuras. Lo que se hizo fue acomodarlas. Nosotros tomamos una categoría que, para nosotros, es la base, lo que formamos. A partir de ahora, en estos cuatro años, esa categoría llegó a la división Reserva, y el objetivo es que esos jugadores empiecen a mostrarse y se vean los frutos, lo que hemos elaborado con mucha paciencia. Sino pareciera que el proyecto implica que no llegan algunos jugadores, pero nosotros heredamos de una estructura anterior, y lo que hicimos fue ayudarlos a que lleguen de la mejor manera. La base, igualmente, está en una determinada edad de chicos que, en 2019, están en Reserva, y ese es nuestro objetivo.

-Últimamente, se ha dado que en la Reserva de Central hay jugadores con cierta edad avanzada, o que podrían ya haberse presentado en Primera. ¿Por qué se da y no ha habido otra generación que le siga?

-Son cuestiones institucionales. La idea era bajar la edad de los jugadores, que el jugador que llegue a Primera acumule entre 25 y 30 partidos de Reserva completos, y eso genera un proceso de como mínimo dos años. La idea es darle competitividad al joven. Pasa también que, con determinadas decisiones o funcionamientos del primer equipo, se da que hay futbolistas más grandes en Reserva, y eso eleva también el nivel de edad. El proyecto, en realidad, debería estar apuntado a eso, jugadores jóvenes con un mínimo de planificación de ascenso a Primera y dos años en Reserva. Esa es la palabra, planificación, con el jugador que sube al plantel profesional. Un par de años en la categoría anterior, que sume una competitividad distinta a la de divisiones juveniles -porque bajan jugadores de Primera, es otro roce e intensidad-, y sume partidos con calidad.

-¿Considerás que la competitividad es algo que distingue al rosarino? Desde Renato Cesarini decían que los chicos aquí empiezan a jugar a los 4 años de edad, no por resultados, sino para adquirir la dinámica.

-Rosario tiene un nivel competitivo de lo más alto que he conocido. Este es mi octavo club, y hay un antes y un después desde que uno llega a la ciudad. No se puede trasladar lo que hay aquí a otro lugar. Por cómo se vive el fútbol, la pasión, el día a día. Lo viven los chicos y se ve en edades infantiles que hay un nivel competitivo sumamente alto y elevado. Tiene sus beneficios y hay que saber aprovecharlos.

-¿Qué jugadores han sido protagonistas de este proceso y hoy están en Primera?

-Había jugadores que ya eran grandes cuando nosotros llegamos. Fuimos sumando muchos chicos más, hemos tratado de potenciarlos, de que vivencien el proyecto e ir acoplando de distintas maneras. A Joaquín Pereyra lo sumamos y creemos que tiene muchísimo potencial por explotar. Lo mismo sucede con la categoría 99, con Maxi Lovera y Leonel Rivas, o una camada de la misma generación que aún no ha subido. Está el ejemplo de Lucas Marinelli, con varias convocatorias a seleccionados juveniles y habiendo ganado el torneo de L'Alcudia. Junto a ellos, los 2000, que pronto van a subir y apoyarán el proceso.

-Central participa en diversas clínicas, como las del Grupo Ekipo. ¿Cómo son? ¿Participan cada año?

-Para nosotros, es un privilegio que nos inviten y nos permitan mostrar la metodología de trabajo de Rosario Central. Conocemos entrenadores, intercambiamos ideas y experiencias. Estamos muy contentos, disertamos en lo teórico y práctico. Realmente es muy importante la participación, no solo para Rosario, sino para el fútbol argentino. Se necesitan más espacios de formación, de encuentro, entre todos los que trabajamos en el ámbito del fútbol infanto juvenil. La Primera División es

aparte, un mundo muy competitivo que depende de los resultados. En lo que concierne a nuestro trabajo, es menester encontrarnos, unificar ideas, porque estamos formando jugadores para el fútbol local y se ve en las selecciones juveniles.

-¿Cómo definirías la metodología de Central?

-Una metodología basada en la experiencia. El jugador debe vivenciar la mayor cantidad de situaciones de juego posibles, para poder llevarlas al campo y trasladarlas. Trabajamos en las resoluciones, la parte cognitiva de los futbolistas por sobre todas las cosas. Buscamos que el jugador interprete las situaciones.

-¿En qué creés que servirá el título de Copa Argentina de Central? ¿Puede ser una plataforma?

-Terminó con una sequía muy grande del club y es un trampolín importantísimo. El club debe sacarle el jugo a esto como un envión. La Primera División y todas las juveniles lo vamos a aprovechar, con todo lo que genera. Ganar la Copa Argentina, poder participar de la Copa Libertadores... Es clave para nosotros encolumnarnos en la idea de un club que necesita, de una vez por todas, trabajar de manera ordenada y con lineamientos institucionales claros.

HUGO HERNÁNDEZ: "RECORREMOS LA AMPLIA GEOGRAFÍA DEL PAÍS"

-¿Cómo funciona el área de captación en Rosario Central?

-Tiene cinco personas que se dedican a mirar en distintas canchas cada semana. Tenemos como prioridad observar la liga rosarina y las primeras fechas para ver las categorías juveniles, más la décima y pre décima y también mini y pre mini que este año son hasta categoría 2009, jugando en cancha de 11. Captación va a mirar los partidos donde no participa Rosario Central, ya que los entrenadores nuestros están obligados a mirar a los rivales que enfrentamos y eventualmente destacar si hubiera una individualidad que resalte. Luego, hacemos durante la temporada foco en las ligas independientes (esto es Lifa, Ardyti y Nafir) que juegan fútbol 7 en canchas de barrio de Rosario y Villa Gobernador Gálvez. Tras eso, tenemos una referencia en captación en la liga de San Nicolás y un captador que reporta los talentos de allí

-¿Salen por el país a reclutar talentos?

-Somos uno de los clubes que recorremos la amplia geografía del país. En estos cuatro años hemos llevado adelante más de 500 pruebas, que se han desarrollado desde Misiones hasta Tierra del Fuego. El club ha invertido en nuestra área y actualmente tenemos chicos viviendo en la Casa Club que representan a varias provincias del país.

-¿Es difícil competir ante los grandes? ¿Se capta cada día más joven a los chicos?

-La competencia es ardua. Todos estamos detrás del mismo jugador. En relación a años atrás, no se ve tanto nivel, obedeciendo esto a que se juega menos al fútbol en los potreros por distintas circunstancias culturales y sociales, y hay un apuro y confusión grande de los padres que, a veces, no cooperan en el crecimiento del chico. Igualmente, siempre la diferencia entre un club y otro la marca la calidad humana en el trato que se les ofrece, porque después es prácticamente lo mismo lo que se brinda al seducir a las familias para el fichaje (escolaridad, cama y alimentación).

-¿Cómo se da la incorporación de un chico al club?

-El primer paso es el que hacemos mirando al jugador en su lugar de origen, sea en una prueba, en un entrenamiento con fútbol o en una competencia oficial. El segundo paso es invitarlo a un entrenamiento, o serie de entrenamientos, con nuestras categorías. Si es satisfactorio su rendimiento, se ve la manera de poder realizar su fichaje. Para eso, se habla con su club de origen y su familia, se lo pone en contacto con el secretario técnico, con la directora de la Casa Club y con los demás profesionales del club (tutor escolar, psicólogos y demás).

ADIUR, UN PROYECTO DE UNA DÉCADA Y UN MODELO SEDUCTOR

Por detrás de los dos colosos, emerge la figura de ADIUR, un club de la zona norte rosarina que ha sabido ganarse su lugar en la ciudad a fuerza de respetar un proyecto, ideado a fines de la primera década del siglo XXI. La Agrupación Deportiva Infantil Unión Rosario se declara como una institución eminentemente formadora de jugadores, y con el correr de los años ha cobrado reputación, al punto de que muchas familias prefieren sus instalaciones por sobre las de los dos clubes grandes. Así como en un pasado se trató de los cambios implementados por Jorge Griffa o de Renato Cesarini, en este caso el objetivo es similar, preparar jugadores que puedan saltar hacia otros clubes con una gran base de preparación a cuestas.

Fundado en 1980, se unió a la Asociación Rosarina de Fútbol en 1985, pero no fue hasta cuatro años después que comenzó a competir oficialmente. Sus equipos supieron representar a la liga local en la provincia, y hasta viajaron en diferentes oportunidades a países limítrofes para

participar de torneos regionales. Siempre en franco ascenso, el título de Copa de Clubes Campeones de Liga, conseguido en el año 2001, fue el más importante. En esa oportunidad, se consagraron como el mejor de todos los campeones, en un torneo que organiza la Federación santafesina. ADIUR sufrió la caída a la tercera categoría local, pero fue recuperando terreno y, en 2009, cuando se comenzó con el nuevo proyecto, solidificó bases y amplió sus estructuras.

Ideado con vistas a 15 años, poco a poco se fueron observando los resultados. El club realizó un convenio de palabra con el Villarreal de España, cuya insignia se puede ver en el cartel de bienvenida del club. De la metodología europea, los formadores locales extrajeron una gran parte, y así cimentaron las formas de entrenamiento. Todo lo hacen con pelota, y cada tanto viajan a las tierras del Submarino Amarillo para capacitarse. Del otro lado, representantes se hacen presentes, cada tanto, para ver de qué manera se trabaja aquí. El club naranja, situado en el cruce de Avenida de la Travesía y Avenida Alberdi, ha sido plataforma de crecimiento, en este tiempo, de diversos jugadores, a partir de diferentes convenios que se realizan con clubes de la ciudad y nacionales.

Además de la formación de los jóvenes, en la que procuran que cada chico continúe estudiando, en paralelo a su evolución en la cancha, ha habido modificaciones sustanciales en torno a cuestiones edilicias. Se cambió la fachada, se construyeron nuevos vestuarios, la cancha principal cambió de orientación y se colocó césped artificial en una cancha 7 y otra de 11, que por un tiempo fueron las únicas de ese tipo en la ciudad y la provincia respectivamente. Por si fuera poco, no solo son esas las únicas herramientas que utilizaron para el crecimiento, sino que también introdujeron elementos nuevos en la secretaría técnica y la filmación de partidos. Lo visual, aseguran, es tan importante como el trabajo que se hace día a día en el campo.

Los ideólogos del plan que cambió al club del Viaducto dicen que ADIUR es una especie de aeropuerto, porque los chicos llegan, se forman y salen hacia otros lugares. La institución aún no participa de los torneos de inferiores que organiza la Asociación del Fútbol Argentino, por lo que desarrollan una primera etapa de crecimiento de los chicos. Los preparan para el siguiente paso, el anterior al profesionalismo. Desde sus campos de juego han salido futbolistas hacia otros clubes del país, como así Central y Newell's han sabido llevarse jóvenes promesas. Sin embargo, una cuestión a destacar en torno al club en cuestión es que han sabido conquistar su sitio, luego de los más poderosos. Incluso, se han transformado en una opción muy seductora, porque Villarreal suele tener prioridad para la prueba de sus chicos. Uno de los jóvenes que ha salido hacia España es Nahuel Leiva, que dio qué hablar y jugó algunos partidos para las selecciones menores de La Roja.

La fábrica de futbolistas, cuyo proyecto está moldeado desde infantiles a juveniles, hasta llegar a la Primera de la Asociación rosarina o del Federal, en el que compite el club, va proponiendo etapas hacia los jóvenes. Los adentran en un mundo profesional desde jóvenes, y los trabajos físicos realizados tienen siempre como finalidad la posibilidad de la adaptación al siguiente ejercicio. El crecimiento en tiempo presente, en plan al futuro inmediato, y al no tan mediato también. No obstante, el gran logro, más allá de que en el club aseguran que nunca se fijan en los resultados, sino en la cadena de producción, es cómo las divisiones inferiores protagonizan los campeonatos. Han ganado títulos de las categorías menores, pero también significó un gran impulso el hecho de pelear palmo a palmo con Central y Newell's el liderato de la acumulación de todas las tablas.

Fabián Soldini, el representante que tuvo injerencia en el traslado de Lionel Messi a Barcelona, fue quien estableció los pilares del proyecto, que ya lleva una década. A su lado, casi todos estos años, estuvo Ariel García, que habla sobre formación, metodologías, el acuerdo con el Villarreal y los grandes objetivos que tiene el club, con miras al porvenir. ADIUR es una opción que, en términos de la progresión de los chicos en torno al fútbol, ha sabido ocupar un espacio vacío, y se acercó a los dos gigantes, de recursos son infinitamente superiores.

ARIEL GARCÍA: "EL OBJETIVO ES FORMAR JUGADORES PARA LA ALTA COMPETENCIA"

-¿Qué etapa atraviesa el club hoy? ¿Es netamente formador?

-Somos, básicamente, un club formador de futbolistas. Este es un proyecto que ya lleva diez años en la ciudad de Rosario. Es un proceso que viene amalgamado desde el fútbol infantil, a todo el trabajo de inferiores y Primera. El objetivo es formar futbolistas para llevar a clubes de AFA en Argentina.

- Hoy en día, ¿es más común que antaño que los chicos salten a otros clubes del país sin tener que pasar por Central o Newell's?

-Si tomás los últimos años de competencia, verás que ADIUR no solo está participando de los torneos de inferiores y de fútbol infantil, sino que los protagoniza. Eso habla a las claras de que nuestro club está muy bien instalado en Rosario, y que le pelea de igual a igual a Newell's y Central. De hecho, en los últimos años hemos sido campeones a nivel local de diferentes divisiones, por ejemplo, Quinta y Séptima en el 2018. Peleamos palmo a palmo con los dos grandes. Y en la tabla acumulada, la sumatoria de puntos de todas las divisiones, ADIUR hace dos años

que termina segundo, por detrás de Newell's. El año pasado terminamos a 15 de ellos, sacándole 30 de diferencia a Central, y en 2017 NOB sacó 402 unidades y nosotros 400. Por eso se da que nuestro club es tan seductor a nivel nacional, muchos vienen a ver nuestros jugadores y se los llevan.

-¿Considerás que el club se ha ganado esa reputación de que las familias ahora lo piensen dos veces, y en lugar de Central y Newell's llevan a sus hijos a ADIUR?

-No lo sé exactamente. Newell's y Central son los dos clubes más grandes que hay en la ciudad, y muchas veces son la primera opción para una familia. Aunque eso no quita que, en algún momento, nos elijan primero a nosotros. Lo que sí digo, sin dudas, es que cuando hay chicos que no tienen posibilidades en los dos grandes, los traemos. Esos chicos, primordialmente, vienen aquí.

-¿Cómo se forma a los jugadores? ¿Qué tipo de metodología tienen?

- La formación aquí fue mutando a través de los años. Siempre modificamos cosas en cuanto a los entrenamientos. Tenemos la posibilidad de viajar año tras año a España, al Villarreal, y vemos la metodología con que trabajan allá. Nosotros no copiamos el 100 por ciento de lo que hacen ellos, pero sí realizamos, en gran parte, algo similar. Todo lo hacemos con pelota, que es lo más importante, desde el fútbol infantil hasta los juveniles. Después, respetamos ciertos patrones de juego que tienen que ver con el inicio, el bloque defensivo, las transiciones, el ataque organizado. Es la marca registrada del club.

-En una de las clínicas desarrolladas por el Grupo Ekipo, la hora que tuvo ADIUR para mostrar su forma de trabajo estuvo íntegramente dedicada a la salida de balón.

-Ese tipo de entrenamientos son de método global. Tratamos de mostrar, en una hora, los mayores conceptos que manejamos dentro de una práctica. Eso no quiere decir que el entrenamiento íntegro sea eso. Exhibimos el inicio del juego, cómo tener superioridad numérica por los costados, las variantes de juego que tenemos, las rupturas por dentro o los costados. En este tipo de factores consisten este tipo de sesiones acotadas.

-El proyecto lleva una década. ¿Comenzó con el convenio con Villarreal? ¿O eso fue luego de iniciar el proceso aquí?

-Lo iniciamos con la gente que lo encabeza ahora, también hace 10 años. En el corto plazo, se logró hacer un convenio con el Villarreal, y hasta el día de hoy se sigue transitando. Creemos que va a continuar creciendo.

-¿En qué se basa el convenio, en reproducir metodologías? ¿Llevan a algún chico para allá?

-Fundamentalmente, somos socios. Vamos con nuestras categorías a participar de torneos, y ellos hacen lo mismo. A veces, vienen entrenadores a ver cómo estamos trabajando. Consiste en eso. Es una cooperación mutua. Nos permite, sin ir más lejos, viajar con asiduidad a España.

-¿Qué los estimuló a realizar el convenio?

-No hay nada firmado, es un convenio de palabra. Tuvimos un contacto con ese club, y lo pudimos realizar.

-Por lo que se pudo ver en diferentes clínicas, ustedes realizan ese tipo de demostraciones con la camiseta de ellos.

-Tiene que ver con eso, somos socios. Al tener este vínculo profundo, realizamos intercambios futbolísticos, de ir para allá o que ellos vengan para acá, y tenemos material que nos asignan e indumentaria. Lo más fructífero que tenemos es la capacitación. Asimismo, intentamos que no siempre viaje la misma gente hacia España, que todas las personas que trabajan en el club tengan la posibilidad de ir y conocer cómo se trabaja, ver, aprender. Esto a nosotros nos sirve mucho.

-¿Son de innovar en los entrenamientos? ¿Se introducen elementos tecnológicos?

-Si bien somos un club que está ordenado, formamos futbolistas y participamos a nivel local. Lo que hacemos en cuanto a tecnología tiene que ver con la formación del juvenil y de los entrenadores. Se filman entrenamientos y partidos del fin de semana, se hace la edición, y un trabajo de estadísticas internas. No trabajamos con GPS, pero eso no quita que el día de mañana podamos incorporar algo más relacionado a lo tecnológico. Para lo que el club necesita, creemos que lo estamos haciendo bien.

-¿Con qué tipo de infraestructura cuentan?

-Tenemos dos canchas de 11 y dos de 7 de césped sintético, y estructura de vestuarios. Después, en torno a recursos humanos, tratamos de que todas las categorías cuenten con un entrenador principal, un auxiliar y un preparador físico. Eso es en inferiores, desde Predécima al primer equipo. En cuanto a fútbol infantil, tenemos dos líneas, y para que puedan trabajar en el mismo horario, buscamos que haya entre tres y cuatro personas trabajando con los más chiquitos, por cuestiones como corrección y contención. Generalmente, tenemos un mínimo de tres personas por equipo.

-¿Existe un gabinete escolar, para que los chicos continúen estudiando?

-No tenemos un gabinete. El organigrama se compone de todos los entrenadores, metodólogos, área nutricional y de psicología. En 2019 incorporamos comunicación. Exigimos el tema del estudio en el club.

Hacemos que los jugadores nos traigan la libreta, a modo de control, y desde el fútbol estimulamos lo prioritario que es la escolaridad.

-¿Cómo funciona la secretaría técnica? ¿Se trata de grabar, observar, analizar?

-Sí, es algo que creemos que hacen la mayoría de los clubes. Nosotros filmamos todos los partidos que jugamos de local. Cuando tenemos la posibilidad de ir de visitante y grabar, también lo hacemos. Aquí trabajamos con una nube, donde se suben todos los partidos. Los entrenadores acceden a una contraseña, bajan los partidos, editan, y en la semana se muestran virtudes y defectos a los futbolistas, para crecer, mejorar funcionamiento. En el método visual, el jugador incorpora mucho, y es de vital aprendizaje. El trabajo no solo es de campo, sino que también es muy importante que el jugador se vea, qué es lo que hace bien o mal. Lo utilizamos siempre.

-¿Considerás que ese tipo de trabajos es común últimamente? ¿En la ciudad?

-No sé si es común, creo que la mayoría lo hace. Estoy convencido de que este método de aprendizaje es necesario.

-¿Tiene el club una red de captación de jugadores?

-El club tiene poder de captación por el nombre de la ciudad. Hay acceso de jugadores por voluntad propia, y tenemos personas que nos aconsejan. Hacemos grandes seguimientos cuando enfrentamos a los rivales, tenemos una base de datos de los futbolistas contra los que jugamos. A su debido tiempo, intentamos que accedan al club.

-Hablabas de la ciudad. ¿Considerás que Rosario conserva ese talento futbolístico intrínseco?

-No solo la ciudad. Santa Fe, Córdoba y Buenos Aires componen un centro neurálgico, algo fundamental que, por estadística, es el lugar de donde sale el mayor caudal de futbolistas. Nosotros estamos allí, en el medio. La historia marca que, de esta ciudad y zonas aledañas, salieron gran cantidad de jugadores.

-¿El objetivo de ADIUR es seguir formando?

- Formar futbolistas para la alta competencia, sin ningún lugar a duda, para que de aquí salten a cualquier club de AFA. En la actualidad, nosotros no tenemos competencia a nivel AFA, y eso hace que el club carezca de una etapa formativa que es fundamental. Por eso, a determinada edad, necesitamos soltar a los jugadores, para que se terminen de formar. Es muy difícil que ADIUR forme, desde Predécima División a edad de Quinta o Primera, ya que ahora sacaron la Cuarta, y salte de allí a un equipo profesional. Es prácticamente imposible, la competencia interna no es la mejor, es menor a la del nivel de AFA.

-¿Les faltaría otro paso a los chicos?

-Sí, exactamente, y que el primer equipo llegue mínimamente al Nacional B, para tener una competencia mayor. No digo que es utópico, pero por el momento difícil.

-¿Qué relación hay entre el equipo que compite en la Primera de la liga rosarina y el que lo hace en los torneos federales?

-Tenemos un solo grupo. Entrenan todos juntos, de la misma manera. Lo que sí se da es que no es muy amplio, y a veces se da que los chicos que compiten en el Federal lo hacen luego en liga rosarina. Es algo un tanto complicado.

-¿El club realiza convenios para trasladar jugadores o que vengan a formarse aquí?

-Generalmente, todos los clubes lo hacen. Con clubes de la liga local y a nivel nacional.

-Se ha dado en este proceso de una década que tuvieron críticas por haber dejado libres a algunos chicos. ¿Eso tiene que ver con el límite de jugadores?

-En el fútbol infantil, nunca dejamos a un jugador libre. Tenemos dos áreas, EFA (Escuelas de Fútbol Agrupadas) y Rosarina. Hay chicos que están para una u otra, y luego los padres deciden llevarse a los chicos si creen que no es conveniente cuando su hijo pasa de la local a EFA. Pero, repito, ADIUR no deja libre. Después, año a año ingresan y egresan futbolistas. A aquellos jugadores que creemos que no tienen posibilidades de seguir sumando minutos durante el próximo año, se les informa, y todo se da de común acuerdo. Creemos que es la manera más justa y honesta. No hablaría bien de nosotros tener jugadores sabiendo que no van a tener minutos en cancha, eso sí les haría un daño a los juveniles. Nosotros no hacemos eso.

-¿Tiene que ver con un límite, de tener poco pero bien cuidado y formado, en lugar de un gran caudal de chicos?

-Son formas de trabajo. Hay clubes que trabajan con planteles de 60 futbolistas, en AFA y liga rosarina, Metro de Buenos Aires, o en Córdoba, e instituciones que trabajan con menos. Creemos que tener categorías de entre 22 y 25 futbolistas es suficiente, con nuestros entrenamientos elevamos el nivel de ellos. Nosotros tratamos de tener calidad, no cantidad. Si tuviéramos cantidad, estaríamos cometiendo un error.

Capitulo 6.

EL PORQUÉ DEL TALENTO

Tres factores componen el mapa conceptual y brindan la explicación más certera al porqué del talento rosarino y zonas aledañas. Uno de ellos es la competencia, a la que los chicos se adentran desde la primera edad. El segundo está relacionado con la forma física, a la hora de ser captados, dado que significa una gran base desde la que perfeccionar el talento. Tercero, las grandes escuelas y formadores que se han establecido en la ciudad y les dieron forma a las enormes capacidades de los juveniles. Las palabras de los protagonistas que aquí aparecen concuerdan, en su mayoría, en que estos tres ítems han sido los más importantes dentro de la estructura. La calidad de los jugadores descritos y la sapiencia de los entrenadores aumentan esta perspectiva.

La competencia no está íntimamente ligada a que los chicos sean parte, desde niños, de un mundo convulsionado por el resultado. De ningún modo. Entre la inmensa cantidad de jugadores inscriptos en la Asociación Rosarina de Fútbol, se destaca que comienzan a formar parte de los torneos para adquirir la dinámica. Incorporan adeptos con el fin de superarse cada día, para ser mejores, lo que significa una gran plataforma desde la que construir el largo camino que queda por recorrer. Claro está que no todos los futuros jugadores se suman a los clubes a los 4 o 5 años, pero la mayoría de los que lo hacen empieza a jugar para que el porvenir lo encuentre cada día más preparado.

Se trata de un aprendizaje progresivo. El sentido lúdico en primera instancia, el jugar para inmiscuirse en la rutina y comenzar a hacer propio el sueño. Acaso se trata de eso, para empezar a soltarse. Lo decían algunos de los futbolistas cuyo testimonio está aquí relatado: muchos de aquellos que son rivales acérrimos en el clásico rosarino, compartieron plantel siendo pequeños, ya sea en un club modesto o en los tradiciona-

les torneos Evita. Por ello es que se da el irrenunciable deseo de ganar, porque el lugar y el fanatismo contagian, pero en paralelo existen adversarios que compartieron el mismo derrotero. La competencia desde jóvenes estimula el deseo de jugar, de iniciar el camino que, conforme al paso del tiempo, será cada día más difícil y profesional.

En el acto de competir desde la infancia está intrínseca la posibilidad de desatarse, pero no se persigue la finalidad de un triunfo. Cierto es que la obsesión por ganar ha ido ganando terreno en torno a las urgencias existentes, pero aún se conserva el sentido más primitivo del juego, el que incentiva la participación de los chicos en los primeros torneos de su vida alrededor de la pelota. El competir para conocer el camino, para que la evolución lo encuentre preparado. Los niños rosarinos comienzan la actividad y la incorporación de los conceptos futbolísticos desde la edad más temprana.

En segundo orden, se halla el prospecto físico de los chicos a la hora de ser captados y en su desarrollo natural. Crecen niños bien formados en torno a la pampa gringa, el sitio neurálgico desde el que han arribado grandes jugadores a la ciudad. Así, construyen un modelo corporal que no significa una gran virtud en sí misma, de cara a dedicarse por completo al fútbol, pero sí una forma de comenzar a dar vida al talento que llevan adentro. Siempre hay elementos por agudizar y el aprendizaje es natural y continuo, pero la buena forma corporal colabora en una primera hora. Desde allí en más, está todo por hacer, por lo que las bondades de la tierra en la que crecen los chicos juegan su papel determinante.

Existen excepciones, la magia del talento muchas veces no entiende de estereotipos. Allí nomás está el ejemplo de Lionel Messi. Aunque la mayoría de los consultados, como el maestro Jorge Griffa, Ricardo Giusti, Edgardo Bauza y Aldo Poy se suman a lo que alguna vez dijo Gerardo Martino, que en este territorio crecen chicos bien comidos. El juego está orientado a un carril diferente, aunque sí ambos factores, alrededor del aspecto corporal y la capacidad con el balón, están aliados desde temprano, significa una gran base para la formación. Se trata de una de las regiones más vastas del país, por el crecimiento de la agricultura, y desde aquí suelen emerger niños fortalecidos y con una pasión inmensa por el fútbol, algo que ya de por sí es contagiado por la ciudad.

El camino ha de ser largo, llegar al profesionalismo es un sueño muchas veces frustrado, y en la progresiva conversión hacia el profesionalismo se halla, ni más ni menos, el hecho de aunar los conceptos del juego a la propia dedicación y sacar provecho del cuerpo. El propio Poy, concejal de Rosario, señala también que es cada día más difícil que de las villas salgan jugadores como sucedió en infinitas ocasiones, por las dificultades que acarrea la situación socio-económica. La gracia del suelo en el que han sabido crecer muchos de los ilustres jugadores de la zona, que sigue brindando apellidos renombrados, es una de las grandes explicaciones al porqué de tantos cracks.

Las escuelas que se han asentado en la década del 70 han sido uno de los sustentos inequívocos para que las aptitudes y virtudes adquieran forma a lo largo de los años. De la misma manera que hoy ADIUR intenta trazar un objetivo similar alrededor de la formación, lo realizado por Jorge Griffa y el club Renato Cesarini hace 50 años fue una piedra basal. Tanto el maestro que desembarcó en Newell's como la institución ubicada al costado de la autopista a Buenos Aires fueron el mascarón de proa en el lineamiento del talento. Hablar de uno y otro modelo es referirse a docentes adelantados a la época, a hombres que innovaron con metodologías inexistentes hasta ese tiempo, de la misma manera en que se abocaron a cada detalle con profunda dedicación.

Hoy en día, Griffa vuelve al lugar en el que comenzó a formular su carrera en torno a los juveniles, donde inició tras desechar la posibilidad de dirigir la Primera División. Toda una vida dedicó el hombre al crecimiento de los jóvenes, les dio herramientas nuevas, marcó la identidad del club y muchas veces hizo trabajos que escapaban a su responsabilidad. Una persona que construyó el futuro, con lo que eso conlleva, y los resultados de su trabajo pudieron verse con profundidad. Nunca se alejó del deporte, aún en la actualidad se lo escucha con la pasión del primer día, llamando a formar a los que enseñan tanto o más de cómo se deben dirigir estos a los que aprenden. Una tarea similar realizó, también hace cinco décadas pero en la vereda contraria, Miguel Ignomiriello en Central, cuando colaboró para una profesionalización del club.

Hombres sapientes, como Jorge Solari, que respetan la paciencia, la formación humana para la vida en sociedad y la progresión escalón por escalón, que maravillaron con sus trabajos a partir de su contagio, pero sobre todo mediante su sabiduría. La simpleza de Ángel Tulio Zof ha servido como una continuidad, como la maestría aplicada de lleno a las capacidades de los juveniles de asentarse, de sacar provecho de sus condiciones. Son formadores con todas las de la ley, que vivieron alrededor de la pelota y no se despegaron de ella en ningún momento. Muchos de los sobresalientes futbolistas que encontraron en Rosario el epicentro de sus cualidades, agradecen los consejos de hombres que fueron hito y marcaron una época.

Los tres elementos, la competencia, la buena forma física ante el perfeccionamiento del talento y la capacidad de los grandes formadores, se llevan grandes porciones para explicar las razones del talento. Rosario es una ciudad fanatizada y tan pasional como pocas, y la magia del fútbol es un producto inacabable. Hubo cracks y la línea parece siempre ir en ascenso. Solo queda aguardar por las futuras joyas que emergerán de estas tierras.

AGRADECIMIENTOS

A mi familia, a cada uno de los entrevistados y a Damián Giovino. También a Martín Esrequis, Facundo Mirata y Mauro Medvetkin, por los contactos.

SOBRE EL AUTOR

Nicolás Galliari nació el 5 de mayo de 1992 en Rosario (Santa Fe). Se mudó a los 4 años a Roldán, una ciudad a 30 kilómetros de distancia. Curioso y apasionado por la comunicación y el fútbol, comenzó a estudiar la carrera de periodismo en 2010 y se graduó a comienzos de 2013. Escribe en el sitio web Cultura Redonda, colaboró en la página del periodista español Martí Perarnau y trabajó en diferentes medios rosarinos.

www.ingramcontent.com/pod-product-compliance
Ingram Content Group UK Ltd.
Pitfield, Milton Keynes, MK11 3LW, UK
UKHW021711190726
13853UKWH00001B/496

9 789873 979729